해커스변호사

형법

Criminal Law

신체계

암기장

이용배·허정 공저

🔲 해커스변호사

서문
[제2판]

저자의 신체계 H 암기장 시리즈가 독자들의 사랑에 힘입어 제2판을 출간하게 되었습니다.
먼저 초판임에도 불구하고 많은 성원을 보내주신 독자 여러분께 깊은 감사의 말씀을 드립니다.

2024년 시행된 제13회 변호사시험에서 저자의 H 암기장 시리즈는 높은 적중률을 보였고 주요 쟁점들이 모두 출제되었습니다. 이에 더욱 박차를 가하여 더욱 완비된 H 시리즈 제2판을 출간하게 되었습니다.

제2판은 초판의 내용을 유지하면서도 변호사시험의 모든 사례형 쟁점과 객관식 기출 지문을 추가하여 내용을 보완하였습니다. 사례형 쟁점을 추가하였음에도 기존의 내용을 더욱 간결하게 정리하여 초판의 분량을 유지하였습니다. 특히 내용적인 측면에서 제14회 변호사시험에 출제가 유력한 지문들과 2023년 12월까지 선고된 최신판례를 선별하여 수록하였습니다.
본 암기장 한 권으로 변호사시험에서 고득점이 가능하도록 만전을 기하였습니다.

실제로 해커스에서 H 암기장을 수강한 대부분 학생이 제13회 변호사시험에서 1문과 2문 모두 65점 이상을 득점하며 우수한 성적으로 합격하였습니다.

앞으로도 H 암기장 시리즈가 합격의 등불이 되기를 기원합니다.

2024.4.13.
저자 허 정

[전면개정 제1판]

"시험에 합격하기에 가장 현실적이면서도
효율성 있는 교재는 무엇이어야 할까? "
저자의 고민은 여기서부터 시작되었습니다.

그리고 長考 끝에 가장 효율적이고 정확하게 핵심 쟁점을 빠르게 체크하면서 시험직전 빠르게 회독할 수 있는 교재여야 한다는 결론에 이르게 되었습니다.

이에 저자는 국가고시의 최신 트렌드를 반영하여 기존의 신체계 형법 암기장을 완전히 새로운 방식으로 재구성하였고, '형법 신체계 H 암기장'이라는 이름으로 본 교재를 출간하게 되었습니다. 암기장은 기본서에 갈음하여 학생들을 시험장까지 인도하는 역할을 하므로 그 분량은 지나치지도 부족하지도 않아야 합니다. 즉, 암기장은 말 그대로 암기장이어야 합니다. 불필요한 내용을 수록하여 암기장의 분량이 늘어난다면 수험생들은 강약 조절에 실패하게 되고 권태를 느끼게 됩니다. 이러한 점들을 십분 고려하여 본 교재는 효율성과 가독성에 가장 주안점을 두었습니다. 본 교재의 특징은 다음과 같습니다.

1. '형법 신체계 H 암기장'은 난공불락의 형법총론을 중요한 9개의 쟁점으로 나누어 이론에서부터 실전에서 작성할 수 있는 키워드까지 모두 기재하여 사례형에 완벽히 대비할 수 있도록 하였고, 학설과 판례의 키워드를 모두 두음자로 표시하여 실전에서 답안지에 현출해야 할 키워드를 수월하게 암기할 수 있도록 하였습니다. 이뿐만 아니라 각 쟁점 뒤에는 변호사시험과 법전협 모의고사 등의 실전 연습문제를 배치하여 이론을 입체적으로 볼 수 있도록 하였습니다. 형법각론 역시 시험에 출제될 가능성이 높은 중요한 판례와 법리를 위주로 수록하여 문제되는 법리를 충분히 소화할 수 있도록 하였습니다.

2. 시간이 없는 수험생 현실을 고려하여 2023년 3월 30일까지 선고된 대법원의 판결 중 시험에 출제될 가능성이 높은 중요한 판례들을 수록하였습니다. 책의 분량을 고려하여 기존 판례들은 판례번호를 삭제하였고, 최근 3년 내의 판례들은 판례번호를 기재하여 최근 선고된 판례임을 알 수 있도록 하였습니다.

3. 가독성과 효율성에 가장 중점을 두었기 때문에 도표와 그림을 활용하여 가독성과 효율성을 극대화하였습니다. 예컨대, 수험생들이 어려워하는 문서죄의 경우 문서죄 총론과 사례형에서 출제 가능성이 가장 높은 판례들을 정리하여 그림으로 삽입하였습니다.

4. 기존의 암기장들과 달리 사례형뿐만 아니라 '선택형'도 충분히 대비할 수 있도록 '선택형 핵심지문'을 추가하였습니다. 시험에 이미 선택형으로 출제된 중요 이론과 판례는 물론 아직 출제되지 않았지만 출제가 예상되는 이론 및 판례에 대하여도 '기본서'의 목차 순서대로 핵심을 모두 정리하였습니다. 특히 수험생들이 자주 헷갈리는 판례, 상반되는 판결이 존재하는 판례들은 비교판례를 수록하여 선택형 시험을 정확하게 준비할 수 있도록 하였습니다.

'형법 신체계 H 암기장'은 변호사시험을 비롯하여 선택형·사례형의 형식을 모두 출제하는 시험에서 시간이 부족하거나 시간을 효율적으로 사용하고자 하는 수험생들에게 필요한 완전한 '암기장'의 내용을 갖추었다고 자부합니다. 다만, 암기장은 실전 시험장용으로 만들어진 것이므로 아직 기본기가 부족하거나 법리를 정확하게 숙지하지 못하신 분들은 반드시 저자의 '신체계 형법강의'를 옆에 두고 기본서를 발췌하며 법리를 정확하게 이해하며 공부하시거나 저자의 기본강의나 암기장 강의를 통해 법리를 정확하게 이해하며 암기장을 활용하시기를 바랍니다.

'형법 신체계 H 암기장'이 여러분들께서 준비하시는 시험에 효율성을 주어 좋은 성적을 거둘 수 있는 합격의 길라잡이가 되기를 기원합니다.

2023.4.13.
저자 허 정

책의 특징

I. 선택형 대비의 특징

1. 기본서에서 선택형으로 출제될 수 있는 중요이론과 판례를 충실히 정리하였습니다.

2. 최소한의 기본서의 회독이 확보된 수험생에게는 짧은 시간에 형법의 중요내용을 모두 살펴볼 수 있도록 효과적으로 정리하였습니다.

3. 비교판례를 수록하여 판례의 법리와 결론을 정확하게 암기할 수 있도록 하였습니다.

II. 사례형 대비의 특징

1. 사례형으로 출제될 수 있는 쟁점을 엄선하였습니다.

2. 각 쟁점별로 실제 시험에서 답안지에 적을 수 있는 분량의 키워드를 모두 두음자를 이용하여 기술하였습니다.

3. 개별적으로 이해한 쟁점이 실제 답안지에서 어떻게 적용되어야 하는지를 이해 할 수 있도록 '실전연습' 문제를 쟁점 뒤에 수록하였습니다.

4. 실전연습 문제의 경우 실제 기출문제를 활용하여 사례형 답안이 어떻게 기술되어야 하는지를 상세하게 각주를 통하여 설명하였습니다(이 부분이 독자들에게 큰 도움이 될 것이라도 확신합니다).

5. 시험에 출제되지도 않는 논문 수준의 쟁점이나 과거 논술식 시험에서나 출제가능한 쟁점은 처음부터 배제하여 독자들이 쓸데없는 것에 시간을 낭비하지 않도록 하였습니다.

목차

해커스변호사
law.Hackers.com

2025 해커스변호사 형법 신체계 H 암기장

제1편
형법의 기본개념

제1장 | 죄형법정주의

선택형 핵심지문

I. 소급효금지의 원칙

1. 소급효금지원칙이 적용되지 않는 경우 → 소급적용 가

① 집행유예 시에 부가하는 보호관찰 (97도703) [변시 21]
② 전자장치 부착에 관한 법률상의 전자감시제도(총기간 연장) (2010도11996)
③ 아청법상의 신상공개명령 (2010도14393)
④ 판례의 변경 (97도3349) [변시 12]
⑤ 양형기준 (2009도11448) [변시 12]
⑥ DNA 신원확인정보 수집 이용 (2011헌마28) [변시 21]

2. 소급효금지원칙이 적용되는 경우 → 소급적용 불가

① 가정폭력범죄처벌법상의 사회봉사명령 (2008어4) [변시 12 · 17 · 21]
② 노역장유치 (2017도17809) [변시 21]
③ 위치추적장치 부착기간 하한 가중 (2013도6220)

3. 과거에 이미 행한 범죄에 대하여 공소시효를 정지시키는 법률
[진정소급입법과 부진정소급입법모두 허용] 형벌불소급의 원칙에 언제나 위배되는 것으로
단정할 수는 없음. → 비교형량하여 허용여부 결정 (97헌바6) [변시 12]

II. 명확성의 원칙

1. 명확성의 원칙에 위반되지 않는 경우 → 최대한이 아닌 최소한의 명확성을 요구

① 폭처법상의 범죄단체 구성원으로서의 "활동" (2008도1857)
② 청소년보호법상의 "풍기 문란" (2003도5980)
③ 형법상의 음란물죄의 "음란" (94도2413)
④ 상대적 부정기형 (2020도4140)

2. 명확성의 원칙에 위반되는 경우

① 출판사 및 인쇄소의 등록에 관한 법률 소정의 '저속'의 개념 (95헌가16)
② **[예비 · 음모를 처벌한다고만 규정하고 있고 형을 별도로 규정하지 않은 경우]** 부정선거관
련자처벌법 제5조 제4항에 동법 제5조 제1항(부정선거 관련 살인 등)의 예비 · 음모는
이를 처벌한다고만 규정한 것 (77도251) [변시 14]
③ 절대적 부정기형

④ 의료법인 명의로 개설된 의료기관의 경우, 의료인의 자격이 없는 일반인(이하 '비의료인'이라 한다)의 주도적 출연 내지 주도적 관여만을 근거로 비의료인이 의료기관을 개설·운영한 것으로 평가하기 어렵다. 의료인의 자격이 없는 일반인(비의료인)의 주도적 출연에 의해 개설된 의료법인을 비의료인이 의료기관을 개설·운영하는 것으로 해석 ➜ 비의료인의 주도적 자금 출연 내지 주도적 관여 사정만을 근거로 비의료인이 실질적으로 의료기관을 개설·운영하였다고 판단할 경우, 허용되는 행위와 허용되지 않는 행위의 구별이 불명확해져 죄형법정주의 원칙에 반할 수 있음. (2017도1807)

Ⅲ. 유추해석금지의 원칙

1. 유추해석금지의 원칙에 위반되지 않는 경우 ➜ 허용 ○

① 형법 제170조 제2항에서 말하는 '자기의 소유에 속하는 제166조 또는 제167조에 기재한 물건'을 '자기의 소유에 속하는 제166조에 기재한 물건 또는 자기의 소유에 속하든, 타인의 소유에 속하든 불문하고 제167조에 기재한 물건'을 의미하는 것이라고 해석 (94모32)

② 국가공무원법 제66조에서의 '공무 이외의 일을 위한 집단적 행위'를 '공익에 반하는 목적을 위하여 직무전념의무를 해태하는 등의 영향을 가져오는 집단적 행위'라고 축소 해석 (2003도2960)

③ 형법 제62조에 의하여 집행유예를 선고할 경우에는 제62조의2 제1항에 규정된 보호관찰과 사회봉사 또는 수강을 동시에 명할 수 있다고 해석 (98도98)

④ 미성년자의제강간·강제추행죄를 규정한 형법 제305조에서 규정한 형법 제297조(강간죄)와 제298조(강제추행죄)의 '예에 의한다'는 의미를 미성년자의제강간·강제추행죄의 처벌에 있어 그 법정형뿐만 아니라 미수범에 관하여도 강간죄와 강제추행죄의 예에 따른다는 취지로 해석 ➜ 논리적·체계적 해석은 허용 (2006도9453)

⑤ **[링크=전시]** 링크(link)나 바로가기 아이콘을 설치를 전시에 해당한다고 해석

⑥ 면허증 대여의 상대방 즉 차용인이 무자격자인 경우는 물론, 자격 있는 약사인 경우에도 약사면허증을 대여한 데 해당한다고 해석하는 경우 (2002도6829)

⑦ 법정소동죄 등을 규정한 형법 제138조에서의 '법원의 재판'에 '헌법재판소의 심판'을 포함시키는 해석은 피고인에게 불리한 확장해석이나 유추해석에 해당하지 아니함. (2020도12017)

⑧ 약사 등이 아닌 사람이 이미 개설된 약국의 시설과 인력을 인수하고 그 운영을 지배·관리하는 등 종전 개설자의 약국 개설·운영행위와 단절되는 새로운 개설·운영행위를 한 것으로 볼 수 있는 경우에도 약사법에서 금지하는 약사 등이 아닌 사람의 약국 개설행위에 해당함. (2021도6092)

2. 유추해석금지의 원칙에 위반되는 경우 ➜ 허용 X

① 고소의 주관적 불가분원칙을 규정하고 있는 형사소송법 규정이 고발에도 유추적용된다고 해석하는 경우 ➜ 죄형법정주의에 반함 (2008도4762) [변시 13·14]

② 반의사불벌죄에서 피해자인 청소년에게 의사능력이 있음에도 처벌불원의사표시를 함에 있어 법정대리인의 동의가 있어야 하는 것으로 해석 (2009도6058) [변시 13 · 14 · 17]

③ 공직선거법 제262조의 "자수"를 '범행 발각 전에 자수한 경우'로 한정하는 해석 (96도1167)

④ [편취≠분실] 군용물을 편취당한 것을 군용물분실죄에 해당한다고 해석 (98도1719)

⑤ 지방세의 수납업무를 일부 관장하는 시중은행의 직원이나 은행이 형법 제225조(공문서위조 등 죄) 소정의 공무원 또는 공무소가 되는 것이라고 해석하거나 세금수납영수증을 공문서에 해당한다고 해석 (2016도19170)

⑥ 컴퓨터 프로그램파일을 형법 제243조(음화반포등죄) 소정의 문서, 도화, 필름 기타 물건에 해당한다고 해석 (98도3140)

⑦ [원본≠정본] 형법 제229조의 부실기재공정증서원본행사죄의 '공정증서원본'에 공정증서의 정본이 포함된다고 해석하는 경우 (2001도6503) [변시 20]

⑧ [전화통화≠면전] 전화를 통하여 통화하는 것도 군형법 제64조 제1항의 상관면전모욕죄의 구성요건인 '면전에서'에 해당한다고 해석하는 경우 (2002도2539)

⑨ [생성된≠생성하여] 타인에 의하여 이미 생성된 주민등록번호를 단순히 사용한 것에 불과한 경우를 주민등록번호를 생성하여 사용하였다고 해석 (2003도6535)

⑩ [신체≠이미지] 다른 사람의 신체 이미지가 담긴 영상도 성폭력범죄의 처벌 등에 관한 특례법위반(카메라등이용촬영)죄의 객체인 '다른 사람의 신체'에 포함된다고 해석 (2013도4279)

⑪ [운항중 길≠항로] 지상의 항공기가 이동할 때 '운항 중'이 된다는 이유만으로 그때 다니는 지상의 길까지 '항로'로 해석 (2015도8335)

⑫ [이미 수신 완료≠감청] 이미 수신이 완료된 전기통신에 관하여 남아 있는 기록이나 내용을 열어보는 등의 행위를 '전기통신의 감청'에 해당한다고 해석 (2016도8137) [변시 17]

⑬ [사적 공간에서 자발적인 의사에 의한 경우] 군형법 제92조의6의 문언, 개정 연혁, 보호법익과 헌법 규정을 비롯한 전체 법질서의 변화를 종합적으로 고려하면, 위 규정은 동성인 군인 사이의 항문성교나 그 밖에 이와 유사한 행위가 사적 공간에서 자발적 의사 합치에 따라 이루어지는 등 군이라는 공동사회의 건전한 생활과 군기를 직접적, 구체적으로 침해한 것으로 보기 어려운 경우에는 적용되지 않는다고 봄이 타당하다. (2019도3047)

⑭ [원본≠사본 또는 추가 출력물] 대통령기록물법 제30조 제2항 제1호, 제14조에 의해 유출이 금지되는 대통령기록물에 원본 문서나 전자파일 이외에 그 사본이나 추가 출력물까지 포함된다고 해석하는 것은 죄형법정주의 원칙상 허용되지 아니한다. (2016도7104)

⑮ **[무죄판결 확정시]** 자동차 운전면허 취소처분을 받은 사람이 자동차를 운전하였으나 운전면허 취소처분의 원인이 된 교통사고 또는 법규 위반에 대하여 범죄사실의 증명이 없는 때에 해당한다는 이유로 무죄판결이 확정된 경우에는 그 취소처분이 취소되지 않았더라도 도로교통법에 규정된 무면허운전의 죄로 처벌할 수는 없다고 보아야 한다. (2019도11826)

제2장 | 형법의 적용범위

선택형 핵심지문

I. 시간적 적용범위

1. 형법 제1조 제1항의 "행위시"는 범죄행위의 종료 시를 의미한다. (94도563) [변시 23]

2. 포괄일죄로 되는 개개의 범죄행위가 법 개정의 전후에 걸쳐서 행하여진 경우 신·구법의 법정형에 대한 경중을 비교하여 볼 필요도 없이 범죄실행 종료시의 법이라고 할 수 있는 신법을 적용하여 포괄일죄로 처단하여야 한다. (2019도19067) [변시 15]

3. 구성요건이 신설된 상습강제추행죄가 시행되기 이전의 범행은 상습강제추행죄로는 처벌할 수 없고 행위시법에 기초하여 강제추행죄로 처벌할 수 있을 뿐이며, 이 경우 그 소추요건도 상습강제추행죄에 관한 것이 아니라 강제추행죄에 관한 것이 구비되어야 한다. (2015도15669) [변시 19·23·24]

4. 법률의 변경과 적용법규

(1) 경과규정이 없는 경우

① 형의 경중이 없는 경우 → 행위시법 적용 (2010도4416) [변시 15·23]

② 수차 법령의 변경이 있는 경우 → 당사자의 주장이 없더라도 직권으로 가장 경한 법 적용 (68도1324) [변시 15]

③ 반의사불벌죄로 개정 → 개정법 적용 (2005도4462)

④ 양벌규정에서 면책규정 신설 → 개정법 적용 (2011도11264) [변시 13]

(2) 경과규정이 있는 경우 → 부칙 §1② 〉 §1①

① 형법 제8조에 의해 부칙의 경과규정이 형법 제1조 제2항보다 우선 적용

② 형을 종전보다 가볍게 형벌법규를 개정하면서 그 부칙으로 개정된 법의 시행 전의 범죄에 대하여 종전의 형벌법규를 적용하도록 규정한다 하여 헌법상의 형벌불소급의 원칙에 반한다고 할 수 없다. (2011도1303) [변시 15·21·23]

5. 적용법조의 위헌 결정 → 면소 X, 무죄 O (91도2825) [변시 16·23]

6. 범죄 후 법률의 개정으로 형이 경하게 된 경우 공소시효기간의 기준

당해 범죄사실에 적용될 가벼운 법정형(신법의 법정형)이 공소시효기간의 기준이 된다. (87도84) [변시 15]

7. 재판 확정 후 법률의 변경에 의하여 그 행위가 범죄를 구성하지 아니하는 때에는 형의 집행을 면제한다.

☑ **형법 제1조 제2항과 제3항의 적용요건과 효과의 비교**

	범죄 후 재판확정 전의 법률의 변경으로 …	재판확정 후 법률의 변경으로 …
비범죄화된 경우	제1조 제2항 적용 : 면소판결(추급효부정설)	제1조 제3항 적용 : 형집행 면제
경한 형으로 변경된 경우	제1조 제2항 적용 : 경한 신법 적용(추급효 부정설)	제1조 제3항 적용 안됨 : 구법에 의하여 확정된 형을 그대로 집행

8. **법률의 변경**★★★ [변시 16 · 19 · 24]

사례형 쟁점정리

CASE 쟁점 001 **법률의 변경과 형법 제1조 제2항의 적용(동기설 폐지)**★★★ [변시 24]

1. 논점

범죄의 성립과 처벌에 관하여 규정한 형벌법규 자체 또는 그로부터 수권 내지 위임을 받은 법령의 변경에 따라 범죄를 구성하지 아니하게 되거나 형이 가벼워진 경우, 신법의 적용에 있어 변경 취지를 고려하여 적용해야 하는지 문제된다.

2. 학설 및 판례

(1) 동기설 Keyword 반성적 고려/ 일시적 사정 대처

형벌 법규 제정의 이유가 된 법률이념의 변경에 따라 종래의 처벌 자체가 부당하였다거나 또는 과형이 과중하였다는 **반성적 고려**에서 법령을 변경하였을 경우에만 형법 제1조 제2항과 형사소송법 제326조 제4호가 적용된다고 해석하여, 이러한 경우가 아니라 **그때그때의 특수한 필요에 대처**하기 위하여 법령을 변경한 것에 불과한 때에는 이를 적용하지 아니하고 행위 당시의 형벌 법규에 따라 위반행위를 처벌하여야 한다.

(2) 변경된 전원합의체 다수의견 Keyword 문언상 명백

형법 제1조 제2항은 "범죄 후 법률이 변경되어 그 행위가 범죄를 구성하지 아니하게 되거나 형이 구법보다 가벼워진 경우에는 신법에 따른다."라고 규정하고, 형사소송법 제326조 제4호는 "범죄 후의 법령 개폐로 형이 폐지되었을 때"는 판결로써 면소의 선고를 하여야 한다고 규정하고 있다. 이와 같이 **형법 제1조 제2항과 형사소**

송법 제326조 제4호는 범죄 후 피고인에게 유리하게 법령이 변경된 경우 행위시법이 아니라 **피고인에게 유리한 재판시법을 적용한다는 취지임이 문언상 명백하므로** 범죄 후 법률이 변경되어 그 행위가 범죄를 구성하지 아니하게 되거나 형이 구법보다 가벼워진 경우에는 형법 제1조 제2항에 따라 신법에 따라야 하고, 형사소송법 제326조 제4호에 따라 범죄 후의 법령 개폐로 형이 폐지되었을 때는 판결로써 면소의 선고를 하여야 한다(대판(전) : 2020도16420).

3. 검토 (판례지지) Keyword 경과조치

입법자는 구성요건을 규정한 형벌법규 자체의 **부칙조항에 경과규정을 두거나** 형벌법규가 하위법령에 구성요건 일부를 **수권 내지 위임한 경우** 수권의 범위 내에서 하위법령에 경과규정을 두는 등 위임입법의 한계를 벗어나지 않는 한 **다양한 입법 기술을 활용하여 경과조치**를 할 수 있으므로 변경된 전원합의체 다수견해가 타당하다.

CASE 쟁점 002 한시법의 추급효 인정여부***

1. 논점

추급효를 인정하는 명문 규정이 없는 경우에도 한시법이 실효된 뒤 그 유효기간 중의 위반행위에 대하여 한시법을 추급 적용하여 처벌할 수 있는지가 문제된다.

2. 학설

① 추급효 인정설

ⅰ) 한시법은 일정한 기간 동안 국민에게 준수를 요구하는 법이므로 유효기간 경과 전의 범행은 비난할 가치가 있고, ⅱ) **한시법의 추급효를 부정하면 유효기간의 종기가 가까워짐에 따라 위반행위가 속출**하게 될 가능성이 높아지나 이를 처벌할 수 없게 되어 법의 실효성을 유지할 수 없으므로 추급효를 인정해야 한다는 견해이다.

② 추급효 부정설

ⅰ) 유효기간의 경과로 인한 한시법의 폐지도 형법 제1조 제2항의 '**법률의 변경**'에 해당하므로 제1조 제2항의 법적 효과(면소판결)를 배제할 수 없으며, ⅱ) 제1조 제2항의 법적 효과(면소판결)를 배제할 법적 근거가 없음에도 불구하고 실효된 법률의 추급효를 인정하는 것은 죄형법정주의의 실질적 의미에 반하므로 추급효를 부정하여야 한다는 견해이다.

3. 判例

법령이 개정 내지 폐지된 경우가 아니라, 스스로 유효기간을 구체적인 일자나 기간으로 특정하여 효력의 상실을 예정하고 있던 법령(저자 주 : '협의의 한시법'을 의미한다)이 그 유효기간을 경과함으로써 더 이상 효력을 갖지 않게 된 경우도 **형법 제1조 제2항과 형사소송법 제326조 제4호에서 말하는 법령의 변경에 해당한다고 볼 수 없다**는 입장이다.[1]

---

1) 변경된 전원합의체 판결에 따르면 추급효인정설의 입장인 것으로 보인다(대판 : 2020도16420).

4. 검토 (판례지지)

법령 자체가 명시적으로 예정한 유효기간의 경과에 따른 효력 상실은 **일반적인 법령의 개정이나 폐지 등과 같이 애초의 법령이 변경되었다고 보기 어렵고**, 어떠한 형사법적 관점의 변화 내지 형사 처벌에 관한 규범적 가치판단의 변경에 근거하였다고 볼 수도 없으므로 판례가 타당하다.

> **관련판례** 대판(전) 2022.12.22. 2020도16420***
>
> [1] **[다수의견]** ⅰ) 범죄 후 법률이 변경되어 그 행위가 범죄를 구성하지 아니하게 되거나 형이 구법보다 가벼워진 경우에는 신법에 따라야 하고(제1조 제2항), 범죄 후의 법령 개폐로 형이 폐지되었을 때는 판결로써 면소의 선고를 하여야 한다(형사소송법 제326조 제4호). ⅱ) 이러한 형법 제1조 제2항과 형사소송법 제326조 제4호의 규정은 입법자가 법령의 변경 이후에도 종전 법령 위반행위에 대한 형사처벌을 유지한다는 내용의 경과규정을 따로 두지 않는 한 그대로 적용되어야 한다.
>
> 따라서 ⅲ) 범죄의 성립과 처벌에 관하여 규정한 형벌 법규 자체 또는 그로부터 수권 내지 위임을 받은 법령의 변경에 따라 범죄를 구성하지 아니하게 되거나 형이 가벼워진 경우에는, 종전 법령이 범죄로 정하여 처벌한 것이 부당하였다거나 과형이 과중하였다는 반성적 고려에 따라 변경된 것인지 여부를 따지지 않고 원칙적으로 형법 제1조 제2항과 형사소송법 제326조 제4호가 적용된다. ⅳ) 형벌 법규가 대통령령, 총리령, 부령과 같은 법규명령이 아닌 고시 등 행정규칙·행정명령, 조례 등(이하 '고시 등 규정'이라고 한다)에 구성요건의 일부를 수권 내지 위임한 경우에도 이러한 고시 등 규정이 위임입법의 한계를 벗어나지 않는 한 형벌 법규와 결합하여 법령을 보충하는 기능을 하는 것이므로, 그 변경에 따라 범죄를 구성하지 아니하게 되거나 형이 가벼워졌다면 마찬가지로 형법 제1조 제2항과 형사소송법 제326조 제4호가 적용된다. ⅴ) *해당 형벌 법규 자체 또는 그로부터 수권 내지 위임을 받은 법령이 아닌 다른 법령이 변경된 경우 형법 제1조 제2항과 형사소송법 제326조 제4호를 적용하려면, 해당 형벌 법규에 따른 범죄의 성립 및 처벌과 직접적으로 관련된 형사법적 관점의 변화를 주된 근거로 하는 법령의 변경에 해당하여야 하므로, 관련이 없는 법령의 변경으로 인하여 해당 형벌 법규의 가벌성에 영향을 미치게 되는 경우 형법 제1조 제2항과 형사소송법 제326조 제4호가 적용되지 않는다. ⅵ) *한편 법령이 개정 내지 폐지된 경우가 아니라, 스스로 유효기간을 구체적인 일자나 기간으로 특정하여 효력의 상실을 예정하고 있던 법령(저자 주 : 한시법)이 그 유효기간을 경과함으로써 더 이상 효력을 갖지 않게 된 경우도 형법 제1조 제2항과 형사소송법 제326조 제4호에서 말하는 법령의 변경에 해당한다고 볼 수 없다.

[사실관계] 피고인이 도로교통법 위반(음주운전)죄로 4회 처벌받은 전력이 있음에도 술에 취한 상태로 전동킥보드를 운전하였다고 하여 구 도로교통법위반(음주운전)으로 기소되었는데, 구 도로교통법이 개정되어 원심판결 선고 후인 개정 도로교통법이 시행되면서 제2조 제19호의2 및 제21호의2에서 전동킥보드와 같은 '개인형 이동장치'와 이를 포함하는 '자전거 등'에 관한 정의규정을 신설함에 따라 개인형 이동장치 음주운전 행위는 자동차 등 음주운전 행위를 처벌하는 제148조의2의 적용 대상에서 제외되는 한편 자전거 등 음주운전 행위를 처벌하는 제156조 제11호가 적용되어 법정형이 종전보다 가볍도록 법률이 변경되고 별도의 경과규정은 두지 않은 사안에서, 도로교통법 제44조 제1항 위반 전력이 있는 사람이 다시 술에 취한 상태로 전동킥보드를 운전한 행위는, 법률 개정 전에는 구 도로교통법 제148조의2 제1항이 적용되어 2년 이상 5년 이하의 징역이나 1천만 원 이상 2천만 원 이하의 벌금으로 처벌되었으나, 법률 개정 후에는 도로교통법 제156조 제11호가 적용되어 20만 원 이하의 벌금이나 구류 또는 과료로 처벌되게 되었고, 이러한 법률 개정은 구성요건을 규정한 형벌법규 자체의 개정에 따라 형이 가벼워진 경우에 해당함이 명백하므로, 종전 법령이 반성적 고려에 따라 변경된 것인지를 따지지 않고 형법 제1조 제2항에 따라 신법인 도로교통법 제156조 제11호, 제44조 제1항으로 처벌할 수 있을 뿐이라는 이유로, 행위시법인 구 도로교통법 제148조의2 제1항, 도로교통법 제44조 제1항을 적용하여 공소사실을 유죄로 인정한 원심판결은 더 이상 유지될 수 없다고 한 사례.

관련판례 ★★법무사인 피고인이 개인회생·파산사건 관련 법률사무를 위임받아 취급하여 변호사법위반으로 기소된 후 개인회생·파산사건 신청대리업무를 법무사의 업무로 추가하는 법무사법 개정이 이루어진 사안에서 대법원은 이 사건 법률 개정으로 제6호의 내용이 추가된 법무사법 제2조는 이 부분 공소사실의 해당 형벌법규인 변호사법 제109조 제1호 또는 그로부터 수권 내지 위임을 받은 법령이 아닌 별개의 다른 법령에 불과하고, 법무사의 업무범위에 관한 규정으로서 기본적으로 형사법과 무관한 행정적 규율에 관한 내용이므로, 이는 타법에서의 비형사적 규율의 변경이 문제된 형벌법규의 가벌성에 간접적인 영향을 미치는 경우에 해당할 뿐이어서, 원칙적으로 형법 제1조 제2항과 형사소송법 제326조 제4호의 적용 대상인 형사법적 관점의 변화에 근거한 법령의 변경에 해당한다고 볼 수 없다는 이유로, 원심이 반성적 고려를 기준으로 판단한 것은 잘못이나 결론적으로 형법 제1조 제2항과 형사소송법 제326조 제4호를 적용하지 아니하고 유죄로 인정한 것은 타당하다고 보아 상고를 기각함(대판 : 2022도6434).
→ 앞서 대법원 전원합의체 판결 2020도16420 판결의 판시사항 ⅴ)와 관련하여 해당 형벌법규 자체 또는 그로부터 수권 내지 위임을 받은 법령이 아닌 다른 법령의 변경으로 인한 형법 제1조 제2항과 형사소송법 제326조 제4호의 적용 여부가 문제된 사건

비교판례 전동킥보드와 같은 개인형 이동장치는 원동기장치자전거와는 다른 별개의 개념이 아니라 원동기장치자전거에 포함되고, 다만, 개정 도로교통법은 통행방법 등에 관하여 개인형 이동장치를 자전거에 준하여 규율하면서 입법기술상의 편의를 위해 이를 "자전

거 등"으로 분류하였다고 보는 것이 타당하다. 이러한 개정 도로교통법의 문언·내용·체계에다가 도로교통법 및 특정범죄가중법의 입법목적과 보호법익, 전동킥보드와 같은 개인형 이동장치에 대한 특정범죄가중법상의 규율 및 처벌의 필요성 등을 고려해보면, <u>구 특정범죄가중법 제5조의11에서의 '원동기장치자전거'에는 전동킥보드와 같은 개인형 이동장치도 포함된다고 판단되고, 비록 개정도로교통법이 전동킥보드와 같은 개인형 이동장치에 관한 규정을 신설하면서 이를 "자동차 등"이 아닌 "자전거 등"으로 분류하였다고 하여 이를 형법 제1조 제2항의 '범죄 후 법률이 변경되어 그 행위가 범죄를 구성하지 아니하게 된 경우'라고 볼 수는 없다</u>(대판 : 2022도13430).

➔ 피고인이 운전한 '전동킥보드'가 개인형 이동장치로서 "원동기장치자전거"에 해당하므로 "전동킥보드의 운전자"는 여전히 특정범죄가중법위반(위험운전치상)죄의 주체에 해당한다.

예상지문

01 법령이 폐지된 경우 법령이 범죄로 정하여 처벌한 것이 부당하였다거나 과형이 과중하였다는 반성적 고려에 따라 변경된 것인지 여부를 따져 형법 제1조 제2항과 형사소송법 제326조 제4호가 적용된다.

02 유효기간이 명시된 법령을 포함하여 법령의 폐지 시 종전 법령이 범죄로 정하여 처벌한 것이 부당하였다거나 과형이 과중하였다는 반성적 고려에 따라 변경된 것인지 여부를 따지지 않고 원칙적으로 형법 제1조 제2항과 형사소송법 제326조 제4호가 적용된다.

03 해당 형벌 법규가 아닌 다른 법령이 변경된 경우에도 종전 법령이 범죄로 정하여 처벌한 것이 부당하였다거나 과형이 과중하였다는 반성적 고려에 따라 변경된 것인지 여부를 따지지 않고 형법 제1조 제2항과 형사소송법 제326조 제4호가 적용된다.

04 법령이 개정 내지 폐지된 경우뿐만 아니라 스스로 유효기간을 구체적인 일자나 기간으로 특정하여 효력의 상실을 예정하고 있던 법령이 그 유효기간을 경과함으로써 더 이상 효력을 갖지 않게 된 경우도 형법 제1조 제2항과 형사소송법 제326조 제4호에서 말하는 법령의 변경에 해당한다.

05 형벌법규가 법령보충적행정규칙이라면 형법 제1조 2항이 적용되지 않는다.

정답 | 01 ✕ 02 ✕ 03 ✕ 04 ✕ 05 ✕

II. 장소적 적용범위

1. 대한민국의 영역인가의 여부 ➡ 대사〉 영사〉 이익대표부[2]

① 북한 ➡ 대한민국의 영역 (97도2021) [변시 21]
② 중국 북경시에 소재한 대한민국 영사관 내부 ➡ 중국의 영역 (2006도5010)
③ 베를린 주재 북한이익대표부 ➡ 독일영역 (2004도4899)

2. 형법 제2조(속지주의)의 적용

① 행위 또는 결과의 어느 것이라도 대한민국의 영역 내에서 발생
② 공모지가 대한민국 영역 내 (98도2734)
③ 대한민국 영역 내에서 금품수수 행위가 있었고 알선행위의 장소가 외국인 경우 (99도3404) [변시 19]

3. 형법 제3조(속인주의)의 적용

① 내국인(대학생)들의 을지로의 미국 문화원 점거 농성 사건 (86도403)
② 내국인의 필리핀 국에서의 도박 사건 (99도3337) [변시 15 · 21]

4. 형법 제4조(기국주의)의 적용

실질적으로 대한민국의 회사가 보유한 선박일지라도 외국을 선적국으로 한 경우에는 기국주의가 적용될 수 없다.

5. 형법 제5조(보호주의)가 적용되는 경우

외국인(미국인)이 외국(하와이)에서 외국통화(미화)를 위조한 경우

6. 형법 제6조(보호주의)가 적용되는 경우

① 뉴질랜드 시민권자가 뉴질랜드에서 대한민국 국민에 대하여 사기행위를 한 경우 (2008도4085)
② 중국인이 홍콩에서 대한민국의 법인에 대하여 횡령죄를 범한 경우 (2016도17465)

7. 형법 제6조(보호주의)가 적용되지 않는 경우

① 중국인이 중국에 소재하고 있는 대한민국 영사관 내에서 여권발급신청서 1장을 위조하여 제출한 경우 (2006도5010) [변시 15 · 21]
② 캐나다 시민권자인 피고인이 캐나다에서 위조사문서를 행사한 경우 (2011도6507)
③ 중국 국적자가 중국에서 대한민국 국적 주식회사의 인장을 위조한 경우 (2002도4929)

---

2) 대한민국의 영역인가와 관련하여 세 개의 판례 중 "대사"만 대한민국의 영역으로 본다. 따라서 "영사"나 "이익대표부"는 대한민국의 영역이 아니다.

8. 죄를 지어 외국에서 형의 전부 또는 일부가 집행된 사람에 대해서는 그 집행된 형의 전부 또는 일부를 선고하는 형에 산입한다(제7조). → 必산입 [변시 19·21]

① 외국(필리핀)에서 무죄판결을 받고 석방되기까지의 미결구금은 형법 제7조에 의한 산입의 대상이 될 수 없음. (2017도5977) [변시 18]

② 외국에서 이루어진 미결구금을 형법 제57조 제1항에서 규정한 '본형에 당연히 산입되는 미결구금'과 같다고 볼 수 없음. (2017도5977)

③ 외국에서 형의 집행을 받은 자에 대하여 형을 선고한 것을 위법하다고 할 수 없다. (87도2287)

해커스변호사
law.Hackers.com

제2편
범죄론

제1장 | 행위의 주체

선택형 핵심지문

1. 판례는 법인의 범죄능력을 부정하면서도(예 자연인인 대표기관이 배임죄의 주체) 법인에 대한 처벌규정(양벌규정)이 있는 경우 법인을 행위자와 함께 처벌하여 형벌능력을 긍정함. (82도2595) [변시 13 · 16]

> **비교판례** '법인의 대표자'는 명칭 여하를 불문하고 법인을 실질적으로 경영하면서 사실상 대표하는 자도 포함한다. (2011도15056) [변시 21]

2. **양벌규정의 적용요건**
   ① 위법행위의 동기가 종업원 기타 제 3자의 이익을 위한 것에 불과하고 영업주의 영업에 이로운 행위가 아니라 하여도 영업주는 그 감독해태에 대한 책임을 면할 수 없다. (87도1213)
   ② 양벌규정에 의한 영업주의 처벌은 종업원의 처벌에 종속하는 것이 아니라 독립하여 자신의 종업원에 대한 선임감독 상 과실로 인하여 처벌되는 것이므로 종업원의 범죄 성립이나 처벌이 영업주 처벌의 전제조건이 될 필요는 없다. (87도1213) [변시 13]
   ③ 따라서, 영업주의 과실책임을 묻는 경우 금지위반행위자인 종업원에게 구성요건상의 자격이 없다고 하더라도 영업주의 범죄 성립에는 아무런 지장이 없다.

3. **양벌규정의 적용 대상이 아닌 경우**
   ① 명문의 규정이 없는 법인격 없는 사단 (94도3325)
   ② 법인이 설립되기 이전에 자연인이 한 행위 (2015도10388)
   ③ 1인 회사의 1인 주주 (2013도6962)

4. **양벌규정의 적용 대상인 경우**
   ① **[압축트럭 청소차]** 지방자치단체 소속 공무원이 지방자치단체의 고유의 사무인 압축트럭 청소차를 운행하던 중 위반행위를 한 경우 ➔ 지방자치단체는 공법인에 해당 (2004도2657)

> **비교판례** **[지정항만 순찰업무]** 지방자치단체 소속 공무원이 국가의 기관위임사무인 지정항만 순찰업무를 수행하던 중 위반행위를 한 경우 ➔ 지방자치단체는 업무주인 공법인에 해당하지 않음 (2008도65301)

   ② 다단계판매원은 방판법 상 양벌규정의 적용에 있어서는 다단계 판매업자의 사용인의 지위에 있다. (2003도4966)

③ 지입차주는 도로법상의 양벌규정에서 지입회사의 "대리인·사용인 기타의 종업원"에 해당한다. (2003도3073)

④ 지입차주가 고용한 운전자가 과적운행으로 구 도로법 위반시 사용자 → 지입회사 (2009도5302)

5. 양벌규정과 관련한 기타 判例

① 합병으로 소멸한 법인이 부담하던 형사책임의 존속 법인에의 승계 × (2005도4471) [변시 13]

② 양벌규정에 의하여 법인이 처벌받는 경우 법인에 대한 자수감경의 요건 → 대표자가 자수해야 함 (95도391)

③ 회사 대표자의 위반행위에 대하여 작량감경하고 선고유예를 한 이상 양벌규정에 따라 그 회사를 처단함에 있어서도 같은 조치를 취하여야 하는 것은 아님. (95도1893) [변시 13·21]

④ [고소의 주관적 불가분 원칙 적용] 친고죄의 경우에 있어서도 행위자의 범죄에 대한 고소가 있으면 족하고, 나아가 양벌규정에 의하여 처벌받는 자(업무주)에 대하여 별도의 고소를 요한다고 할 수는 없음. (94도2423)

사례형 쟁점정리

CASE 쟁점 003   법인의 범죄능력의 인정여부

> X회사의 대표이사 甲은 전임 대표이사 Y가 회사소유의 상가를 A1에게 매도한 후 대금전액을 완납 받았다는 사실을 알면서도 아직 A1에게 소유권이전등기가 경료되어 있지 않은 점을 이용하여, 위 상가를 다시 A2에게 분양하고 대금을 수령한 후 소유권이전등기를 경료하여 주었다. 이 경우 배임죄의 주체가 되는 자는 누구인지를 논하시오.

1. 논점

법인이 배임죄의 주체가 될 수 있는지와 관련하여 법인의 범죄능력을 인정할 수 있는지가 문제되며, 법인의 범죄능력을 부정할 경우 법인의 대표자가 배임죄의 주체가 될 수 있는지 문제된다.

2. 법인의 범죄능력의 인정여부

(1) 긍정설

법인도 기관을 통해서 의사를 형성하고 행위를 할 수 있다는 점, 법인의 반사회적 활동이 증가하는 현실에서 사회방위를 위해서도 법인의 범죄능력을 인정할 필요가 있다는 점에서 법인의 범죄능력을 긍정하는 견해이다.

(2) 부정설

의사와 육체가 없는 법인은 행위의 주체가 될 수 없다는 점, 법인에게는 사회윤리적 비난이라는 의미에서의 책임 비난을 귀속시킬 수 없다는 점에서 법인의 범죄능력을 부정하는 견해이다.

(3) 判例

배임죄에 있어서 타인의 사무를 처리할 의무의 주체는 법인이 되는 경우라도 법인은 다만 사법상의 의무 주체가 될 뿐 범죄능력이 없는 것이라고 판시한 바 있다(대판(전) : 82도2595).

(4) 검토 (판례, 부정설 지지)

법인의 범죄능력을 긍정하는 것은 법인에게 사형과 자유형을 집행할 수 없다는 점에서 현행 형법의 체계와 일치하지 아니한다는 점, 법인의 반사회적 활동은 형벌 이외의 수단인 행정벌 등에 의하여도 달성이 가능하다는 점에서 문제가 있으므로 부정설이 타당하다.

3. 법인의 대표자가 배임죄의 주체가 될 수 있는지 여부

(1) 부정설 (대법원 소수 견해)

대표기관이 법인이 타인에 대하여 부담하고 있는 의무 내용대로 사무를 처리할 임무가 있다고 하더라도 그 임무는 법인에 대하여 부담하는 임무이지 법인의 대표기관이 직접 타인에 대하여지고 있는 임무는 아니므로 그 임무에 위배하였다 하여 이를 타인에 대한 배임죄가 성립한다고 할 수 없다(대판(전) : 82도2595).

(2) 긍정설 (대법원 다수 견해)

법인의 타인에 대한 사무는 법인을 대표하는 자연인인 대표기관의 의사결정에 따른 대표행위에 의하여 실현될 수밖에 없으므로, 자연인인 대표기관이 바로 타인의 사무를 처리하는 자 즉 배임죄의 주체가 된다(대판(전) : 82도2595). [변시 12 · 13 · 15 · 16]

(3) 검토 (대법원 다수 견해 지지)

법인의 타인에 대한 사무는 법인의 대표기관의 대표행위에 의하여 실현될 수밖에 없으므로 대표기관이 타인의 사무를 처리하는 자 즉 배임죄의 주체가 된다고 보는 것이 타당하다.

4. 결론

법인은 범죄능력이 인정되지 않으므로 배임죄의 주체가 될 수 없고, 법인의 대표기관인 甲이 배임죄의 주체가 된다.

제2장 | 구성요건이론

01 구성요건이론

선택형 핵심지문

1. **소극적 구성요건표지(요소)이론** ➜ 총제적 불법구성요건이론
   ① 협의의 불법구성요건은 적극적 구성요건표지, 위법성조각사유는 소극적 구성요건 표지로 이해하여 협의의 불법구성요건과 위법성조각사유는 서로 대립하지 아니하고 구성요건에 통합되어 총체적 불법구성요건이 된다는 이론
   ② 불법과 책임의 이단계로 범죄체계를 구성
   ③ 위법성조각사유가 존재하는 경우 행위의 구성요건해당성이 부정된다.
   ④ 구성요건해당성은 단지 위법성을 징표하는 것에 그치지 않고 위법성의 **존재근거가** 된다.
   ⑤ 처음부터 구성요건에도 해당하지 않는 행위(모기를 죽인 행위)와 구성요건에는 해당하지만 위법성이 조각되는 행위(살인 + 정당방위) 사이의 가치 차이를 무시하게 된다. ➜ 양 행위를 모두 구성요건해당성이 없다는 동일한 평가를 하게 된다
   ⑥ 협의의 불법구성요건에 해당하는 사실의 존재 및 위법성조각사유의 부존재를 (불법) 고의의 인식대상에 포함시킨다. 따라서 협의의 불법구성요건에 해당하는 사실의 착오이든 위법성조각사유에 관한 착오이든 모두 구성요건적 착오로서 고의가 조각된다고 보므로, 위법성조각사유의 전제사실에 대한 착오(허용상황의 착오, 예 오상방위)의 경우 구성요건적 착오로서 (불법)고의가 조각되어 **과실범의 성립여부가 문제**되게 된다. [변시 14]

☑ 총체적 불법구성요건의 구조

	총체적 불법구성요건요소	
객관적 요소	협의의 불법구성요건요소(적극요소) → 존재해야 객관적 구성요건해당성 인정 가능	위법성조각사유(소극요소) → 부존재해야 객관적 구성요건해당성 인정 가능
주관적 요소	불법고의 → 적극적 구성요건요소의 존재와 소극적 구성요건요소의 부존재에 대한 인식 (예 살인의 불법고의가 인정되려면 '사람을 살해한다는 인식' 이외에 '위법성조각사유가 존재하지 않는다는 인식'이 있어야 한다.)	

02 부작위범

1. **작위와 부작위의 구별**
   [보라매 병원 사건] 행위자가 **자신의 신체적 활동이나 물리적·화학적 작용**을 통하여 **적극적으로 타인의 법익** 상황을 악화시킴으로써 결국 그 타인의 **법익을 침해**하기에 이르렀다면, 이는 **작위에 의한 범죄로 봄이 원칙**이고, 작위에 의하여 악화된 법익 상황을 다시 되돌이키지 아니한 점에 주목하여 이를 부작위범으로 볼 것은 아니다. (2002 도995) [변시 12·13·14·16·21]

2. **[이행가능성이 있어야 함]** 진정부작위범과 부진정부작위범 모두 작위의무가 법적으로 인정되더라도 작위의무를 이행하는 것이 사실상 불가능한 상황이었다면 부작위범이 성립할 수 없다. [변시 21]

3. **[작위범 vs 부작위범 → 작위범만 성립]** 경찰관 피고인이 검사로부터 범인을 검거하라는 지시를 받고서도 직무상의 의무에 따른 적절한 조치를 취하지 아니하고 오히려 범인에게 전화로 도피하라고 권유하여 그를 도피하게 한 경우 작위범인 범인도피죄만이 성립하고 부작위범인 직무유기죄는 따로 성립하지 아니한다. (96도51) [변시 15·18·22]

4. **[작위범 vs 부작위범 → 기소재량이므로 위법 ×]** 하나의 행위가 부작위범인 직무유기죄와 작위범인 범인도피죄의 구성요건을 동시에 충족하는 경우 공소제기권자는 작위범인 범인도피죄로 공소를 제기하지 않고 부작위범인 직무유기죄로만 공소를 제기할 수도 있다. (99도1904) [변시 12·13]

5. **보증인지위와 보증인의무의 체계적 지위** [지·구/무·위] ★
   ① **[이분설]** 보증인**지위**에 대한 착오는 **구성요건적 착오**(과실범의 성립이 문제됨), 보증인**의무**에 대한 착오는 **위**법성의 착오(착오에 대한 정당한 이유 유무에 따라 고의범의 성부가 문제됨)에 해당한다. [변시 14·19·21]
   ② **[위법성 요소설]** 보증인지위에 있지 않은 자의 부작위도 부진정부작위범의 구성요건에 해당하게 되어 부진정부작위범의 구성요건해당성이 부당하게 확대된다는 비판이 가해진다.

6. **형법상 작위의무**
   ① **[법·법·선·조] 법령, 법률행위, 선행행위**로 인한 경우는 물론이고 기타 **신의성실의 원칙이나 사회상규 혹은 조리상** 작위의무가 기대되는 경우에도 법적인 작위의무는 있다. (95도2551) [변시 12]

② **[고의·과실·유책·위법 유무 불문]** 도로교통법이 규정한 교통사고발생시의 구호조치 의무 및 신고의무는 고의·과실 혹은 유책·위법의 유무에 관계없이 부과된 의무이다. (2000도1731) [변시 19]

7. 조리상의 작위의무가 인정되는 경우

① **[경매사실 불고지]** 임대인이 임대차계약을 체결하면서 임차인에게 임대목적물이 경매진행중인 사실을 알리지 않은 경우, 임차인이 등기부를 확인 또는 열람하는 것이 가능하더라도 부작위에 의한 사기죄가 성립한다. (98도3263) [변시 12·18·21]

② **[법무사 행세]** 법무사가 아닌 사람이 법무사로 소개되거나 호칭되는 데에도 자신이 법무사가 아니라는 사실을 밝히지 않은 채 법무사 행세를 계속하면서 근저당권설정계약서를 작성한 경우, 부작위에 의한 법무사법 위반죄에 해당한다. (2007도9354) [변시 13]

8. 행위정형의 동가치성

부작위가 **작위에 의한 법익침해와 동등한 형법적 가치가 있는 것**이어서 그 범죄의 **실행행위로 평가될 만한 것**이라면, 작위에 의한 실행행위와 동일하게 부작위범으로 처벌할 수 있다. (91도2951) [변시 12]

9. 살인죄와 같이 작위를 내용으로 하는 범죄를 부작위에 의하여 범하는 경우 부진정부작위범에 해당한다.

10. 형법은 진정부작위범의 미수를 처벌하는 규정을 두고 있다(예 퇴거불응죄).

11. **[부작위범의 공동정범]** 부작위범 사이의 공동정범은 다수의 부작위범에게 공통된 의무가 부여되어 있고 그 의무를 공통으로 이행할 수 있을 때에만 성립한다. (2008도89) [변시 12·17]

12. **[부·의·교·간]*** 부작위에 의한 교사범, 간접정범은 성립 불가능
    부작위에 의한 교사는 불가능하나, 부작위에 의한 방조는 가능하다. [변시 12·14·22]

13. 이론상 과실에 의한 부작위범(또는 부작위에 의한 과실범 또는 망각범)이 성립할 수 있다.

14. 업무상배임죄는 타인과의 신뢰 관계에서 일정한 임무에 따라 사무를 처리할 법적 의무가 있는 자가 그 상황에서 당연히 할 것이 법적으로 요구되는 행위를 하지 않는 부작위에 의해서도 성립할 수 있다. (2020도15529)

15. 일정 기간 내에 잘못된 상태를 바로잡으라는 행정청의 지시를 이행하지 않았다는 것을 구성요건으로 하는 범죄는 진정부작위범으로서 그 의무이행기간의 경과에 의하여 범행이 기수에 이른 것이다. (93도1731) [변시 21·23]

16. 실화죄에 있어서 공동의 과실이 경합되어 화재가 발생한 경우 적어도 각 과실이 화재의 발생에 대하여 하나의 조건이 된 이상은 그 공동적 원인을 제공한 사람들은 각자 실화죄의 책임을 면할 수 없다. (2022도16120)

CASE 쟁점 004   부진정 부작위범 사례 구조***

1. 요건 [Keyword] 보증인지위 · 의무 ➜ 법 · 법 · 선 · 조 / 행 · 정 · 동 · 실행행위

① **[법 · 법 · 선 · 조] 보증인 지위와 의무** – 법령, 법률행위, 선행행위, 신의칙이나 사회상규 혹은 조리상 작위의무 (95도2551) [변시 23]

② **[행위정형의 동가치성]** ➜ 작위에 의한 법익침해와 **동등한 형법적 가치**+작위에 의한 **실행행위**로 평가

2. CASE

① **[모텔화재사건]** 모텔 방에 투숙하여 담배를 피운 후 재떨이에 담배를 끄게 되었으나 담뱃불이 완전히 꺼졌는지 여부를 확인하지 않은 채 불이 붙기 쉬운 휴지를 재떨이에 버리고 잠을 잔 과실로 담뱃불이 휴지와 침대시트에 옮겨 붙게 함으로써 화재가 발생하여 사망 및 상해사고가 발생한 경우 : ⅰ) 화재를 소화할 법률상 의무는 인정 ⅱ) 화재 발생 사실을 안 상태에서 모텔을 빠져나오면서도 모텔 주인이나 다른 투숙객들에게 이를 알리지 아니하였다는 사정만으로는, 부작위에 의한 현주건조물방화치사상죄의 성립을 인정할 수 없음 ➜ 법률상 소화의무 O/ 소화의 가능성 및 용이성이 없었으므로 행정동 × (2009도12109) [변시 13 · 17 · 21]

② **[건축자재사건]** 공사대금을 받을 목적으로 피고인이 자신의 공사를 위하여 쌓아 두었던 건축자재를 공사 완료 후에 단순히 치우지 않은 행위가 위력으로써 추가 공사 업무를 방해하는 업무방해죄의 실행행위와 동등한 형법적 가치를 가진다고 볼 수 없음. ➜ 단순히 치우지 않은 행위를 위력으로 볼 수 없으므로 행정동 × (2017도13211) [변시 21 · 23]

③ **[보라매병원사건]** ➜ 처(妻) – 부작위에 의한 살인죄 / 전담의 및 3년차 – 작위에 의한 살인 방조죄 / 1년차 – 무죄 (2002도995) [변시 12 · 13 · 14 · 16 · 21]

④ **[담배꽁초실화사건]*** 피고인들이 분리수거장 방향으로 담배꽁초를 던져 버리고 현장을 떠난 후 화재가 발생한 경우, 피고인들 각자 본인 및 상대방이 버린 담배꽁초 불씨가 살아 있는지를 확인하고 이를 완전히 제거하는 등 화재를 미리 방지할 주의의무가 있음에도 이를 게을리 한 채 만연히 현장을 떠난 과실이 인정되므로 피고인들 각자의 과실이 경합하여 위 화재를 일으켰다 ➜ 각각 실화죄 성립 (2022도16120).[1] [변시 24]

---

[1] **판례해설** 피고인들은 피고인들의 행위와 화재발생 사이에 상당인과관계가 입증되지 않았고, 더 나아가 피고인들 중 누구의 행위로 인하여 화재가 발생한 것인지 여부도 입증되지 아니한 이상 과실범의 미수(저자 주 : 동시범 주장)에 해당하여 처벌할 수 없다고 주장하였다. 한편, 검사는 변경 전 공소사실에 관하여 형법 제30조를 적용하여 피고인들을 공동정범으로 기소하였으나, 이에 대하여 항소심은 과실범의 공동정범은 행위자들 사이에 공동의 목표와 의사연락이 있는 경우에 성립하는 것인바), 함께 담배를 피웠을 뿐인 이 사건의 피고인들에게는 '공동의 목표'가 있었다고 보기 어려워 위와 같은 공동정범의 법리가 적용될 수는 없다고 봄이 타당하다는 이유로 형법 제30조를 삭제하고 피고인들에 대해서 각 단독범으로 하여 유죄로 판단하였다.

CASE 쟁점 005 　작위와 부작위의 구별기준*

> 전담의사 甲이 중환자실에서 인공호흡기를 부착하고 치료를 받던 환자의 처의 요청에 따라 치료를 중단하고 퇴원조치를 함으로써 귀가 후 수련의의 인공호흡기 제거로 환자가 사망한 경우, 甲의 행위는 작위인지 부작위인지 여부를 논하시오.

1. 논점

하나의 행위가 작위적 요소와 부작위적 요소를 동시에 포함하고 있는 경우 어느 것을 형법적 평가의 대상으로 삼아야 할 것인지가 문제된다.

2. 학설

(1) 평가적 관찰방법설

법적 비난의 중점이 어디에 있는가에 따라 작위와 부작위를 구별하는 견해이다. 이 견해에 의하면 법적 비난의 중점이 작위에 있다면 작위범이고 부작위에 있다면 부작위범으로 평가한다.

(2) 작위우선 부작위보충설

작위범이 범죄의 기본형태이고 부작위범은 예외적인 형태이므로 부작위의 작위에 대한 보충성을 인정하여 먼저 작위에 의한 범죄 성립여부를 검토하여야 하며 작위범이 성립하지 않는 경우에 한하여 부작위에 의한 범죄 성립여부를 검토하여야 한다는 견해이다.

3. 判例

행위자가 자신의 **신체적 활동이나 물리적 · 화학적 작용**을 통하여 **적극적**으로 타인의 법익 상황을 악화시킴으로써 결국 그 **타인의 법익**을 **침해**하기에 이르렀다면, 이는 작위에 의한 범죄로 봄이 원칙이고, 작위에 의하여 악화된 법익 상황을 다시 되돌이키지 아니한 점에 주목하여 이를 부작위범으로 볼 것은 아니라고 판시한 바 있다(대판 : 2002도995). [변시 12 · 13 · 14]

4. 검토 (판례지지)

행위자가 자신의 신체적 활동이나 물리적 · 화학적 작용을 통하여 적극적으로 타인의 법익 상황을 악화시킴으로써 결국 그 타인의 법익을 침해하기에 이르렀다면, 이는 원칙적으로 작위에 의한 범죄로 보는 것이 타당하다.

5. 결론

甲이 퇴원조치라는 신체적 활동을 통하여 환자의 법익상황을 악화시킴으로써 사망케 하였으므로 甲의 행위는 작위로 보아야 한다.

사례연습 甲과 乙은 경기도 이천시에 위치한 택배 물류센터의 근로자인데, 2023. 3. 13. 17시경 함께 위 물류센터 공장동 건물 외벽에 설치된 재활용 박스를 모아두는 분리수거장 옆에서 담배를 피우게 되었다. 당시 위 분리수거장 방향으로 바람이 강하게 불었고 위 분리수거장에는 불이 붙기 쉬운 종이로 된 재활용 박스 등이 쌓여 있었다. 甲은 담배를 다 피운 후에 위 분리수거장 인근에 담배꽁초 불씨를 손가락으로 튕긴 후 담배꽁초를 위 분리수거장 바로 옆 바닥에 놓여있던 쓰레기봉투에 던져 버리고, 乙도 위 분리수거장 인근에 담배꽁초 불씨를 손가락으로 튕긴 후 담배꽁초를 위 분리수거장을 향해 던져 버리고 그곳을 떠났다. 당시 甲과 乙은 서로의 행동을 보고도 아무런 조치를 취하지는 않았는데, 甲과 乙이 떠난 직후 버린 담배 꽁초 불씨에서 위 분리수거장 안에 쌓여 있던 재활용 박스 등에 불이 붙었고 그 불이 위 공장동으로 번져 위 물류센터의 공장동이 전소되었다. 甲, 乙의 죄책을 논하시오.

[해설] ① 과실범의 공동정범은 행위자들 사이에 공동의 목표와 의사연락이 있는 경우에 성립하는 것인바, 사안의 경우와 같이 甲과 乙이 함께 담배를 피웠을 뿐인 경우에는 '공동의 목표'가 있었다고 보기 어려우므로 공동정범이 성립할 수 없고, ② 甲과 乙 각자 본인 및 상대방이 버린 담배꽁초 불씨가 살아 있는지를 확인하고 이를 완전히 제거하는 등 화재를 미리 방지할 주의의무가 있음에도 이를 게을리 한 채 만연히 현장을 떠난 과실이 인정되고 이러한 甲과 乙 각자의 과실이 경합하여 위 화재의 원인이 되었으므로 동시범은 성립하지 않으며, ③ 사안의 경우 ⅰ) 甲과 乙은 담배를 피운 후 담배꽁초 불씨를 손가락으로 튕겨 담배꽁초를 버리고 떠나 공장동의 화재를 일으켰으므로 선행행위로 인한 법적인 작위의무가 인정되고(제18조), ⅱ) 담배꽁초 불씨가 살아 있는지를 확인하였다면 결과발생을 쉽게 방지할 수 있었음에도 화재발생을 용인하고 방관한 채 주의의무를 다하지 아니한 것은 작위에 의한 실행행위로 평가할 수 있으며, 또한 ⅲ) 甲과 乙 각자의 과실이 경합하여 이 사건 화재를 일으켰으므로 인과관계도 인정된다. 따라서 甲과 乙에게는 각각 부작위에 의한 실화죄가 성립한다(단독범).

■ 유사사례

> 甲과 乙은 2년 전부터 A 소유의 X사과농장 소속 직원으로 일하던 중 어느 날 오후 업무를 마치
> 고 사과나무 밭에서 담배를 피웠다. 甲은 끄고 남은 담배꽁초를 사과나무 밭에 바로 던져 버리
> 고, 乙도 담배꽁초 불씨를 사과나무 밭 주변을 향해 던져 버린 다음, 甲과 乙은 상호 간 담배꽁
> 초를 던져 그 자리에서 연기가 나는 것을 보고도 아무런 조치를 취하지 아니하고 그곳을 떠났
> 고, 각자가 버린 담배꽁초 불씨가 사과나무 밭 주변 풀과 사과나무에 옮겨 붙어 A 소유의 사과
> 나무 20그루가 다 타버리고 말았다. 사안에서 甲과 乙의 죄책은?
>
> **【23년 법전협 제3차 모의고사 제1문】**

[사안의 해결] 甲과 乙은 각자 부작위에 의한 실화죄의 죄책을 진다.[2]

CASE 쟁점 007 보증인지위와 보증인의무의 체계적 지위★★

> **사례연습** **【이분설】보증인지위와 보증인의무의 착오**
>
> 어느 날 甲은 귀가하다가 만취한 A가 저수지에 빠져 헤어나오지 못하고 있는 것을
> 보았으나 '저런 개망나니 같은 입양아는 구조해줄 의무가 없다'고 생각하고 구조해주
> 지 아니하여 A는 익사하고 말았다. 甲의 죄책을 논하시오.

1. 학설

(1) 위법성요소설

보증인지위와 보증인의무를 구별하지 않고 모두 위법성요소로 보는 견해이다. 이
견해에 의하면 보증인지위와 보증인의무에 대한 착오는 모두 위법성의 착오에 해당
한다.

(2) 구성요건요소설

보증인지위와 보증인의무를 구별하지 않고 모두 구성요건요소로 보는 견해이다. 이
견해에 의하면 보증인지위와 보증인의무에 대한 착오는 모두 구성요건적 착오에 해
당한다.

(3) 이분설 (지·구·무·위)

보증인**지**위는 **구**성요건요소, 보증인의**무**는 **위**법성요소로 보는 견해이다. 이 견해
에 의하면 보증인지위에 대한 착오는 구성요건적 착오(과실범의 성립이 문제됨), 보증
인의무에 대한 착오는 위법성의 착오(착오에 대한 정당한 이유 유무에 따라 고의범의 성
부가 문제됨)에 해당한다.

---

2) 유추해석과 관련된 '과수원 실화 사건'(대결(전) : 94모32)과 부작위에 의한 실화죄와 관련된 '담배
꽁초 사건'을 함께 출제하였다. 출제가 유력하니 관련되는 쟁점의 목차를 반드시 암기해 두어야
한다.

2. 검토 (이분설 지지)

ⅰ) 위법성요소설에 의할 경우 구성요건해당성이 지나치게 넓어지게 되는 문제점이 있고, ⅱ) 구성요건요소설은 작위범의 부작위의무와 같은 다른 형법상의 법적 의무는 위법성요소로 보면서도 부작위범의 보증인 의무만을 구성요건요소로 본다는 점에서 부당하다. 따라서 이분설이 타당하다.

[사안의 해결] 이분설에 따르면 보증인지위에 관한 착오는 구성요건적 착오에 해당하고 (과실범의 성립문제가 됨), 보증인 의무에 관한 착오는 위법성의 착오에 해당한다(책임설에 의하면 착오에 정당한 이유가 있는지 여부에 따라 고의범의 성립여부가 문제 됨).

사안의 경우 甲은 보증인지위는 인식하였으나 보증인 의무를 착오한 경우로서 그 착오에 정당한 이유가 인정된다고 볼 수 없다(책임설을 전제함). 따라서 甲에게는 부작위에 의한 살인죄가 성립한다.

CASE 쟁점 008 　작위의무의 발생근거와 내용***

1. 논점

형법 제18조는 '자기의 행위로 인하여 위험 발생의 원인을 야기한 자' 즉 선행행위로 인하여 보증인지위가 인정될 수 있음을 명문으로 밝히고 있으나, 그 밖에 누구에게 보증인지위가 인정될 것인가에 대하여는 '위험의 발생을 방지할 의무가 있는 자'라고만 규정하여 해석에 맡기고 있어 보증인 지위의 발생근거가 문제된다.

2. 학설

ⅰ) 보증인지위(의무)의 발생 근거에 대하여 법익보호를 위한 보호의무와 법익침해의 위험원을 감시·감독해야 할 안전 의무로 나누어 확정하려는 견해(실질설), ⅱ) 보증인지위(의무)의 발생 근거에 대하여 법적 의무의 형식에 따라 법령, 계약, 조리(사회상규·신의성실), 선행행위 등으로 나누어 확정하려는 견해(형식설)가 있다.

3. 判例 　Keyword 　법·법·선·조

법령, 법률행위, 선행행위로 인한 경우는 물론이고 기타 신의성실의 원칙이나 사회상규 혹은 **조**리상 작위의무가 기대되는 경우에도 법적인 작위의무는 있다고 판시한 바 있다(대판 : 95도2551). [변시 12]

4. 검토 (판례지지)

부작위범이 인정되기 위해서 작위의무는 법적인 의무이어야 하나 법적인 의무인 한 성문법이건 불문법이건 상관이 없고 또 공법이건 사법이건 불문하므로, 법령, 법률행위, 선행행위로 인한 경우는 물론이고 기타 신의성실의 원칙이나 사회상규 혹은 조리상 작위의무가 기대되는 경우에도 법적인 작위의무는 있다고 보아야 하므로 판례가 타당하다.

부작위범에 있어서 정범과 공범의 구별★

1. 논점

타인의 작위에 의한 범행을 방지해야 할 보증인적 지위에 있는 자가 이를 방치한 경우 이를 부작위 정범으로 볼 것인지 부작위 종범으로 볼 것인지가 문제된다.

2. 학설

(1) 정범설

보증인지위에 있는 자가 정범의 범죄를 저지하지 않았다면 원칙적으로 정범으로 보아야 한다는 견해이다.

(2) 종범설

보증인지위에 있는 자가 정범의 범죄를 저지하지 않았다면 종범이 성립할 뿐이라는 견해이다.

3. 判例

은행지점장이 정범인 부하직원들의 범행을 인식하면서도 그들의 은행에 대한 배임행위를 방치하였다면 업무상배임죄의 방조범이 성립한다고 판시한 바 있다(대판 : 84도1906).
[변시 12 · 14 · 15 · 22]

4. 검토 (종범설, 판례지지)

작위범의 범행을 방치한 경우 작위자가 현실적으로 행위지배를 하고 있으므로 부작위자는 부작위를 통해서 작위범의 범행을 가능 또는 용이하게 한 것에 불과하기 때문에 종범으로 평가하는 것이 타당하다. 따라서 종범설 내지 판례의 입장이 타당하다.

03 인과관계와 객관적 귀속

선택형 핵심지문

1. 인과관계 판단에 관한 학설 중 조건설은 인과관계의 인정범위가 지나치게 확대되는 불합리가 있다는 비판을 받는다.

2. **특이체질이 개입된 경우의 인과관계**
   ① [인정] 甲이 A에게 외상이 생길 정도로 심하게 폭행을 가함으로써 평소에 심장질환을 앓고 있던 A가 사망한 경우 (89도556)
   ② [부정] 교사인 甲이 학생 A의 뺨을 때리자 A가 뒤로 넘어져 사망하였는데, 사인이 A의 두개골이 비정상적으로 얇고 뇌수종을 앓고 있었던 데 연유하였던 경우 (78도1691)

3. **자동차에 의한 역과 사건 인과관계**
   ① [인정] 피고인이 운행하던 자동차로 도로를 횡단하던 피해자를 충격하여 피해자로 하여금 반대 차선의 1차선 상에 넘어지게 하여 피해자가 반대차선을 운행하던 자동차에 역과 되어 사망하게 된 경우 (88도928)
   ② [인정] 피고인이 야간에 오토바이를 운전하다가 도로를 무단횡단하던 피해자를 충격하여 피해자로 하여금 위 도로상에 전도케 하고, 그로부터 약 40초 내지 60초 후에 다른 사람이 운전하던 타이탄 트럭이 도로 위에 전도되어 있던 피해자를 역과하여 사망케 한 경우 (90도580)

4. **인과관계 인정 여부에 관한 判例**
   ① [인정] 자상을 입은 피해자가 콜라와 김밥 등을 함부로 먹은 탓으로 합병증이 유발됨으로써 사망하게 된 경우 (93도3612) [변시 18 · 22 · 23]

   > **동지판례** [인정] 피고인이 甲의 뺨을 1회 때리고 오른손으로 목을 쳐 甲으로 하여금 뒤로 넘어지면서 머리를 땅바닥에 부딪치게 하여 甲이 두부 손상을 입은 후 병원에서 입원 치료를 받다가 합병증으로 사망에 이르게 된 경우

   ② [인정] 甲이 화약류를 취급하는데 필요한 소정의 면허를 받지 못한 乙을 화약류 취급책임자로 선임하여 발파작업에 종사케 하여 그 발파작업 중 乙의 과실로 인하여 사상의 사고가 발생한 경우 (66도758)

   > **비교판례** [부정] 탄광 덕대인 甲이 화약류 취급책임자 면허가 없는 乙에게 화약고 열쇠를 맡기었던 바 乙이 경찰관의 화약고 검열에 대비하여 임의로 화약고에서 폭약 등을 꺼내어 이를 근로자 숙소 아궁이에 감추었고, 이 사실을 모르는 丙

이 위 아궁이에 불을 때다 위 폭발물에 인화되어 폭발위력으로 사람을 사상에 이르게 한 경우 (81도53)

③ **[인정]** 운전수 甲이 시동을 끄고 1단 기어가 들어가 있는 상태에서 시동 열쇠를 끼워놓은 채 11세인 어린이를 조수석에 남겨두고 하차하자 어린이가 시동 열쇠를 돌리며 악셀레이터 페달을 밟아 차량이 진행하여 사고가 발생한 경우 (86도1048)

> **비교판례** **[부정]** 운전사 甲이 발동을 끄고 시동 열쇠는 꽂아 둔 채로 하차한 동안에 조수가 이를 운전하다가 사고를 낸 경우 (71도1082)

④ **[인정]** 연탄가스 중독환자가 퇴원 시 자신의 병명을 물었으나 치료한 의사가 아무런 요양 방법을 지도하여 주지 아니하여 병명을 알지 못한 환자가 퇴원하여 처음 사고가 난 방에서 다시 자다가 재차 연탄가스에 중독된 경우, 의사의 지도 미이행의 과실과 연탄가스 사고 사이 (90도2547)

⑤ **[인정]** 자동차의 운전자가 그 운전상의 주의의무를 게을리 하여 열차 건널목을 그대로 건너는 바람에 자동차가 열차 좌측 모서리와 충돌하여 20여m쯤 열차 진행 방향으로 끌려가면서 튕겨 나갔고, 피해자는 타고 가던 자전거에서 내려 위 자동차 왼쪽에서 열차가 지나가기를 기다리고 있다가 위 충돌사고로 놀라 넘어져 상해를 입은 경우 (89도866)

⑥ **[부정]** 강간을 당한 피해자가 음독자살하기에 이른 원인이 강간을 당함으로 인하여 생긴 수치심과 장래에 대한 절망감 등에 있었던 경우 (82도1446)

⑦ **[부정]** 야간에 고속도로를 무단횡단하는 보행자를 충격 하여 사망에 이르게 한 경우, 피고인에게 고속버스와의 안전거리를 확보하지 아니한 채 진행하다가 과속으로 고속버스의 우측으로 제한최고속도를 시속 20km 초과하여 추월한 잘못이 있더라도, 피고인의 위와 같은 잘못과 피해자의 사망 사이 (2000도2671)

⑧ **[인정]** 강도 · 강간 · 감금 · 상해행위 등을 피하려다가 발생한 결과와 인과관계 (96도1142; 95도425; 99도5286; 91도2085; 96도529)

⑨ **[인정] 의사의 설명의무 위반 환자의 상해 발생 사이** 의사가 시술의 위험성에 관하여 설명을 하였더라면 환자가 시술을 거부하였을 것이라는 점이 합리적 의심의 여지가 없이 증명되지 못한 경우에는 의사의 설명의무 위반과 환자의 상해 또는 사망 사이에 상당인과관계를 인정할 수 없다. (2014도11315) [변시 23]

⑩ **[부정] 아 · 청 · 법 제7조 제5항 위반이 위계와 간음행위 사이** 아청법 제7조 제5항 위반의 위계에 의한 간음죄에서 행위자가 간음의 목적으로 피해자에게 오인, 착각, 부지를 일으키고 피해자의 그러한 심적 상태를 이용하여 간음의 목적을 달성했다면 위계와 간음행위 사이의 인과관계를 인정할 수 있다. (2020도15730) [변시 23]

⑪ **[부정]** 피해자 법인의 대표가 기망행위자와 동일인이거나 기망행위자와 공모하는 등 기망행위임을 알고 있었던 경우 기망행위로 인한 착오가 있다고 볼 수 없고, 재물 교부 등의 처분행위가 있었더라도 기망행위와 인과관계가 있다고 보기 어렵다. (2017도8449) [변시 23]

사례형 쟁점정리

CASE 쟁점 010 특이체질과 인과관계 판단*

사례연습 甲은 외관상 건강해 보이는 63세인 A에게 가벼운 폭행을 가하였지만 A는 경미한 외인에 의하여도 급성심장사를 일으킬 수 있는 중증의 심장질환 때문에 사망하였다. 한편 甲은 A의 그러한 특수한 사정을 알지 못했다. (절충적) 상당인과관계설과 조건설에 의하여 인과관계를 판단하라.

[해설] 절충적 상당인과관계설은 행위 당시에 일반인이 인식할 수 있었던 사정 및 일반인이 인식할 수 없었던 사정이라도 행위자가 특히 인식하고 있었던 사정을 기초로 하여 상당성을 판단한다. A가 중증의 심장질환자라는 것은 특이체질로서 행위 당시 일반인이 인식할 수 있는 사정이 아니며 또한 甲이 인식하고 있었던 것이 아니므로 상당성 판단의 기초가 될 수 없다.

따라서 甲은 63세인 A에게 가벼운 폭행을 한다는 인식밖에 없었으므로 이를 기초로 사회생활의 일반 경험칙에 따라 판단하면 甲의 폭행과 A의 사망 간에는 상당인과관계가 인정되지 아니한다. 한편 조건설에 의하면 甲의 폭행이 없었더라면 A는 사망하지 않았으리라는 관계가 인정되므로 甲의 폭행과 A의 사망 간에는 인과관계가 인정된다.

CASE 쟁점 011 인과관계의 판단기준**

1. 학설

(1) 조건설

행위와 결과 사이에 그 "행위(조건)가 없었다면 결과가 발생하지 않았을 것이다"라는 논리적 조건 관계가 인정되면 인과관계가 인정된다는 견해이다.

(2) 상당인과관계설

사회생활의 일반 경험칙상 그러한 행위로부터 그러한 결과가 발생하는 것이 상당하다고 (개연성이) 인정될 때 그 행위와 결과 사이에는 인과관계가 있다고 보는 견해이다.

(3) 합법칙적 조건설

행위가 시간적으로 뒤따르는 외계의 변화에 연결되고 이 외계의 변화가 행위와 합법칙적으로 결합되어 구성요건적 결과로 실현되었을 때에 인과관계가 인정된다는 견해이다(이재상, 144면).

2. 判例 [유일 · 직접 · 원인 · 다른사실개재 · 통상예견]

교통방해 행위가 피해자의 사상이라는 결과를 발생하게 한 **유일하거나 직접적인 원인** 이 된 경우만이 아니라, 그 행위와 결과 사이에 피해자나 **제3자의 과실 등 다른 사실 이 개재**된 때에도 그와 같은 사실이 **통상 예견**될 수 있는 것이라면 상당인과관계를 인 정할 수 있다고 판시하여 상당인과관계설의 입장이다(대판 : 93도3612). [변시 17]

3. 검토 (판례지지)

ⅰ) 조건설은 인과관계의 인정 범위가 지나치게 확대되는 불합리가 있으며, ⅱ) 합법칙 적 조건설은 합법칙성의 내용이 분명하지 못하다. 따라서 상당인과관계설(판례)이 타당 하다.

CASE 쟁점 012 **객관적 귀속의 기준 (적법한 대체행위이론)** [변시 21]

1. 논점

적법한 대체행위를 한 경우를 가정하더라도 동일한 결과가 발생할 가능성이나 개연성 이 있는 경우 즉 결과의 발생 · 불발생이 확실하지 않은 경우에는 객관적 귀속이 인 정될 것인지가 문제 된다. 객관적 귀속이론이란 합법칙적 조건설에 의할 때 인과관계 가 인정되는 결과를 행위자의 행위에 객관적으로 귀속시킬 수 있는가(또는 행위자의 행 위 탓으로 돌릴 수 있는가)를 확정하는 이론을 말한다.

2. 학설

(1) 위험증대설

행위자가 주의의무 위반에 의하여 결과 발생의 위험을 증대시킨 이상 객관적 귀속 을 인정해야 한다는 견해이다.

(2) 무죄추정설

적법한 대체행위를 한 경우에 결과의 발생 · 불발생이 확실하지 않다면 무죄추정의 원칙에 따라 객관적 귀속을 부정하여야 한다는 입장이다.

3. 判例

적법한 대체행위이론을 상당인과관계의 인정 여부에 대한 판단요소로 고려하면서도 할 로테인 마취사건에서 무죄추정설에 가까운 입장을 보이고 있다(대판 : 90도694).

4. 검토 (무죄추정설 지지)

위험증대설은 결과의 발생 · 불발생이 확실하지 않은 경우에도 객관적 귀속을 인정하므 로 형사법의 대원칙인 in dubio pro reo (의심스러울 때에는 피고인의 이익으로)의 원칙에 반한다. 따라서 무죄추정설이 타당하다.

乙은 도피를 위해 자신의 트럭을 운전하던 중 H가 운전하던 자전거와 충분한 측면 간격을 유지하지 아니한 채 H를 추월하다가 H가 乙의 차바퀴에 치어 사망하였다. 이 경우 H가 만취상태였기 때문에 乙이 H의 자전거와 충분한 측면 간격을 유지하면서 추월했더라도 동일한 사망의 결과가 발생했을 것이 확실한 경우 乙에게 교통사고처리특례법위반(치사)죄가 성립하는지 논하시오.

【제10회 변호사시험 제2문】

[사안의 해결] 乙이 주의의무를 위반한 점은 분명하므로 乙의 주의의무위반과 H의 사망이라는 결과사이에는 인과관계가 존재한다.[3] 다만, 乙이 교통법규를 준수하였다고 하더라도 동일한 결과가 발생하였을 것이므로 이러한 결과를 乙에게 귀속시킬 수 있는지 즉, 객관적 귀속이 인정될 수 있는지 문제된다.

사안에서 乙이 H의 자전거와 충분한 측면 간격을 유지하면서 추월하였더라도 동일한 사망의 결과가 발생하였을 것이므로 乙의 과실과 H의 사망 사이에는 인과관계가 있다고 단정할 수 없다. 따라서 乙의 과실과 H의 사망 사이에는 인과관계 또는 객관적 귀속이 인정되지 않으므로 교통사고처리특례법위반(치사)죄가 성립하지 않는다.

---

3) 객관적 귀속은 존재론적 문제인 인과관계와는 달리 인과관계가 인정된 결과를 행위자에게 귀속시키는 것이 과연 정당한가라는 규범적 · 법적 판단의 문제이다.

04 구성요건적 고의

선택형 핵심지문

1. 구별개념

① 구성요건적 고의란 객관적 구성요건적 사실을 인식(지적 요소)하고 구성요건을 실현하려는 의사(의지적 요소)를 말한다.

　㉠ **[불법고의]** 행위자가 객관적 구성요건실현의 인식과 의사를 가지고 동시에 위법성조각사유에 해당하지 않는다는 사실을 인식하면서도 행위를 하는 경우의 고의를 말한다(소극적 구성요건표지이론의 고의, 총체적 불법구성요건적 고의).

　㉡ **[책임고의]** 구성요건실현의 인식과 의사를 가지고 행위를 하는 행위자의 의사결정이 법적으로 비난받을 수 있는 심정에 기인하는 경우를 말한다(심정반가치로서의 고의).

2. 구성요건적 고의의 인식대상

고의의 인식대상인 것	고의의 인식대상이 아닌 것
① 객관적 구성요건요소 ⅰ) 행위의 주체 – 배임죄의 타인의 사무처리자, 위증죄의 법률에 의하여 선서한 증인. 따라서 진정신분범에서의 신분도 행위의 주체요소이므로 고의의 인식대상에 포함된다. ⅱ) 행위객체 – 살인죄의 사람 · 절도죄의 타인의 재물 [변시 23] ⅲ) 행위 – 위조문서행사죄에서 위조문서의 행사 ⅳ) 결과 – 방화죄에서 소훼의 결과 ⅴ) 인과관계 – 인과관계도 고의의 인식대상이다(통설). ⅵ) 행위수단, 행위태양 – 사기죄의 기망, 특수절도죄의 흉기휴대 [변시 17 · 18] ⅶ) 행위상황 – 야간주거침입절도죄의 야간, 명예훼손죄와 모욕죄의 공연성 ⅷ) 구체적 위험범에서 위험의 발생 – 자기소유일반건조물방화죄의 위험발생 ② 가중적 · 감경적 구성요건 : 불법을 형성하는 가중적 구성요건요소와 감경적 구성요건요소에 대한 인식이 필요하다.	ⅰ) 결과적 가중범에 있어서 결과는 고의의 인식대상이 아니며, 예견가능성(과실)이 있으면 족하다. ⅱ) 구성요건의 주관적 요소(예 고의, 목적 등)와 처벌조건(예 친족상도례에서 친족인 신분, 사전수뢰죄에서 공무원 또는 중재인이 된 사실) 및 소추조건(예 친고죄의 고소, 반의사불벌죄의 피해자의 의사)은 인식대상이 아니다. ⅲ) 추상적 위험범에서 위험발생은 구성요건 요소가 아니므로 고의의 인식대상이 아니다. ⅳ) 상습범의 상습성 및 영아살해죄에서 치욕을 은폐하려는 동기는 책임관련 요소이므로 인식의 대상이 아니다. ⅴ) 책임능력과 기대가능성은 책임요소에 해당하므로 고의의 인식대상이 아니다. ⅵ) 형벌법규 및 행위의 가벌성 ⅶ) 위법성조각사유의 객관적 전제사실

3. 미필적 고의가 있었다고 하려면 **결과발생의 가능성에 대한 인식**이 있음은 물론 나아가 결과발생을 **용인하는 내심의 의사**가 있음을 요한다. (86도2338) [변시 18]

> **관련판례** 무고죄의 범의와 업무방해의 고의는 미필적 고의로도 충분하다. (2005도
> 4642; 2016도14415) [변시 23]

4. 기업경영자가 파산에 의한 채무불이행의 가능성을 인식할 수 있었다고 하더라도 그러한 사태를 피할 수 있는 가능성이 있다고 믿었고, 계약이행을 위해 노력할 의사가 있었을 때에는 사기죄의 고의가 있었다고 단정해서는 안 된다. (2015도18555)

5. 고의는 내심적 사실이므로 피고인이 이를 부정하는 경우에는 간접사실을 증명하는 방법에 의하여 입증할 수밖에 없다. (2006도4806) [변시 12 · 19 · 21]

6. "어떠한 소문이 있다."라고 공표한 경우 그 소문의 내용이 허위이면 소문이 있다는 사실 자체는 진실이라 하더라도 허위사실공표죄가 성립된다. (2001모193)

7. **[부정]** 운전면허증 앞면에 적성검사기간이 기재되어 있고, 뒷면 하단에 경고 문구가 있다는 점만으로 피고인이 정기적성검사 미필로 면허가 취소된 사실을 미필적으로나마 인식하였다고 추단하기 어렵다. (2004도6480)

> **비교판례** **[인정]** 이미 적성검사 미필로 면허가 취소된 전력이 있는데도 면허증에
> 기재된 유효기간이 5년 이상 지나도록 적성검사를 받지 아니한 채 자동차를 운전하
> 였다면 비록 적성검사 미필로 인한 운전면허 취소 사실이 통지되지 아니하고 공고되
> 었다 하더라도 면허취소 사실을 알고 있었다고 보아야 하므로 무면허운전죄가 성립
> 한다. (2002도4203)

사례형 쟁점정리

CASE 쟁점 013 지적 요소와 의지적 요소

> **판례연습** 甲은 상습절도의 전과가 있는 자로서 A가 경영하는 평원닭집에서 고양이
> 한 마리를 런닝셔츠 속에 넣고 가다가 A에게 발각되었다. 그 고양이는 실제로는 A소
> 유인데 甲은 자신이 친구로부터 빌렸다가 잃어버린 고양이로 잘못 알고 있었다. 甲의
> 죄책은?

[판결요지] 절도죄에 있어서 재물의 타인성을 오신하여 그 재물이 자기에게 취득(빌린 것)할 것이 허용된 동일한 물건으로 오인하고 가져온 경우에는 범죄사실에 대한 인식이 있다고 할 수 없으므로 범의가 조각되어 절도죄가 성립하지 아니한다(대판 : 83도1762). [변시 19]

미필적 고의와 인식 있는 과실의 구별*

1. 논점

형법상 과실범은 고의범과 달리 예외적으로 처벌되며, 동일한 결과에 대하여도 과실범은 고의범에 비하여 법정형이 훨씬 경하므로 형사책임의 한계를 명백히 하기 위하여 양자의 구별이 필요하다.

2. 학설

(1) 개연성설 – 행위자가 결과발생의 개연성을 인식한 경우에는 미필적 고의이고, 단순한 가능성을 인식한 경우에는 인식 있는 과실이라는 견해이다.

(2) 감수설 – 행위자가 결과발생의 가능성을 인식하면서도 구성요건실현의 위험을 감수한 때에는 미필적 고의이고, 결과가 발생하지 않는다고 신뢰한 때에는 인식 있는 과실이라는 견해이다.

3. 判例 Keyword 결과발생가능성 인식+용인·내심의 의사

미필적 고의가 있었다고 하려면 **결과 발생의 가능성**에 대한 **인식**이 있음은 물론 나아가 결과 발생을 **용인하는 내심의 의사**가 있음을 요한다고 판시하여 용인설의 입장을 취하고 있다(대판 : 86도2338).

4. 검토 (판례지지)

개연성설은 고의의 의지적 요소를 고려하지 아니한다는 점에서 타당하다고 할 수 없다. '감수'는 표현의 차이에도 불구하고 '용인'과 실질적인 차이점은 없다고 보여지므로 판례가 타당하다.

05 구성요건적 착오

1. 착오의 유형

		인식 vs 실재	법적 성격(적용법조), 법적 효과
구성요건 관련 착오	(A1) 범죄사실× ≠ 범죄사실○		① 예 노루인 줄 알고 사살하였으나 사람이었던 경우 ② 구성요건적 착오 or 과실범 문제(제13조, 제14조) ③ 고의 탈락, 과실범의 성부가 문제
	(A2) 범죄사실○ ≠ 범죄사실×		① 예 사람인 줄 알고 쏘았으나 바위에 명중한 경우 ② 반전된 구성요건적 착오 ③ 미수범의 성부 문제, 미수론의 과제
	(A3) 범죄사실○ ≠ 범죄사실○		① 예 A를 향해 쏘았으나 B가 맞아 사망한 경우 ② 구성요건적 착오(제15조 제1항) ③ 고의의 인정여부 문제, 구성요건적 착오론의 과제

2. 착오사례의 법적 효과***

① **[형법 제15조 제1항에 의한 착오사례]** 보통살인의 고의로 존속을 살해하였다면 형법 제15조 제1항이 적용되어 보통살인죄로 처벌된다. (4293형상494)

② **[제15조 제1항의 규율 밖에 있는 착오사례]**

	종류	구체적 부합설	법정적 부합설	추상적 부합설
구체적 사실의 착오	객체의 착오	※ 제1영역 발생사실에 대한 고의(기수)인정		
	방법의 착오			
추상적 사실의 착오	객체의 착오	※ 제2영역 인식사실에 대한 (고의)미수와 발생사실에 대한 과실범의 상상적 경합 [변시 19]		※ 제3영역 ① 경죄 고의로 중한 결과발생 : 경죄기수와 중죄과실범의 상상적 경합 ② 중죄 고의로 경한 결과발생 : 중죄미수와 경죄기수범의 상상적 경합
	방법의 착오			

☑ 부합설에 따른 착오사례의 법적 효과의 비교

① 구체적 사실의 착오 중 객체의 착오의 경우, 모든 견해의 결론이 동일하다(※ 제1영역).
② 구체적 사실의 착오 중 방법의 착오의 경우, 법정적 부합설과 추상적 부합설은 결론이 동일하나(※ 제1영역) 구체적 부합설은 이들과 결론을 달리한다(※ 제2영역).
③ 추상적 사실의 착오의 경우, 구체적 부합설과 법정적 부합설은 결론이 동일하나(※ 제2영역) 추상적 부합설은 이들과 결론을 달리한다(※ 제3영역). [변 13·14]

3. 피고인이 공소외인과 동인의 처를 살해할 의사로서 농약 1포를 숭늉 그릇에 투입하여 공소외인 집의 식당에 놓아둠으로써 그 정을 알지 못한 공소외인의 장녀가 이를 마시게 되어 동인을 사망케 하였다면 공소외인의 장녀에 대하여 살인죄가 성립한다. (68도884) [변시 13]

4. 성명미상자 3명과 싸우다가 힘이 달리자 포장마차로 달려가 30cm의 식칼을 가지고 나와 이들 3명을 상대로 휘두르다가 이를 말리면서 식칼을 뺏으려던 피해자의 귀를 찔러 상해를 입힌 피고인에게 상해의 범의가 인정된다. (87도1745) [변시 22]

5. 구체적 부합설에 대하여는 고의의 기수책임을 인정하는 범위가 지나치게 좁다는 비판이 가해진다.

6. **[병발사례]** 살인의 고의로 A를 향하여 총을 쏘아 A에게 상해를 입히고 B를 사망케 한 경우 구체적 부합설은 A에 대한 살인미수죄와 B에 대한 과실치사죄의 상상적 경합을 인정한다.

7. 피해자가 피고인들의 살해의 의도로 행한 구타 행위에 의하여 직접 사망한 것이 아니라 죄적을 인멸할 목적으로 행한 매장 행위에 의하여 사망하게 되었다 하더라도 피고인들은 살인죄의 죄책을 면할 수 없다.

사례형 쟁점정리

CASE 쟁점 015 구성요건적 착오의 법적 효과***

甲은 A를 살해하기 위해 총을 발사하였으나 총알이 빗나가 행인 B가 맞아 사망하였다. 甲의 죄책을 논하시오.

1. 논점

甲은 A를 살해하려다가 의도하지 않았던 B를 살해하였는바 이는 구성요건착오에 해당하며 구체적 사실의 착오 중 방법의 착오의 사례에 해당한다. 이 경우에도 甲에게 B에 대한 살인의 고의를 인정하여 살인죄를 인정할 수 있는지 문제된다.

2. 학설

(1) **구체적 부합설**

행위자가 인식한 범죄사실과 실제로 발생한 범죄사실이 구체적으로 부합하는 경우인 구체적 사실의 착오 중 객체의 착오의 경우에만 발생한 범죄사실에 대한 고의의 성립을 인정한다. 이 견해는 甲에 대하여 B에 대한 살인의 고의를 인정하지 않는다.

(2) 법정적 부합설

행위자가 인식한 범죄사실과 실제로 발생한 범죄사실이 법정적으로 부합하는 경우에는 발생사실에 대한 고의의 성립을 인정한다. 따라서 구체적 사실의 착오의 경우에는 객체의 착오와 방법의 착오를 불문하고 발생한 사실에 대하여 고의를 인정한다. 이 견해는 甲에 대하여 B에 대한 살인의 고의를 인정한다.

3. 判例

사람을 살해할 목적으로 총을 발사한 이상 목적하지 아니한 다른 사람에게 명중되어 사망의 결과가 발생하였다 하더라도 살의를 조각하지 않는다고 판시한 바 있다(대판 : 75도727).

4. 검토 및 사안의 해결 (법정적 부합설 지지)

구체적 부합설은 고의기수 책임을 인정하는 범위가 지나치게 좁다는 문제점이 있으므로 판례 내지 법정적 부합설의 입장이 타당하다. 따라서 사안의 경우 甲에게 B에 대한 살인의 고의가 인정되므로 甲은 살인죄의 죄책을 진다.

CASE 쟁점 016 구성요건적 착오★★★

사례연습 甲은 코로나19로 사업이 어렵게 되자 양부(養父) A에게 재산의 일부를 증여해 달라고 요구하였지만 핀잔만 듣게 되었다. 이에 화가 난 甲은 A를 살해하기로 마음먹고 따로 거주하고 있는 사촌 동생 乙에게 A를 살해하라고 교사하면서 甲과 A가 함께 살고 있는 집의 현관 비밀번호 및 집 구조를 乙에게 알려 주었다. 甲이 알리바이를 위하여 다른 지역으로 출장을 떠난 사이, 乙은 범행 당일 새벽 2시경 甲이 알려 준 비밀번호를 이용하여 현관문을 열고 들어가 침실에서 자고 있던 사람의 얼굴을 베개로 눌러 질식으로 사망케 하였다. 그러나 사실 침실에서 자고 있던 사람은 A의 운전기사 B였다. 乙의 죄책은? 【제12회 변호사시험 제2문】

[해설] 사안의 경우 乙은 B를 살해하였는바 일응 살인죄가 성립한다. 다만, 甲으로부터 A를 살해하라는 교사를 받고 B를 A로 오인하여 B를 살해하였는바 이는 동일 구성요건 사이의 착오이며 객체의 동일성을 착오한 경우이므로, **구성요건적 착오로서 구체적 사실의 착오 중 객체의 착오**에 해당한다. 이 경우 발생사실에 대하여 고의를 인정함에는 이론이 없다.[4] 따라서 乙에게 B에 대한 살인의 고의가 인정되므로 B에 대한 살인죄의 고의기수범이 성립한다(제250조 제1항).

사례연습 【구성요건적 착오 사례 1】

아래의 〈사례〉에 대하여 구체적 부합설과 법정적 부합설에 의할 때 甲의 죄책은?

가) 甲은 A를 살해하기 위해 총을 발사하였으나 총알이 빗나가 가로수에 가려 있었던 행인 B가 맞아 사망하였다.

나) 甲은 C를 살해하기 위해 총을 발사하였으나 총알이 빗나가 C의 도자기가 파손되었다.

다) 甲은 평소 자신을 괴롭혀온 D를 살해하기로 결심하고 골목에서 기다리던 중 외모가 비슷한 D의 쌍둥이 형 E가 나타나자 E를 D로 잘못 알고 총격을 가하여 살해하였다.

[해설]

가) 구체적 사실의 착오 중 방법의 착오의 사례에 해당한다. 법정적 부합설에 의하면 발생 사실에 대한 고의를 인정하므로 甲의 죄책은 B에 대한 살인 기수이다.

구체적 부합설에 의하면 인식 사실의 미수와 발생 사실의 과실범의 상상적 경합이 인정되므로 甲의 죄책은 A에 대한 살인 미수와 B에 대한 과실치사의 상상적 경합이다.

나) 추상적 사실의 착오 중 방법의 착오의 사례에 해당한다. 법정적 부합설 및 구체적 부합설 모두 인식 사실의 미수와 발생 사실의 과실범의 상상적 경합을 인정하므로 C에 대한 살인미수와 도자기에 대한 과실 손괴의 상상적 경합의 성립이 문제되나 과실 손괴를 처벌하는 규정이 없으므로 甲의 죄책은 C에 대한 살인미수만 인정된다.

다) 구체적 사실의 착오 중 객체의 착오의 사례에 해당한다. 구체적 부합설 및 법정적 부합설 모두 발생한 사실에 대하여 고의를 인정하므로, 甲의 죄책은 E에 대한 살인기수이다.

---

4) 구체적 사실의 착오 중 객체의 착오의 경우에는 부합설 중 어느 학설에 의하더라도 발생사실에 대한 고의를 인정함에 이론이 없으므로 여러 가지 부합설을 장황하게 나열하는 것은 아무런 의미가 없다(그런데 실제로 채점을 해보면 학설 소개에 많은 지면을 할애하는 경우가 많다. 이는 배점이 없는 부분에 시간을 낭비한 것이며 더 나아가 사례 해결에 불필요한 내용을 기술하였다는 점에서 답안의 인상을 흐릴 수 있다는 점에서 주의하여야 한다). 각 학설이 쟁점에 대한 효과를 달리하는 경우에만 각 학설을 소개한 후 어느 하나의 학설을 취하여(물론 이 과정에서 다른 견해의 문제점이나 취하는 견해의 장점을 소개하여야 한다) 그 견해에 입각하여 결론을 내려야 한다. 박상기 교수님의 사례집(형법연습 8면)에서도 어느 학설을 적용하더라도 결론이 동일할 경우 굳이 각 학설을 일일이 설명하고 같은 결론임을 설명할 필요는 없다고 언급하고 있다.

【구성요건적 착오 사례 2】

甲은 상해의 고의로 사람에게 돌을 던졌으나 빗나가서 그 옆에 있던 마을 주민이 세운 장승에 맞았고, 장승의 일부가 손괴되었다. 甲의 죄책은?

[해설] 상해의 고의로 손괴의 결과가 발생하였으므로 추상적 사실의 착오에 해당한다. 추상적 사실의 착오의 경우 ⅰ) 구체적 부합설과 법정적 부합설은 인식한 범죄에 대하여 고의범의 미수를 인정하고 발생한 결과에 대하여는 과실범을 인정한다. 따라서 상해미수와 과실재물손괴가 문제 되지만, 과실재물손괴의 경우 처벌 규정이 없으므로, 상해미수죄만 성립한다. 한편 ⅱ) 추상적 부합설의 경우 상해미수죄와 손괴기수죄(작은 범죄는 언제나 고의 기수를 인정한다)의 상상적 경합을 인정한다.

CASE 쟁점 017 **구성요건적 착오 - 병발 사건의 경우***

甲이 A를 살해할 의사로 총을 쏘아 A에게 상해를 입히고 B를 사망케 한 경우 甲의 죄책을 논하시오.

1. 학설

(1) **구체적 부합설**

A에 대한 살인미수죄와 B에 대한 과실치사죄의 상상적 경합을 인정한다.

(2) **법정적 부합설**

ⅰ) A에 대한 살인미수죄와 B에 대한 살인기수죄의 상상적 경합이라는 견해, ⅱ) A에 대한 과실치상죄와 B에 대한 살인기수죄의 상상적 경합이라는 견해, ⅲ) A에 대한 살인미수죄와 B에 대한 과실치사죄의 상상적 경합이라는 견해, ⅳ) B에 대한 살인기수죄만 성립하고 A에 대한 살인미수는 이에 흡수된다는 견해(다수설)가 있다.

2. 검토 (법정적 부합설 중 ⅳ 지지)

구체적 부합설은 고의의 인정 범위가 지나치게 좁으므로 타당하지 못하다. 법정적 부합설 중 ⅰ)설은 1개의 고의로 행위한 자에게 두 개의 고의를 인정한다는 점에서, ⅱ)설은 A에 대한 살인의 고의가 어떻게 과실로 변할 수 있는가를 설명하지 못한다는 점에서, ⅲ)설은 A를 살해할 의사로 총을 쏘아 A에게 전혀 상처를 입히지 않고 B만 사망케 한 경우 (B에 대한 살인기수죄에 해당함)와 형의 불균형이 발생한다는 점에서 문제가 있다. 따라서 법정적 부합설 중 ⅳ)설이 타당하다.

3. 결론

甲은 B에 대한 살인죄의 죄책을 진다.

☑ 사실의 착오에 있어서 병발사례

병발사례의 유형 (살인의 고의로 A를 향하여 총을 쏘아…)	학설별 결론	
	구체적 부합설	법정적 부합설
① A를 사망케 하고 B도 사망케 한 경우	A에 대한 살인기수죄와 B에 대한 과실 치사죄의 상상적 경합	A에 대한 살인기수죄와 B에 대한 과실치사죄의 상상적 경합
② A를 사망케 하고 B에게도 상해를 입힌 경우	A에 대한 살인기수죄와 B에 대한 과실 치상죄의 상상적 경합	A에 대한 살인기수죄와 B에 대한 과실치상죄의 상상적 경합
③ A에게 상해를 입히고 B도 사망케 한 경우*	A에 대한 살인미수죄와 B에 대한 과실 치사죄의 상상적 경합	(학설 다툼) 다수설은 B에 대한 살 인기수죄만 인정
④ A에게 상해를 입히고 B에게도 상해를 입힌 경우	A에 대한 살인미수죄와 B에 대한 과실 치상죄의 상상적 경합	A에 대한 살인미수죄와 B에 대한 과 실치상죄의 상상적 경합

CASE 쟁점 018 **인과관계(과정)의 착오***** [변시 13 · 14 · 15 · 16 · 17 · 19]

> **(웅덩이 질식사 사건)** 甲은 정신지체자인 처에게 A가 젖을 달라고 하면서 희롱하자 A를 구타하면서 살인의 고의를 갖고 A의 머리를 돌멩이로 후려쳤다. A가 정신을 잃고 축 늘어지자 甲은 A가 죽은 것으로 오인하고 시체를 파묻어 증거를 인멸할 목적으로 개울가로 끌고 가 웅덩이를 파고 매장한 결과 A는 질식사하였다. 甲의 죄책을 논하라.
> **【제9회 변호사시험 제1문 유사】**

1. 논점

甲이 살인의 고의를 갖고 제1행위를 한 후, 결과가 발생한 것으로 오인하여 죄적인멸의 의도를 가지고 제2행위를 했지만 실제로 결과는 살인의 고의가 없었던 제2행위에 의하여 발생하였다. 이 경우 甲에게 발생한 결과에 대하여 고의기수 책임을 인정할 수 있는지가 문제된다.

2. 학설

① 살인죄의 기수를 인정하는 견해 : 수 개의 부분행위가 포괄하여 하나의 행위결과로 실현된 때에 수개의 부분 행위 전부에 걸치는 하나의 개괄적 고의행위로 보아 살인죄의 기수를 인정하는 견해(**개괄적 고의설**), 구성요건적 결과가 행위자의 죄적은폐를 위한 제2행위에 의해 비로소 야기되었더라도, 그것이 일반적인 생활 경험의 범위 내에서 죄적인멸을 위한 전형적인 행위로 평가될 수 있으므로 객관적 귀속을 인정하여 살인죄의 기수를 인정하는 견해(**객관적 귀속설**), 현실로 진행된 인과관계가 예

견된 인과의 진행과 본질적인 차이가 없는 경우에 해당한다고 보아 살인죄의 기수를 인정하는 견해가 있다(인과관계 착오설).

② 살인죄의 미수와 과실치사죄를 인정하는 견해 : 제1행위와 제2행위는 고의를 달리하는 별개의 행위이기 때문에 각각 독자적으로 판단해야 하므로 살인미수죄와 과실치사죄의 실체적 경합을 인정하는 견해이다(미수와 과실의 경합설).

3. 判例 (전 과정 · 개괄적 / 처음 예견된 사실 · 실현)

甲의 행위 **전 과정**을 **개괄적**으로 보면 피해자의 살해라는 **처음에 예견된 사실이 결국은 실현**된 것으로서 살인죄의 죄책을 면할 수 없다(대판 : 88도650).

4. 검토 및 사안의 해결

두 개의 행위가 독립된 행위라 하더라도 제1행위가 제2행위를 매개로 구성요건적 결과를 상당하게 실현한 것으로 평가되면 기수로 될 수 있음에도 제2행위의 독립성을 강조하여 객관적으로 귀속될 수 있는 결과까지 미수범으로 처벌하는 것은 부당하다. 한편 甲의 행위 전 과정을 개괄적으로 보면 A의 살해라는 처음에 예견된 사실이 결국은 실현된 것이므로 甲은 살인죄의 기수에 해당한다고 보는 것이 타당하다. 따라서 甲은 살인죄의 기수의 죄책을 진다.

06 과 실

선택형 핵심지문

1. 업무상과실장물취득죄는 기본적 구성요건(보통과실에 의한 장물죄 규정)이 존재하지 않으므로 가중적 구성요건에 해당하지 않는다.

2. 행정상의 단속을 주안으로 하는 법규라 하더라도 '명문 규정이 있거나 해석상 과실범도 벌할 뜻이 명확한 경우'를 제외하고는 형법의 원칙에 따라 '고의'가 있어야 벌할 수 있다. 따라서 고의범에 관한 규정에서 기타의 방법을 과실을 포함하는 것이라고 해석할 수 없다. (2009도9807) [변시 13 · 17]

3. 과실유무를 판단할 때에는 같은 업무와 직무에 종사하는 보통인의 주의정도를 표준으로 하여야 하며, 이러한 법리는 한의사의 경우도 마찬가지이다. (2009도13959) [변시 13 · 17]

4. 주의의무 위반의 판단기준에 관한 주관설에 의하면 행위자의 주의능력이 평균인에 미달하여 자신의 능력을 모두 발휘하더라도 결과발생의 예견이 불가능하였다면 과실범의 불법이 배제된다. [변시 13]

5. 주의의무 위반의 판단기준에 관한 객관설에 의할 경우에도 행위자가 일반인을 초과하는 특수지식·경험과 특수능력을 가지고 있었던 경우 특수지식·경험은 고려하며, 특수능력은 고려하지 아니한다.

6. 찜질방 직원 및 영업주에게 손님이 몰래 후문으로 나가 술을 더 마시고 들어올 경우까지 예상하여 직원을 추가로 배치하거나 후문으로 출입하는 모든 자를 통제·관리하여야 할 업무상 주의의무가 있다고 보기 어렵다. (2009도9807)

7. **[규범의 보호목적이론]** 甲이 신호등에 의하여 교통정리가 행하여지고 있는 ﾄ자형 삼거리의 교차로를 녹색등화에 따라 제한속도를 위반하여 과속으로 직진하던 중, 신호를 위반하여 甲의 차량을 가로질러 좌회전을 하던 A의 오토바이와 충돌하여 A가 부상을 당하였다고 하더라도 과속운전한 잘못과 교통사고의 발생과의 사이에 상당인과관계가 있다고 볼 수 없다. (92도2579)

8. **신뢰의 원칙 적용되는 경우**
   ① 차높이 제한표지가 설치되어 있는 지점을 통과하는 운전자들은 그 표지판이 차량의 통행에 장애가 없을 정도의 여유고를 계산하여 설치된 것이라고 믿고 운행하면 되는 것이다. (95도2125).
   ② 고속국도에서는 보행으로 통행, 횡단하거나 출입하는 것이 금지되어 있으므로 고속국도를 주행하는 차량의 운전자는 도로 양측에 휴게소가 있는 경우에도 동 도로상에 보행자가 있음을 예상하여 감속 등 조치를 할 주의의무가 있다 할 수 없다. (77도403)

9. **신뢰의 원칙이 적용되지 않는 경우**
   ① 의사의 간호사에 대한 수혈 위임사건 (97도2812)
   ② 마취과 의사의 환자 방치 사건 (92도3283)

10. **신뢰의 원칙이 확대 적용되는 경우**
    ① 약사와 제약회사 사이 (74도2046) [변시 13]
    ② 내과의사와 신경과 전문의 사이 (2001도3292)

11. **[의사의 업무상 과실 부정]** 의사가 7년차 간호사에게 쉬운 정맥주사를 위임한 사건 (2001도3667) [변시 22]

12. **과실범 관련문제 [과·교·방·미]**[★5]
    ① 형법상 과실범의 미수를 처벌하는 규정은 없다. [변시 15]
    ② **과**실에 의한 **교**사·**방**조는 인정되지 않는다.

---

5) 교사범과 종범은 고의범이므로 과실에 의한 교사·방조는 인정되지 않으며 교사범·종범은 고의범인 정범을 전제로 하므로 과실범에 대한 교사·방조의 경우 교사범·종범은 성립할 수 없다. 한편, 형법상 과실범의 미수를 처벌하는 규정은 없다. 위 지문들은 빈출되는 지문이므로 과실에 의한 또는 과실범에 대한 교사 또는 방조는 성립할 수 없고, 과실범은 미수를 처벌하는 규정이 없다고 하여 [과·교·방·미]를 반드시 암기해 두길 바란다.

③ 과실범에 대한 교사 · 방조의 경우 교사범 · 종범은 성립할 수 없다. 다만 제34조 제1항의 간접정범이 성립할 수는 있다.

사례형 쟁점정리

CASE 쟁점 019 주의의무 위반의 판단기준

1. 학설 및 判例

ⅰ) 행위자 본인의 지식과 능력을 표준으로 판단해야 한다는 주관설, ⅱ) 일반인의 주의 정도를 표준으로 판단해야 한다는 객관설이 대립한다. 判例는 과실의 유무를 판단함에는 **같은 업무와 직무에 종사하는 일반적 보통인**의 주의정도를 표준으로 하여야 한다고 판시하여 객관설의 입장을 취하고 있다(대판 : 2001도3292).

2. 검토 (객관설, 판례지지)

객관설에 의할 때 국민에게 일반적 주의의무를 부과할 수 있어 평등의 원칙과 형법의 보장적 기능에 기여할 수 있다는 점에서 객관설이 타당하다.

07 결과적 가중범

선택형 핵심지문

1. 중체포 · 감금죄는 진정결과적 가중범도 부진정결과적 가중범도 아니다. [변시 16]

2. 적법하게 직무를 집행하는 공무원에 대하여 위험한 물건을 휴대하여 고의로 상해를 가한 경우에는 특수공무집행방해치상죄만 성립한다. (94도2842) [변시 13 · 15 · 23]

3. 현주건조물방화에 의하여 고의로 사람을 살해한 경우 현주건조물방화치사죄로 처벌하여야 함. (96도485)

4. 현주건조물방화에 의하여 고의로 존속을 살해한 경우 현주건조물방화치사죄와 존속살해죄의 상상적 경합이 인정되며 법정형이 중한 존속살인죄로 처벌하여야 함.

5. 현주건조물에 방화하여 기수에 이른 후 그 건조물로부터 탈출하려는 피해자들을 가로막아 소사케 한 경우 현주건조물방화죄와 살인죄의 (실체적) 경합범으로 처단되어야 함. (82도2341) [변시 20]

6. **[강·현·상]** 피해자의 재물을 강취한 후 그를 살해할 목적으로 현주건조물에 방화하여 사망에 이르게 한 경우 피고인의 위 행위는 **강**도살인죄와 **현**주건조물방화치사죄에 모두 해당하고 두 죄는 **상상적 경합범관계**에 있다. (98도3416) [변시 14 · 17 · 18 · 19 · 20 · 22]

7. **[개괄적 과실]** 내연관계에 있는 甲男과 A女가 호텔에 투숙 중 말다툼을 하다가 甲이 A女의 머리를 벽에 부딪치게 하고·가슴부위를 밟는 등의 상해를 가하여 A女는 바닥에 쓰러진 채 정신을 잃고 빈사 상태에 빠지자 甲이 A女가 죽은 줄 알고 자살로 가장하기 위해서 A女를 베란다 아래로 떨어뜨려 A女가 추락의 충격으로 인해 사망하였다면 甲의 행위는 **포괄하여 단일의 상해치사죄**에 해당한다. (94도2361) [변시 13 · 19 · 22]

8. **결과적 가중범의 공동정범의 성립요건**

   ① 상해치사죄의 공동정범은 폭행 기타의 신체 침해 행위를 공동으로 할 의사가 있으면 성립되고 결과를 공동으로 할 의사는 필요 없다. (93도1674) [변시 14 · 21 · 23]

   ② 상해의 범의로 범행 중 한 사람이 중한 상해를 가하여 피해자가 사망한 경우 나머지 사람들은 사망의 결과를 예견할 수 없는 때가 아닌 한 상해치사의 죄책을 면할 수 없다. (2000도745) [변시 14 · 15 · 21]

9. **[예견가능성]** 교사자가 피교사자에 대하여 상해 또는 중상해를 교사하였는데 피교사자가 이를 넘어 살인을 실행한 경우 교사자에게 피해자의 사망이라는 결과에 대하여 과실 내지 예견가능성이 있는 때에는 상해치사죄의 교사범으로서의 죄책을 지울 수 있다. (97도1075; 93도1873) [변시 14 · 16 · 23]

10. 형법과 성폭력범죄의 처벌 등에 관한 특례법은 결과적 가중범의 미수범 처벌규정을 두고 있다.

11. 형법 세337조의 강도상해, 치상죄는 재물상취의 기수와 미수를 불문하고 범인이 강도 범행의 기회에 사람을 상해하거나 치상하게 되면 성립하는 것이다. [변시 15]

CASE 쟁점 020 부진정결과적 가중범의 인정여부 및 죄수★★★ [변시 12·17]

사례연습 甲은 2011. 12. 1. 14:00경 서울 서초구 서초동 123에 있는 서초편의점 앞 길에서 그곳을 지나가는 부녀자 A의 핸드백을 열고 신용카드 1장과 현금카드 1장이 들어 있는 손지갑 1개를 꺼내던 순간 이를 눈치 챈 A가 "도둑이야."라고 소리치자 위 손지갑을 가지고 그대로 도주하였다. 이에 A는 마침 그곳을 순찰하던 정복 착용의 서초경찰서 서초지구대 소속 경찰관 P1과 함께 甲을 붙잡기 위하여 쫓아갔고, 甲은 이를 피해 계속 도망하다가 대전교도소에서 함께 복역한 적이 있던 乙을 만났다. 甲은 乙에게 사정을 이야기하고 도와달라고 부탁하였고 乙은 이를 승낙하여 甲과 乙은 그곳 길바닥에 있던 깨진 소주병을 한 개씩 들고 甲을 체포하기 위하여 달려드는 경찰관 P1의 얼굴을 찔러 약 4주간의 치료를 요하는 안면부 열상을 가했다. 그 후 甲은 도주하였고, 乙은 그곳에서 현행범으로 체포되었다. 甲과 乙의 죄책을 논하시오.

【제1회 변호사시험 제1문】

1. 인정 여부

(1) 학설 Keyword 형의 불균형 시정

처음부터 중한 결과에 대해서 고의가 있으면 중한 결과를 내용으로 하는 고의범이 성립할 뿐이며 부진정결과적 가중범은 인정할 수 없다는 **부정설**과, 기본범죄를 통하여 고의로 중한 결과를 발생케 한 경우를 동일한 결과를 과실로 발생케 한 경우보다 무겁게 처벌하는 규정이 없을 때에는 **형의 불균형이 발생**하므로 이를 **시정**하기 위하여 부진정결과적 가중범을 인정할 필요가 있다는 **긍정설**이 대립한다.

(2) 判例

현주건조물방화치사상죄는 중한 결과에 대하여 과실이 있는 경우뿐만 아니라 **고의가 있는 경우도 포함**된다 판시하여 부진정결과적 가중범을 인정하는 입장이다(대판 : 96도485). [변시 17·20·21]

(3) 검토 (판례지지)

결과적 가중범에서 중한 결과에 대하여 고의가 있는 경우를 더 무겁게 처벌하는 규정이 없는 경우 형의 불균형의 방지하기 위하여 부진정결과적 가중범을 긍정하는 견해가 타당하다.

2. 죄수

(1) 쟁점

부진정결과적 가중범을 인정할 경우 중한 결과에 대하여 고의범을 별도로 인정할 수 있는지가 문제된다.

(2) 학설

이에 대하여 i) 제1설 : 부진정결과적 가중범은 이미 중한 결과에 대한 고의범까지 포함하고 있는 범죄이므로 **이중 평가를 방지**하기 위하여 부진정결과적 가중범 단순일죄만 성립한다는 견해, ii) 제2설 : **부진정결과적 가중범과 중한 결과에 대한 (독립된) 고의범의 상상적 경합**이 성립한다는 견해가 있다.

(3) 判例 `Keyword` 더 무겁게 규정 ○ · 상상적 경합관계 /더 무겁게 규정 × · 결과적 가중범만 성립

부진정결과적 가중범에서, 중한 결과에 대한 고의범에 대하여 결과적 가중범에 정한 형보다 **더 무겁게 처벌하는 규정**이 있는 경우에는 그 **고의범과 결과적 가중범이 상상적 경합관계**에 있지만, 위와 같이 고의범에 대하여 **더 무겁게 처벌하는 규정이 없는 경우**에는 **결과적 가중범만 성립**하고 고의범에 대하여는 별도로 죄를 구성하지 않는다고 판시한 바 있다(대판 : 2008도7311). [변시 15 · 16 · 19 · 23]

(4) 검토 (판례지지)

중한 결과에 대한 고의범에 대하여 더 무겁게 처벌하는 규정이 없는 경우에는 결과적 가중범이 고의범에 대하여 특별관계에 있으므로 결과적 가중범만 성립하고 고의범에 대하여는 별도로 죄를 구성하지 않으나, 중한 결과에 대한 고의범에 대하여 결과적 가중범에 정한 형보다 더 무겁게 처벌하는 규정이 있는 경우에는 그 중한 형을 특별히 확보할 필요가 있기 때문에 고의범과 결과적 가중범의 상상적 경합관계를 인정하는 것이 타당하다.

실전연습 002 **부진정결과적 가중범의 인정여부 및 죄수**

현상수배를 받게 된 甲은 시골에서 도피생활을 하던 중 술을 사러나갔다가 돌아오는 길에 경찰관 P1에게 불심검문을 받게 되자 체포를 면하기 위하여 마침 손에 들고 있던 소주병을 깨트린 후 경찰관 P1의 얼굴을 찔러 약 4주간의 치료를 요하는 안면부 열상을 가한 후 도주하였다. 甲의 죄책을 논하시오.

I. 논점

甲의 죄책과 관련하여 ① 경찰관 P1에게 상해를 가한 행위에 대하여 특수공무집행방해치상죄 및 특수상해죄가 성립할 수 있는지 문제되며,[6] ② 양죄가 성립할 수 있는 경우 그 죄수는 어떠한지 문제된다.

---

6) 2016.1.6. 개정된 형법을 고려하여 답안을 작성하였다. 실제로도 앞으로의 시험에서는 위와 같이 답안을 작성하여야 한다.

II. 특수공무방해치상죄의 성립여부

1. 특수공무방해치상죄의 성립요건

특수공무방해치상죄는 특수공무방해죄를 범하여 공무원을 상해에 이르게 한 경우에 성립하며(제144조 제2항), 위험한 물건을 휴대하여 공무집행방해죄(제136조 제1항)를 범한 경우 특수공무방해죄가 성립한다(제144조 제1항).

2. 특수공무방해죄의 성립여부

사안에서 甲은 위험한 물건인 깨어진 소주병으로 불심검문의 공무를 수행하는 공무원인 경찰관 P1의 얼굴을 찔러 안면부에 상해[7]를 가하였으므로 특수공무방해죄를 범한 것은 분명하다.

3. 상해에 대한 고의가 있는 경우에도 특수공무방해치상죄가 성립할 수 있는지 여부[8]

사안에서 甲은 P1의 얼굴을 깨진 소주병으로 찔러 상해를 가하였으므로[9] 상해의 고의가 인정되는바 이 경우에도 특수공무방해치상죄가 성립할 수 있는지 즉 부진정결과적 가중범을 인정할 수 있는지 문제된다.

상해의 결과에 대하여 고의가 있는 경우에는 상해에 대한 별도의 고의범이 성립하고 특수공무집행방해치상죄가 성립할 수 없다는 견해도 있다(부정설).

그러나 특수공무집행방해의 경우 ⅰ) 상해의 결과에 대하여 고의가 있는 경우에 대하여 상해의 결과에 대하여 과실이 있는 경우보다 더 무겁게 처벌하는 규정이 없으므로 형의 불균형을 시정할 필요가 있다는 점, ⅱ) 상해에 대하여 예견가능성이(과실)이 있을 경우에 특수공무집행방해치상죄가 성립할 수 있으므로 상해에 대하여 고의가 있는 경우에도 동죄가 성립할 수 있다고 해석할 수 있다는 점에서,[10] 상해의 결과에 고의가 있는 경우에도 부진정결과적 가중범인 특수공무집행방해치상죄가 성립할 수 있다고 보는 것(긍정설)이 타당하다. 따라서 사안에서 甲은 특수공무집행방해치상죄가 성립한다.

III. 특수상해죄의 성립여부 및 특수공무방해치상죄와의 죄수

1. 특수상해죄의 성립여부

사안에서 甲은 깨진 소주병으로 P1에게 안면부 열상의 상해를 가하였는바 이는 위험한

---

7) 상해는 폭행을 당연히 내포하고 있다고 보아야 한다.
8) 다수의 사례 교재에서 본 쟁점에 대한 목차를 '부진정결과적 가중범의 인정여부'로 잡고 있으나 총론에서 일반적인 목차로서 적당할지는 몰라도 각론적인 쟁점에서는 보다 구체적이고 직접적인 목차가 제시되어야 한다. 본 사례와 관련하여 '부진정 결과적 가중범의 인정여부'는 甲에게 상해에 대한 고의가 있는 경우에도 특수공무방해치상죄가 성립할 수 있는지 여부를 해결하기 위한 '도구'에 불과하기 때문이다.
9) 마냥 상해의 고의가 인정된다고 언급하지 말고 이와 같이 상해의 고의가 인정되는 사실관계를 인용하여 서술하여야 한다.
10) 부진정 결과적가중범을 긍정하는 논거 두 개를 제시하였으나 ⅰ)만 기술하여도 합격에는 전혀 지장이 없다고 본다. 많이 기술하는 것이 아니라 하나라도 빠짐없이 기술하는 것이 중요함을 잊지 말아야 한다.

물건을 휴대하여 상해죄를 범한 경우에 해당하여 특수상해죄가 성립한다(제258조의2, 제257조 제1항).

2. 특수공무방해치상죄와의 죄수관계

부진정결과적 가중범에서, 고의로 중한 결과를 발생하게 한 경우 그 고의범에 대하여 결과적 가중범보다 더 무겁게 처벌하는 규정이 없는 경우에는 결과적 가중범이 고의범에 대하여 특별관계에 있으므로 결과적 가중범만 성립하고 고의범에 대하여는 별도로 죄를 구성하지 않는다고 보아야 한다(대판 : 2008도7311).[11] [변시 16]

특수상해죄(1년 이상 10년 이하의 징역)는 부진정결과적 가중범인 특수공무방해치상죄(3년 이상의 징역)보다 더 무겁게 처벌하지 않는다. 따라서 특수공무방해치상죄는 특수상해죄의 특별관계에 있으므로 甲에게는 특수공무방해치상죄만 성립하고 특수상해죄는 별도로 성립하지 아니한다. [변시 13 · 20 · 22]

IV. 결론

甲은 특수공무방해치상죄의 죄책을 진다.

CASE 쟁점 021 결과적 가중범의 객관적 귀속의 기준(직접성의 원칙)★★

※ 소위 개괄적 과실에 관한 사건

내연관계에 있는 甲男과 A女는 호텔에 투숙 중 말다툼을 하다가 甲이 A女의 머리를 벽에 부딪치게 하고 가슴부위를 밟는 등의 상해를 가하여 A女는 바닥에 쓰러진 채 정신을 잃고 빈사상태에 빠졌다. 甲은 A女가 죽은 줄 알고 자살로 가장하기 위해서 A女를 베란다 아래로 떨어뜨렸다. A女는 추락의 충격으로 인해 사망하였다. 甲의 죄책을 논하시오. (사체유기죄는 논외로 함) [변시 13 · 14 · 19 · 22]

1. 논점

甲의 상해행위와 자살을 위장하기 위한 추락행위로 인한 사망의 결과 사이에 직접성을 인정하여 결과적 가중범인 상해치사죄가 성립할 수 있는지 문제된다.

---

11) 본 쟁점에 대하여 '부진정결과적 가중범 일죄설', '부진정결과적 가중범과 중한 결과에 대한 고의범의 상상적 경합설'이 있다. 이를 소개하면 추가점이 있음은 분명하다. 그러나 저자는 판례이론에 입각하여 사안을 해결하였으며 그것으로도 합격점을 받기에 충분하다고 본다. 사례강좌에서 "부진정결과적 가중범 일죄설', '부진정결과적 가중범과 중한 결과에 대한 고의범의 상상적 경합설'이 있다. 판례는 (형을 비교하여 결정하는) 절충적인 입장이며 판례가 타당하다."라고 쓴 답안지를 종종 보았다. 이러한 기술은 학설의 제목과 판례의 결론만 나열한 것에 지나지 않으며 사안을 해결할 수 있는 '구체적인 논거'는 전혀 제시하지 않은 것이다. 어떤 견해를 취하든 구체적인 논거를 제시하고 쟁점을 해결하는 것이 사례문제에서 요구되는 '최소한'이며 또한 그것으로 '합격'하기에 충분한 것이다. 저자는 판례이론을 자설로 채택하여 특수공무방해치상죄가 폭처법위반죄의 '특별관계'라는 '구체적인 논거'를 제시한 다음 특수공무방해치상죄만 성립한다고 결론지었다.

2. 학설

(1) **직접성을 인정할 수 없다는 견해**

자살을 위장하기 위하여 추락시키는 행위는 상해죄의 죄적은폐를 위한 전형적인 행위로 평가될 수 없으므로 직접성을 인정할 수 없다고 본다. 이 견해에 의하면 甲의 죄책은 상해죄와 과실치사죄의 경합범이 된다.

(2) **직접성을 인정할 수 있다는 견해** Keyword 기본범죄 · 전형적 · 내포 · 위험실현

죄적은폐를 위하여 자살한 것으로 위장하는 것은 흔히 있을 수 있는 것이므로 자살의 위장행위에 의한 결과는 **기본범죄인 상해행위에 전형적으로 내포된 위험의 실현**으로 볼 수 있어 직접성을 인정할 수 있다고 본다. 이 견해에 의하면 甲의 죄책은 상해치사죄가 된다.

3. 判例

위와 같은 사안에서 판례는 피고인의 행위는 포괄하여 단일의 상해치사죄에 해당한다고 판시한 바 있다(대판 : 94도2361). [변시 13 · 19 · 22]

4. 검토 (판례 또는 직접성을 인정할 수 있다는 견해 지지)

죄적인멸행위는 범죄자의 전형적 행위로서 기본범죄에 내포된 위험이라고 할 수 있으므로 직접성을 긍정하는 견해가 타당하다. 따라서 甲은 상해치사죄의 죄책을 진다.

> **보충해설** 판례는 위와 같이 상해치사죄를 인정하였지만, 이론상 직접성의 원칙을 엄격히 적용하는 입장에서는 A女의 사망은 기본범죄(상해행위)에 의한 것이 아니라 제2행위에 의하여 발생한 것이므로 직접성이 결여되었다고 판단하게 된다. 이러한 입장에서는 甲에게 상해죄와 과실치사죄의 실체적 경합을 인정한다.

CASE 쟁점 022 **결과적 가중범의 공동정범 인정여부**★★ [변시 15 · 20]

> **사례연습** 甲과 乙은 후배인 V를 지속적으로 괴롭혀 왔다. 2008. 3. 5. 甲과 乙은 함께 V의 자취방에서 V를 구타하다가 사망에 이르게 하였다. V가 사망하자 乙은 당황하여 도주하였는데, 甲은 V의 자취방을 뒤져 V명의의 A은행 통장과 V의 주민등록증 및 도장을 훔친 후 도주하였다. **【제4회 변호사시험 제2문】**

1. 논점

기본범죄(상해죄)를 공모한 후 공동정범자 중 일부가 기본범죄를 초과하는 중한 결과(사망)를 발생시킨 경우 나머지 가담자에 대하여 결과적 가중범(상해치사죄)의 공동정범이 인정될 것인지가 문제된다.

2. 학설

① **부정설** : 과실범의 공동정범은 인정될 수 없다는 전제하에 고의와 과실의 결합범인 결과적 가중범의 공동정범은 성립할 수 없다고 본다. 이 입장에서는 중한 결과에 대해서는 공동한 자 각자의 과실을 검토하여 과실 있는 자에게만 개별적으로 결과적 가중범의 성립을 인정한다.

② **긍정설** : 과실범의 공동정범도 성립이 가능하다는 전제하에 기본범죄에 대한 공동과 중한 결과에 대하여 공동의 과실이 있을 때에는 결과적 가중범의 공동정범이 성립할 수 있다는 견해이다.

3. 判例

판례는 행위공동설에 입각하여 과실범의 공동정범을 긍정하며 또한 결과적 가중범의 공동정범을 인정한다.

4. 검토 (판례지지)

결과적 가중범의 공동정범을 부정할 경우 결국 동시범이 되어 기본범죄행위를 공동으로 범하였다는 의미까지 상실케 된다는 점을 고려하면 기본범죄행위를 공동으로 할 의사가 있고, 중한 결과에 대하여 예견가능성이 있는 경우 결과적 가중범의 공동정범의 성립을 긍정하는 것이 타당하다. [변시 14]

CASE 쟁점 023 **결과적 가중범의 공범의 성립여부**★★ [변시 14 · 16 · 20]

사례연습 甲은 친구 乙, 丙에게 "C만 나대지 않았어도 일이 이렇게 되지는 않았을 것이다."라고 울분을 토로한 후 乙과 丙에게 "학교 앞에서 귀금속 판매점을 운영하고 있는 C를 찾아가 며칠간 입원해야 할 정도로 혼내주었으면 좋겠다."라고 부탁하였다. 사실 乙은 C와 원한관계에 있었고 건장한 C가 남들이 모르는 특이한 심장병을 앓고 있는 것을 알고 있었기 때문에 이 기회에 C가 죽었으면 좋겠다고 생각하여 위 부탁을 받아들였고, 이러한 사실을 알지 못하는 丙도 수락하였다. 甲은 범행 당일 아침 乙에게 전화를 걸어 "어제는 술김에 화가 나서 그런 말을 한 것이니까 C에 대한 일은 없었던 것으로 해라."라고 말하였지만 이 기회를 놓칠 수 없다고 판단한 乙은 甲에게 거절의사를 분명히 하였다. 당일 오후경 乙은 귀금속 판매점 밖에서 망을 보고 丙은 안으로 들어가서 C를 향해 주먹을 휘두르는 순간 심장이 약한 C가 느닷없이 쓰러졌다. 예상하지 못한 일에 당황한 丙은 C가 사망한 것으로 생각하였다. 밖으로 뛰어나온 丙이 乙에게 "큰일났다. 도망가자."라고 말하면서 급히 현장을 떠나자, 확인을 위해 판매점 안으로 들어간 乙이 기절하여 축 늘어져 있는 C를 보고 사망한 것으로 오인하여 사체은닉의 목적으로 C를 인근야산에 매장하였다. 그런데 C는 부검결과, 매장으로 인한 질식사로 판명되었다. 甲의 죄책은? **【제9회 변호사시험 제1문】**

1. 논점

기본범죄를 교사 · 방조하였으나 정범이 기본범죄의 범위를 초과하여 중한 결과를 발생시킨 경우 결과적 가중범의 교사범 · 방조범이 인정될 것인지가 문제된다.

2. 학설

과실범에 대한 교사 · 방조가 불가능하다는 전제하에 중한 결과에 과실을 요구하는 결과적 가중범의 경우에도 교사범 · 방조범은 성립할 수 없으므로 기본범죄에 대한 교사범 · 방조범과 중한 결과에 대한 과실범(정범)의 상상적 경합을 인정해야 한다는 견해가 있다.

3. 判例

기본범죄에 대한 교사 · 방조 이외에 교사범 또는 종범에게 중한 결과에 대한 과실이 있는 경우에는 결과적 가중범에 대한 교사범 또는 방조범이 성립할 수 있다는 입장이다.

4. 검토 (판례지지)

결과적 가중범은 단순 과실범과는 달리 기본범죄가 고의범인 고의범의 일종으로 볼 수 있으므로 결과적 가중범의 교사범 · 방조범도 성립이 가능하다고 보는 판례의 견해가 타당하다.

[사안의 해결] 사안에서 甲에게 폭처법위반(공동주거침입)죄의 교사범이 성립함에는 의문이 없다. 다만 甲은 乙에게 상해를 교사하였으나, 乙은 살인죄를 범하였는바 甲에게 상해치사죄의 교사범이 성립할 수 있는지 문제된다. <u>교사자가 피교사자에 대하여 상해를 교사하였는데 피교사자가 이를 넘어 살인을 실행한 경우 일반적으로 교사자는 상해죄의 교사범이 되지만, 교사자에게 피해자의 사망이라는 결과에 대하여 예견가능성이 있는 때에는 상해치사죄의 교사범으로서의 죄책을 질 수 있다</u>(대판 : 97도1075).
사안의 경우 甲은 乙에게 건장해 보이는 C에 대하여 며칠간 입원해야 할 정도로 혼내주라고 부탁하였을 뿐이고 乙이 C와 원한관계에 있었다는 사실도 전혀 인식하지 못하였으므로, 甲은 乙이 범행실행 과정에서 C를 살해하여 사망케 할 것에 대하여 예견가능성이 없다고 보아야 한다. 따라서 甲에게는 상해치사죄의 교사범이 성립하지 아니하고 상해죄의 교사범이 성립할 수 있을 뿐이다. 결국 甲은 폭처법위반(공동상해)죄[12]의 교사범이 성립한다. [변시 14 · 16]

---

12) 甲의 상해교사에 의하여 丙이 상해미수에 그쳤더라도 乙이 C를 살해하여 사망케 하였으므로 甲에게 乙과의 관계에서 상해죄(기수범)의 교사범이 성립하는 이상 甲은 폭처법위반(공동상해)죄의 교사범이 성립한다고 평가하여야 한다. 예컨대 甲이 乙과 丙에게 함께 절도할 것을 교사한 경우 丙이 절도 미수에 그친 경우라도 乙이 절도기수에 이르렀다면 甲은 특수절도죄의 교사범이 성립하는 것과 같은 이치이다.

진정결과적 가중범의 미수 인정여부*** [변시 16 · 21]

> **사례연습** 甲과 乙은 공원을 배회하던 중 혼자 걸어가던 여성 A(22세)를 함께 강간하
> 기로 모의하고 A를 으슥한 곳으로 끌고 간 다음 乙이 망을 보고 있는 사이 甲은 A를
> 세게 밀어 바닥에 넘어뜨리고 A의 위에 올라타 수차례 빰을 때리면서 옷을 벗기려
> 하였다. 이에 A는 비명을 지르며 필사적으로 반항하면서 도망하다가 돌부리에 걸려
> 넘어지면서 발목이 부러지는 상해를 입었고, 그때 공원을 순찰 중이던 경찰관 P1이
> A의 비명소리를 듣고 달려왔다. 이 경우 甲과 乙의 죄책을 논하시오.
> **【제5회 변호사시험 제1문】**

1. 논점

형법은 진정결과적 가중범에 해당하는 강도치사상죄(제337조,[13] 제338조)에 대하여 미수
범 처벌규정을 두고 있으며(제342조),[14] [변시 15] 성폭력범죄처벌법도 특수강간치상죄 등
에 대하여 미수범 처벌규정을 두고 있다(제15조). 이와 같이 결과적 가중범에 대하여 미
수규정을 두고 있는 경우에 결과적 가중범의 기본범죄가 미수에 그치고 중한 결과가
발생한 경우 미수를 인정할 수 있는지 문제된다.

2. 학설

(1) 긍정설

기본범죄의 기수와 미수는 결과 불법에 있어서 차이가 나므로 기본범죄가 미수인
경우에는 미수범 처벌규정이 있는 경우에 한하여 결과적 가중범의 미수의 성립을
인정해야 한다는 견해이다.

(2) 부정설

결과적 가중범의 중한 결과는 기본범죄(행위)에 내포된 전형적인 위험이 실현된 것
이므로 그 위험의 실현으로 중한 결과가 발생한 이상 기본범죄(행위)의 기수 · 미수
는 결과적 가중범의 기수의 성립에 영향이 없다는 견해이다.[15)16]

3. 判例

대법원은 재물강취의 기수와 미수를 불문하고 강도치상죄가 성립한다는 입장이다(대판
: 86도1526). [변시 15 · 21]

---

13) 제337조(강도상해, 치상) 강도가 사람을 상해하거나 상해에 이르게 한 때에는 무기 또는 7년 이
    상의 징역에 처한다.
14) 제342조(미수범) 제329조 내지 제341조의 미수범은 처벌한다.
15) 부정설은 긍정설이 논거로 내세우는 과형의 적정은 양형상의 고려로 충분하다고 한다.
16) 부정설은 미수범 처벌규정(제342조)은 강도치상죄와 강도치사죄에는 적용되지 않고 강도상해죄와
    강도살인죄에만 적용된다고 해석한다.

4. 검토 (판례지지)

결과적 가중범의 중한 결과는 기본범죄(행위)에 내포된 전형적인 위험이 실현된 것이므로 그 위험의 실현으로 중한 결과가 발생한 이상 기본범죄(행위)의 기수·미수는 결과적 가중범의 기수의 성립에 영향이 없다고 보는 것이 타당하다. 따라서 예컨대 강도가 미수에 그쳤으나 강도의 기회에 우연히 상해를 입힌 경우 강도치상죄의 기수에 해당한다.

실전연습 003   **진정 결과적 가중범의 미수의 인정여부**

甲(男)은 乙(女)과 이혼한 사이로 자녀들의 양육문제를 상의하기 위하여 乙의 오피스텔에서 乙과 만나 대화를 하던 중 乙이 화장실에서 소변을 보고 나오자 갑자기 욕정이 생겨 乙에게 그간의 잘잘못은 묻어두고 새출발하자며 성관계를 요구하였으나 乙이 거절하자 평소 호신용으로 소지하고 있던 전자충격기를 乙의 허리에 대고 乙을 폭행하여 강간하려다가 미수에 그치고 乙에게 약 2주간의 치료를 요하는 안면부 좌상 등의 상해를 입혔다. 甲의 죄책을 논하시오. [변시 14·17·21·22]

1. 논점[17]

甲은 전자충격기를 사용하여 乙을 강간하려다가 미수에 그치고 乙에게 상해를 입혔는바 성폭력범의 처벌 등에 관한 특례법(이하 '성폭력 특별법'이라 한다)상의 특수강간치상죄 또는 특수강간치상죄의 미수범이 성립할 수 있는지 문제된다.

2. 성폭력 특별법상의 특수강간치상죄의 성립여부

甲은 성폭력 특별법 제4조 제1항의 위험한 물건인 전자충격기를 지닌채 강간죄(형법 제297조)를 범하려다가 미수에 그친 후 즉 특수강간이 미수에 그쳤으나 사람을 상해에 이르게 한 것이다. 따라서 甲은 성폭력 특별법 제8조 제1항 위반하여 특수강간치상죄를 범한 것이다.[18] 그런데 성폭력 특별법 제15조는 특수강간치상죄에 대하여 미수범규정을 두고 있으므로[19] 甲에게 동 규정을 적용하여 특수강간치상죄의 미수범 즉 결과적 가중범의 미수범을 인정할 수 있는지가 문제된다.[20]

---

17) 사안에서 甲이 오피스텔에 들어간 것은 '자녀들의 양육문제를 상의하기 위한 것'이었으므로 乙의 의사에 반한 것이라고 볼 수 없어 '주거침입죄'는 성립할 수 없음이 분명하므로 '논점'이 될 수 없다.
18) 사안이 대상 조문에 포섭됨이 분명하므로 조문을 적시한 후 포섭하여야 할 필요는 없다고 본다.
19) 이와 같이 왜 당해 쟁점이 문제되는지를 분명히 밝혀야 하며 분명한 득점요소이다.
20) 저자는 각론적인 쟁점을 총론의 일반론으로 전환한 후 논의하였으나 아예 각론적인 논의로 이끌어 가는 것도 좋은 답안이 될 수 있음은 물론이다.

3. 성폭력 특별법상의 특수강간치상죄의 미수범의 성립여부

결과적 가중범의 기본범죄가 미수에 그쳤으나 중한 결과가 발생한 경우에 기본범죄의 기수와 미수는 **결과불법에 있어서 차이가 나므로** 기본범죄가 미수인 경우에는 미수범 처벌규정이 있는 경우에 한하여 결과적 가중범의 미수의 성립을 인정해야 한다는 견해가 있다. 그러나 결과적 가중범의 중한 결과는 **기본범죄에 내포된 전형적인 위험이 실현**된 것이므로 그 위험의 실현으로 중한 결과가 발생한 이상 기본범죄의 기수 · 미수는 결과적 가중범의 기수의 성립에 영향이 없다고 보는 것이 타당하다.[21]

따라서 성폭력 특별법 제15조의 미수범규정은 성폭력 특별법 제8조 제1항에 규정된 특수강간상해죄에 적용됨은 별론으로 하고 특수강간치상죄에는 적용되지 않는다고 보아야 한다.[22]

判例도 위험한 물건인 전자충격기를 사용하여 강간을 시도하다가 미수에 그치고, 피해자에게 상해를 입힌 사례에서 피고인의 행위를 특수강간치상죄의 기수에 해당한다고 판시한 바 있다(대판 : 2007도10058). [변시 24]

사안의 경우 甲에 대하여는 특수강간치상죄의 미수범이 아니라 동죄의 기수범이 성립한다. [변시 22]

4. 결론

甲은 성폭력 특별법 제8조 제1항 위반(특수강간치상죄)의 죄책을 진다.

---

21) 저자는 대부분 '판례이론'에 입각하여 사례를 해결해 왔으나 본 쟁점에 대하여는 '학설'을 소개하였다. 판례를 중심으로 결론을 내려도 충분하다는 것이 저자의 초지일관된 생각이다. 본 쟁점에서 학설을 소개한 것은 판례는 '결론(기본범죄가 미수여도 결과적 가중범의 기수 인정)'만 적시하고 있을 뿐 그 결론에 이르는 '논거'를 제시하고 있지 않았기 때문에 학설의 논거를 인용한 것이다. 수강생 중에서 종종 "판례가 결과적 가중범의 미수를 부정하고 있으며 판례가 타당하고 따라서 결과적 가중범의 미수는 부정되어야 한다."고 기술하는 것을 보아왔다. '판례의 결론'이라고 하여 무조건 타당한 것이 아니다. '결론'에 이르는 '판례의 이론'이 타당하니 그 '결론'이 타당한 것이다. 그런데 판례 중에는 본 쟁점에서와 같이 결론에 이르는 논거를 제시하지 않는 경우가 많으므로 이러한 경우에는 반드시 판례의 결론과 동일한 입장인 학설의 논거를 인용한 후 결론을 내려야 한다는 것을 잊어서는 안 된다.

22) 앞서 제시된 '문제점'에 대한 '결론'에 해당하며 사례 해결에 이르는 핵심적인 논거에 한다. 그럼에도 불구하고 수험생 중에서 이를 분명히 적시하는 경우를 거의 보지 못했다.

제3장 | 위법성

01 위법성의 일반이론

선택형 핵심지문

1. 주관적 정당화요소를 결한 경우의 법적 효과 ★★★

> **예** 甲이 A를 (그저) 살해할 의사로 총을 쏘아 A가 사망했으나 실은 甲이 총을 쏘기 전에 A역시 甲을 살해하려고 했음이 판명된 경우

① 주관적 정당화요소 불요설 (결과반가치일원론)
   i) 甲의 행위는 위법성이 조각되어 무죄가 된다.
   ii) 주관적 정당화요소가 없는 경우를 그것이 있는 경우와 동일하게 취급하여 위법성의 조각을 인정하는 것은 부당하다는 비판이 가해진다.

② 주관적 정당화요소 필요설 (행위반가치일원론)
   i) 甲의 행위에 대하여 살인죄의 기수를 인정한다.
   ii) 객관적 정당화상황이 존재하는 경우를 그것이 존재하지 않는 경우와 동일하게 기수로 처벌한다는 점에서 부당하다는 비판이 가해진다.

③ 이원적 인적 불법론의 입장 중 불능미수설
   i) 존재하는 객관적 정당화 상황에 의하여 결과 불법이 불능미수의 수준으로 낮아진다고 보아 불능미수의 규정을 유추적용하여 처벌해야 한다는 견해이다.
   ii) 침해행위가 미수에 그치거나 침해행위가 과실인 경우는 (불능)미수범의 미수 또는 과실의 미수가 되어 처벌의 흠결이 생길 수 있다는 비판이 가해진다.

④ 이원적 인적 불법론의 입장 중 기수설
   i) 위법성조각사유는 모든 객관적 요건과 주관적 요건이 충족된 때에만 성립하는 것이므로 주관적 정당화요소의 흠결의 경우에는 위법성이 조각될 수 없으며, 구성요건적결과까지도 발생했다면 기수범의 불법을 인정해야 한다는 견해이다.
   ii) 객관적 정당화상황이 존재하는 경우를 그것이 존재하지 않는 경우와 동일하게 기수로 처벌한다는 점에서 부당하다는 비판이 가해진다.

사례형 쟁점정리

사례연습 【주관적 정당화요소의 흠결의 효과 – 고의범과 과실범의 비교사례】

(1) 甲은 사이가 좋지 않은 A가 혼자 걸어오고 있는 것을 보고 상해의 고의로 A에게 돌을 던져 상처를 입혔는데, 사실은 그 당시 A는 甲을 살해하기 위하여 주머니 속에서 권총을 발사하려던 중이었다.

(2) 乙은 경찰복으로 위장한 강도범 B의 정차요구에 따라 정지하려고 하였으나 운전미숙으로 B를 치어 상처를 입히고 말았다. 주관적 정당화요소 불요설, 필요설에 의할 때 甲과 乙의 죄책은? (각 학설에 의할 경우 법적 효과에 다툼이 있는 경우는 다수설에 의함)

[해설] 각 사안의 형법적 평가는 다음과 같다.

(1) 고의범에 있어서 객관적 정당화상황은 존재하나 주관적 정당화요소를 결여한 경우이다.

(2) 과실범에 있어서 객관적 정당화상황은 존재하나 주관적 정당화요소를 결여한 경우이다.

※ 각 학설의 입장에서 甲과 乙에 대한 죄책은 다음과 같다.

첫째, 주관적 정당화요소 불요설에 의하면 주관적 정당화요소는 존재하지 않더라도 객관적 정당화상황만 존재하면 위법성조각을 인정한다. 따라서 甲과 乙은 모두 정당방위로서 위법성이 조각되어 무죄가 된다.

둘째, 주관적 정당화요소 필요설에 의할 때 주관적 정당화요소를 결여한 경우에 대한 법적 효과에 대하여 불능미수설과 기수범설의 다툼이 있으나 불능미수범설이 다수설이다. 따라서 甲과 乙 모두 주관적 정당화요소를 결여하였으므로 甲은 상해죄의 불능미수의 죄책이 인정되고, 乙은 업무상과실치상죄의 불능미수가 될 것이나 과실범에 대하여는 미수규정이 없으므로 乙은 결국 무죄가 된다.

정답 ┃ 불요설 : 甲과 乙은 무죄 / 필요설 : 甲은 상해죄의 불능미수, 乙은 무죄

사례연습 【주관적 정당화요소의 흠결의 효과 – 불법론과의 관계】

甲은 원수인 乙에게 총격을 가하여 살해하였다. 그런데 그 당시 乙 역시 甲을 살해하기 위하여 권총의 방아쇠를 당기려던 참이었다는 것이 밝혀졌다. 甲은 乙의 살해 당시 이러한 점을 전혀 인식하지 못하였다. 행위반가치만으로 불법이 인정된다는 입장에 의할 때 甲의 죄책은?

[해설] 사안은 객관적 정당화상황은 존재하지만 주관적 정당화요소를 결한 경우이다. 따라서 행위반가치일원론의 입장에서는 주관적 정당화요소가 흠결된 경우 행위반가치가 모두 존재하므로 기수의 죄책이 그대로 인정된다. 만약 위 사례를 결과반가치일원론의 입장에서 해결한다면 위법성이 조각되어 무죄가 될 것이다. **정답** ┃ 살인죄

CASE 쟁점 025 주관적 정당화요소의 요부 - 고의범의 경우

1. 학설

(1) 불요설

불법은 객관적 구성요건요소만의 실현에 의하여 인정(결과반가치만으로 구성)되므로 위법성을 조각시키기 위해서 객관적 정당화상황만으로 족하고 주관적 정당화요소는 필요하지 않다는 견해이다.

(2) 필요설

이원적 인적 불법론을 전제로 구성요건에 해당하는 행위의 결과반가치뿐만 아니라 행위반가치도 상쇄되어야 정당화될 수 있으므로 객관적 정당화상황 이외에 주관적 정당화요소가 필요하다는 견해이다.

2. 判例

긴급피난이 성립하기 위하여는 **피난의사가 필요**하다(대판 : 80도306).

3. 검토 (판례지지)

불법은 결과반가치와 행위반가치로 구성된다는 점과 형법이 정당방위나 긴급피난의 성립 요건으로 '방위(피)하기 위한 행위'(제21조, 제22조)라고 규정한 것은 명문으로 주관적 정당화요소를 요구한 것으로 보아야 한다는 점에서 필요설이 타당하다.

CASE 쟁점 026 주관적 정당화요소의 요부 - 과실범의 경우

1. 학설

(1) 불요설

고의범과는 달리 과실범의 경우 위법성이 조각되기 위하여 주관적 정당화요소는 필요하지 않다는 견해이다. 객관적 정당화상황에 의하여 과실범의 기수의 결과반가치가 상쇄될 경우 과실범의 미수가 문제 되는데, 과실범의 미수는 이미 형법상 불가벌이므로 주관적 정당화요소의 존재는 더 이상의 의미가 없다는 것을 논거로 한다.

(2) 필요설

과실범에 있어서도 위법성이 조각되기 위하여 주관적 정당화요소는 필요하다는 견해이다(김성돈, 555면). 과실범에 있어서도 행위반가치와 결과반가치가 모두 상쇄되어야만 불법의 배제가 가능하므로, 객관적 주의의무위반이라는 과실범의 행위반가치를 상쇄시키기 위하여는 주관적 정당화요소의 존재를 필요로 함을 논거로 한다.

2. 검토 (필요설 지지)

이원적 인적 불법론의 입장에 서는 한 과실범의 경우도 위법성이 조각되기 위하여 행위반가치를 상쇄시키는 주관적 정당화요소의 존재를 필요로 한다고 보는 것이 타당하다.

주관적 정당화요소의 내용

1. 학설

(1) 인식요구설

정당화 상황의 인식으로 족하며 특별한 목적이나 동기는 필요하지 않다는 견해이다.

(2) 인식·의사요구설

정당화상황의 인식 이외에 정당화 의사까지도 갖추어야 한다는 견해이다.

(3) 개별적 검토설

객관적 정당화상황에 대한 인식 이외에 어떤 목적 또는 동기가 있어야 하는가여부는 개별적인 위법성조각사유에 따라서 결론을 달리해야 된다는 견해이다.

2. 검토

ⅰ) 고의범의 경우 행위반가치인 고의가 구성요건실현에 대한 인식과 의사를 내용으로 한다면, 이러한 행위반가치를 상쇄시키기 위해서도 정당화상황에 대한 인식과 정당화의사가 존재하여야 한다고 보아야 하며, 형법이 정당방위의 요건으로 방위'의사'를 명문으로 요구하고 있다는 점을 고려하면 인식·의사요구설이 타당하다.

ⅱ) 과실범의 경우 고의범의 경우와 동급인 행위반가치적 요소(행위자의 의사적 요소)를 가지고 있는 것이 아니므로, 행위자가 객관적 정당화상황에 대한 인식만 가지고 있으면 주관적 정당화요소가 인정될 수 있다고 본다.[1]

주관적 정당화요소를 결한 경우의 효과★★★

사례연습 【구성요건착오+우연방위】

화가 난 甲은 乙을 상해하기로 마음먹고 乙의 사무실 문 밖에서 기다리고 있다가 늦은 밤에 사무실 문을 열고 나오는 사람의 얼굴을 가격하여 3주의 치료를 요하는 상해를 가하였다. 그러나 곧 쓰러진 사람을 확인해 보니 그 사람은 乙이 아니라 乙의 사무실에서 강도를 하고 나오던 강도범 C였다. 甲의 죄책을 논하시오.

[제10회 변호사시험 제2문]

[해설] 다수설인 불능미수설에 따르면 甲은 C에 대한 상해불능미수죄의 죄책을 진다.

---

1) 자신을 살해하기 위해 공격해 오는 A를 격퇴하기 위하여 甲이 경고사격을 하였는데 뜻하지 않게 A가 그 총알에 맞아 중상을 입은 경우, 甲에게는 객관적 정당화상황에 대한 인식은 있었으므로 주관적 정당화요소가 인정되어 위법성이 조각된다.

甲이 원수 A를 우연히 목격하고 살해할 의사로 총을 쏘아 A가 사망했다. 실은 甲이 총을 쏘기 전에 A역시 甲을 살해하려고 했음이 판명되었다면 甲의 죄책은?

1. 논점

甲은 A가 자신을 살해하려고 하였음을 인식하지 못하고 A를 살해한 것이다. 이는 객관적 정당화상황은 존재하지만 행위자가 이를 인식하지 못하고 행위를 한 경우(주관적 정당화요소의 흠결)로서 법적 효과에 다툼이 있다.

2. 학설

(1) **위법성조각설** – 주관적 정당화요소 불요설(결과반가치일원론)의 입장에서는 주관적 정당화요소가 결여된 경우에도 위법성이 조각된다고 본다. 따라서, 甲의 행위는 위법성이 조각되어 무죄가 된다.

(2) **불능미수범설**[2] – 주관적 정당화요소 흠결의 경우에 행위반가치는 그대로 존재하나, 존재하는 객관적 정당화상황에 의하여 결과불법이 불능미수의 수준으로 낮아진다고 보아 불능미수의 규정을 유추적용[3]하여 처벌해야 한다고 본다. 따라서, 甲의 행위는 살인죄의 불능미수에 해당한다.

(3) **기수범설**[4] – 위법성조각사유는 모든 객관적 요건과 주관적 요건이 충족된 때에만 성립하는 것이므로 주관적 정당화요소의 흠결의 경우에는 위법성이 조각될 수 없으며 구성요건적 결과까지도 발생했다면 기수범의 불법을 인정해야 한다고 본다. 따라서, 甲의 행위는 살인죄의 기수에 해당한다.

3. 검토

ⅰ) 위법성조각설은 주관적 정당화요소가 있는 경우와 없는 경우를 동일하게 취급하여 위법성의 조각을 인정하는 문제점이 있고, ⅱ) 기수범설은 객관적 정당화상황이 존재하는 경우를 존재하지 않는 경우와 동일하게 기수로 처벌한다는 문제점이 있다. 따라서 불능미수범설이 타당하다.

4. 결론

甲은 살인죄의 불능미수의 죄책을 진다.

---

2) 불능미수설에 대하여는 ⅰ) 위법성이 조각되지 않는 상황에서 구성요건적 결과가 발생했다면 미수라고 할 수 없고, ⅱ) 침해행위가 미수에 그치거나 침해행위가 과실인 경우는 (불능)미수범의 미수 또는 과실의 미수가 되어 처벌의 흠결이 생길 수 있다는 비판이 가해진다.

3) 결과불법의 발생이 불가능함에도 행위자는 그것이 가능하다고 오인하였다는 점에서, 구성요건적 결과발생이 불가능함에도 그것이 가능하였다고 오인한 불능미수와 유사하다는 것을 근거로 불능미수규정을 유추적용한다.

4) 주관적 정당화요소 흠결의 경우 행위반가치일원론의 입장에서는 기수범의 불법을 인정한다. 그러나 이원적 인적불법론의 입장에서는 논리구성에 따라 기수범설(이재상 교수님)과 불능미수범설(김일수 교수님)이 나올 수 있다.

02 정당방위

1. 동물·자연현상에 의한 공격에 대하여는 정당방위를 할 수 없다. 그러나 동물에 의한 공격이 사람에 의하여 사주된 경우에는 사람의 공격으로서의 성질을 가지므로 정당방위가 가능하다.

2. 방위행위라고 하기 위하여는 정당방위상황에 대한 인식과 방어행위를 실현한다는 의사(방위의사)가 있어야 하며 이는 정당방위의 주관적 정당화요소에 해당한다. [변시 12]

3. 침해행위에서 벗어난 후 분을 풀려는 목적에서 나온 공격행위(예 속칭 빠루 사건)은 정당방위에 해당한다고 할 수 없다.

4. **김보은양 사건** (92도2540)
   ① 정당방위의 성립요건으로서의 방어행위에는 순수한 수비적 방어뿐 아니라 적극적 반격을 포함하는 반격방어의 형태도 포함될 수 있다. [변시 12]
   ② [**침해의 현재성은 인정**] 침해행위가 반복하여 계속될 염려가 있었다면, 피고인들의 사건 범행당시 피고인 김○은의 신체나 자유 등에 대한 현재의 부당한 침해상태가 있었다고 볼 여지가 없는 것은 아니나, 피고인들의 살인행위는 사회통념상 상당성을 결여하여 형법 제21조 소정의 정당방위나 과잉방위에 해당한다고 하기는 어렵다. [변시 15]

5. 도둑의 침입에 대비하여 자동보안장치를 미리 설치한 경우에도 이러한 장치는 침해와 동시에 작동되므로 침해의 현재성이 인정된다.

6. **싸움의 경우**
   [**몸무게가 더 나가는 처남 사건, 변태남편 상해치사 사건**] 가해행위는 방어행위인 동시에 공격행위의 성격을 가지므로 정당방위 또는 과잉방위행위라고 볼 수 없다. → 싸움으로 보아 정당방위 부정 (2000도228) [변시 14]

7. **외관상 싸움**
   [**50대 부부와 60대 할머니 사건, 가족 대 1인의 외관상 싸움**] 사건 겉으로는 서로 싸움을 하는 것처럼 보이더라도 실제로는 한쪽 당사자가 일방적으로 위법한 공격을 가하고 상대방은 이러한 공격으로부터 자신을 보호하고 이를 벗어나기 위한 저항 수단으로서 유형력을 행사한 경우, 그 행위가 새로운 적극적 공격이라고 평가되지 아니하는 한, 이는 사회관념 상 허용될 수 있는 상당성이 있는 것으로서 위법성이 조각된다. → 정당방위 인정 (99도3377) [변시 17]

8. 정당방위가 부정

① **[군무이탈 사건]** 국군보안사령부의 민간인에 대한 정치사찰을 폭로한다는 명목으로 군무를 이탈한 행위 (93도766) [변시 17]

② **[PVC 파이프 사건]** 시위참가자들이 경찰관들의 위법한 제지 행위에 대항하는 과정에서 공동하여 경찰관들에게 PVC 파이프를 휘두르거나 진압방패와 채증장비를 빼앗는 등의 폭행행위 (2009도2114)

③ **[밤 18개 사건]** 밤18개를 주워간다고 피해자의 뺨·팔목을 때려 상처를 입힌 행위 (84도1611)

9. 정당방위가 인정

① **[혀 절단상 사건]** 강제추행에 0.4센티의 혀 절단상으로 대항한 행위 (89도358)

② **[손톱깎이 사건]** 절도범으로 오인받은 자가 야간에 군중들로부터 무차별 구타를 당하자 이를 방어하기 위하여 소지하고 있던 손톱깎이 칼을 휘둘러 상해를 입힌 행위 (70도6473)

③ **[변호사 사무장 사건]** 검사가 참고인 조사를 받는 줄 알고 검찰청에 자진출석한 변호사사무실 사무장을 합리적 근거 없이 긴급체포하자 그 변호사가 이를 제지하는 과정에서 위 검사에게 상해를 가한 행위 (2006도148) [변시 12·17]

④ **[양 손목 사건]** 술취한 A가 甲이 운전하는 차량 앞에 뛰어들어 함부로 타려고 하고 항의하는 甲의 바지춤을 잡아당겨 찢고 甲을 끌고 가려다가 넘어지자, 甲이 A의 양 손목을 경찰관이 도착할 때까지 약 3분간 잡아 누른 행위 (99도943) [변시 20]

⑤ **경찰관의 불법한 체포에 대항하여 상해를 가한 경우**

[Case] 피고인이 경찰관의 불심검문에 응하여 이미 운전면허증을 교부한 상태이고, 경찰관뿐 아니라 인근 주민도 욕설을 직접 들었으므로 피고인이 도망하거나 증거를 인멸할 염려가 있다고 보기는 어렵고, 피고인의 모욕 범행은 불심검문에 항의하는 과정에서 저지른 일시적, 우발적인 행위로서 사안 자체가 경미할 뿐 아니라, 피해자인 경찰관이 범행현장에서 즉시 범인을 체포할 급박한 사정이 있다고 보기도 어렵다면, 경찰관이 피고인을 체포한 행위는 적법한 공무집행이라고 볼 수 없고, 따라서 피고인이 체포를 면하려고 반항하는 과정에서 상해를 가한 것은 불법체포로 인한 신체에 대한 현재의 부당한 침해에서 벗어나기 위한 행위로서 정당방위에 해당한다. (2011도3682) [변시 18·22]

10. 정당방위나 과잉방위 또는 면책적 과잉방위가 불성립

[난자의 경우] 피고인이 피해자와 말다툼을 하다가 건초더미에 있던 낫을 들고 반항하는 피해자로부터 낫을 빼앗아 그 낫으로 피해자의 가슴, 배, 등, 뒤통수, 목, 왼쪽 허벅지 부위 등을 10여 차례 찔러 피해자로 하여금 다발성 자상에 의한 기흉 등으로 사망하게 한 경우 (2007도1794) [변시 17·22]

11. 정당방위에서 '침해의 현재성'이란 침해행위가 형식적으로 기수에 이르렀는지에 따라 결정되는 것이 아니라 자기 또는 타인의 법익에 대한 침해상황이 종료되기 전까지를 의미하는 것이다. (2020도6874)

CASE 쟁점 029 반복될 위험(지속적 위험)에 대한 정당방위의 인정여부*

1. 논점

법익침해가 일정기간 계속·반복되어 앞으로도 동일한 침해가 예상되는 경우에 정당방위의 침해의 현재성을 인정할 수 있는지가 문제된다(예 가장이 술만 마시면 가족을 폭행해 왔던 경우, 계속·반복되어온 성폭행).

2. 학설

정당방위상황으로서 침해의 현재성을 인정하는 견해와 부정하는 견해가 있다.

3. 判例

반복된 성폭행을 피하기 위하여 술에 만취한 의붓아버지를 살해한 경우 현재의 부당한 침해를 인정할 여지가 있다는 취지로 판시하였다(대판 : 92도2540).

4. 검토 (판례지지)

가장의 가정폭력이 반복되는 경우 그 구성원이 공적, 사회적 구제수단에 호소한 경우 그 보복의 두려움으로 인하여 사실상 구제의 호소가 어려우므로 이들 약자를 보호하기 위하여 정당방위의 '침해의 현재성'을 인정하는 것이 타당하다.

실전연습 005 반복될 위험에 대한 정당방위의 인정여부 – 김보은양 사건

甲女는 약 12살 때부터 의붓아버지인 A의 강간행위에 의하여 정조를 유린당한 후 계속적으로 A와의 성관계를 강요받아 왔다. 대학생이 된 甲女는 남자친구인 乙과 A를 살해하고 강도로 위장하기로 공모한 후, 甲女가 밤중에 문을 열어주자 乙은 A의 방에 들어가 술에 취하여 잠들어 있던 A를 깨워 甲女를 더 이상 괴롭히지 말라는 취지의 훈계를 한 후 식칼로 A의 심장을 찔러 살해하였다. 甲女와 乙의 죄책을 논하시오. (주거침입죄는 논외로 함)

1. 구성요건해당성

甲女와 乙은 공모하여 살인을 하였으므로 살인죄의 구성요건 해당성이 인정된다.

2. 위법성

甲女와 乙에 대하여 정당방위가 인정될 수 있는지 문제된다. 정당방위는 자기 또는 타인의 법익에 대한 현재의 부당한 침해를 방위하기 위한 행위는 상당한 이유가 있어야 한다(제21조 제1항).

의붓아버지인 A의 성폭행이 반복되는 경우 甲女로서는 보복의 두려움으로 인하여 공적, 사회적 구제수단에 호소가 사실상 불가능하므로 이들 약자를 보호하기 위하여 정당방위의 '현재의 침해성'을 인정하는 것이 타당하다.

그러나 침해이익은 생명이고, 보호이익은 신체 및 성적 자기결정의 자유이므로 침해이익과 보호이익간의 불균형으로 인하여 甲女와 乙의 살인은 상당한 이유가 인정되지 아니한다. 따라서 정당방위로서 위법성이 조각될 수 없다.

3. 책임

방어행위가 상당성을 초과한 경우에도 행위가 야간 기타 불안스러운 상태하에서 공포, 경악, 흥분 또는 당황으로 인한 때에 적법행위의 기대가능성이 없어 책임이 조각되어 처벌되지 아니한다(제21조 제3항). 사안의 경우 甲女와 乙이 제21조 제3항의 요건을 구비하였다고 보여지지 아니하므로 책임의 조각이 인정되지 아니한다.

4. 결론

甲女와 乙은 살인죄의 공동정범의 죄책을 진다.

CASE 쟁점 030 싸움과 정당방위 및 오상방위의 법적 효과 - 배희칠랑 사건***

상병 甲이 동료 A(배희칠랑)가 초소근무 교대시간이 늦었다는 이유로 A를 구타하여 코피를 흘리게 하자, 흥분한 A는 "월남에서는 사람 하나를 죽인 것은 파리를 죽인 것이나 같았다. 너 하나 못 죽일 줄 아느냐"라고 하면서 소지하고 있던 소총을 甲의 등 뒤에 겨누며 실탄을 장전하는 등 발사할 듯이 위협을 하였다. 이에 甲은 위험하다고 느낀 나머지 뒤로 돌아서면서 소지하고 있던 소총을 발사하여 A를 사망케 하였다. 甲의 죄책을 논하시오. (다만 A가 甲을 살해할 의사가 없었다고 가정한다)

판결요지 싸움을 함에 있어서 격투를 하는 자 중의 한 사람의 공격이 그 격투에서 당연히 예상할 수 있는 정도를 초과하여 살인의 흉기 등을 사용하여온 경우에는 이를 '부당한 침해'라고 아니할 수 없으므로 이에 대하여는 정당방위를 허용하여야 한다고 해석하여야 할 것이다(대판 : 68도370).

판결이유 가사 피해자인 배희칠랑에게 피고인을 살해할 의사가 없고 객관적으로 급박하고 부당한 침해가 없었다고 가정하더라도 원심이 인정한 사실 자체로 보아도 피고인으로서는 현재의 급박하고도 부당한 침해가 있는 것으로 오인하는데 대한 정당한 사유가 있는 경우에 해당된다고 아니할 수 없다.

판례해설 위 판결요지는 A가 甲을 살해할 의사가 있었다는 가정하에 싸움에서 초과된 공격으로 보아 정당방위가 인정된다는 취지이다. 한편 판결이유는 A가 甲을 살해할 의사가 없었으나 甲은 A가 살해할 의사가 있었다고 착오한 경우(오상방위)를 가정하여 내린 결론이다. 판례는 오상방위(위법성조각사유의 전제사실에 관한 착오)의 경우 착오에 정당한 이유가 있으면 위법성을 조각을 인정하는데, 甲의 착오에 대하여 정당한 이유를 인정할 수 있다고 본 것이다. 결국 판례는 어느 경우라도 위법성이 조각된다고 판시한 것이다.

[사안의 해결] 만약 A가 甲을 살해할 의사가 없었던 경우였다면 오상방위(위법성조각사유의 전제사실에 관한 착오)의 문제가 된다. 법효과제한적 책임설(다수설)에 의하면 과실범을 검토하게 된다. 다만, 위 사례의 경우 사건의 경과를 보면, 甲이 A가 자신을 살해할 의사가 있었다고 오인한 것은 과실이 없다(정당한 이유가 있다)고 평가되어야 하므로 법효과제한적 책임설에 따르면 甲에게 무죄를 인정해야 할 것이다.

03 긴급피난

선택형 핵심지문

1. 긴급피난을 위법성조각사유로 보는 견해에 의하면 긴급피난 행위는 위법성이 조각되는 행위이므로 긴급피난 행위에 대한 정당방위는 허용되지 아니한다.

2. 정당방위와 달리 긴급피난으로 보호할 수 있는 법익에는 개인적 법익뿐만 아니라 국가적 법익과 사회적 법익도 포함된다.

3. 긴급피난에 있어서 위난의 원인은 적법·위법을 불문한다. 위난의 원인은 불문하므로 긴급피난에 대하여도 긴급피난이 가능하다.

4. **[주관적 정당화 요소로서 피난의사 要]** 현재의 위난이 존재하는 상태이었다고 가정하더라도 소위 피난의사가 있었다고 인정할 수 없는 이상 긴급피난의 성립을 인정할 수 없다. (80도306) [변시 24]

5. 강도범의 공격에 대하여 친구의 우산으로 강도범을 때려 강도범이 상해를 입고 친구의 우산이 부러진 경우, 강도범에 대한 상해행위에 대해서는 정당방위가 성립하고 친구의 우산의 손괴행위에 대하여는 긴급피난이 성립한다.

6. 미리 선박을 이동시켜 놓아야 할 책임을 다하지 아니함으로써 긴급한 위난을 당하였다는 점만으로는 긴급피난을 인정하는데 아무런 방해가 되지 아니한다. ➜ 피조개 양식장 훼손 사건 (85도221) [변시 14·18]

7. 긴급피난에 해당하지 않는 경우

① 아파트 입주자대표회의 회장이 다수 입주민들의 민원에 따라 위성방송 수신을 방해하는 케이블TV방송의 시험방송 송출을 중단시키기 위하여 위 케이블TV방송의 방송안테나를 절단하도록 지시한 행위 (2005도9396) [변시 18 · 19]

② 甲 정당 당직자인 피고인들 등이 국회 외교통상 상임위원회 회의장 앞 복도에서 출입이 봉쇄된 회의장 출입구를 뚫을 목적으로 회의장 출입문 및 그 안쪽에 쌓여있던 책상, 탁자 등 집기를 손상하거나, 국회의 심의를 방해할 목적으로 소방호스를 이용하여 회의장 내에 물을 분사한 행위 (2010도13609) [변시 18]

③ 피고인이 피해자의 개가 자신의 애완견을 물어뜯는 공격을 하자 소지하고 있던 기계톱으로 피해자의 개를 절개하여 죽인 행위 ➡ 책임조각적 과잉피난에도 해당하지 아니함 (2014도2477) [변시 17 · 18]

04 자구행위

선택형 핵심지문

1. 원상회복이 불가능한 청구권은 자구행위의 보전대상인 청구권에 포함되지 않는다.

2. 자구행위에 해당하지 않는 경우

① 피해자가 다른 친구들 앞에서 피고인의 전과 사실을 폭로함으로써 명예를 훼손하기 때문에 동인을 구타한 행위 (69도2138)

② 소유권의 귀속에 관한 분쟁이 있어 민사소송이 계속 중인 건조물에 관하여 현실적으로 관리인이 있음에도 위 건조물의 자물쇠를 쇠톱으로 절단하고 침입한 행위 (85도707)

③ 피고인이 피해자에게 석고 납품대금을 받지 못하고 있던 중 피해자가 화랑을 폐쇄하고 도주하자, 피고인이 야간에 폐쇄된 화랑의 베니아판 문을 미리 준비한 드라이버로 뜯어내고 피해자의 물건을 몰래 가지고 나온 행위 (84도2582)

④ 인근 상가의 통행로로 이용되고 있는 토지의 사실상 지배권자가 위 토지에 철주와 철망을 설치하고 포장된 아스팔트를 걷어냄으로써 통행로로 이용하지 못하게 한 행위 (2007도7717) [변시 14]

3. 면책적 과잉피난과 면책적 긴급피난은 인정되나, 면책적 자구행위는 인정되지 아니한다. [변시 12]

☑ 정당방위, 긴급피난, 자구행위의 비교

	정당방위	긴급피난	자구행위
본질적 차이	부정 vs 정	정 vs 정	부정 vs 정
법익 범위	국가적, 사회적 법익은 제외	국가적, 사회적 법익도 포함	자기의 청구권
시 기	사전적 긴급행위	사전적 긴급행위	사후적 긴급행위
보충성	×	○	○
균형성	×	○	엄격한 것은 아님
적합성	○	○	○
침해의 원인	사람의 행위	제한 없음	타인의 침해
행위의 대상	침해자	침해자, 제3자	과거의 침해자
주체 제한	없음	제22조 제2항	없음
근 거	자기보호의 원리 법질서수호의 원리	이익교량의 원리 목적설	국가권력의 대행
과잉행위	제21조 제2항 · 제3항	제22조 제3항 : 제21조 제2항 · 제3항을 준용	제23조 제2항 : 제21조 제3항은 준용되지 아니함★

05 피해자의 승낙

선택형 핵심지문

1. 피해자의 동의의 형법상 취급

	형법규정
구성요건해당성을 조각하는 경우	① 절도죄 ② 주거침입죄 ③ 강간죄 ④ 강제추행죄 ⑤ 비밀침해죄 · 업무상비밀누설죄
위법성을 조각하는 경우	① 상해죄 ② 폭행죄

2. 피고인의 기안문서 작성 행위가 작성권자의 지시 또는 승낙에 의한 것이라면 공문서위 조죄의 구성요건해당성이 조각된다. (82도1426)

3. 피무고자의 승낙이 있었다고 하더라도 무고죄의 성립에는 영향을 미치지 못한다. (2005 도2712)

4. 자궁적출사건

① 진단상 과오가 없었으면 당연히 설명받았을 자궁 외 임신에 관한 내용을 설명받지 못한 피해자로부터 수술승낙을 받았다면 위법성을 조각할 유효한 승낙으로 볼 수 없다. (92도2345) [변시 16 · 21]

② 난소의 제거로 이미 임신불능 상태에 있는 피해자의 자궁을 적출했다 하더라도 이는 업무상과실치상죄에 있어서의 상해에 해당한다. (92도2345)

5. 위법성조각사유로서 피해자의 승낙은 언제든지 자유롭게 철회할 수 있다고 할 것이고, 철회의 방법에는 아무런 제한이 없다. (2005도8704) [변시 16]

6. 고의범은 물론 과실범의 경우도 피해자 승낙에 의하여 위법성이 조각될 수 있다.

→ **예** 음주운전에 의한 사고를 승인하고 동승하였다가 운전자의 과실로 상해를 입은 경우 [변시 13]

7. 피해자의 승낙은 개인적 법익을 훼손하는 경우 법률상 처분할 수 있는 사람의 승낙을 말할 뿐만 아니라 승낙이 윤리적, 도덕적으로 사회상규에 반하는 것이 아니어야 한다. (85도1892) [변시 12 · 16 · 21 · 23]

8. 甲이 乙과 공모하여 보험사기를 목적으로 乙의 동의하에 甲이 乙에게 상해를 가한 경우, 피해자의 승낙으로 위법성이 조각되지 아니한다. (2008도9606)

9. 피해자의 승낙과 양해의 구별 [Keyword] 양·구·승·위

피해자가 침해에 대하여 동의한 법익의 가치가 ⅰ) 개인의 의사와 독립해서는 존재의의가 약한 경우 그 동의는 **양해로서 구성요건해당성조각사유**가 되며, ⅱ) 개인의 의사를 초월해서 공동체를 위해서도 중요한 비중을 가지고 있는 경우 그 동의는 **승낙으로서 위법성조각사유**가 된다(다수설).

10. 양해와 피해자 승낙의 착오★★ [변시 23]

① 행위자가 **양**해가 있는 것으로 오인한 경우 **구성요건적 착오**로서 고의가 조각되며 과실범의 성립이 문제된다.

② **승**낙사실의 존부에 관한 착오는 주관적 정당화요소의 흠결의 문제(**예** 피해자의 승낙이 있음에도 없는 것으로 알고 상해한 경우) [변시 21] 또는 **위법성조각사유의 객관적 전제사실에 대한 착오**(**예** 피해자의 승낙이 없음에도 있는 줄 알고 상해한 경우)의 문제가 된다.

CASE 쟁점 031 양해와 승낙의 착오★★

사례연습 향후 창업을 계획하고 있어 창업 자금이 필요하던 甲은 2022. 4. 3. 약혼녀 C의 지갑에서 액면금 3천만 원의 수표를 꺼내 가져갔다. 당시 C는 그 자리에서 甲의 행위를 보았으나 다른 생각을 하느라 별다른 행동을 하지 않았다. 이에 甲은 자신이 지갑에서 수표를 꺼내어 가져가는 데 C가 동의한 것으로 오인하였다. 동의를 ① '양해'로 보는 견해와 ② '승낙'으로 보는 견해로 나누어 甲의 죄책을 각각 논하시오.

【제12회 변호사시험 제1문】

1. 논점

甲이 약혼녀 C의 지갑에서 액면금 3천만 원의 수표를 꺼내 가져간 행위는 일응 절취에 해당한다(제329조). 다만, 사안의 경우 甲은 피해자 승낙이 있는 것으로 오인하고 수표를 절취하였으므로 피해자 승낙의 착오의 법적효과가 문제된다.

2. 피해자의 승낙과 양해의 구별

피해자의 승낙이란 법익의 주체가 상대방에게 자기의 법익에 대한 침해를 허용하는 것을 말하며, 승낙을 받은 법익침해행위는 원칙적으로 위법성이 조각된다(제24조).

다수설인 구별설에 따르면 이는 다시 피해자가 침해에 대하여 동의한 법익의 가치가 ⅰ) 개인의 의사와 독립해서는 존재의의가 약한 경우 그 동의는 **양해로서 구성요건해당성조각사유**가 되며, ⅱ) 개인의 의사를 초월해서 공동체를 위해서도 중요한 비중을 가지고 있는 경우 그 동의는 **승낙으로서 위법성조각사유**가 된다.

(1) '양해'로 보는 경우

양해란 구성요건이 피해자의 의사에 반하는 때에만 실현될 수 있는 범죄에 있어서 피해자가 그 법익의 침해에 동의한 경우를 말한다. 행위자가 양해가 있는 것으로 오인한 경우 **구성요건적 착오로서 고의가 조각되며 과실범의 성립이 문제된다.** 사안에서 甲은 동거녀 C가 수표를 꺼내 가져가는 것에 대하여 승낙이 있는 것으로 오인하였으므로 이를 양해로 보는 견해에 따르면 이는 구성요건적 착오에 해당하고 甲에게는 절도사실에 대한 고의가 없으므로 절도죄의 구성요건해당성이 조각된다. 한편, 고의가 없어 절도죄의 구성요건해당성이 조각되는 경우 과실범을 검토하여야 하나 절도죄는 과실범을 처벌하는 규정을 두고 있지 않으므로 甲에게는 절도죄가 성립하지 않는다(제13조, 제14조).

(2) '승낙'으로 보는 경우

피해자의 승낙이란 법익의 주체가 상대방에게 자기의 법익에 대한 침해를 허용하는 것을 말하며, 승낙을 받은 법익침해행위는 원칙적으로 위법성이 조각된다. 행위자는 피해자의 승낙이 있었다는 사실을 인식하고 행위를 하였어야 한다(주관적 정당화요소). 따라서 승낙사실의 존부에 관한 착오는 주관적 정당화요소의 흠결의 문제 또는 **위법성조각사유의 객관적 전제사실에 대한 착오(이하 '위전착'이라 한다)의 문제가 된다.**

위법성조각사유인 승낙으로 보는 견해에 따르면 사안의 경우 동거녀 C의 승낙이 존재하지 아니함에도 존재한다고 오인한 경우 즉, 객관적 정당화 상황이 존재하지 않음에도 존재하는 것으로서 오인한 위전착에 해당한다.

사안에서 甲은 약혼녀인 C의 지갑에서 수표를 꺼낸다는 인식과 의사는 인정할 수 있으나, 상황을 착오한 나머지 법을 배반하여 절취한다는 심정반가치가 인정되지 않으므로 절도죄에 대하여 고의책임은 인정되지 않는다. 따라서 甲의 행위는 절도죄가 성립할 수 없으며 절도죄에 대한 과실범은 처벌규정이 존재하지 않으므로 甲은 그 착오에 과실이 있는지 여부를 불문하고 무죄이다.

3. 결론

甲은 어느 견해에 따르더라도 절도죄가 성립하지 않는다.

CASE 쟁점 032 부정확한 설명에 의한 승낙과 의료행위의 법적효과

산부인과 전문의 수련과정 2년차인 의사가 자신의 시진, 촉진결과 등을 과신한 나머지 초음파검사 등 피해자의 병증이 자궁외 임신인지, 자궁근종인지를 판별하기 위한 정밀한 진단방법을 실시하지 아니한 채 피해자의 병명을 자궁근종으로 오진하고 이에 근거하여 의학에 대한 전문지식이 없는 피해자에게 자궁적출술의 불가피성만을 강조하였을 뿐 위와 같은 진단상의 과오가 없었으면 당연히 설명받았을 자궁외 임신에 관한 내용을 설명받지 못한 피해자로부터 수술승낙을 받았다. [변시 16 · 21]

1. 구성요건 해당성

임신불능상태의 자궁을 적출한 행위는 건강상태를 불량하게 변경한 것이므로 상해에 해당하고, 의사는 이러한 상해에 대한 고의가 인정된다. 따라서 의사는 행위는 상해죄의 구성요건해당성이 인정된다.[5]

---

5) 자궁을 적출하는 의사의 주관적 상태는 상해 또는 중상해의 고의에 해당하므로 피고인의 행위는 업무상과실치상이 아니라 상해죄 또는 중상해죄의 구성요건에 해당한다고 보아야 할 것이다(김영환, 형사판례연구 2권, 64면).

2. 위법성

의사의 치료행위는 피해자의 승낙에 의하여 위법성이 조각될 수 있으나, 사안의 경우 피해자의 승낙은 부정확 또는 불충분한 설명에 근거한 것이어서 유효한 승낙이라고 볼 수 없어 의사의 상해행위는 위법성이 조각될 수 없다.

3. 책임

의사는 피해자의 유효한 승낙이 없음에도 불구하고 그것이 존재한다고 오인하고 수술을 한 것이므로 이는 위법성조각사유의 객관적 전제사실의 착오에 해당한다. (법효과제한적 책임설이 타당하는 전제하에) 법효과제한적 책임설에 의하면 의사에게는 상해에 대한 고의불법은 인정되나 심정반가치로서의 고의 즉 상해에 대한 고의책임을 인정할 수 없다. 그러나 의사의 오진 즉 업무상과실이 인정되므로 업무상과실치상의 범위 내에서 책임을 부담하여야 한다. 따라서 의사에게는 업무상과실치상죄가 성립한다.

06 정당행위

선택형 핵심지문

1. **[명백히 위법한 명령에 따른 공무원의 행위 = 정당행위×]** 고문 행위와 같은 중대하고도 명백한 위법명령에 따른 행위가 정당한 행위에 해당하거나 강요된 행위로서 적법행위에 대한 기대가능성이 없는 경우에 해당하는 것이라고는 볼 수 없다. (87도2358)

2. **[정당행위에 해당]** 피고인의 차를 손괴하고 도망하려는 피해자를 도망하지 못하게 멱살을 잡고 흔들어 피해자에게 전치 14일의 흉부찰과상을 가한 경우 (98도3029)

3. **[사인은 현행범 체포만 可]** 현행범인을 추적하여 그 범인의 부(父)의 집에 들어가서 동인과 시비 끝에 상해를 입힌 경우에 주거침입죄가 성립한다.

4. **노동쟁의 행위의 정당행위 인정여부**
   ① **[경영자의 전권사항에 관여할 목적 → 정당행위×]** 노동조합이 기업의 구조조정의 실시 자체를 반대하기 위하여 쟁의행위에 나아간다면, 비록 그 실시로 인하여 근로자들의 지위나 근로조건의 변경이 필연적으로 수반된다고 하더라도 그 쟁의행위는 목적의 정당성을 인정할 수 없다. (2010도11030)
   ② **[절차위반 → 정당행위×]** 쟁의행위의 찬반을 결정하는 투표절차를 위반한 경우 실질적 정당성을 갖추었더라도 특단의사정이 없는 한 정당성이 상실된다. (99도4837)

③ **[조정기간 종료시 可]** 노동조합이 노동위원회에 노동쟁의 조정신청을 하여 조정절차가 마쳐지거나 조정이 종료되지 아니한 채 조정 기간이 끝나면 조정절차를 거친 것으로서 쟁의행위를 할 수 있다. (2001도1863)

④ 쟁의행위의 수단으로서 직장점거의 한계 → 병존적 점거는 허용O, 배타적 점거는 허용× (90도1431)

5. 업무로 인한 행위의 정당행위 인정여부

① **[인정]** 신문기자인 피고인이 고소인에게 2회에 걸쳐 증여세 포탈에 대한 취재를 요구하면서 이에 응하지 않으면 자신이 취재한 내용대로 보도하겠다고 말하더라도 특별한 사정이 없는 한 신문기자의 일상적 업무 범위에 속하여 사회상규에 반하지 아니하는 행위라고 보는 것이 타당하다. (2011도639)

② **[부정]** 사제가 죄 지은 자를 능동적으로 고발하지 않는 것에 그치지 아니하고 은신처 마련, 도피자금 제공 등 범인을 적극적으로 은닉·도피케 하는 행위는 사제의 정당한 직무에 속하는 것이라고 할 수 없다. (82도3248) [변시 18]

6. 정당행위에 해당하는 경우

① **[소극적 저항의 결과 피해자가 사망한 경우]** 피고인이 자기의 앞가슴을 잡고 있는 피해자의 손을 떼어 내기 위하여 피해자의 손을 뿌리쳤는데 그 결과로 피해자가 사망한 경우, 사회통념 상 허용될 만한 상당성이 있는 행위로서, 위법성이 결여된 행위(정당행위)라고 볼 여지가 있다. (87도464) [변시 23]

② **[삼보일배 행진]** 신고내용에 포함되지 않은 삼보일배 행진을 한 것은 사회상규에 반하지 아니하는 행위로서 위법성이 조각된다. (2009도11395)

③ **[공고문 제거]** 입주자대표회의 회장인 피고인이 정당한 소집권자인 회장의 동의나 승인 없이 위법하게 게시된 이 사건 공고문을 발견하고 이를 제거하는 방법으로 손괴한 조치는, 정당행위에 해당한다. (2021도9680)

7. 정당행위에 해당하지 않는 경우

① **[적법한 구제절차를 밟지 않은 방실수색 → 방실수색죄 성립]** 회사측이 회사 운영을 부실하게 하여 소수주주들에게 손해를 입게 하였다고 하더라도 위와 같은 사정만으로 주주총회에 참석한 주주가 강제로 사무실을 뒤져 회계장부를 찾아내는 것이 사회통념상 용인되는 정당행위로 되는 것은 아니다. (2001도2917)

② **[비의료인으로 하여금 시술]** 의사가 모발이식시술을 하면서 이에 관하여 어느 정도 지식을 가지고 있는 간호조무사로 하여금 모발이식시술행위 중 일정 부분을 직접 하도록 맡겨둔 채 별반 관여하지 않은 경우 (2005도8317) [변시 16]

③ **[사회통념 상 용인할 수 있는 범위를 넘는 행위]** 피고인 사채업자가 채무자에게 채무를 변제하지 않으면 채무자가 숨기고 싶어하는 과거 행적과 사채를 쓴 사실 등을 남편과 시댁에게 알리겠다는 등 문자메세지를 발송한 경우, 피고인의 행위는 정당행위에 해당하지 않으므로, 협박죄가 성립한다. (2011도2412) [변시 23]

8. **[자물쇠 손괴+침입 → 정당행위 ○ / 고지서 빼앗고 집기 들어냄 → 정당행위 ×]** 아파트 입주자대표회의의 임원 또는 아파트관리회사의 직원들인 피고인들이 기존 관리회사의 직원들로부터 계속 업무집행을 제지받던 중 저수조 청소를 위하여 출입문에 설치된 자물쇠를 손괴하고 중앙공급실에 침입한 행위는 정당행위에 해당하나, 관리비 고지서를 빼앗거나 사무실의 집기 등을 들어낸 행위는 정당행위에 해당하지 않는다. (2003도3902)

9. **무면허자가 민간요법으로 행해져 온 의료행위를 한 경우 정당행위의 인정여부**

   ① **[인정]** 무료로 일회성의 수지침을 시술한 사건 (98도2389) [변시 19]

   ② **[부정]** 영리목적으로 반복하여 부항뜸 시술을 한 사건 (2004도3405) [변시 19]

10. **[구성요건해당성 조각사유]** 병역법 제88조 제1항의 정당한 사유는 구성요건해당성을 조각하는 사유이다. 이는 형법상 위법성조각사유인 정당행위나 책임조각사유인 기대불가능성과는 구별된다. (2016도10912)

사례형 쟁점정리

CASE 쟁점 033 상관의 구속력 있는 위법한 명령에 따른 행위의 법적 효과

1. 논점

상관의 명령이 위법하지만 구속력이 있는 경우 이에 복종한 부하의 행위가 위법성이나 책임이 조각될 수 있는지가 문제된다.

2. 학설

위법한 명령에 따른 행위는 위법성이 조각될 수 없고 다만 구속력으로 인하여 적법행위의 기대가능성이 없는 경우라면 책임이 조각될 수 있을 뿐이라는 견해가 있다.

3. 判例

상관의 명령에 따라 물고문 행위를 한 경우와 같이 중대하고도 위법한 명령에 따른 행위는 명령에 대한 절대복종이 불문율로 되어 있다 할지라도 정당행위 또는 강요된 행위로서 적법행위에 대한 기대가능성이 없는 경우에 해당한다고 할 수 없어 책임이 조각될 수도 없다고 판시한 바 있다(대판 : 87도2358).

4. 검토

위법한 명령이 구속력이 있다고 하여 그 명령에 따른 행위를 적법하다고 볼 수 없다는 점, 구속력 있는 위법한 명령에 따른 행위가 강요된 행위로서 적법행위에 대한 기대가능성이 없는 경우에 해당한다고 할 수 없으므로 책임도 조각될 수 없다고 보는 것이 타당하다.

제4장 | 책임론

01 책임이론

1. 책임비난의 대상에 대하여 도의적 책임론은 '행위 책임론'의 입장이나 사회적 책임론은 '행위자 책임론(사회적으로 위험한 성격을 가진 행위자)'의 입장이다.

2. [도·범·사·형] 도의적 책임론은 책임능력의 본질을 '범죄능력'으로 보나 사회적 책임론은 책임능력의 본질을 '형벌(적응)능력'으로 본다.

	도의적 책임론	사회적 책임론
의 의	책임이란 자유의사를 가진 자가 자유로운 의사에 의하여 적법한 행위를 할 수 있었음에도 불구하고 위법행위를 한 데 대한 윤리적 비난이라고 보는 견해이다.	책임의 근거를 소질과 환경에 의해서 결정된 행위자의 반사회적 성격에 두고 책임이란 인간의 반사회적 성격에 대하여 가하여지는 사회적 비난이라고 보는 견해이다.
인간관	비결정론(자유의사 긍정)	결정론(자유의사 부정)
책임의 근거	의사책임론(자유의사 있는 자의 위법한 의사형성)	성격책임론(소질과 환경에 의하여 결정된 행위자의 반사회적 성격) [변시 13]
책임비난의 대상	행위 책임론(행위자의 개인적 특성은 불고려) [변시 13]	행위자 책임론(사회적으로 위험한 성격을 가진 행위자)
형벌과 보안처분의 관계 및 대체가능성	① 이원론(자유의사를 가진 자에게 과하는 형벌과 책임무능력자에게 과하는 보안처분은 질적으로 구별된다) ② 양자는 질적 차이가 있으므로 대체불가	① 일원론(사회방위처분이라는 점에서 양자는 질적인 차이가 없고 다만 양적 차이가 있을 뿐이다) ② 양자는 질적 차이가 없으므로 대체가능
책임능력의 의미	범죄능력	형벌(적응)능력 [변시 13]

3. 책임의 본질에 관한 심리적 책임론(고전적 범죄체계론)은 ① 범죄 성립의 모든 객관적·외적 요소는 구성요건과 위법성 단계에, 주관적·내적 요소는 책임 단계에 배치한다. [변시 13] ② 고의나 과실이 있는 경우이지만 책임능력이 부정되거나 기대불가능성 때문에 책임이 조각되는 경우를 설명할 수 없다는 비판이 가해진다.

4. 규범적 책임론은 일반인의 관점에서 적법한 다른 행위가 가능했음에도 위법한 행위로 나온 행위자에 대한 비난가능성을 책임의 본질로 본다. [변시 13]

5. 기능적 책임론은 책임의 내용으로서 형벌의 예방목적을 강조한다.

02 책임능력

선택형 핵심지문

1. 만 14세 미만의 행위자는 의사를 결정할 능력이 있더라도 책임능력이 부정된다(제9조).

2. **[사실심판결선고시 기준]** 소년법 제60조 제2항(소년에 대한 임의적감경) 적용대상 '소년'인지 여부는 심판시, 사실심판결선고시를 기준으로 판단되어야 함. (96도1421) [변시 14 · 22]

3. 정신적 장애가 있는 자라고 하여도 **범행 당시** 정상적인 사물변별능력과 행위통제능력이 있었다면 심신장애로 볼 수 없다. (2012도12689) [변시 15 · 20 · 22]

4. **[충동조절장애 → 원칙적으로 심신장애 ×, 정신병과 동등한 경우 → 예외적으로 심신장애 ○]** 원칙적으로 충동조절장애(예 생리도벽, 성주물성애증, 소아기호증) 같은 성격적 결함은 형의 감면사유인 심신장애에 해당하지 아니한다고 봄이 상당하지만, 그 이상으로 사물을 변별할 수 있는 능력에 장애를 가져오는 원래 의미의 정신병이 도벽의 원인이라거나 혹은 도벽의 원인이 충동조절장애와 같은 성격적 결함이라 할지라도 그것이 매우 심각하여 원래의 의미의 정신병을 가진 사람과 동등하다고 평가할 수 있는 경우 그로 인한 절도범행은 심신장애로 인한 범행으로 보아야 한다. (2008도9867) [변시 15 · 17 · 19 · 20 · 21 · 23]

5. **심신장애의 판단방법**
   ① **[법률적 판단 ○, 전문감정인의 의견에 기속 ×, 법원의 독자적 판단 ○]** 심신장애의 유무 및 정도의 판단은 법률적 판단에 해당하고, 반드시 전문감정인의 의견에 기속되어야 하는 것은 아니고, 법원이 독자적으로 판단할 수 있다. (2006도7900) [변시 17 · 20 · 21]
   ② 정신장애의 정도는 전문가에의 감정이 바람직, 그러나 필수 × (84도545)
   ③ **[심신장애의 의심이 드는 경우에도 감정 × = 위법]** 전문가에게 피고인의 정신상태를 감정시키는 등의 방법으로 심신장애 여부를 심리하지 아니한 채 선고한 원심판결을 심리미진과 심신장애에 관한 법리오해의 위법이 있다. (99도693)
   ④ 전문가에게 감정시킨 경우에도 결과는 참고 자료에 불과함. 따라서 심신상실이라는 전문가의 의견 배척하고 심신미약만 인정 가능. (98도549)

6. **심신장애의 존부의 판단 시**
   [범죄 행위시] 피고인이 평소 간질병 증세가 있었더라도 범행 당시에는 간질병이 발작하지 아니하였다면 이는 책임감면 사유인 심신장애 내지는 심신미약에 해당하지 아니한다. (83도1987)

7. **[사물변별능력≠기억능력]** 사물변별능력과 기억능력은 일치하는 것은 아니며, 다만 범행 당시의 사정을 자세히 기억하고 있다는 것은 사물변별능력 판단에 중요한 자료가 될 수 있다. (77도3428)

8. 심신미약자의 행위는 형을 감경할 수 있다(제10조 제2항). → 임의적 감경

9. **[과실 원·자·행도 포함]** 형법 제10조 제3항은 고의에 의한 원인에 있어서의 자유로운 행위만이 아니라 과실에 의한 원인에 있어서의 자유로운 행위까지도 포함하는 것으로서 위험의 발생을 예견할 수 있었는데도 자의로 심신장애를 야기한 경우도 그 적용대상이 된다. (92도999) [변시 19·21]

> **관련판례** 피고인이 음주운전을 할 의사를 가지고 만취 후에 운전을 결행하여 교통사고를 일으켰다면 음주 시에 교통사고를 일으킬 위험성을 예견하였는데도 자의로 심신장애를 야기한 경우에 해당하므로, 위 법조항에 의하여 심신장애로 인한 감경 등을 할 수 없다. (92도999) [변시 23]

10. **원인에 있어서 자유로운 행위(제10조 제3항)의 가별성의 이론구성**★★★ [변시 14]

[일·간·구/ 예·불·책/ 반·법]

	특징	비판
일치설	① 원인에 있어서 자유로운 행위는 자신을 도구로 이용하는 **간**접정범과 유사하다고 본다. ② 원인설정행위를 실행행위로 본다. ③ 원인설정행위에서 책임의 근거를 찾는다. ④ 책임능력과 행위의 동시존재의 원칙에 충실하다. (책임주의와 일치하는 해석)	**구**성요건적 행위정형성 무시(예비와 미수의 구별이 곤란해지며, 예비를 미수로 보아 가벌성을 확장할 위험 있음) [일·간·구]
예외설	① 심신장애 상태 하에서의 행위를 실행행위로 본다. ② 원인설정행위와 실행행위의 **불**가분적 관련에서 책임의 근거를 찾는다. ③ 원인에 있어서 자유로운 행위를 책임능력과 행위의 동시존재의 원칙에 대한 예외로 본다. (책임주의의 예외를 인정하는 해석)	**책**임주의의 예외를 쉽게 인정 [예·불·책]
반무의식상태설	① 원인설정행위는 단순한 예비행위에 불과하고 심신장애상태하에서의 행위가 실행행위이며, 실행행위는 **반**무의식적 상태에서 이루어지므로 행위의 주관적 요소를 인정할 수 있다. ② 책임능력결함상태에서의 실행행위에 책임의 근거를 찾는다. ③ 책임능력과 행위의 동시존재의 원칙이 유지될 수 있다. (책임주의와 일치하는 해석)	'반무의식적 상태에서의 행위'라는 개념을 인정하면 대부분의 경우 책임능력이 인정되어 **법**적 안정을 해할 위험이 있다. [반·법]

CASE 쟁점 034 원인에 있어서 자유로운 행위의 가벌성의 이론구성***

1. 학설

(1) 일치설 – 원인에 있어서 자유로운 행위는 자신을 도구로 이용하는 간접정범과 유사하므로, 원인설정행위가 실행행위이고 원인설정행위 시에 책임능력 상태에 있었던 이상 책임능력자로 처벌이 가능하다는 견해이다.

(2) 예외설 – 심신장애상태 하에서의 행위가 실행행위이고, 책임능력은 원인설정행위 시에 있지만 양 행위는 불가분의 연관이 있으므로 책임능력자로 처벌이 가능하다.

2. 검토

일치설은 구성요건적 행위정형성 없는 원인설정행위를 실행행위로 보는 점과 원인설정행위 시 실행의 착수를 인정하여 가벌성의 범위가 지나치게 확장되는 문제가 있다. 따라서 예외설이 타당하다.

실전연습 006 원인에 있어서 자유로운 행위

산지기인 甲은 홀로 야영중인 A(女)를 발견하고 야음을 틈타 강간하기로 마음먹었다. 산장에서 어두워지기를 기다리던 甲은 강간할 용기가 나지 않자 술의 힘을 빌어 강간하기로 마음먹고 술을 마시다가 만취하여 심신상실의 상태에 이르고 말았다. 이윽고 날이 어두워지자 甲은 A를 찾아 나섰다가 텐트 뒤쪽에서 용변을 보고 있던 A를 발견하고 심신상실의 상태에서 폭행한 후 간음하였다. 그 후 甲이 담배를 피우는 사이에 A가 도망가자 甲은 강간의 와중에 A가 떨어뜨린 지갑을 자기 주머니에 넣은 후 산장으로 돌아왔다. 甲의 죄책을 논하시오.

1. 논점

甲의 죄책과 관련하여 A를 폭행한 후 간음한 점에 대하여 강간죄가 성립할 수 있는지, A의 지갑을 취득한 점에 대하여 절도죄가 성립할 수 있는지 문제된다.

2. 강간죄의 성립여부

(1) 강간죄의 구성요건

강간죄란 폭행 또는 협박으로 사람을 강간함으로써 성립하는 범죄이다(제297조). 사안의 경우 甲은 A를 폭행한 후 간음하였으므로 강간죄의 구성요건해당성이 인정된다. 다만 행위당시 심신상실의 상태에 있었으므로 책임능력이 인정될 수 있는지 문제된다.

(2) 제10조 제3항의 적용요건과 효과

형법 제10조 제3항은 "위험의 발생을 예견하고 자의로 심신장애를 야기한 자의 행위에는 전2항의 규정을 적용하지 아니한다."고 규정하여 원인에 있어서 자유로운 행위에 대하여 심신상실 상태 하에서의 행위일지라도 책임의 조각을 인정하지 않는다.

사안의 경우 甲은 강간을 결의하고 스스로 술을 마셔 심신상실의 상태에서 A를 강간하였는바 이는 위험의 발생을 예견하고 자의로 심신장애를 야기한 자의 행위로서 제10조 제3항이 적용되어 심신상실로 인한 책임이 조각되지 않는다. 따라서 甲에 대하여는 강간죄가 성립한다.

3. 절도죄의 성립여부

(1) 절도죄의 구성요건

절도죄란 타인의 재물을 절취함으로써 성립하는 범죄이다(제329조). 여기서 타인의 재물이란 타인이 점유하는 타인 소유의 재물을 의미하며, 절취란 재물의 점유자의 의사에 반하여 그 점유자의 점유를 배제하고 자기 또는 제3자의 점유로 옮기는 것을 말한다.

사안의 경우, 강간을 당한 A가 도망가면서 두고 간 지갑은 사회통념상 A의 점유하에 있는 A소유의 물건이라고 보아야 할 것이고[1] 이를 甲이 취득하는 것은 A의 의사에 반하는 것으로서 절취에 해당한다. 따라서 甲의 행위는 절도죄의 구성요건에 해당한다.

(2) 제10조 제3항을 적용할 수 있는지 여부

사안의 경우 甲이 A의 지갑을 절취한 것에 대하여도 제10조 제3항에 의하여 심신상실을 인정하지 않고 책임능력을 인정할 수 있는지 문제된다. 그러나 제10조 제3항은 "위험의 발생을 예견"하고 자의로 심신장애를 야기한 자의 행위에 대하여만 적용된다.

사안의 경우 甲은 강간의 고의를 가졌을 뿐 절도의 고의를 가지고 술을 마신 것은 아니므로 절도에 대하여는 위험의 발생을 예견하고 한 행위라고 볼 수 없다. 따라서 甲의 절도행위는 제10조 제3항이 적용될 수 없으므로 제10조 제1항의 적용이 배제되지 않는다.

따라서 甲은 심신상실자로서 절도에 대하여는 책임능력이 인정되지 않아 절도죄가 성립하지 아니한다.

4. 사안의 해결

甲은 A를 강간한 것에 대하여 강간죄(제297조)의 죄책을 지며, A의 지갑을 가져간 것에 대하여는 무죄이다.

---

1) 대판 : 84도38

03 위법성의 인식

선택형 핵심지문

1. **위법성의 인식** ➡ 사회정의와 조리에 반한다는 인식으로 족함, 법조문 인식 不要

2. **위법성의 인식의 체계적 지위**

<table>
<tr><td rowspan="3">고
의
설</td><td colspan="2">① 고의를 책임요소로 이해하고, 고의의 내용으로서 구성요건에 해당하는 객관적 사실의 인식 이외에 다시 위법성의 인식이 필요하다는 견해이다.
② 위법성의 인식의 정도와 관련하여 엄격고의설과 제한적 고의설로 나누어진다.</td></tr>
<tr><td>엄격
고의설</td><td>① 고의가 성립하기 위하여는 현실적인 위법성의 인식이 필요하다는 견해이다.
② 확신범·상습범·격정범 등은 현실적인 위법성의 인식이 없는 경우가 대부분이므로 고의범으로 처벌할 수 없다는 중대한 형사정책적 결함이 있다.</td></tr>
<tr><td>제한적
고의설</td><td>① 고의가 성립하기 위하여는 현실적인 위법성의 인식까지 필요한 것은 아니며 위법성의 인식가능성이 있으면 족하다는 견해이다(위법성인식가능성설).
② 위법성의 인식가능성 즉 착오의 회피가능성이라는 과실적 요소를 고의의 내용에 포함시키는 잘못이 있다.</td></tr>
<tr><td rowspan="3">책
임
설</td><td colspan="2">① 고의는 구성요건의 주관적 요소에 속하며 위법성의 인식은 고의와 분리된 독자적 책임요소로 보는 견해이다.
② 책임설은 위법성조각사유의 전제사실의 착오를 어떻게 처리할 것인가와 관련하여 엄격책임설과 제한적 책임설로 나누어진다.</td></tr>
<tr><td>엄격
책임설</td><td>① 위조전사착오를 포함한 모든 위법성조각사유에 관한 착오를 금지착오로 본다.
② 행위정황에 관한 착오인 위조전사착오를 규범평가에 관한 착오인 금지착오와 동일시할 수 없다.</td></tr>
<tr><td>제한적
책임설</td><td>위법성 조각사유의 존재와 한계에 관한 착오는 금지착오로 보나, 위조전사착오는 구성요건적 착오는 아니지만 구성요건적 착오와 동일한 법적 효과를 인정하여 과실범의 문제로 처리한다.</td></tr>
</table>

3. **엄격책임설과 제한적 책임설의 비교**

	위법성조각사유의 존재에 대한 착오	위법성조각사유의 한계에 대한 착오	위법성조각사유의 전제사실에 대한 착오
엄격 책임설	위법성의 착오	위법성의 착오	위법성의 착오 (고의범의 성립여부의 문제)
제한적 책임설	위법성의 착오	위법성의 착오	구성요건적 착오는 아니지만 구성요건적 착오와 동일한 효과 인정 (과실범의 성립여부의 문제)

04 법률의 착오

1. 반전된 위법성의 착오

① 행위자가 자신의 행위를 위법하다고 인식하였으나 실제로는 위법하지 않은 경우
   [예] 동성애를 하면서 위법하다고 생각한 경우)

② 환각범, 착오에 정당한 이유가 있는지 유무를 묻지 않고 무조건 불가벌

2. 단순한 법률의 부지는 법률의 착오에 기인한 행위라고 할 수 없다. (2003도4128)

3. 제16조의 정당한 이유 판단기준 ➡ 행위자의 지적 인식능력 [변시 16 · 19]

4. 형법 제16조의 정당한 이유 부정

① **[스스로 함부로 생각한 경우]** 국회의원이 의정보고서를 발간하는 과정에서 선거법규에 저촉되지 않는다고 오인한 것 (2005도3717) [변시 14]

② **[스스로 함부로 생각한 경우 ➡ 조회의무에 위반한 것임]**
   ⅰ) 조례를 잘못 해석 (2004도62)
   ⅱ) 대법원 판례의 취지를 오해 (98두12932)
   ⅲ) 의례적인 행위로서 합법적이라고 잘못 판단 (96두620)

③ **[허가 또는 자격을 가진 자가 그 범위를 넘는 행위를 한 경우]**
   ⅰ) 사회체육지도자 자격증을 취득한 자가 척추질환자들에게 신체불균형상태를 교정하는 시술을 한 사건 (94도1325)
   ⅱ) 탐정업을 세무서에 사업자등록 신청을 하자 세무서가 이를 받아 주어 사업자등록을 한 후 특정인 소재탐지, 사생활 조사 등의 행위를 한 사건 (94도780)

④ **[판례의 변경]** 법률 위반행위 중간에 일시적으로 판례에 따라 그 행위가 처벌대상이 되지 않은 적이 있었다고 하더라도 그것만으로 자신의 행위가 처벌되지 않는 것으로 믿은데 정당한 이유가 있다고 할 수 없다. (2021도10903) [변시 23]

5. 형법 제16조의 정당한 이유가 인정

① 의회의원이 선거구민들에게 의정보고서를 배부하기에 앞서 미리 관할 선거관리위원회 소속 공무원들에게 자문을 구하고 지적에 따라 수정한 의정보고서를 배부한 경우 (2005도835; 2008도5526)

② **[조회의무를 이행하여 책임 기관, 전문가의 회신을 신뢰한 경우]**
   ⅰ) 허가를 담당하는 공무원이 잘못 알려 준 것을 믿은 경우 (92도1560)
   ⅱ) 가감삼십전대보초 사건 ➡ 십전대보초를 제조하고 그 효능에 관하여 광고를 한 사실에 대하여 이전에 검찰의 혐의없음 결정을 받은 적이 있었던 경우임 (95도717)

6. 법률의 착오의 효과

① **[고의설]** 위법성의 인식이 책임고의의 내용이므로 법률의 착오의 경우에는 책임고의가 조각되고, 과실이 있으면 과실범으로 처벌된다.

② **[책임설]** 위법성의 인식은 고의와 분리된 독자적 책임요소이므로 법률의 착오(금지착오)의 경우에는 정당한 이유가 있는 경우에 한하여 책임이 조각되며, 정당한 이유가 없는 경우에는 고의범이 성립할 수 있다.

7. 위법성조각사유의 전제사실의 착오***

☑ **법적 효과** [변시 12 · 14 · 17 · 21 · 23 · 24]

	학 설	비 판
고의설	① 엄격고의설 : 현실적 위법성의 인식이 없으므로 고의가 조각되고 단지 과실범만 문제가 된다는 견해이다. ② 제한적 고의설 : 위법성의 인식가능성이 있었던 경우에는 고의범. 인식가능성마저 없었던 경우라면 불가벌	고의를 책임요소로 보고 이와는 이질적인 위법성의 인식을 고의의 내용으로 보는 것은 부당하다.
소극적 구성요건표지이론	① 위법성조각사유는 소극적 구성요건표지로서 적극적 구성요건표지인 구성요건해당성과 더불어 불법구성요건을 형성하므로, 구성요건표지에 관한 착오와 같이 구성요건적 착오가 된다는 견해이다. ② 과실범의 성립여부만 문제된다. ③ 형법 제13조를 직접적용	① 상대방에 대한 침해를 인식 · 인용했음에도 불구하고 고의가 조각된다고 보는 것은 부당하다. ② 고의의 성질상 존재하지 않는 것에 대한 인식, 즉 위법성조각사유의 부존재에 대한 인식까지 요구하는 것은 부당하다. ③ 착오로 행위한 자를 이용한 경우에 공범성립을 인정할 수 없다.
엄격책임설	① 행위자가 구성요건적 사실 그 자체는 인식했으므로 구성요건적 고의는 조각될 수 없고, 착오로 위법성을 인식하지 못한 것이므로 금지착오가 된다는 견해이다. ② 착오에 정당한 이유가 없으면 고의범으로 처벌되고, 정당한 이유가 있으면 책임이 조각되어 처벌받지 않게 된다.	① 위법성조각사유의 전제사실에 대한 착오와 금지착오는 위법성의 인식이 없다는 점에서 동일한 점이 있으나 전자는 사실의 오인에 기인한 것이나 후자는 평가의 오류에 기인한 것이므로 양자를 동일시 할 수 없다. ② 착오가 회피가능한 경우 행위자를 고의범으로 처벌하는 것은 법감정에 반하고 형사정책적으로 바람직하지 않다.

제한적책임설	① 유추적용설 : 위법성조각사유의 객관적 전제사실은 구성요건의 객관적 요소와 유사성이 있으며, 행위자에게 구성요건적 불법을 실현하려는 의사가 없어 행위반가치가 부정되기 때문에 구성요건적 착오에 관한 규정을 유추적용하여 고의가 조각된다는 견해이다. 따라서 이 견해에 의하면 과실범의 성립여부만 문제된다. ② 법효과제한적 책임설(다수설) : 객체를 침해한다는 사실에 대한 인식·인용은 있으므로 구성요건적 고의는 조각되지 아니하나, 착오로 인하여 행위자의 심정반가치를 인정할 수 없으므로 책임고의가 조각되어 그 법적 효과에 있어서만 구성요건적 고의가 조각된 것처럼 과실범의 문제로 취급하자는 견해이다.	① 유추적용설 : ⅰ) 위법성단계에서의 문제를 가지고 이에 선행하는 단계인 구성요건의 주관적 요소(고의)에 영향을 미치게 하는 것은 체계구성논리에 반한다. ⅱ) 착오로 행위한 자를 이용한 경우에 공범성립을 인정할 수 없다. ② 법효과제한적 책임설 : ⅰ) 고의적인 행위불법은 그대로 인정하면서 처벌은 과실범으로 하는 이론구성은 논리일관성이 없고, ⅱ) 고의행위에 대하여 과실책임을 인정하는 것은 모순이다. ※(주의) 법효과제한적 책임설에 의하면 오상행위자에 가담한 자에 대하여 공범성립을 인정할 수 있다.

☑ 학설의 핵심정리

	착오의 성질	법적 효과의 이론구성	공범성립
엄격고의설		고의책임 조각 → (과실범)	
소극적 구성요건표지이론	구성요건적 착오 (제13조 직접적용)	고의불법 조각 → (과실범)	불가능
엄격책임설	위법성의 착오	고의불법 인정 → 착오의 정당한 이유 유무에 따라 책임결정 → (고의범)	가 능 [변시 18]
유추적용설	제3의 착오 (제13조 유추적용)	고의불법 조각 → (과실범)	불가능
법효과제한적 책임설	제3의 착오	고의불법 인정, 고의책임 조각(심정반가치 탈락) → (과실범)	가 능

예 乙이 甲으로 하여금 우편배달부를 강도로 오인하게 하여 상해하도록 한 사건, 甲의 오인에 과실이 있음을 전제함 – 오상상해 사건의 해결
① 오상행위자 甲의 죄책 ⅰ) 엄격책임설 → 상해죄 인정 ⅱ) 나머지 견해 → 과실치상죄 인정
② 교사자 乙의 죄책 ⅰ) 상해죄의 교사범을 인정하는 견해 → 엄격책임설, 법효과제한적 책임설 ⅱ) 상해죄의 교사범을 부정하는 견해 → 소극적 구성요건표지이론, 유추적용설. 이들 견해는 오상행위자에 가담한 자를 공범으로 처벌할 수 없다는 문제점이 있다는 비판이 가해진다. 다만 이들 견해는 乙에게 상해죄의 간접정범을 인정한다.

관련판례 甲은 관장 乙이 운영하는 복싱클럽에 회원등록을 하였던 자로서 등록을 취소하는 문제로 乙로부터 질책을 들은 다음 약 1시간이 지난 후 다시 복싱클럽을 찾아와 乙에게 항의하는 과정에서 乙이 甲의 멱살을 잡아당기거나 바닥에 넘어뜨린 후 목을 조르는 등 乙과 甲이 뒤엉켜 몸싸움을 벌였는데, 코치인 피고인이 이를 지켜보던 중 甲이 왼손을 주머니에 넣어 불상의 물건을 꺼내 움켜쥐자 甲의 왼손 주먹을 강제로 펴게 함으로써 甲에게 약 4주간의 치료가 필요한 손가락 골절상을 입혔다는 상해의 공소사실로 기소된 사안에서 피고인이 당시 죄가 되지 않는 것으로 오인한 것에 대해 '정당한 이유'를 부정하여 공소사실을 유죄로 인정한 원심판결에는 위법성 조각사유의 전제사실에 관한 착오, 정당한 이유의 존부에 관한 법리오해의 잘못이 있다. (2023도10768)[2]

사례형 쟁점정리

CASE 쟁점 035 법률의 부지를 법률의 착오로 볼 수 있는지 여부*

1. 논점

법률의 부지란 행위자가 자기의 행위의 의미는 알고 있으나 자기행위를 법적으로 금지하고 있는 금지규범의 존재를 알지 못하고 행위한 경우 말한다. 이러한 법률의 부지가 법률의 착오에 해당하는지 문제된다.

2. 학설

단순한 법률의 부지만으로는 법률의 착오에 해당하지 않는다는 견해도 있으나, 법률의 부지도 법률의 착오에 해당한다는 것이 통설이다.

3. 判例

단순한 법률의 부지의 경우는 법률의 착오에 해당하지 않는다는 입장이다.

4. 검토 (판례지지)

형법 제16조는 단순한 법률의 부지의 경우를 말하는 것이 아니고 일반적으로 범죄가 되는 행위이지만 자기의 특수한 경우에는 법령에 의하여 허용된 행위로서 죄가 되지 아니한다고 그릇 인식하고 그와 같이 그릇 인식함에 있어서 정당한 이유가 있는 경우에는 벌하지 아니한다는 취지라고 보아야 한다. 따라서 단순한 법률의 부지는 법률의 착오에 해당하지 아니한다. [변시 16]

---

2) 코치로서 관장과 회원 사이의 시비를 말리거나 더 커지는 것을 막아야 하는 위치에 있던 피고인의 입장에서, 둘 사이의 몸싸움이 격화되는 과정에서 甲이 왼손을 주머니에 넣어 특정한 물건을 움켜쥔 채 꺼내는 것을 목격하자, 이를 甲이 상대방의 생명·신체에 위해를 가하려는 것으로 충분히 오인할 만한 객관적인 정황이 있었던 점 등이 고려되었다.

乙은 운영권 양수 대금인 5억 원을 甲의 계좌로 이체하려다가 착각하여 丙의 계좌로 잘못 이체하였다. 자신의 계좌에 乙의 명의로 5억 원이 이체된 것을 확인하고 돌려주려는 丙에게 친구인 丁은 아무런 근거 없이 "乙이 착오로 너에게 입금한 것이 분명해 그 돈을 다른 계좌로 이체해도 아무런 문제가 생기지 않을 테니까, 우선 내 계좌로 이체해."라고 말하였다. 丙은 丁의 말을 듣고 막연히 괜찮을 것이라 생각하고 5억 원을 丁의 계좌로 이체하였다. 丙의 죄책은?　　　　　　　　**【제9회 변호사시험 제2문】**

Ⅰ. 丙의 죄책

1. 특경법위반(횡령)죄의 성립여부

(1) 구성요건해당성

형법 제355조 제1항(횡령)의 죄를 범한 사람이 범죄행위로 인하여 취득한 재물의 가액이 5억원 이상일 때에는 특경법위반(횡령)죄가 성립한다(제3조 제1항). 한편 타인의 재물을 보관하는 자가 그 재물을 횡령한 경우 형법 제355조 제1항의 죄가 성립한다.

사안에서 丙이 취득한 5억 원의 예금채권은 乙의 착오로 丙의 계좌에 잘못 이체된 것으로서 이체의 원인이 된 법률관계가 존재하지 않는 경우이다. 이와 같은 경우 계좌명의인인 丙이 취득한 예금채권 상당의 돈은 송금의뢰인인 乙에게 반환하여야 할 성격의 것이므로, 계좌명의인인 丙은 이체된 돈에 대하여 송금의뢰인인 乙을 위하여 보관하는 지위에 있다고 보아야 한다(대판(전) : 2017도17494). 그럼에도 불구하고 乙은 이체된 돈을 그대로 보관하지 않고 영득할 의사로 인출(이체)하였으므로 타인의 재물을 횡령한 것이다.

결국 丙이 횡령으로 취득한 재물의 가액이 5억 원이므로 丁에게는 특경법위반(횡령)죄(동법 제3조 제1항 제2호, 형법 제355조 제1항)의 구성요건해당성이 인정된다.

(2) 형법 제16조가 적용될 수 있는지 여부

丙은 丁의 말을 듣고 丙 자신의 행위가 막연히 괜찮을 것이라 생각하였는바 이는 형법 제16조의 자기의 행위가 법령에 의하여 죄가 되지 아니하는 것으로 오인한 행위에 해당한다.

그러나 착오로 송금된 돈은 송금의뢰인에게 반환하여야 한다는 사실은 일반인 누구나 알고 있는 것이므로, 丙이 친구인 丁으로부터 "아무런 문제가 생기지 않을 것이다"라는 아무런 근거도 없는 말을 믿고 횡령행위로 나아갔다하여 그 오인에 정당한 이유가 인정된다고 할 수 없으므로 책임이 조각된다고 할 수 없다(책임설).[3]

---

3) 위법성인식의 체계적 지위에 관한 고의설, 책임설을 상세히 설시한 다음 책임설이 타당함을 논증한 후 책임설에 따라 결론을 도출한 교재도 있다. 그러나 논점이 수두룩한 변시의 경우 이러한 답

결국 丙에게는 특경법위반(횡령)죄가 성립한다.

2. 금융기관에 대한 사기죄 등 재산죄의 성립여부 [4]

송금의뢰인과 수취인 사이에 송금의 원인인 법률관계가 존재하는지 여부에 관계없이 수취인과 은행 사이에는 송금액 상당의 예금계약이 성립하고, 수취인은 은행에 대하여 위 금액 상당의 예금채권을 취득한다(대판 : 2010도3498).

사안에서 비록 5억 원이 乙의 착오로 丙의 계좌에 잘못 이체하였다고 하더라도 수취인인 丙은 금융기관에 대하여 5억 원의 예금채권을 취득한 것이므로 5억 원을 丁의 계좌로 이체하였다고 하더라도 이는 예금채권을 행사한 것에 불과하여 금융기관에 대한 사기죄나 컴퓨터사용사기죄가 성립하지 아니한다.

II. 결론

丙은 특경법위반(횡령)죄의 죄책을 진다.

CASE 쟁점 036 형법 제16조의 정당한 이유의 판단기준

1. 견해의 대립

(1) 양심의 긴장의무기준설

행위상황과 행위자의 생활영역 및 직업영역에 따라 행위자에게 기대되는 상당한 '양심의 긴장' 여부를 기준으로 회피가능성 여부를 판단하려는 견해이다. 이 견해에 의하면 양심의 긴장을 다하였으면 위법성을 인식할 수 있었던 경우의 착오는 회피가능한 것으로 인정된다.

(2) 判例

위법성에 대한 인식가능성(착오에 대한 회피가능성)의 판단을 행위자의 지적 인식능력을 기준으로 그 개인이 처한 구체적 상황, 나이, 학력, 직업의 경험 등을 토대로 행위자가 위법성의 인식에 필요한 주의를 다하였는가를 기준으로 결정하여야 한다는 견해이다(대판 : 2005도3717). 이 견해에 의하면 행위자가 필요한 주의의무를 다하지 않아 위법성을 인식하지 못하였다면 그 착오는 회피가능한 것으로 인정된다. [변시 16 · 19]

2. 검토 (판례지지)

법규범은 도덕적 평가규범이 아니므로 양심을 긴장하지 않았다는 것을 근거를 법률의 착오를 한 자에 대하여 책임비난을 가할 수 없다는 점에서 행위자의 지적인식능력을 기준으로 판단하는 판례의 견해가 타당하다.

안은 시간적 제약을 이겨낼 수 없다고 본다.
4) 착오로 이체(송금)된 돈을 인출하거나 이체하는 경우 항상 이러한 논점을 기술할 수 있도록 대비를 하여야 할 것이다.

위법성조각사유의 전제사실의 착오의 법적 효과***

1. 논점

위법성조각사유의 전제사실에 대한 착오에 빠져 행위한 자를 고의범으로 처벌할 것인지 과실범으로 처벌할 것인지 문제가 된다(예 甲이 한밤중에 전보를 배달하러 온 우편배달부 A를 강도로 오인하고 상해를 입힌 경우).

2. 학설

(1) 소극적 구성요건요소이론

위법성조각사유의 요건은 소극적구성요건요소가 되므로 위법성을 조각하는 행위상황에 대한 착오는 구성요건적착오가 되고 따라서 고의를 조각하게 되며, 만약 행위자에게 과실이 있고 과실범처벌규정이 있는 경우에는 과실범으로 처벌된다고 한다.

(2) 유추적용설

위법성조각사유의 객관적 전제사실은 구성요건의 객관적 요소와 유사성이 있으므로 구성요건적 착오에 관한 규정을 유추적용하여 고의가 조각된다는 견해이다. 이 견해에 의하면 과실범의 성립여부만 문제된다.

(3) 법효과제한적 책임설   Keyword   심정반가치 탈락 · 책임고의 조각

법효과제한적책임설은 객체를 침해한다는 사실에 대한 인식 · 인용은 있으므로 구성요건적 고의는 조각되지 아니하나(고의불법 인정), 착오로 인하여 행위자의 **심정반가치를 인정할 수 없으므로 책임고의가 조각**되어 그 법적 **효과에 있어서만** 구성요건적 고의가 조각된 것처럼 **과실범**의 문제로 취급하자는 견해이다. [변시 12 · 14]

(4) 엄격책임설

엄격책임설은 위법성조각사유의 전제사실의 착오를 포함한 모든 위법성조각사유에 관한 착오를 금지의 착오라고 해석한다. 따라서 착오에 정당한 이유가 없으면 고의범으로 처벌되고, 정당한 이유가 있으면 책임이 조각되어 처벌받지 않게 된다. [변시 17 · 18]

3. 判例

대법원은 위법성조각사유의 전제사실의 착오의 경우 그 **착오에 정당한 이유**가 있는지 여부를 검토한 후 정당한 이유가 있으면 **위법성을 조각**하고, 정당한 이유가 없으면 고의범의 성립을 인정하고 있다(대판 : 86도1406).

4. 검토 (법효과제한적 책임설 지지)

소극적구성요건표지이론과 유추적용설은 착오로 행위한 자에 가담한 자에 대하여 **공범성립을 인정할 수 없다는 문제점**이 있다. **엄격책임설**은 착오에 정당한 이유가 인정되지 않는 경우 행위자를 고의범으로 처벌하게 되어 **법감정에 반한다.**
또한 **판례**는 객관적으로 위법성조각사유가 구비되어 있지 않음에도 **위법성 조각을 인정하는 문제**가 있다.

따라서 위법성조각사유의 전제사실의 착오는 법효과제한적 책임설에 따라 해결하는 것이 타당하다. 법효과제한적 책임설에 따르면 위 예의 경우 甲에게는 상해의 불법은 인정되나 고의책임이 인정되지 않으므로 상해죄가 성립할 수 없다. 다만 오인에 과실이 인정되므로 과실치상죄의 죄책이 인정된다.[5]

실전연습 008 **위법성조각사유의 전제사실의 착오의 법적 효과**

乙(女)은 결혼을 약속한 丙(男)의 생일을 축하해주기 위하여 丙의 오피스텔을 방문하러 갔다가 연적이었던 甲(女)이 丙의 집 초인종을 누르려는 것을 발견하고 丙과 甲의 사이를 갈라놓을 목적으로 丙에게 핸드폰으로 전화를 걸어 지금 문밖에 흉기를 든 강도가 초인종을 누르려고 하니 초인종 소리가 나면 문을 여는 척하면서 문을 힘껏 걸어차 강도범의 다리를 부러뜨리라고 말했다. 丙은 강도범이 자신을 노린다고 생각하고 甲이 초인종을 누르자 甲을 강도로 오인하고 문을 열어주는 척하면서 문을 힘껏 걸어차 甲에게 전치 10주 상해를 입혔다. 乙과 丙의 죄책을 논하라. (丙이 甲을 강도로 오인한 것은 과실이 인정됨을 전제로 함)

I. 논점

丙이 甲을 강도범으로 오인하고 상해를 가한 행위에 대하여 상해죄를 인정할 것인지 과실치상죄를 인정할 것인지 문제되며, 乙에 대하여는 이들 범죄의 간접정범 또는 교사범이 성립할 수 있는지 문제된다.

II. 甲을 강도범으로 오인하고 丙이 상해를 가한 행위에 대한 丙과 乙의 죄책

1. 丙의 죄책

丙의 甲에 대한 상해는 제21조 제1항의 '현재의 부당한 침해'가 존재하지 않음에도(객관적 정당화상황이 존재하지 않음에도) 그것이 존재한다고 오인하고 방위의사를 가지고 행위로 나아간 오상방위에 해당한다. 오상방위는 위법성조각사유의 전제사실에 관한 착오의 일종으로서 그 법적 효과에 관하여 다툼이 있다.

(1) 위법성조각사유의 전제사실의 착오의 법적효과

 i) 위법성조각사유의 요건은 소극적구성요건요소가 되므로 위법성을 조각하는 행위상황에 대한 착오는 구성요건적착오가 되고 따라서 고의를 조각하게 되며, 만약 행위자에게 과실이 있고 과실범처벌규정이 있는 경우에는 과실범으로 처벌된다는 견해(소극적 구성요건요소이론), ii) 위법성조각사유의 객관적 전제사실은

---

5) 판례를 지지하고 싶은 수험생의 경우 검토에서 판례에 대한 비판을 삭제한 후 법효과제한적 책임설은 고의행위에 과실책임을 인정하는 문제점이 있다는 점을 지적한 후 판례가 타당하다고 기술하면 충분하다.

구성요건의 객관적 요소와 유사성이 있으므로 구성요건적 착오에 관한 규정을 유추적용하여 고의가 조각되므로 과실범의 성립여부만 문제된다는 견해(유추적용설), iii) 위법성조각사유의 전제사실의 착오의 경우 행위자에게 위법성의 인식이 없으므로 그 착오는 위법성의 착오의 문제로 해결하여야 한다는 견해(엄격책임설), iv) 위법성조각사유의 전제사실의 착오를 한 경우일지라도 행위객체를 침해한다는 사실에 대한 인식·인용은 있으므로 구성요건적 고의는 조각되지 아니하나(고의불법 인정), 착오로 인하여 행위자의 심정반가치를 인정할 수 없으므로 책임고의가 조각되어 그 법적 효과에 있어서만 구성요건적 고의가 조각된 것처럼 과실범의 문제로 취급하자는 견해가 있다(법효과제한적 책임설). 한편 v) 판례는 위법성조각사유의 전제사실의 착오의 경우 그 착오에 정당한 이유가 있는지 여부를 검토한 후 정당한 이유 유무에 따라 위법성 조각의 인정 또는 부정한다.

(2) 검토 및 소결

소극적구성요건표지이론과 유추적용설은 착오로 행위한 자에 가담한 자에 대하여 공범성립을 인정할 수 없다는 문제점이 있으며, 엄격책임설은 착오에 정당한 이유가 인정되지 않는 경우 행위자를 고의범으로 처벌하게 되어 법감정에 반한다.[6] 한편 판례도 위법성조각사유의 객관적 요건을 구비하지 않았음에도 착오에 정당한 이유가 있다는 이유로 위법성조각을 인정하는 것은 문제가 있다고 본다.

따라서 위법성조각사유의 전제사실의 착오는 법효과제한적 책임설에 따라 해결하는 것이 타당하다.

사안에서 丙이 사람의 신체를 상해한다는 인식으로 甲에게 상해의 결과를 발생시킨 이상 상해의 고의불법은 인정되나 착오로 방위의사에 기하여 행한 것이므로 심정반가치가 인정되지 않으므로 고의책임을 인정할 수는 없다. 따라서 丙에게는 상해죄가 성립할 수 없다. 다만 丙이 甲을 강도로 오인한 것에는 과실이 인정되므로 과실치상죄가 성립한다(제266조).

2. 乙의 죄책

乙은 丙을 교사하여 착오에 빠지게 한 후 그 상태를 이용하여 甲에게 상해의 결과를 발생케 하였는바, 법효과제한적 책임설과 제한적 종속형식에 의할 경우 의할 경우 공범의 성립이 가능할 뿐만 아니라, 과실범으로 처벌받는 丙을 이용하여 간접정범을 범한 것으로 평가할 수도 있다. 따라서 상해죄의 간접정범 또는 상해죄의 교사범 중 어느 것이 인정될 것인지 문제된다.[7]

---

6) 엄격책임설에 대한 주된 비판은 법적 평가의 오인에 기인한 위법성의 착오와 사실의 오인에 기인한 위법성조각사유의 전제사실의 착오는 동일하게 취급할 수 없다는 것이다. 저자는 간명한 다른 비판을 기술하였을뿐 실제 시험에서는 두 개 모두 또는 어느 하나만 기술하여도 무방하다고 본다.

7) 이 경우 당연히 정범개념의 우위성에 입각하여 간접정범의 성립을 먼저 검토하여야 한다. 간접정범의 성립을 긍정한 경우 별도로 공범(교사범)의 성립은 검토할 필요가 없다. 간접정범의 성립이 부정되는 경우에만 공범(교사범)의 성립을 검토하면 된다.

(1) 간접정범의 성립요건

형법 제34조 제1항 간접정범이란 어느 행위로 인하여 처벌되지 아니하는 자 또는 과실범으로 처벌되는 자를 교사 또는 방조하여 범죄행위의 결과를 발생하게한 자를 말한다. 간접정범의 경우 피이용자는 이용자의 의사의 실현에 도구에 지나지 아니하며, 피이용자에 대한 우월적 의사지배로 인하여 정범성을 지니는 것이다. 따라서 간접정범이 성립하려면 이용자의 피이용자에 대한 의사지배가 인정되어야 한다.

(2) 사안의 경우

乙은 과실범으로 처벌되는 丙을 교사하여 甲에게 상해의 결과를 발생시켰으며, 비록 丙에게 상해의 고의불법이 인정된다고 하더라도 丙은 乙과 약혼한 사이라는 점을 고려하면 丙은 乙이 시키는대로 甲을 상해할 수밖에 없다고 보여진다. 따라서 乙의 丙에 대한 의사지배를 인정할 수 있다. 따라서 乙이 丙을 교사하여 甲에게 입힌 상해에 대하여 乙은 상해죄의 간접정범(제257조, 제34조 제1항)이 성립한다.

Ⅲ. 결론

甲을 강도범으로 오인하고 丙이 상해를 가한 행위에 대하여 丙은 과실치상죄의 죄책을 지며, 乙은 상해죄의 간접정범의 죄책을 진다.

실전연습 009   위법성조각사유의 전제사실의 착오의 법적 효과

A(여, 26세)는 버스를 타고 남자친구를 만나러 가던 중 깜박 졸다가 휴대폰을 좌석에 둔 채 하차하였다. 그 순간 옆 좌석의 승객 甲(남, 30세)이 휴대폰을 발견하고 이를 전해주기 위해 A를 따라 하차하면서 A를 불렀으나 대답이 없자 뒤에서 A의 어깨를 잡았다. 그때 A를 기다리던 남자친구 乙은 그 장면을 보고 甲을 성폭행범으로 오해하여 A를 구하기 위해 甲을 밀어 넘어뜨렸다.

(1) 사안에서 乙의 죄책은?

(2) 만약 乙과 함께 있던 乙의 친구 丙이, 甲이 A에게 접근한 목적과 사정을 알고 있으면서도 평소 못마땅하게 생각하고 있던 甲을 이번 기회에 혼내주려고 乙에게 "甲이 A를 성폭행하려고 한다."라고 말하면서 乙이 甲을 폭행하도록 부추겼고, 이에 乙이 甲의 행동을 오해하여 甲을 밀어 넘어뜨린 것이라면, 丙의 죄책은?

【제7회 변호사시험 제1문】

Ⅰ. 논점

ⅰ) 乙의 죄책과 관련하여 乙이 甲을 성폭행범으로 오해하여 甲을 밀어 넘어뜨린 행위에 대하여 폭행죄가 성립하는지, ⅱ) 丙의 죄책과 관련하여 악의의 丙이 乙로 하여금 甲을 폭행하도록 한 행위에 대하여 폭행죄의 간접정범 또는 교사범이 성립하는지 각 문제된다.

Ⅱ. 乙의 죄책

1. 甲을 밀어 넘어뜨린 행위에 대한 폭행죄의 성립여부

(1) 乙의 행위의 법적 성질

사안에서 乙이 甲을 밀어 넘어뜨린 행위는 폭행에 해당하고 이는 제21조 제1항의 타인의 법익에 대한 '현재의 부당한 침해'가 존재하지 않음에도 그것이 존재한다고 오인하고 방위의사를 가지고 행한 것이므로 오상방위 즉 위법성조각사유의 전제사실에 관한 착오에 해당한다.

(2) 위법성조각사유의 전제사실에 관한 착오에 기인한 행위의 법적 효과

ⅰ) 위법성조각사유는 소극적구성요건요소가 되므로 위법성을 조각하는 행위상황에 대한 착오는 제13조가 직접 적용되는 구성요건적 착오이므로 행위의 고의가 조각된다는 견해(소극적 구성요건표지이론), ⅱ) 위법성조각사유의 전제사실의 착오는 구성요건적 착오와 유사성이 있으므로 구성요건적 착오에 관한 규정(제13조)을 유추적용하여 행위의 고의가 조각된다는 견해(유추적용설), ⅲ) 위법성조각사유의 전제사실의 착오의 경우 행위자에게 위법성의 인식이 없으므로 그 착오는 위법성의 착오로 보아 제16조로 해결하여야 한다는 견해(엄격책임설), ⅳ) 判例는 위법성조각사유의 전제사실의 착오의 경우 그 착오에 정당한 이유가 있는 경우 위법성 조각을 인정한다.

그러나 위법성조각사유의 전제사실의 착오의 경우에도 행위객체를 침해한다는 사실에 대한 인식 · 의사는 있으므로 구성요건적 고의는 조각되지 아니하나, 착오로 인하여 행위자의 심정반가치를 인정할 수 없으므로 책임고의가 조각되어 그 법적효과에 있어서만 구성요건적 고의가 조각된 것처럼 과실범의 문제로 취급하는 것이 타당하다고 본다(법효과제한적 책임설).

(3) 사안의 경우

사안에서 乙은 甲의 신체를 폭행한다는 인식과 의사로 甲을 폭행하였으나, 상황을 착오한 나머지 A를 구하기 위하여 행한 것으로서 심정반가치가 인정되지 않으므로, 폭행에 대하여 고의책임은 인정되지 않는다. 乙의 행위는 폭행죄(제260조 제1항)가 성립할 수 없으며 폭행에 대한 과실범은 처벌규정이 없으므로 乙이 착오함에 과실이 있는지 여부를 불문하고 무죄이다.

2. 소결

乙은 무죄이다.

Ⅲ. 丙의 죄책

1. 폭행죄의 간접정범 또는 교사범의 성립여부

사안에서 丙은 乙로 하여금 위법성조각사유의 전제사실의 착오에 빠져 甲을 폭행하도록 하였다. 이 경우 ⅰ) 소극적 구성요건표지이론과 유추적용설에 의하면 乙의 행위는 무죄가 되므로, 丙은 어느 행위로 인하여 처벌되지 아니하는 자를 교사하여 범죄행위의 결과를 발생하게 한 자로서 폭행죄의 간접정범이 성립한다(제34조 제1항). ⅱ) 엄격책임설과 판례이론에 의하면 乙의 착오에 정당한 이유가 인정되지 않으므로 乙의 행위는 폭행죄가 성립하므로, 丙은 폭행죄의 교사범이 성립한다.[8]

그러나 앞서 살펴본 바와 같이 위법성조각사유의 전제사실의 착오의 법적 효과는 법효과제한적 책임설에 의하여 해결하는 것이 타당하다고 본다.

법효과제한적 책임설에 의하면 乙의 행위는 폭행의 고의불법이 인정되나 고의책임이 인정되지 않아 무죄가 된다. 따라서 丙의 행위는 폭행죄의 교사범[9]뿐만 아니라 폭행죄의 간접정범이 성립할 가능성이 동시에 존재한다. 그러나 乙이 丙과 친구 사이라는 점, 丙이 乙로 하여금 애인 A를 甲이 성폭행하려고 한다고 상황을 오인케 한 점을 고려하면,[10] 丙이 乙로 하여금 甲을 폭행하도록 한 것에 대하여 의사지배를 인정할 수 있다. 따라서 丙의 행위는 폭행죄의 간접정범이 성립한다고 보아야 한다.[11]

2. 소결

丙은 乙로 하여금 甲을 폭행하도록 한 행위에 대하여 폭행죄의 간접정범의 죄책을 진다.

---

8) 다만 이러한 결론에 이르는 과정에서 다음과 같은 논의를 추가할 수 있다. 즉 「乙이 丙과 친구 사이라는 점, 丙이 乙로 하여금 애인 A를 甲이 성폭행하려고 한다고 상황을 오인케 한 점을 고려하면, 丙이 乙로 하여금 甲을 폭행하도록 한 것에 대하여 의사지배를 인정할 수 있다. 이와 같은 경우에는 비록 乙에게 고의범인 폭행죄가 성립하더라도 丙에게 폭행죄의 간접정범이 성립할 수 있다는 이론(정범 배후의 정범이론)이 있다. 그러나 이 이론은 제34조 제1항의 명문에 반하는 해석으로서 허용될 수 없다고 보아야 하므로 결국 丙은 폭행죄의 교사범이 성립된다고 보는 것이 타당하다.」라는 내용이다. 저자는 시간적 한계를 고려하여 정범 배후의 정범이론을 인정하지 않는 통설에 따라 본문과 같이 결론을 지은 것이다. 이러한 논의를 추가할 것인지는 수험생 각자의 역량에 맡긴다.

9) 본 사례에서 종속형식 중 어느 것이 타당한 것인지까지 논의한다는 것은 거의 불가능하다고 보아 통설인 제한적 종속형식에 의하여 판단한 것이다.

10) 의사지배 유무에 따라 결론이 달라지므로 그 판단의 근거를 명확하게 제시할 필요가 있다.

11) 정범개념 우위성에 입각하여 간접정범의 성립가능성을 먼저 검토한 것이며, 간접정범의 성립을 인정한 이상 폭행죄의 교사범이 성립할 수 없음은 당연하다. 이 경우 종종 「정범개념 우위성에 입각하여 간접정범의 성립을 먼저 검토해 보겠다」는 내용을 답안에 기재하는 경우가 있는데 이러한 표현을 답안에 기재할 필요없이 그저 간접정범의 성립여부를 먼저 검토하면 충분하며, 만약 본 사례와 달리 간접정범이 성립하지 않는다는 판단에 이른 경우라면 교사범이 성립한다고 결론을 내면 충분한 것이다.

05 기대가능성

선택형 핵심지문

1. 규범적책임론은 적법행위에 대한 기대가능성이 없으면 책임을 물을 수 없다. [변시12]

2. 특정행위를 할 당시 행위자가 처했던 구체적 상황 아래 사회평균인(행위자×)을 기준으로 적법행위에 대한 기대가능성의 유무로써 판단한다. (2004도2965) [변시12 · 18]

3. 양심적 병역거부자의 양심상의 결정이 적법행위로 나아갈 동기의 형성을 강하게 압박할 것이라고 보이기는 하지만 그가 적법행위로 나아가는 것이 실제로 전혀 불가능하다고 할 수는 없다. (2004도2965) [변시12 · 18]

4. **적법행위의 기대가능성이 인정되는지 여부**
   ① **[상사의 범법행위에 가담]** 상사의 범법행위에 가담한 부하에게 직무상 지휘 · 복종관계에 있다하여 범법행위에 가담하지 않을 기대가능성이 없다고 할 수 없다. → 인정 (99도1911) [변시18 · 23]
   ② **[우연히 알게된 답을 기재한 부정시험]** 입학시험 수험생이 부정한 방법으로 탐지한 것이 아니고 우연한 기회에 미리 출제될 시험문제를 알게되어 답을 암기한 경우, 해당문제가 출제되었다 하여도 암기한 답을 답안지에 기재해서는 안 된다는 것을 일반수험자에게 기대한다는 것은 도저히 불가능하다. → 부정 (65도1164)

   > **비교판례** **[고의에 의한 부정시험]** 甲이 출제교수들로부터 대학원신입생전형시험문제를 제출받아 알게 된 것을 乙, 丙 등에게 시험문제를 알려주고 乙, 丙이 답안쪽지를 작성한 다음 답안지에 그대로 베껴 써서 그 정을 모르는 시험감독관에게 제출한 경우 이들에게 위계에 의한 업무방해죄를 인정하였다고 하여 기대가능성에 대한 법리를 오해한 것이라고 볼 수 없다. → 인정 (91도2211)

   ③ **[인정]** 단지 당국이 피고인이 간부로 있는 전국교직원노동조합이나 기타 단체에 대하여 모든 옥내외 집회를 부당하게 금지하고 있다고 하여 집회신고의 기대가능성이 없다 할 수 없다. (92도1246)

5. **형법 제12조(강요된 행위)**
   ① 제12조의 강요된 행위는 적법행위의 기대가능성이 없다는 점을 고려하여 책임조각사유로 규정한 것이다. [변시12]
   ② 제12조의 폭력에는 강제적 폭력은 포함되나 절대적 폭력은 포함되지 아니한다(심리적 의미 강압과 윤리적 의미 강압이 모두 포함). (83도2276) [변시17 · 18 · 22]
   ③ 어떤 사람의 성장교육 과정을 통하여 형성된 내재적인 관념 내지 확신으로 인하여 행위자 스스로의 의사결정이 사실상 강제되는 결과를 낳게 하는 경우까지 제12조의 강요된 행위라고 볼 수는 없다. (89도1670)

6. 기대불가능성으로 인한 책임조각사유

	책임조각사유	책임감면사유	책임감경사유
총칙규정	① 강요된 행위 ② 면책적 과잉방위 ③ 면책적 과잉피난	① 과잉방위 ② 과잉피난 ③ 과잉자구행위	
각칙규정	① 친족간 범인은닉죄 (제151조 제2항) ② 친족간 증거인멸죄 (제155조 제4항)		① 도주원조죄보다 단순도주죄가 법정형이 경함 ② 위조통화행사죄보다 위조통화취득후 지정행사죄가 법정형이 경함
초법규적 책임조각 사유	① 절대적 구속력이 있는 상관의 위법한 명령에 따른 행위(통설) ② 면책적 긴급피난(동가치법익 내지 비교형량이 불가능한 법익간의 충돌) ③ 의무의 충돌시 부득이 낮은 가치의 의무를 이행한 행위, 다만 의무의 서열을 잘못 알고 낮은 가치의 의무를 이행한 경우에는 금지착오의 문제가 된다. ④ 생명·신체 이외의 법익 예 자유, 비밀, 명예, 정조, 재산)에 대한 강요된 행위		

사례형 쟁점정리

CASE 쟁점 038 기대가능성의 판단기준

1. 학설

(1) 행위자표준설

행위 당시의 행위자의 구체적 사정하에서 행위자의 능력을 기준으로 적법행위의 기대가능성의 유무를 판단해야 한다는 견해이다.

(2) 국가표준설

적법행위를 기대하고 있는 국가가 법질서 내지 현실을 지배하고 있는 국가이념에 따라 판단해야 한다는 견해이다.

2. 判例

기대가능성은 특정행위를 할 당시 행위자가 처하였던 구체적 상황 아래서 사회평균인을 기준으로 그 적법행위를 기대할 가능성의 유무로써 판단되어야 한다고 판시하여 평균인표준설의 입장을 취한다(대판(전) : 2004도2965). [변시 12·18]

3. 검토

ⅰ) 행위자 표준설은 극단적인 경우 어떤 행위자에게도 기대가능성이 없다고 하게 되어 책임비난이 불가능하게 된다는 문제점이 있고, ⅱ) 국가표준설은 국가는 항상 국민에게 법질서의 준수를 기대하고 있기 때문에 기대가능성이 없어 책임이 조각되는 경우란 거의 없게 된다는 문제점이 있다. 따라서 평균인표준설을 취하는 판례가 타당하다.

제5장 | 미수론

01 미수범의 일반이론

선택형 핵심지문

1. 객관설과 주관설

	객관설	주관설
처벌근거	구성요건적 결과실현(결과불법)에 근접한 위험성	행위에 의하여 표현된 법적대적 의사
논 거	예비, 미수, 기수의 모든 단계에서 고의는 동일하므로 예비와 미수의 한계는 객관적 측면에서 찾아야 한다.	행위자가 실행에 착수하여 법적대적 의사를 표현한 이상 보호법익에 대한 직접적인 위험이 없어도 원칙적으로 처벌되어야 한다.
이론적 배경	객관주의 범죄이론	주관주의 범죄이론
미수범의 불법	구성요건적 결과를 야기할 위험성이라는 결과반가치	범죄의사에 의하여 나타난 행위반가치
불능범의 취급	법익침해의 위험성이 없으므로 불가벌	법적대적 의사가 존재하므로 가벌성 인정
미수범의 처벌	법익침해의 위험성이 있는 미수는 법익이 침해된 기수보다 필요적으로 감경	기수와 미수는 법적대적 의사가 동일하므로 동일하게 처벌 [변시 18]
장애미수범 규정의 의미	처벌확장사유	처벌축소사유

2. 미수의 처벌근거에 관한 객관설에 의하면 불능범은 법익침해의 위험성이 없으므로 가벌성이 인정되지 아니한다. 그러나 주관설에 의하면 법적대적 의사가 존재하므로 가벌성이 인정된다.

02 장애미수

선택형 핵심지문

1. 행위자가 처음부터 미수에 그치겠다는 고의를 가진 경우에는 기수의 고의가 없는 경우여서 미수범이 성립할 수 없다.

2. **[밀거나 당기거나 손괴시 ➜ 실행의 착수 인정]** 주거침입의 범의로써 예컨대 주거로 들어가는 문의 시정장치를 부수거나 문을 여는 등 침입을 위한 구체적 행위를 시작하였다면 주거침입죄의 실행의 착수는 있었다고 보아야 한다. (94도2561)

> **관련판례** 침입대상 아파트에 사람이 있는지 확인하기 위해 그 집의 초인종을 누른 행위는 주거의 사실상의 평온을 침해할 객관적인 위험성을 포함하는 행위를 한 것으로 볼 수 없다. (2008도146) [변시 24]

3. 절도죄의 실행의 착수 인정 여부

(1) 부정

① 주간에 절도의 목적으로 타인의 주거(방 안)에 침입하였다고 하여도 아직 절취할 물건의 물색 행위를 시작하기 전인 경우 (92도1650) [변시 13]

② 피해자 집 부엌문에 시정된 열쇠고리 장식을 뜯는 행위만 한 경우 (88도1165)

③ 노상에 세워 놓은 자동차 안에 있는 물건을 훔칠 생각으로 자동차의 유리창을 통하여 내부를 손전등으로 비추어 본 것에 불과한 경우 (85도464) [변시 14 · 15 · 22]

④ 피고인들이 '주간에' 아파트 출입문 시정 장치를 손괴하다가 발각되어 도주한 경우 (2009도9667) [변시 13 · 16]

⑤ 피고인이 아파트 신축공사 현장 안에 있는 건축자재 등을 훔칠 생각으로 공범과 함께 위 공사 현장 안으로 들어간 후 창문을 통하여 신축 중인 아파트의 지하실 안쪽을 살핀 행위 (2009도14554)

⑥ 야간에 다세대주택에 침입하여 물건을 절취하기 위하여 가스배관을 타고 오르다가 순찰 중이던 경찰관에게 발각되어 그냥 뛰어내린 경우 (2008도917) [변시 13 · 19]

(2) 인정

① 야간에 타인의 재물을 절취할 목적으로 주거에 침입한 경우 (84도2433) [변시 13 · 16 · 20]

② 야간에 절도의 목적으로 출입문에 장치된 자물통 고리를 절단하고 출입문을 손괴한 뒤 집안으로 침입하려다가 발각된 경우 (86도1273)

③ 자동차 안에 들어있는 밍크코트를 발견하고 이를 절취할 생각으로 공범이 위 차 옆에서 망을 보는 사이 위 차 오른쪽 앞문을 열려고 앞문 손잡이를 잡아당기다가 피해자에게 발각된 경우 (86도2256)

☑ **절도죄의 실행의 착수시기**

	절도유형	실행의 착수시기
§329	단순	물색행위시
§330	야간주거침입절도	주거침입시(밀거나·당기거나·손괴시)
§331	① 야간손괴침입절도	손괴시
	② 특수절도(흉기휴대·합동)	§329 내지 §331의 행위태양

선택형 연습

甲과 乙은 2009. 4. 22. 13시경 A가 거주하는 00아파트 C동 202호에 이르러 그곳에 들어가 금품을 절취하기 위하여 육각렌치로 출입문시정장치를 손괴하던 중 A에게 발각되어 도주하다가 경찰에게 체포되었다. 특수절도죄의 성립여부에 관한 설명 중 옳지 않은 것을 모두 고르면? (다툼이 있는 경우 판례에 의함) [변시 13]

가. 甲과 乙에게 특수절도죄의 미수범이 성립한다.
나. 만약 甲과 乙이 출입문 시정장치를 손괴하고 방 안까지 들어가자마자 A에게 발각되어 도주한 경우라면 특수절도죄의 미수범이 성립한다.
다. 만약 甲과 乙이 방 안까지 들어갔다가 절취할 금품을 찾지 못하여 거실로 돌아 나오다 A에게 발각되어 도주한 경우라면 특수절도죄의 미수범이 성립한다.
라. 만약 甲이 1층에서 망을 보고 乙이 같은 날 23:30경 위 202호의 불이 꺼져 있는 것을 보고 금품을 절취하기 위하여 도시가스 배관을 타고 올라가다가 발은 1층 방범창을 딛고 두 손은 1층과 2층 사이에 있는 도시가스 배관을 잡고 있던 상태에서 A에게 발각되어 도주한 경우라면 특수절도죄의 미수범이 성립한다.
마. 만약 甲과 乙이 절도의 범의로 같은 날 22:00경 乙이 아파트 현관에서 망을 보고 甲이 202호 출입문 시정장치를 육각렌치로 손괴한 후 안으로 들어가려는 순간, 귀가하던 A에게 발각되어 도주한 경우라면 특수절도죄의 미수범이 성립한다.

① 가, 나　　　　　② 가, 마　　　　　③ 가, 나, 라
④ 다, 라, 마　　　⑤ 가, 나, 라, 마

▶ 아래의 〈가〉의 판례의 취지에 따르면 2인 이상의 합동에 의한 특수절도의 경우 ㉠ 주간에 이루어진 경우에는 절취할 재물을 물색하기 시작한 때에 실행의 착수가 인정되며, ㉡ 야간에 주거에 침입하여 이루어지는 경우는 주거침입 시에 실행의 착수가 인정된다.

가. [×] [1] 형법 제331조 제2항(흉기 휴대, 2인 이상 합동)의 특수절도에 있어서 주거침입은 그 구성요건이 아니므로, 절도 범인이 그 범행 수단으로 주거침입을 한 경우에 그 주거침입행위는 절도죄에 흡수되지 아니하고 별개로 주거침입죄를 구성하여 절도죄와는 실체적 경합의 관계에 있게 되고, 2인 이상이 합동하

여 야간이 아닌 주간에 절도의 목적으로 타인의 주거에 침입하였다 하여도 아직 절취할 물건의 물색 행위를 시작하기 전이라면 특수절도죄의 실행에는 착수한 것으로 볼 수 없는 것이어서 그 미수죄가 성립하지 않는다.

[2] 주간에 아파트 출입문 시정 장치를 손괴하다가 발각되어 도주한 피고인들이 특수절도미수죄로 기소된 사안에서, '실행의 착수'가 없었다는 이유로 형법 제331조 제2항의 특수절도죄의 점에 대해 무죄를 선고한 원심 판단을 수긍한 사례 (2009도9667)

나. [×] 야간이 아닌 주간에 절도의 목적으로 타인의 주거(방 안)에 침입하였다고 하여도 아직 절취할 물건의 물색행위를 시작하기 전이라면 주거침입죄만 성립할 뿐 절도죄의 실행에 착수한 것으로 볼 수 없는 것이어서 절도미수죄는 성립하지 않는다. (92도1650)

다. [○] 주간에 절도의 목적으로 방 안까지 들어갔다가 절취할 재물을 찾지 못하여 거실로 돌아나온 경우, 절도죄의 실행의 착수가 인정된다고 한 사례 (2003도1985)

라. [×] [1] 주거침입죄의 실행의 착수는 주거자, 관리자, 점유자 등의 의사에 반하여 주거나 관리하는 건조물 등에 들어가는 행위 즉 구성요건의 일부를 실현하는 행위까지 요구하는 것은 아니지만, 주거침입의 범의로 예컨대, 주거로 들어가는 문의 시정장치를 부수거나 문을 여는 등 침입을 위한 구체적 행위를 시작함으로써 범죄구성요건의 실현에 이르는 현실적 위험성을 포함하는 행위를 개시할 것을 요한다.

[2] 야간에 다세대주택에 침입하여 물건을 절취하기 위하여 가스배관을 타고 오르다가 순찰 중이던 경찰관에게 발각되어 그냥 뛰어내렸다면, 야간주거침입절도죄의 실행의 착수에 이르지 못했다고 한 사례 (2008도917)

마. [○] 야간에 절도의 목적으로 출입문에 장치된 자물통 고리를 절단하고 출입문을 손괴한 뒤 집안으로 침입하려다가 발각된 것이라면 이는 특수절도죄의 실행에 착수한 것이다. (86도1273)

정답 | ③

4. 실행의 착수가 부정

① 태풍 피해복구보조금 지원절차가 행정당국에 의한 실사를 거쳐 피해자로 확인된 경우에 한하여 보조금 지원신청을 할 수 있도록 되어 있는 경우, 허위의 피해신고만 한 경우 → 사기의 실행의 착수 × (98도3443)

② 장애인단체의 지회장이 지방자치단체로부터 보조금을 더 많이 지원받기 위하여 허위의 보조금 정산보고서를 제출한 경우 → 사기의 실행의 착수 × (2003도1279)

> **비교판례** 위 ①, ②와 달리 보험금 편취를 위하여 보험회사에 보험금을 신청하고 보험금을 타기 위하여 보험회사 직원에게 여러차례 독촉을 하다가 범행이 발각되었다면 → 사기죄의 실행의 착수가 인정되어 사기미수죄에 해당한다. (2001도4392)

③ 한국은행권 지폐의 사진 찍어 그 필름 원판 7매와 이를 확대하여 현상한 인화지 7매를 만들었음에 그친 경우 → 통화위조의 착수 × (66도1317)

④ 위장결혼의 당사자 및 브로커와 공모한 피고인이 허위로 결혼사진을 찍고 혼인신고에 필요한 서류를 준비하여 위장결혼의 당사자에게 건네준 경우 → 공전자기록등부실기재죄의 실행의 착수 × (2009도4998) [변시 12]

03 중지미수

선택형 핵심지문

1. 강간의 중지와 자의성 인정여부
① [인정] 피해자가 다음 번에 만나 친해지면 응해주겠다는 취지의 간곡한 부탁을 하자 간음을 중지한 사건 (93도1851)
② [부정] ⅰ) 시장에 간 남편이 곧 돌아온다고 하면서 임신 중이라고 말하자 도주한 사건 (93도347) ⅱ) 피해자가 수술한 지 얼마 안되어 배가 아프다면서 애원하는 바람에 그 뜻을 이루지 못한 사건 (92도917)

2. 공포심에 의한 중지로서 자의성이 부정된 사건 → 공포심 전부 ×
① 가슴 부위를 칼로 수 회 찔렀으나 많은 피가 흘러나오는 것을 발견하고 **겁을 먹고** 그만 둔 사건 (99도640)
② 불을 놓아 건물을 소훼하려 하였으나 불길이 치솟는 것을 보고 **겁이 나서** 물을 부어 불을 끈 사건 (97도957) [변시 23]
③ 피고인이 범행의 발각을 **두려워** 한 나머지 자신이 분담하기로 한 실행행위에 이르지 못한 경우 (85도2339)
④ 원료불량으로 인한 제조상 애로, 제품 판로문제, 범행 탄로 시 **처벌공포**, 원심공동피고인의 포악성 등으로 인하여 히로뽕 제조를 단념한 경우 (85도2002)
⑤ 피고인이 甲에게 위조한 예금통장 사본 등을 보여주면서 외국 회사에서 투자금을 받았다고 거짓말하며 자금 대여를 요청하였으나, 甲과 함께 그 입금 여부를 확인하기 위해 은행에 가던 중 은행 입구에서 차용을 포기하고 돌아간 사건 (2011도10539) [변시 16]

3. 중지범의 성립요건
① 착수미수와 실행미수는 중지범이 성립하기 위한 요건에서 차이가 있다.
② 착수미수의 경우 실행행위를 **중지**하는 것으로 족하나, 실행미수의 경우 결과발생을 적극적으로 **방지**하여야 한다. [변시 18]
③ 방지행위는 원칙적으로 범인 자신이 하여야 하나 제3자의 조력을 받은 경우에도 중지미수가 성립할 수 있다.
④ 행위자가 결과방지를 위한 노력을 하였음에도 불구하고 결과가 발생한 경우에는 범죄가 이미 기수에 이른 것이므로 중지미수가 성립할 수 없다. [변시 14·15]

4. 기수에 이르러 중지미수가 성립할 수 없는 경우
① 대마 2 상자를 **사서 가지고** 돌아오다 불태운 경우 (83도2629)
② 타인의 재물을 공유하는 자가 공유자의 승낙을 받지 않고 공유대지를 담보에 제공하고 **가등기를 경료**하였다가 그 후 가등기를 말소한 경우 (78도2175)

③ 방화 후 후회하고 진지한 소화행위를 하여 **반소(半燒)**에 그친 경우 (85도2002)

5. 예비의 중지범 ➜ 부정

예비·음모의 행위를 처벌하는 경우 **중지범의 관념은 인정할 수 없다.** (99도424) [변시 12·15·21·23·24]

6. 공범과 중지미수의 성립요건

① 공범이 자신의 행위를 중지하였으나 다른 공범자가 기수에 이른 경우 중지한 공범은 기수의 죄책을 부담한다. (85도2831) [변시 14·15·16·20]
② 甲과 乙이 합동하여 A女를 텐트 안으로 끌고 간 후 차례로 성관계를 하기로 하고, 甲이 밖에서 망을 보고 乙이 먼저 강간한 후, 이어 甲이 강간하려 하였으나 A女가 반항을 하며 강간을 하지 말아 달라고 사정을 하여 강간을 하지 않았다고 하더라도, 甲의 행위는 중지미수에 해당하지 않는다. (2004도8259) [변시 15]
③ 중지미수의 효과는 자의로 중지한 자에게만 미친다(일신전속성). 자의로 중지한 자는 중지미수가 되지만 중지당한 다른 가담자(공범자)는 장애미수가 된다. [변시 16·24]

사례형 쟁점정리

CASE 쟁점 039 중지미수의 요건인 자의성의 판단기준★★ [변시 14·17·21·24]

1. 학설

(1) 객관설
외부적 사정에 의한 범죄의 미완성은 장애미수이고, 내부적 동기에 의한 범죄의 미완성은 중지미수라는 견해이다.

(2) Frank의 공식
할 수 있었음에도 하기를 원하지 않아서 중지한 경우는 중지미수이고, 하려고 하였지만 할 수가 없어서 중지한 경우는 장애미수라는 견해이다. [변시 16]

(3) 규범설
범인의 범행중지의 동기가 형의 필요적 감면의 보상을 받을 만한 가치가 있다고 평가되는(법으로의 회귀) 경우에는 중지미수이고, 그렇지 않은 경우에는 장애미수라는 견해이다.

(4) 주관설
윤리적 동기(후회, 동정, 연민, 양심의 가책 등)에 의하여 중지한 경우는 중지미수이고, 그 이외의 사유로 중지한 경우는 모두 장애미수라는 견해이다.

(5) 절충설

행위자가 주관적으로 인식한 사실이 일반 사회관념상 범죄수행에 장애가 될 만한 사유여서 타율적으로 중지한 경우는 장애미수이고, 장애사유에 해당되지 않음에도 불구하고 자율적 동기에 의하여 중지한 경우는 중지미수라는 견해이다.

2. 判例 [Keyword] 범죄 · 완수 · 장애 · 사정

범죄의 실행행위를 중지한 경우에 그 중지가 일반 사회통념상 **범죄를 완수함에 장애가 되는 사정에 의한 것이 아닌 경우** 자의성을 인정하여 중지미수에 해당한다고 판시하고 있다(대판 : 99도640). [변시 20]

3. 검토

ⅰ) 객관설은 구체적인 경우 중지가 외부적 사정에 기인한 것인지 내부적 동기에 기인한 것인지를 구별하기 어렵다는 점에서 문제가 있고, ⅱ) 프랑크 공식은 가능성과 자의성은 서로 다른 개념이라는 점에 문제가 있고, ⅲ) 주관설은 윤리성과 자의성을 혼동하였다는 점에서 문제가 있고, ⅳ) 규범설은 제26조가 합법적 동기에 의한 중지를 자의성의 요건으로 하고 있지 않음에도 이를 요건으로 요구하여 자의성의 범위를 지나치게 좁게 해석한다는 점에서 문제가 있다. 따라서 절충설이 타당하다.

CASE 쟁점 040   공포심에 의한 중지와 자의성의 인정여부*

1. 논점

공포심에 의한 중지나 결과의 방지의 경우 자의성을 인정할 수 있는지 문제된다.

2. 학설

① 공포심으로 인한 범행 중지의 경우 공포심의 정도를 구별하여 단순한 공포심 정도일 경우(치솟는 불길 사건)에는 자율적 결의가 가능하므로 자의성을 인정하나(대판 : 97도957), 극도의 공포심일 경우(흐르는 피 사건)에는 공포심이 정신적인 장애 사유로 작용하였으므로 자의성을 부정하는 견해, ② 위 두 개의 판례 사안 모두 행위자가 인식한 사정(피가 흘러나온다, 불길이 치솟는다)은 범죄수행의 객관적인 장애 사유에 해당하지 않음에도 행위자가 자율적으로 중지한 경우이므로 자의성을 인정해야 한다는 견해가 있다.

3. 判例

범행 도중 두려움을 느끼고 중지하였다면 사회통념상 범죄를 완수함에 장애가 되는 사정에 해당한다고 보아 자의에 의한 중지미수라고는 볼 수 없다고 판시했다(대판 : 97도957).

4. 검토 (판례지지)

피가 흘러나오는 것에 놀라거나 **두려움**을 느끼거나, 치솟는 불길에 놀라는 것은 일반 **사회통념상 범죄를 완수함에 장애가 되는 사정**에 해당한다고 보아야 할 것이므로 자의성을 인정할 수 없다고 보아야 한다. 따라서 판례의 입장이 타당하다.

甲은 남편인 A와 불화 끝에 A를 살해하기로 마음먹고 평소 A가 즐겨 마시던 포도주에 독약을 혼입하여 놓고 A가 퇴근하여 귀가하자 위 포도주를 A에게 건네주어 마시게 하였다. A가 구토를 하고 극심한 복통을 호소하자, 이를 본 甲은 후회하고 A를 살리기 위해 병원 응급실로 데려가 치료를 받게 하였다. 그런데 당시 甲이 포도주에 혼입한 독약은 치사량 미달이어서 A를 그대로 두어도 사망하지 않았을 것임이 판명되었다. 甲에게 불능미수가 성립한다는 전제하에서 중지미수가 성립할 수 있는지 논하시오.

1. 논점

결과발생이 불가능함에도 행위자가 이를 모르고 방지행위를 하였을 경우에도 중지미수 성립될 수 있는지, 즉 불능미수의 경우에 중지미수가 성립될 수 있는지 문제된다.

2. 학설

(1) 부정설

결과의 발생은 처음부터 불가능하였다면 행위자의 방지행위에 의하여 결과가 발생하지 않은 것이 아니므로(인과관계가 없으므로) 불능미수의 중지미수를 인정할 수 없다는 견해이다.

(2) 긍정설 | Keyword | 불능미수 · 임의적/ 중지미수 · 필요적/ 결과방지노력 동일 · 무겁게/ 불균형

불능미수의 형은 임의적 감면이지만 **중지미수의 형은 필요적 감면**이므로, 불능미수에 대하여 중지미수를 인정하지 않는 경우에는 **결과방지를 위한 노력이 동일**함에도 불구하고 결과발생의 위험성이 적은 경우(불능미수)를 결과발생의 위험성이 큰 경우(가능미수)보다 **무겁게 취급**하는 것이 되어 **균형이 맞지 않으므로** 불능미수의 경우에도 중지미수의 성립을 인정해야 한다는 견해이다.

3. 검토 (긍정설 지지) | Keyword | 형의 불균형 시정

불능미수의 중지미수를 인정하는 것이 **형의 불균형을 시정**하여 불합리한 결과를 방지할 수 있다는 점에서 긍정설이 타당하다.

4. 결론

甲에게는 살인죄의 중지미수가 성립한다.

04 불능미수

1. 결과발생이 불가능함을 인식하고 실행에 착수하였다면 기수의 고의가 인정되지 않으므로 위험성이 인정된다고 하더라도 불능미수가 성립할 수 없다. [변시 14 · 19]

2. **불능범을 인정한 판례 [처 · 소 · 사 · 자]**
   ① 소송비용을 편취할 의사로 소송비용의 지급을 구하는 손해배상청구의 소를 제기한 경우 (2005도8105) [변시 12 · 13 · 15 · 18 · 20 · 23]
   ② 임대인과 임대차계약을 체결한 임차인이 임차건물에 거주하기는 하였으나 그의 **처**만이 전입신고를 마친 후에 경매절차에서 배당을 받기 위하여 임대차계약서상의 임차인 명의를 처로 변경하여 경매법원에 배당요구를 한 경우 (2001도6669)
   ③ **사망한 자**를 상대로 소를 제기한 경우 (2000도1881) [변시 15]

3. **불능범을 인정하지 않고 미수로서 가벌성을 인정한 판례**
   ① 일정량 이상을 먹으면 사람이 죽을 수도 있는 '초우뿌리'나 '부자' 달인 물을 마시게 하여 피해자를 살해하려다 미수에 그친 경우 (2007도3687) [변시.20]
   ② '히로뽕' 제조를 시도하였으나 그 약품 배합 미숙으로 그 완제품을 제조하지 못한 사건 (85도206)
   ③ 피고인이 다른 공범자들과 공모하여 향정신성의약품인 메스암페타민을 매수하려 했으나 매도인이 소금을 대신 교부함으로써 미수에 그친 경우 (98도2313)
   ④ 주머니 속에 금품이 들어있지 않았지만 소매치기가 피해자의 주머니에 손을 넣어 금품을 절취하려 한 경우 (86도2090)
   ⑤ 권총탄자 불량 사건 (4286형상103)
   ⑥ 치사량미달 농약 사건 (73도354)
   ⑦ 원비-디 병 사건 (90도1149)

4. **준강간죄의 불능미수를 인정한 판례**
   피고인이 피해자가 심신상실 또는 항거불능의 상태에 있다고 인식하고 그러한 상태를 이용하여 간음할 의사로 피해자를 간음하였으나 실제로는 심신상실 또는 항거불능 상태에 있지 않은 경우 (2018도16002) [변시 21 · 24]

CASE 쟁점 042 불능미수의 위험성의 판단기준*** [변시 12 · 22 · 24]

> 甲은 원수인 A를 살해하기 위하여 독극물을 구하려고 하던 중 약대 교수인 친구의 연구실에 놀러갔다가 선반 위에 놓여 있던 항생제의 일종으로 살인력이 없는 '테트라시클린'이 담긴 약병을 복어의 맹독인 '테트로도톡신'이 담긴 약병으로 오인하고 이를 몰래 주머니에 넣어 가지고 나와 A의 음식물에 약병에 담긴 물질을 넣어 살해를 기도하였으나 실패하였다. 甲의 행위가 불능미수의 성립요건인 위험성이 인정되는지를 논하시오.

1. 논점

결과발생이 불가능하더라도 위험성이 인정되면 가벌적 불능미수가 인정되고 위험성이 인정되지 않으면 불가벌적 불능범이 되므로 위험성의 판단기준이 문제된다.

2. 학설 [객 · 체 · 추 · 주]

(1) 구객관설 [객 / 일]

행위당시에 **객**관적으로 존재하였던 수단과 대상을 놓고 **일반인의 관점**에서 판단하여 결과발생이 개념적으로 불가능한 절대적 불능의 경우에는 위험성이 없어 불가벌이지만 구체적인 특수한 경우에만 불가능한 상대적 불능의 경우에는 위험성이 인정되므로 불능미수범으로 처벌하여야 한다는 견해이다.

(2) 구체적 위험설 [행 · 일 / 일]

행위당시에 **행**위자가 인식한 사정과 **일**반인이 인식할 수 있었던 사정을 기초로 일반적 경험법칙에 따라 **일반인의 관점**에서 객관적 · 사후적으로 판단하여 결과발생의 개연성이 있는 경우는 구체적 위험성이 있으므로 불능미수이고, 결과발생의 개연성이 없는 경우는 구체적 위험성이 없으므로 불능범이 된다는 견해이다.

(3) 추상적 위험설 [행 / 일]

행위당시에 **행**위자가 인식한 사정을 기초로 하여, 행위자가 생각한 대로의 사정이 존재하였으면 **일**반인의 판단에서 결과발생의 위험성이 있는 경우는 불능미수이고, 위험성이 없는 경우는 불능범이 된다는 견해이다.

(4) 주관설 [행 / 행]

행위자가 인식한 사정을 기초로 하여, **행**위자의 관점에서 주관적으로 범죄의사가 확실하게 표현된 이상 그것이 객관적으로 절대불능인 경우에도 미수로 처벌해야 한다는 견해이다. 다만 이 견해는 미신범의 경우는 실행행위의 정형성이 없기 때문에 가벌적 미수에서 제외된다고 본다.

3. 判例

개별 사안에 따라 위험성 판단의 기준을 달리하고 있다.

4. 검토 (추상적 위험설 지지)

ⅰ) 구객관설은 **절대적 불능과 상대적 불능의 구별기준이 명확하지 못하다**는 문제점이 있고, ⅱ) 구체적 위험설은 행위자가 인식한 사정과 일반인이 인식할 수 있었던 사정이 **일치하지 않는 경우 어느 사정을 기초로 할 것인가가** 명백하지 아니하다는 문제점이 있고, ⅲ) 주관설은 행위자의 의사 이외에는 **객관적 요소를 전혀 고려하지 않아** 불능미수의 성립범위가 지나치게 확장될 수 있다는 문제점이 있다. 따라서 추상적 위험설이 타당하다.

5. 결론

추상적 위험설에 의할 경우 행위자가 인식한 수단은 살인력이 있는 테트로도톡신이었으므로 일반인의 입장에서 판단하면 위험성이 인정된다. 따라서 甲의 행위는 불능미수의 성립요건인 위험성이 인정된다.

> **실전연습 010**   불능미수의 성립요건, 불능미수의 중지미수의 성립여부
>
> 甲은 남편 A와 불화 끝에 A를 살해하기로 마음먹고 평소 A가 즐겨 마시던 포도주에 독약을 혼입해놓고 A가 퇴근하여 귀가하자 포도주를 A에게 건네주어 마시게 하였다. A가 구토를 하고 극심한 복통을 호소하자, 甲은 후회하고 A를 살리고자 병원 응급실로 데려가 치료받게 하였다. 당시 乙이 혼입한 독약은 치사량미달이어서 A는 전치 2주의 내장손상을 입었을 뿐, 그대로 두어도 사망하지 않았을 것이었다. 甲의 죄책을 논하라. (내장손상을 입은 점에 대하여는 논외로 함)

Ⅰ. 논점

甲의 죄책과 관련하여 甲이 A에 대하여 독살을 기도하였으나 내장손상에 그치게 한 행위가 ① 살인죄의 불능미수에 해당하는지 더 나아가 ② 살인죄의 중지미수에 해당할 수 있는지 문제된다.

Ⅱ. 甲의 죄책

1. 살인죄의 불능미수의 성립여부

(1) 살인죄의 불능미수의 성립요건

살인죄의 불능미수가 성립하기 위하여는 살인죄의 미수의 일반요건인 ① 살인의 고의가 있을 것, ② 실행의 착수가 있을 것, ③ 범죄의 미완성(제250조 제1항, 제254조) 이외에 불능미수의 특유한 요건인 ④ 실행의 수단 또는 대상의 착오로 결과발생이 불가능할 것과 위험성이 인정되어야 한다(제27조).

(2) 사안의 경우

甲이 ①②③ 요건이 구비했음은 분명하다. 또한 甲은 치사량미달의 독약을 치사량에 달하는 독약으로 착오했는바, 실행의 수단의 착오에 해당하고 그로 인하여 결과발생이 불가능한 경우에 해당한다. 甲은 A를 독살하기 위하여 독약이 든 포도주를 A에게 건네주어 마시게 하였으므로 객관적으로 치사량미달이었다고 하더라도 위험성 판단에 관한 어느 견해에 의하더라도 위험성이 인정된다. 판례도 피고인이 살인의 수단으로 우물과 펌프에 혼입한 농약이 치사량에 미달하는 경우라도 살인의 결과가 발생할 위험성이 있다(대판 : 73도354).[1] 甲의 행위는 ④요건도 구비한 것이므로 살인죄의 불능미수가 성립한다.

2. 살인죄의 중지미수의 성립여부

(1) 살인죄의 중지미수의 성립요건 (제26조)

甲은 살인죄 미수의 일반요건은 구비했다. 중지미수는 범인이 자의로 실행행위로 인한 결과발생을 방지한 경우 성립한다. 중지미수가 성립하기위해서는 ① 자의성이 인정될 것, ② 방지행위로 인하여 결과발생이 방지되었을 것을 요한다.

(2) 사안의 경우

甲은 범죄수행에 객관적 장애사유가 없음에도 후회하고 A를 살리기 위한 조치를 했으므로, ① 요건은 구비되었다고 본다.[2] 또한, 병원(의사)의 조력을 받아 결과발생을 방지하였으나 甲 자신의 결과방지와 동일시 할 수 있다고 본다.

다만 ② 요건과 관련하여 독약이 치사량미달이었으므로 결과발생은 처음부터 불가능하였던 것이고 甲의 방지행위로 인하여 결과가 발생하지 않은 것이 아니므로(인과관계가 없으므로) 중지미수를 인정할 수 없다는 견해가 있다.

그러나 처음부터 결과발생이 불가능했다는 이유로 중지미수(필요적 감면)를 인정하지 않으면 甲은 불능미수(임의적 감면)로 처벌받게 되는데 이는 결과방지를 위한 노력은 동일함에도 불구하고 결과발생이 불가능했던 경우(불능미수)를 결과발생 가능성이 있었던 경우(가능미수)보다 무겁게 취급하는 것이 되기때문에 형의 불균형을 시정하기 위하여 중지미수 성립을 인정하는 것이 타당하다. [변시 24] 따라서 甲에게는 살인죄의 중지미수가 성립한다.

3. 죄수

甲에게 살인죄의 중지미수가 성립하는 이상 살인죄의 불능미수는 이에 흡수되어 별죄를 구성하지 아니한다. 따라서 甲은 살인죄의 중지미수의 죄책을 진다.

---

1) [교수님 강평. 김태명. 고시계] 이 사안에서는 아무리 치사량 미달이라고 하더라도 甲이 A에게 마시게 한 것은 독약이 혼입된 포도주라는 점에서 위험성을 인정함에 있어서는 별다른 문제가 없다. 따라서 이 사안에서는 실행의 착수가 인정된다는 점, 甲이 A에게 먹인 독약은 치사량미달이므로 결과발생이 불가능하나 위험성이 인정된다는 점을 지적하는 것으로 족하다고 본다.
2) [교수님 강평. 김태명. 고시계] 이 사안에서 자의성이 인정된다는 점은 문제될 것이 없으므로 중지미수의 자의성의 인정여부에 관한 학설을 나열·설명하는 것은 의미가 없다.

丙은 자신의 집에서 C와 함께 술을 마시던 중, 술에 취해 누워 있는 C의 하의를 벗긴 후 C를 1회 간음하였다. 당시 丙은 C가 만취하여 심신상실 상태에 있다고 생각하고 이를 이용한 것이었는데, 실제로 C는 반항이 불가능할 정도로 술에 취하지는 않았다. 이 경우 丙의 죄책은?　　　　　　　　　　　　　　　　【제11회 변호사시험 제2문】

1. 논점

丙이 C를 간음한 행위에 대하여 준강간죄의 불능미수가 성립할 수 있는지 문제된다.

2. 준강간죄의 불능미수의 성립요건

사람의 심신상실 또는 항거불능의 상태를 이용하여 간음 또는 추행을 한 경우 준강간죄가 성립한다(제299조).

준강간죄의 불능미수가 성립하기 위해서는 준강간의 미수의 일반요건인 ① 준강간의 고의가 있을 것, ② 실행의 착수가 있을 것, ③ 범죄의 미완성 이외에 불능미수의 특유한 요건인 ④ 실행의 수단 또는 대상의 착오로 결과발생이 불가능할 것과 위험성이 인정되어야 한다(제27조).

3. 丙에게 준강간죄의 고의가 인정되는지 여부

준강간의 고의는 피해자가 심신상실 또는 항거불능의 상태에 있다는 것과 그러한 상태를 이용하여 간음한다는 구성요건적 결과 발생의 가능성을 인식하고 그러한 위험을 용인하는 내심의 의사를 말한다.

사안에서 丙은 C가 술에 만취하여 항거불능의 상태에 있다고 인식하고 C를 간음하였으므로 준강간의 결과 발생의 가능성을 인식하고 그러한 위험을 용인하는 내심의 의사를 인정할 수 있다. 따라서 丙에게는 준강간죄의 고의가 인정된다.

4. 형법 제27조의 불능미수의 요건을 구비하였는지 여부

형법 제299조는 "사람의 심신상실 또는 항거불능의 상태를 이용하여 간음 또는 추행을 한 자."라고 규정함으로써 '심신상실 또는 항거불능의 상태를 이용'하여 '사람'을 '간음 또는 추행'하는 것을 처벌하는 것으로 해석하여야 하므로, 심신상실 또는 항거불능의 상태를 이용하는 것은 범행 방법으로서 구성요건의 특별한 행위양태에 해당하고, 준강간죄의 행위의 객체는 사람이라는 전제하에 본 사안의 경우 丙에게 애당초 구성요건 실현의 대상이 될 수 없다는 의미에서 대상의 착오는 존재하지 않는다고 보아 준강간죄의 불능미수가 성립할 수 없다는 견해가 있다(대판 : 2018도16002 소수견해).

그러나, 형법 제27조의 '실행의 수단 또는 대상의 착오'는 행위자가 시도한 행위방법 또는 행위객체로는 결과의 발생이 처음부터 불가능하다는 것을 의미한다. 그리고 '결과발생의 불가능'은 실행의 수단 또는 대상의 원시적 불가능성으로 인하여 범죄가 기수에 이를 수 없는 것을 의미한다고 보아야 한다.

준강간죄에서 행위의 대상은 '심신상실 또는 항거불능의 상태에 있는 사람'이다. 그리고 구성요건에 해당하는 행위는 그러한 '심신상실 또는 항거불능의 상태를 이용하여 간음'하는 것이다. 따라서 심신상실 또는 항거불능의 상태에 있는 사람에 대하여 그 사람의 그러한 상태를 이용하여 간음행위를 하면 구성요건이 충족되어 준강간죄가 기수에 이른다.

사안의 경우 丙이 C가 심신상실 또는 항거불능의 상태에 있다고 인식하고 그러한 상태를 이용하여 간음할 의사를 가지고 간음하였으나, 실행의 착수 당시부터 C가 실제로는 심신상실 또는 항거불능의 상태에 있지 않았으므로, 실행의 수단 또는 대상의 착오로 준강간죄의 기수에 이를 가능성이 처음부터 없다고 보아야 한다. 따라서 甲에게는 일응 준강간죄의 미수범이 성립한다.

한편, 형법 제27조의 '위험성'은 행위자가 행위 당시에 인식한 사정을 놓고 일반인이 객관적으로 판단하여 결과 발생의 가능성이 있는지 여부를 따져야 한다(추상적 위험설).[3]

사안의 경우 행위자인 丙이 행위당시 인식한 사정은 C가 술에 만취하여 항거불능의 상태에 있다고 인식한 것이고 이러한 사정을 일반인이 객관적으로 판단하면 준강간의 결과가 발생할 위험성이 인정된다고 보아야 한다.

5. 결론

丙은 준강간죄의 불능미수의 죄책을 진다.

실전연습 012	**중지미수** [변시 24]

丁과 戊는 수년간 극도로 사이가 좋지 않던 직장 동료 B를 교통사고로 위장하여 살해하기로 마음먹었다. 丁이 1t 트럭을 렌트한 다음 戊가 트럭을 운전하고 丁은 戊의 옆자리에 앉아 B가 퇴근하기를 기다렸다. 자정 무렵 B가 건물 밖으로 나오자 戊가 트럭 속도를 올려 도로를 건너는 B를 강하게 충격한 다음 그대로 도망쳤다. 丁과 戊는 사고 장소에서 3km 떨어진 곳으로 이동하여 주차하였는데, 丁은 후회와 함께 B에 대한 연민이 들어 그를 구호해 주자고 하였으나 戊는 동의하지 않고 그곳을 떠났다. 丁은 119에 전화를 걸어 B의 구조를 요청하였고, 丁의 신고를 받고 출동한 구조대에 의해 병원으로 이송된 B는 가까스로 목숨을 건질 수 있었다. 사안에서 丁, 戊의 죄책을 논하시오. (특별법 위반의 점은 논외로 함)　　**【제13회 변호사시험 제1문】**

[사안의 해결] 사안에서 丁과 戊는 직장 동료 B를 교통사고로 위장하여 살해하기로 공모하였고, 丁이 트럭을 렌트하고 戊가 트럭을 운전하여 B를 강하게 충격함으로써 기능적 행위지배에 의한 역할분담을 하였으나 B가 죽지 않았으므로 살인미수죄의 공동정범이 성립한

---

3) 배점이 15점임을 고려할 때 위험성에 대한 판단기준은 가볍게 기술하는 것으로 족하다. 대상 판결은 준강간죄에 있어 실행의 대상의 착오가 존재하는지가 주된 쟁점이기 때문이다.

다(제254조, 제250조 제1항, 제30조). 다만, 사안에서 丁이 119에 전화를 걸어 B를 구조하였으므로 丁과 戊에게 살인죄의 중지미수가 성립할 수 있는지 문제된다.

丁은 범죄 수행에 객관적 장애사유가 없음에도 후회하고 B를 살리기 위하여 119에 전화를 걸어 B를 구조대에 의해 병원에 이송되게 하였으므로 어느 학설에 의하더라도 위 ①의 요건은 구비되었다고 보여진다.[4] 또한 구조대와 병원(의사)의 조력을 받아 결과발생을 방지하였으나 이는 丁 자신의 결과방지와 동일시 할 수 있다. 따라서 丁에게 살인죄의 중지미수가 성립한다(제254조, 제250조 제1항, 제26조). 한편, 이 경우 중지미수의 효과가 戊에게도 미치는지 문제된다.

중지미수의 효과는 일신전속성이므로 결과발생을 방지하지 않은 戊에게는 중지미수가 아닌 살인죄의 장애미수가 성립한다(제254조, 제250조 제1항, 제25조).

丁과 戊는 살인미수죄의 공동정범이 성립하고, 丁은 중지미수의 효과로서 형의 필요적 감면을 받게 되나, 戊는 임의적 감경을 받게 될 뿐이다.

---

4) 이 사안에서 자의성이 인정된다는 점은 문제될 것이 없으므로 중지미수의 자의성의 인정여부에 관한 학설을 나열·설명하는 것은 의미가 없다.

05 예비죄 음모죄

1. 형법상 '음모'란 2인 이상의 자 사이에 성립한 범죄실행의 합의를 말하는 것으로, 범죄 실행의 합의가 있다고 하기 위해서는 범죄 결심을 외부에 표시 전달하는 것만으로는 부족하고, 객관적으로 특정 범죄의 실행을 위한 준비행위라는 것이 명백히 인식되고, 합의에 실질적인 위험성이 인정될 때 음모죄가 성립한다. (99도3801) [변시 24]

2. 살해의 용도에 공하기 위한 흉기를 준비하였다고 하더라도 그 흉기로서 살해할 대상자 가 확정되지 아니한 경우 살인예비죄로 처벌할 수 없다. (4292형상387)

3. 강도에 공할 흉기를 휴대하고 통행인의 출현을 대기하는 행위는 강도예비에 해당된다. (4281형상80)

4. 정범이 실행의 착수에 이르지 아니한 예비의 단계에 그친 경우에는 이에 가공하는 행위는 **예비의 공동정범**이 되는 경우를 제외하고는 예비의 종범의 성립은 인정되지 아 니한다.* (75도1549) [변시 12·14·15·17·21·24]

☑ 예비죄와 관련된 각종개념의 인정여부 정리 [예·공]

예비죄의 공동정범	인정(판례)
예비죄의 종범	부정(판례)
예비의 중지	부정(판례)
과실범에 대한 예비죄	부정
과실에 의한 예비죄	부정
예비의 미수	부정(다수설)
타인예비	부정(다수설)

사례형 쟁점정리

CASE 쟁점 043 타인예비의 예비죄(정범) 인정여부** [변시 23]

1. **학설**

   (1) 긍정설

   타인예비도 자기예비와 마찬가지로 **법익침해의 실질적 위험성**을 지니고 있고, 예비죄의 "…의 죄를 범할 목적"에는 자기가 죄를 범할 목적인 경우 이외에 타인에게 죄를 범하게 할 목적도 포함된다고 보아 타인예비도 예비죄(정범)로 처벌해야 한다는 견해이다.

(2) 부정설

타인예비는 자기예비보다 **법익침해가 더 간접적**이므로 양자를 동일하게 평가할 수 없다는 점, 예비죄의 "…의 죄를 범할 목적"은 스스로 범할 목적으로 해석하는 것이 타당하며 타인으로 하여금 죄를 범하게 할 목적으로 해석할 수 없다고 보아 타인예비는 예비로 볼 수 없다는 견해이다.

2. 검토 (부정설 지지)

타인예비를 예비에 포함시키면 예외적으로 처벌되는 **예비죄의 예비의 범위가 지나치게 확대**될 우려가 있으므로 타인예비는 예비죄의 예비에 포함되지 않는다고 보는 것이 타당하다.

CASE 쟁점 044 예비죄의 종범의 성립(가별성 인정)여부** [변시 23]

乙은 친구 甲이 용돈이 궁해 강도범행을 위하여 손도끼를 구입하려고 한다는 것을 알면서도 손도끼를 구해 甲에게 건네주었다. 甲은 손도끼를 가방에 넣고 다니면서 강도의 기회를 엿보다가 경찰의 불심검문에 의하여 체포되었다. 乙에게 강도예비죄의 종범이 성립할 수 있는지를 논하시오.[5]

1. 논점

甲은 강도범행을 할 목적으로 손도끼를 구입하여 강도의 기회를 엿보다가 체포되었으므로 甲에게는 강도예비죄가 성립한다. 이와 같이 정범이 실행의 착수에 이르지 아니하고 예비단계에 그친 경우에도 乙에게 강도예비죄의 종범이 성립할 수 있는지가 문제된다.

2. 학설

(1) 긍정설

정범이 예비죄로 처벌되는 이상 그에 가담한 자에게 예비죄의 종범이 성립한다는 것은 **공범종속성설의 당연한 이론적 귀결**이고, 예비행위의 실행행위성을 인정한다면 이에 대한 종범의 성립은 가능하다는 견해이다.

---

5) 이러한 논의는 타인예비를 예비죄의 예비행위로 보지 않는다는 전제하에서 시작된 것이라는 점을 주의하여야 한다. 만약 타인예비를 예비죄의 예비행위로 본다면 위의 사례에서 乙에게는 이미 강도예비죄(정범)가 성립하고 甲과의 공모여부에 따라 강도예비죄의 공동정범이 성립하기 때문이다.

(2) 부정설

예비의 실행행위성을 인정할 수 없다는 것을 전제로 예비죄의 종범의 성립을 부정하는 견해이다.

3. 判例

정범이 예비단계에 그친 경우에 정범에 가담한 자에 대하여 종범의 성립을 부정하고 있다(대판 : 75도1549; 대판 : 79도522). [변시 24]

4. 검토 (판례지지)

형법 제32조(종범) 제1항의 타인의 범죄란 정범이 범죄의 실행에 착수한 경우를 말하는 것이므로 종범이 처벌되기 위하여는 **정범의 실행의 착수가 있는 경우에만 가능하다고 보아야** 하므로 정범이 실행의 착수에 이르지 아니한 예비의 단계에 그친 경우에는 이에 방조한 행위는 예비죄의 종범이 성립할 수 없다고 보는 것이 타당하다.[6]

5. 결론 (판례지지)

甲에게는 강도예비죄의 종범이 성립할 수 없다.

CASE 쟁점 045 예비의 중지범의 인정여부★★ [변시 23·24]

1. 논점

예비를 거쳐 실행에 착수한 이후에 중지하면 형을 감경 또는 면제함에 반하여, 실행의 착수 이전에 중지한 경우에는 감면규정이 없으므로 형의 균형상 문제가 있다. 여기서 중지미수의 규정을 예비에 대하여도 준용할 수 있는지가 문제된다.

2. 학설

(1) 준용부정설

중지미수는 실행의 착수 이후의 개념이므로 실행의 착수가 있기 전인 예비·음모에 대하여는 중지미수의 규정을 준용할 여지가 없다는 견해이다. 예비의 중지를 중지미수로 인정하면 결과적으로 모든 예비행위가 중지미수규정이 준용될 우려가 있다는 점을 논거로 한다.

(2) 준용긍정설 Keyword 형의 불균형 시정

형의 불균형을 시정하기 위하여 예비에 대하여도 중지미수의 규정을 준용해야 한다는 견해이다.

---

6) 예비의 종범을 인정하는 것은 형법이 기도된 교사에 대해서는 이를 처벌하는 특별규정을 두면서도 기도된 방조에 대하여는 처벌규정을 두고 있지 않은 취지에도 반한다는 것도 부정설의 논거이다 (이재상, 407면; 오영근, 495면; 정성근·박광민, 375면).

3. 判例

중지범은 범죄의 실행에 착수한 후 자의로 그 행위를 중지한 때를 말하는 것이므로, **실행의 착수가 있기 전인 예비·음모의 행위를 처벌하는 경우에 있어서는 중지범의 관념은 이를 인정할 수 없다**는 입장이다(대판 : 99도424). [변시 12·15·21]

4. 검토 (판례지지)

중지범은 범죄의 실행에 착수한 후 자의로 그 행위를 중지한 때를 말하는 것이므로, 실행의 착수가 있기 전인 예비의 단계에 있어서는 중지범의 관념은 인정할 수 없다고 보는 것이 타당하다. 준용긍정설에서 지적하는 형의 불균형은 **양형단계에서 시정**하면 족하다.

실전연습 013 ‌ 예비의 공동정범, 타인예비, 예비의 방조범 [변시 23]

다음 날 甲과 乙은 A가 위 범행 전날 밤 교통사고로 크게 다쳐 병원에 입원하였고 乙이 사망케 한 사람이 B라는 사실을 알게 되었다. B 사망사건에 대한 수사가 개시되자 甲은 범행을 포기하였다가 6개월 후 다시 A를 살해할 마음을 먹고 乙에게 계획을 설명했으나 乙은 甲에게 '더 이상 관여하지 않겠다'고 하였다. 이에 甲은 乙에게 '내가 알아서 하겠으니 A에게 투여할 독극물만 구입해 달라'고 하여 乙은 독극물을 구입하였지만 甲에게 주지 않은 채 그 다음 날 전화로 '나는 양심에 걸려 못하겠다'고 한 후 연락을 끊었다. 이에 甲도 범행을 단념하였으나 사업이 점점 어려워지자 1개월 후 A가 입원해 있는 병실에서 산소호흡기를 착용하지 않으면 생명이 위독한 A의 산소호흡기를 제거하여 A를 살해하였다. 乙에 대하여 형사책임을 부인하거나 보다 가볍게 인정할 수 있는 이론적 근거를 모두 제시하시오.

【제12회 변호사시험 제2문】

1. 논점

乙에 대하여 형사책임을 부인하거나 경하게 처벌받는 이론적 근거와 관련하여 ① 예비죄의 공동정범, ② 살인예비죄의 성립여부(타인예비), ③ 살인예비죄의 방조범의 성립여부, ④ 예비죄의 중지범 인정여부가 각 문제된다.

2. 형사책임을 부인할 수 있는 이론적 근거

(1) 살인예비죄 공동정범 성립 부정[7]

통설과 判例는 2인 이상이 공동하여 기본범죄를 실현하고자 하였으나 가벌적 예비행위에 그친 경우 예비죄의 공동정범의 성립을 긍정한다. 예비죄의 공동정범도 공동정범인 이상 주관적 요건으로서 공동가공의 의사와 객관적 요건으로서 역할분담에 의한 기능적 행위지배가 필요하다. 사안의 경우 乙은 甲의 새로운 살인 계획에 '더 이상 관여하지 않겠다'고 말하고 독극물을 구입하였으나 '나는 양심에 걸려 못하겠다'고 말하였으므로 공동가공의 의사는 인정될 수 없다.[8] 따라서 乙에게 살인예비죄의 공동정범은 성립하지 않는다.

(2) 살인예비죄 정범 성립 부정[9]

사안에서 乙의 독극물 구입행위가 살인예비죄의 정범이 성립할 수 있는지 문제된다. 이에 대하여 ① 타인예비도 자기예비와 마찬가지로 법익침해의 실질적 위험성을 지니고 있고, 예비죄의 "… 의 죄를 범할 목적"에는 자기가 죄를 범할 목적인 경우 이외에 **타인에게 죄를 범하게 할 목적도 포함된다**고 보아 타인예비도 예비죄(정범)로 처벌해야 한다는 긍정설과, 타인예비는 자기예비보다 법익침해가 더 간접적이므로 양자를 동일하게 평가할 수 없다는 점, 예비죄의 "… 의 죄를 범할 목적"은 **스스로 범할 목적**으로 해석하는 것이 타당하며 타인으로 하여금 죄를 범하게 할 목적으로 해석할 수 없다고 보아 타인예비는 예비로 볼 수 없다는 부정설이 대립한다. 타인예비를 예비에 포함시키면 **예외적으로 처벌되는 예비죄의 예비의 범위가 지나치게 확대**될 우려가 있으므로 타인예비는 예비죄의 예비에 포함되지 않는다고 보는 것이 타당하다.

따라서 乙에게는 살인예비죄가 성립하지 않는다.

(3) 살인예비죄의 방조범 성립 부정[10]

사안에서 乙의 독극물 구입행위가 살인예비죄의 방조범이 성립할 수 있는지 문제된다. 이에 대하여 ① **정범이 예비죄로 처벌**되는 이상 그에 가담한 자에게 예비죄의 종범이 성립한다는 것은 **공범종속성설의 당연한 이론적 귀결**이고, 예비행위의 실행행위성을 인정한다면 이에 대한 종범의 성립은 가능하다는 긍정설, ② **예비의 실행행위성을 인정할 수 없다**는 것을 전제로 예비죄의 종범의 성립을 부정하는 부정설이 대립한다. 判例는 정범이 예비단계에 그친 경우에 정범에 가담한 자에 대하여 종범의 성립을 부정하고 있다.

---

7) 배점을 고려할 때 시간이 없다면 생략해도 무방한 쟁점으로 보인다.
8) 이후 甲은 범행을 단념한 후 다시 A를 살해하였는바 이는 별도의 범죄에 해당하는바 乙은 위 범죄와는 무관함에 유의하여야 한다.
9) 타인예비의 예비죄(정범)를 인정할 수 있는가의 쟁점이다.
10) 예비의 방조의 경우 예비죄의 종범의 성립(가벌성 인정)여부가 쟁점이다.

형법 제32조(종범) 제1항의 타인의 범죄란 **정범이 범죄의 실행에 착수한 경우를 말하는 것**이므로 종범이 처벌되기 위하여는 정범의 실행의 착수가 있는 경우에만 가능하다고 보아야 하므로 정범이 실행의 착수에 이르지 아니한 예비의 단계에 그친 경우에는 이에 방조한 행위는 예비죄의 종범이 성립할 수 없다고 보는 것이 타당하다.[11]

따라서, 사안의 경우 乙에게는 살인예비죄의 방조범이 성립하지 않는다.

3. 가볍게 인정할 수 있는 이론적 근거

앞서 언급한 예비죄의 공동정범이나 타인예비죄의 정범을 인정한다고 하더라도 **예비죄의 중지범을 인정한다면 필요적 감면**을 받을 수 있으므로 예비죄의 중지범 인정여부가 문제된다.

형의 불균형을 시정하기 위하여 예비죄의 중지범을 인정하여야 한다. 다만, 判例는 중지범은 범죄의 실행에 착수한 후 자의로 그 행위를 중지한 때를 말하는 것이고 실행의 착수가 있기 전인 예비·음모의 행위를 처벌하는 경우에 있어서 **중지범의 관념은 이를 인정할 수 없다**(대판 : 99도424)고 하여 예비의 중지범을 부정한다.

사안의 경우 乙에게 살인예비죄의 중지범이 성립한다.

---

11) 예비의 종범을 인정하는 것은 형법이 기도된 교사에 대해서는 이를 처벌하는 특별규정을 두면서도 기도된 방조에 대하여는 처벌규정을 두고 있지 않은 취지에도 반한다는 것도 부정설의 논거이다(이재상, 407면; 오영근, 495면; 정성근·박광민, 375면).

제6장 | 공범론

01 공범이론

선택형 핵심지문

1. 제한적 정범개념과 확장적 정범개념의 비교 [확·조·주·축소]

	제한적 정범개념	확장적 정범개념
인과관계론과의 관련성	원인설	조건설
정범·공범의 구별 학설	객관설	주관설
공범규정의 의미	형벌확장사유	형벌축소사유
간접정범 인정요부	필 요	불요(간접정범은 이미 정범)

2. 대향범

① 대향자에게 동일한 법정형(예 인신매매죄, 도박죄, 아동혹사죄), 대향자에게 상이한 법정형(예 수뢰죄와 증뢰죄, 배임수재죄와 배임증재죄), 대향자 중 일방만을 처벌하는 경우(예 음화판매죄, 음행매개죄)가 있다.

② 대향범에 대하여는 공범에 관한 형법총칙 규정이 적용될 수 없다. (2009도3642)

> **관련판례** 대향범 중 처벌되지 않는 자에 행위에만 가담한 경우 그 상대방에 대한 공범의 성립여부
>
> 금품 등을 공여한 자에게 따로 처벌규정이 없는 이상,[1] 그 공여행위는 그와 대향적 행위의 존재를 필요로 하는 상대방의 범행에 대하여 공범관계가 성립되지 아니하고, 오로지 금품 등을 공여한 자의 행위에 대하여만 관여하여 그 공여행위를 교사하거나 방조한 행위도 상대방의 범행에 대하여 공범관계가 성립되지 아니한다. (2013도6969)
> [변시 22]

③ 직무상 비밀을 누설받은 자에 대하여는 공범에 관한 형법총칙 규정이 적용될 수 없다. (2009도3642) [변시 15·17·19·21·23]

---

1) 변호사법 제111조 제1항은 공무원이 취급하는 사건 또는 사무에 관하여 청탁 한다는 명목으로 금품을 받은 자에 대하여는 처벌규정을 두고 있으나 금품을 공여한 자에 대하여는 처벌규정을 두고 있지 아니하다.

④ 범죄의 성립에는 행위의 공동을 필요로 하는 것에 불과하고 반드시 협력자 전부가 책임이 있음을 필요로 하는 것은 아니며 반드시 협력자 전부에게 범죄가 성립해야 하는 것은 아니다. (2017도3449) [변시 22]

⑤ 구성요건상으로는 단독으로 실행할 수 있는 형식으로 되어 있는데 단지 구성요건이 대향범의 형태로 실행되는 경우에도 대향범에 관한 법리가 적용된다고 볼 수는 없다. (2020도7866) [변시 24]

3. **[기능적 행위지배의 유무]** 공동정범은 공동의사에 의한 **기능적 행위지배**가 있음에 반하여 종범은 그 행위지배가 없는 점에서 양자가 구별된다. (88도1247) [변시 18]

4. 교사범, 방조범이 성립함에는 먼저 정범의 범죄행위가 인정되는 것이 그 전제요건이 된다. (81도2422)

5. **[공범종속성설과 공범독립성설 및 종속성의 정도]** [변시 17 · 23]

	공범종속성설(판례 · 통설)	공범독립성설
의의	공범의 본질은 타인의 구성요건실현에 가담하는 데 있으므로 공범은 정범의 현실적인 실행행위가 있어야 그에 종속하여 성립한다는 견해이다.	범죄는 행위자의 반사회적 징표이고, 공범행위(교사행위 · 방조행위) 자체가 반사회적인 범죄실행행위로서의 실질을 가지므로 공범은 정범과 관계없이 독립하여 성립한다는 견해이다.
범죄이론	객관주의	주관주의
공범의 미수	① 정범의 행위가 가벌적 미수(실행의 착수)로 된 때에만 공범도 미수로 처벌된다. ② 미수범의 공범은 인정하나 공범의 미수(정범이 실행에 착수하지 않은 경우)는 부정한다.	① 정범의 실행의 착수가 없어도 공범은 미수로 처벌된다. ② 미수범의 공범과 공범의 미수 모두 인정한다.
	기도된 교사(제31조 제2항, 제3항)를 특별규정으로 이해	기도된 교사(제31조 제2항, 제3항)를 독립성설에 근거한 규정으로 이해
간접정범	간접정범 개념 긍정 (종속요건을 갖추지 못한 경우에 처벌의 흠결을 피하기 위해 간접정범의 개념이 필요)	간접정범 개념 부정 (교사 · 방조행위가 있는 이상 공범이 성립할 수 있으므로 이용자는 공범에 해당한다.)
공범과 신분	제33조의 본문을 당연규정(원칙규정)으로 본다.	제33조의 본문을 예외규정으로 보고 단서를 원칙적 규정으로 본다.
자살관여죄	자살이 범죄가 아님에도 불구하고 교사 · 방조자를 처벌하는 제252조 제2항을 특별규정으로 본다.	제252조 제2항은 독립성설에 의해서만 설명이 가능하므로 동 조항은 공범독립성설의 유력한 근거로 본다.

☑ 공범의 종속성 정도 [최·제·극·초]
① **최**소한 종속형식 : 구
② **제**한적 종속형식 : 구 + 위
③ **극**단적 종속형식 : 구 + 위 + 책
④ **초**극단적 종속형식 : 구 + 위 + 책 + 처벌조건

	구×	구○+ 위×	구○+위○+ 책×	구○+위○+책○+ 가×	구○+위○+책○+가○
최소한 종속형식					
제한적 종속형식 (통설)				공 범	
극단적 종속형식					
초극단적 (확장적) 종속형식					

사례형 쟁점정리

CASE 쟁점 046 필요적 공범 중 대향범에 대한 공범 규정의 적용여부★★★

1. 논점

필요적 공범 중 대향범의 경우 처벌되지 않는 대향자가 처벌되는 대향자를 적극적으로 교사·방조한 경우 공범규정이 적용되어 공범이 성립할 수 있는지 문제된다.

2. 학설

처벌되지 않는 대향자가 처벌되는 대향자를 적극적으로 교사·방조한 경우 공범이 성립할 수 있다는 견해가 있다.

3. 判例

2인 이상 서로 대향된 행위의 존재를 필요로 하는 대향범에 대하여는 공범에 관한 형법총칙 규정이 적용될 수 없다는 입장이다(대판 : 2009도3642).

4. 검토 (판례지지) Keyword 불문에 부친다

형법이 대향자 일방을 처벌하는 규정을 두고 있지 않은 이상 그 **대향자의 행위를 불문에 부친다**는 취지로 보아야 하므로 공범규정이 적용될 수 없다고 보는 것이 타당하다. 따라서 처벌되지 않는 대향자가 처벌되는 대향자를 적극적으로 교사·방조한 경우일지라도 공범이 성립할 수 없다.

업무상배임 및 배임수재죄의 경찰 수사가 진행 중임을 직감한 甲은 이에 대비하기 위해 중학교 동창인 경찰관 乙에게 수사 상황을 알려 줄 것을 부탁하였다. 乙은 경찰에서 甲에 대한 체포영장을 곧 신청할 예정임을 알려 주었다. 실제로 사법경찰관 P1은 다음 날 오후 업무상 배임과 배임수재죄의 혐의로 甲에 대한 체포영장을 발부받아 집행에 착수하였다. 甲, 乙의 죄책은?

【제12회 변호사시험 제2문】

1. 논점

甲의 부탁을 받고 乙이 수사 상황을 누설한 행위와 관련하여 乙과 甲에게 각 공무상비밀누설죄와 공무상비밀누설죄의 교사범이 성립할 수 있는지 문제된다.

2. 甲과 乙의 죄책[2]

사안에서 경찰관인 乙은 甲과 관련된 수사 상황을 甲에게 알려 주었으므로 乙 공무상비밀누설죄가 성립한다(제127조).[3]

한편, 공무상비밀누설죄는 누설하는 행위자와 누설받는 행위자를 필요로 하는 대향범에 해당하나 누설을 받는 자에 대한 처벌규정이 없다. 이 경우 비록 처벌받지 않는 대향자일지라도 처벌받는 자의 범죄에 적극가담한 경우 공범규정에 의한 처벌이 가능하다는 견해가 있다. 그러나 대향자의 일방에 대하여 처벌규정을 두고 있지 않은 것은 **그 행위를 불문에 부친다는 취지**이므로 공범이 성립할 수 없다고 보는 것이 타당하다(통설).

判例도 대향범에 대하여는 공범에 관한 형법총칙 규정이 적용될 수 없다는 입장이다(대판 : 2009도3642).

사안에서 甲이 경찰관 乙에게 수사 상황을 알아봐 달라고 부탁하였다고 하더라도 공무상비밀누설죄의 교사범이 성립하지 아니한다.

3. 결론

乙은 공무상비밀누설죄의 죄책을 진다.

---

2) 제3회 변호사시험 제2문과 동일한 쟁점, 동일한 사실관계가 출제되었다.
3) 정범개념 우위성에 입각하여 정범인 乙 범죄를 먼저 검토해야 한다.

대향범에 대한 외부적 가담★★

ⅰ) 대향자 쌍방을 모두 처벌하는 경우에는 각 대향자에게 관여한 외부관여자에 대해 서는 총칙상의 공동정범, 교사범, 종범의 성립이 모두 가능하다.

ⅱ) 대향자의 일방만을 처벌하는 경우에는 처벌되는 대향자에게 관여한 외부관여자에 대해서는 총칙상의 공범규정(공동정범, 교사범, 종범)이 적용되나, 처벌되지 않는 대 향자에게 관여한 외부관여자에 대해서는 총칙상의 공범규정이 적용되지 않는다.

대향범에 대한 외부적 가담

A군(郡)의 군수인 甲은 사채업자인 乙과 공모하여 관내 건설업자 丙에게 금전적 지원 을 요구하기로 마음먹었다. 甲은 丙을 군수집무실로 불러 A군(郡)이 둘레길 조성사업 을 계획하고 있는데 이는 丙에게 좋은 기회가 될 것이라고 하면서 乙이 향후 둘레길 조성사업에 관여하게 될 것이니 乙에게 업무용 차량과 업무에 필요한 비품을 지원해 주라고 부탁하였다. 이에 丙은 乙에게 자기 소유인 시가 3,000만 원 상당의 K5 승용 차를 주고 시가 1,000만 원 상당의 비품을 구매해 주었다. 丙은 乙에게 K5 승용차의 소유권이전등록을 해 주지는 않았으나 앞으로 乙에게 이를 반환받을 마음이 없었으 며 乙도 이를 丙에게 반환할 생각이 없었다. 甲, 乙, 丙의 죄책은?

【제11회 변호사시험 제2문】

1. 업무용 차량과 비품을 받은 행위와 관련된 甲과 乙의 죄책

(1) 甲의 죄책

공무원이 그 직무에 관하여 뇌물을 수수한 경우에는 수뢰죄가 성립하고(제129조 제1항), 수뢰액이 3,000만 원 이상인 경우 특가법위반(뇌물)죄(제2조 제1항 제3호)가 성립한다. 한편, 공무원이 그 직무에 관하여 부정한 청탁을 받고 제3자에게 뇌물을 공여하게 한 경우 제3자뇌물수수죄(제130조 제1항)가 성립한다.

사안에서 둘레길 조성사업은 군수인 甲의 직무에 속하고 차량과 비품은 사람의 수요 욕망을 충족시키기에 족한 일체의 유형·무형의 이익으로서 3,000만 원 이상의 뇌물 에 해당하여 특가법이 적용됨에는 이론이 없다. 다만, 차량과 비품을 甲이 아닌 乙이 받았으므로 甲에게 수뢰죄가 성립할 수 있는지 문제된다.

이에 대하여 공무원과 비공무원이 뇌물을 받으면 뇌물을 비공무원에게 귀속시키기로 미리 모의하거나 뇌물의 성질에 비추어 비공무원이 전적으로 사용하거나 소비할 것임 이 명백한 경우에 공무원이 증뢰자로 하여금 비공무원에게 뇌물을 공여하게 하였다면 형법 제130조의 제3자뇌물수수죄의 성립 여부가 문제 될 뿐이며, 공무원과 비공무원에게 형법 제129조 제1항의 뇌물수수죄의 공동정범이 성립한다고 할 수는 없다(대판 : 2018도2738 소수견해)는 견해가 있다.

그러나, 공무원이 뇌물공여자로 하여금 공무원과 뇌물수수죄의 공동정범 관계에 있는 비공무원에게 뇌물을 공여하게 한 경우에는 공동정범의 성질상 공무원 자신에게 뇌물을 공여하게 한 것으로 볼 수 있으므로 공무원과 공동정범 관계에 있는 비공무원은 제3자뇌물수수죄에서 말하는 제3자가 될 수 없고, 공무원과 공동정범 관계에 있는 비공무원이 뇌물을 받은 경우에는 공무원과 함께 뇌물수수죄의 공동정범이 성립하고 제3자뇌물수수죄는 성립하지 않는다(대판 : 2018도2738 다수견해)고 보는 것이 타당하다.

사안에서 甲은 乙과 공모하여 乙이 丙으로부터 금품을 수수하였는바 이는 공동정범의 성질상 甲이 뇌물을 수수한 것에 해당한다.

한편, 뇌물수수에서 말하는 '수수'란 받는 것, 즉 뇌물을 취득하는 것이고, 취득이란 뇌물에 대한 사실상의 처분권을 획득하는 것을 의미하고, 뇌물인 물건의 법률상 소유권까지 취득하여야 하는 것은 아니다(대판 : 2018도2738). 사안에서 비록 乙이 丙으로부터 승용차의 소유권이전등록을 받지 못했다고 하더라도 丙은 乙로부터 뇌물을 반환받을 마음이 없었고 乙 또한 반환할 마음이 없었으므로 乙은 丙으로부터 받은 뇌물의 사실상 처분권을 획득하였다. 따라서 사안의 경우 甲에게 특가법위반(뇌물)죄의 공동정범이 성립한다(특가법 제2조 제1항 제3호, 형법 제129조 제1항, 형법 제30조, 형법 제8조).

(2) 乙의 죄책

수뢰죄는 증뢰죄와 같이 필요적 공범 중 대향범의 경우 형법이 대향자 중 일방을 처벌하는 규정을 두고 있지 않으므로 처벌되지 않는 대향자에게 공범규정이 적용되지 않는데, 乙에게 공범규정이 적용될 수 있는지 문제된다.

사안에서 乙은 내부관여자가 아닌 외부관여자에 해당하므로 쌍방을 모두 처벌하는 경우에는 각 대향자에게 관여한 외부관여자에 대해서는 총칙상의 공동정범, 교사범, 종범의 성립이 모두 가능하므로(대판 : 2013도6969) 乙에게 공범성립이 가능하다.

한편, 수뢰죄는 공무원 또는 중재인만이 그 범죄의 주체가 되는 진정신분범이다. 乙에게 이러한 신분이 없지만 신분관계로 인하여 성립될 범죄에 가공한 것이므로 제33조 본문에 의하여 특가법위반(뇌물)죄의 공동정범이 성립한다(특가법 제2조 제1항 제3호, 형법 제129조 제1항, 형법 제30조, 형법 제8조).

2. 결론

甲과 乙은 각각 특가법위반(뇌물)죄의 공동정범의 죄책을 진다.

■ **유사사례**

甲의 처 丁은 경찰관 戊에게 甲의 범죄행위에 관하여 전부 말해주면서 甲에 대한 구속영장 신청 사실 등 수사상황을 알려달라고 부탁하였다. 이에 대해 戊가 주저하자 戊의 처(妻)이자 丁의 여고 동창생인 Y가 戊에게 甲에 대한 수사상황을 丁에게 알려주라고 종용하였다. 결국 이에 동의한 戊는 丁에게 전화하여 내일 검사가 구속영장을 청구할 예정이라는 사실을 알려주었다.

사안에서 丁, 戊, Y의 죄책은?　　　　　　　　　　　　　**【23년 법전협 제3차 모의고사 제2문】**

[사안의 해결] i) 戊는 경찰관으로서 직무상 비밀인 수사상황을 丁에게 알려 주었으므로 공무상비밀누설죄가 성립한다(제127조). ii) 丁은 대향범으로서 처벌규정이 존재하지 않으므로 형법총칙상의 공범규정을 적용할 수 없다. 따라서 丁은 공무상비밀누설죄의 교사범이 성립할 수 없어 무죄이다. iii) Y는 戊에 대한 외부가담자로서 형법총칙상의 공범규정이 적용될 수 있고, 공무상비밀누설죄는 진정신분범에 해당하므로 Y는 제33조 본문에 따라 신분의 연대화로 공무상비밀누설죄의 교사범의 죄책을 진다.

CASE 쟁점 048　정범과 공범의 구별기준

정범과 공범의 구별기준에 관하여는 형식적 객관설, 실질적 객관설, 의사설, 이익설, 행위지배설과 같은 견해가 있다. 그러나 "정범과 공범의 구별기준에 관하여 논하시오."와 같이 '논문식' 문제가 아니고서는 위의 학설은 큰 의미가 없다. 즉 현재의 각종 시험에서 출제되는 '사례형' 문제에서는 정범인지 공범인지 여부는 형법 제30조(공동정범), 제31조(교사범), 제32조(종범), 제34조 제1항(간접정범)의 요건을 구비하였는지 여부에 따라 결정되기 때문이다.

CASE 쟁점 049　공범의 종속성의 여부***

1. 학설

(1) **공범종속성설** [Keyword] 정범의 실행행위

공범은 정범의 현실적인 **실행행위가 있어야** 성립된다. 즉 공범의 성립은 정범의 성립에 종속한다는 견해이다.

(2) **공범독립성설**

공범행위(교사행위·방조행위) 자체가 반사회적인 범죄실행행위로서의 실질을 가지므로 공범은 정범과 관계없이 독립하여 성립한다는 견해이다.

2. 判例

교사범, 방조범이 성립함에는 **먼저 정범의 범죄행위가 인정**되는 것이 그 전제요건이 되는 것이라고 판시하여 공범종속성설의 입장이다(대판 : 81도2422).

3. 검토

공범독립성설은 교사, 방조행위 자체를 범죄의 실행행위로 본다는 점에서 구성요건적 행위정형성을 무시하고 있다는 점, 가벌성을 지나치게 확장한다는 점에서 문제가 있다. 따라서 공범종속성설이 타당하다.

CASE 쟁점 050 공범의 종속성의 정도***

1. 학설

(1) 최소한 종속형식

정범의 행위가 구성요건에 해당하기만 하면 공범의 성립을 인정할 수 있다는 견해이다.

(2) 제한적 종속형식 (통설)

공범의 처벌근거는 정범의 책임에 가담하는 것이 아니라 정범의 불법을 야기·촉진한 데 있는 것이므로 정범의 행위가 구성요건에 해당하고 위법하면 공범의 성립을 인정할 수 있다는 견해이다.

(3) 극단적 종속형식

정범의 행위가 구성요건에 해당하고 위법·유책하면 공범의 성립을 인정할 수 있다는 견해이다. 형법 제31조가 '타인을 교사하여 죄를 범하게 한 자', 제32조가 '타인의 범죄를 방조한 자'라고 규정한 것은 정범의 행위의 완전한 범죄성을 전제로 한 것이라는 점을 논거로 한다.

(4) 초극단적 종속형식

정범의 행위가 구성요건에 해당하고 위법·유책할 뿐만 아니라 가벌성의 조건까지 모두 갖추어야 공범의 성립을 인정할 수 있다는 견해이다.

2. 검토 (제한적 종속형식 지지)

ⅰ) 최소한 종속형식은 타인의 적법한 행위에 가담한 경우에도 공범의 성립을 인정한다는 문제점이 있고, ⅱ) 극단적 종속형식과 초극단적 종속형식은 책임의 개별화 원칙에 반한다는 점에서 문제가 있다. 따라서 제한적 종속형식이 타당하다.

甲은 코로나19로 사업이 어렵게 되자 양부(養父) A에게 재산의 일부를 증여해 달라고 요구하였지만 핀잔만 듣게 되었다. 이에 화가 난 甲은 A를 살해하기로 마음먹고 따로 거주하고 있는 사촌 동생 乙에게 A를 살해하라고 교사하면서 甲과 A가 함께 살고 있는 집의 현관 비밀번호 및 집 구조를 乙에게 알려 주었다. 甲이 알리바이를 위하여 다른 지역으로 출장을 떠난 사이, 乙은 범행 당일 새벽 2시경 甲이 알려 준 비밀번호를 이용하여 현관문을 열고 들어가 침실에서 자고 있던 사람의 얼굴을 베개로 눌러 질식으로 사망케 하였다. 그러나 사실 침실에서 자고 있던 사람은 A의 운전기사 B였다. 乙은 살해를 한 직후 거실에서 A 소유의 명품 시계 1개를 발견하고 욕심이 생겨 이를 가지고 나왔다. 甲의 죄책은?

【제12회 변호사시험 제2문】

[사안의 해결] 피교사자인 乙의 착오는 교사자인 甲에 대하여도 객체의 착오가 되고, 법정적 부합설에 따르면 일응 B에 대한 살인죄의 교사범이 성립한다.

한편, 자기 또는 배우자의 직계존속을 살해한 사람에 대해서는 존속살해죄(제250조 제2항)가 성립한다. 형법상 양부는 직계존속에 해당하므로 사안에서 甲은 사촌 동생 乙에게 존속살인을 교사하였고 이는 형법 제33조 단서가 적용되는 사안에 해당한다.

제33조 단서는 '신분 때문에 형의 경중이 달라지는 경우'라고 할 뿐 신분이 정범과 공범 누구에게 있는가는 불문하므로 이 경우에도 단서가 적용되어 성립과 처벌이 모두 개별화된다(판례, 통설). 따라서 신분자가 비신분자를 교사하여 존속살인을 범한 경우 원칙적으로 존속살인죄의 교사범이 성립한다.

判例도 형법 제31조 제1항은 협의의 공범의 일종인 교사범이 그 성립과 처벌에 있어서 정범에 종속한다는 일반적인 원칙을 선언한 것에 불과하고, 신분관계로 인하여 형의 경중이 있는 경우에 신분이 있는 자가 신분이 없는 자를 교사하여 죄를 범하게 한 때에는 형법 제33조 단서가 형법 제31조 제1항에 우선하여 적용됨으로써 신분이 있는 교사범이 신분이 없는 정범보다 중하게 처벌된다고 판시한 바 있다(대판 : 93도1002).

그러나, 이러한 법리는 실제로 의도한 객체에서 결과가 발생한 경우에 적용되는 것으로 보아야 하므로 **사안의 경우와 같이 피교사자 착오를 일으킨 경우에는**(乙이 살해한 사람은 양부 A가 아닌 운전기사 B였으므로) **공범종속성의 원칙에 따라 교사자는 피교사자가 실제로 실행한 범위 내에서만 책임을 부담한다고 보는 것이 타당하다.** 따라서 사안의 경우 甲에게 존속살해죄의 교사범은 성립하지 않고 보통살인죄의 교사범이 성립한다.

02 간접정범

1. **간접정범이 성립하는 경우**
   ① **[살인죄의 간접정범]** 피고인이 7세, 3세 남짓된 어린 자식들에 대하여 함께 죽자고 권유하여 물속에 따라 들어오게 하여 결국 익사하게 한 경우 (86도2395)
   ② **[상해범죄의 간접정범]** 피고인이 피해자를 협박하여 스스로 자상케 한 경우 (70도1638)
   ③ **[허위공문서작성죄의 간접정범]** 경찰서 보안과장인 피고인이 甲의 음주운전을 눈감아 주기 위하여 그에 대한 음주운전자 적발보고서를 찢어버리고, 부하로 하여금 일련 번호가 동일한 가짜 음주운전 적발보고서에 乙에 대한 음주운전 사실을 기재케 하여 그 정을 모르는 담당 경찰관으로 하여금 주취운전자 음주측정처리부에 乙에 대한 음주운전 사실을 기재하도록 한 경우 (95도1706)
   ④ **[직권남용감금죄의 간접정범]** 진술조서 등이 허위로 작성된 정을 모르는 검사와 영장 전담판사를 기망하여 구속영장을 발부받은 후 그 영장에 의하여 피해자를 구금한 경우 (2003도3945)
   ⑤ **[경영자는 정치자금법 위반죄의 간접정범]** 간접정범이 성립하기 위해 반드시 타인의 의사를 부당하게 억압하여야만 하는 것은 아니다. 따라서 정유회사의 경영자가 회사 소속 직원들로 하여금 국회의원이 사실상 지배·장악하고 있던 후원회에 불법적인 후원금을 기부하게 한 경우 (2007도7204)
   ⑥ **[피해자를 도구로 이용하는 강제추행죄의 간접정범 성립 可]** 강제추행죄는 정범 자신이 직접 범죄를 실행하여야 성립하는 자수범이라고 볼 수 없으므로, 피해자를 도구로 삼아 피해자의 신체를 이용하여 추행행위를 한 경우에도 강제추행죄의 간접정범에 해당할 수 있다. (2016도17733) [변시 19·21·22]

2. 간접정범은 교사 또는 방조의 예(공범의 예)에 의하여 처벌한다(제34조 제1항).

3. **진정신분범인 허위공문서작성죄의 간접정범의 성립여부*****
   ① **[비공 → 공 : 간접정범 ×]**[4] 비신분자가 신분자를 이용한 경우(간접정범 불성립)
      ⅰ) **공무원 아닌 자**(비공)가 **면장**(공)의 거주확인증 발급을 위한 허위사실의 신고는 허위공문서작성죄가 되지 않는다. (70도2598; 2006도1663)
      ⅱ) **부정수표단속법상의 발행인 아닌 자**(비공)는 허위신고의 고의 없는 **발행인**(공)을 이용하여 간접정범의 형태로 허위신고죄를 범할 수 없다. (70도2598; 2006도1663) [변시 18]

---

4) 편의상 비공은 일반인을 포함하여 공무원이 아닌자를 말하고, 공은 권한있는 공무원을 말한다. 또한 권한 있는 자 이외의 공무원 신분이 있는 자를 보조공이라 한다.

② [보조공 → 공 : 간접정범 O] 보조자(보조공)가 허위인 정을 모르는 **작성권한자(공)**에게 결재를 받은 경우(허위공문서작성죄의 간접정범 성립) (90도1912)

> <u>동지판례</u> **보조자와 공모한 자는 허위공문서작성죄의 간접정범의 공범성립**
> [비공+보조공 → 공 : 허 · 공 · 작 간접정범의 공동정범 O / 허 · 공 · 작의 공동정범 ×][5]
> 보조자와(보조공) 공모한 자(비공)가 있는 경우 공모한 자 역시 허위공문서작성죄의 간접정범의 공범으로서의 죄책을 면할 수 없다. (91도2837; 89도1816)
>
> <u>동지판례</u> **2명의 보조자가 작성권한자에게 결재를 받은 경우 2명의 보조자는 허위공문서작성죄의 공동정범은 성립할 수 없으나 허위공문서작성죄의 간접정범은 성립**
> [보조공+보조공 → 공 : 허 · 공 · 작 간접정범의 공동정범 O / 허 · 공 · 작의 공동정범 ×] 2명의 보조자가 정을 모르는 작성권한자에게 결재를 받은 경우 2명의 보조자는 허위공문서작성죄의 공동정범은 성립할 수 없으나 허위공문서작성죄의 간접정범은 성립한다. (2011도1415)
>
> <u>비교판례</u> **보조자가 작성권한자의 결재없이 임의로 공문서를 작성한 경우 공문서위조죄 성립**
> [보조공 직접 임의로 작성 : 공문서 위조죄 O] 보조자가 작성권한자의 결재없이 **임의로 공문서를 작성한 경우 허위공문서작성죄의 간접정범이 아니라 공문서위조죄가 성립**함. (90도1790)

☑ **허위공문서작성죄의 간접정범의 성립여부**

	이용자	피이용자	간접정범
	비공	공	간정정범 ×
	보조공	공	간접정범 O
허위공문서작성죄	보조공	직접(임의로)	공문서위조죄 O
	비공+보조공	공	간접정범의 공동정범 O
	보조공+보조공	공	간접정범의 공동정범 O

4. **특수교사 · 방조**(자기의 지휘, 감독을 받는 자를 교사 또는 방조)의 경우 교사인 때에는 정범에 정한 형의 장기 또는 다액에 그 2분의 1까지 가중하고 방조인 때에는 정범의 형으로 처벌한다(제34조 제2항). [변시 15]

---

5) 비공무원은 정범적격이 부정되어 단독으로 진정신분범인 허공작의 간접정범이 성립할 수 없지만, 보조공이 있는 경우 제33조 본문에 의하여 신분의 연대화로 허공작 간접정범의 공동정범이 성립할 수 있다. 이때, 허공작의 공동정범이 아닌 허공작 간접정범의 공동정범이 성립함에 유의해야 한다.

5. 간접정범과 착오

(1) 피이용자의 성질에 대한 착오

	이용자의 관점	객관적 법상태	처벌(다수설)
이용자가 피이용자에게 고의 · 책임능력이 없는 것으로 알고 이용했으나 사실은 고의 · 책임능력이 있었던 경우	간접정범	교사범	교사범
이용자가 피이용자에게 고의 · 책임능력이 있는 것으로 알고 교사 · 방조하였으나 사실은 고의 · 책임능력이 없었던 경우	교사범	간접정범	교사범

(2) 실행행위의 착오

① **[구체적 사실의 착오]** 甲이 정신병자인 乙을 사주하여 丙을 살해하려고 하였으나 乙이 丁을 살해한 경우 법정적 부합설에 의하면 甲은 丁에 대한 살인죄의 간접정범이 성립한다.

② **[추상적 사실의 착오]**

ⅰ) 피이용자가 간접정범이 기도한 범위를 초과하여 실행한 때에는 간접정범은 초과 부분에 대하여 원칙적으로 책임을 지지 않는다.

ⅱ) 간접정범이 결과에 대하여 미필적 고의가 있었거나 결과적 가중범의 결과를 예견할 수 있었던 때에는 전체에 대한 간접정범이나 결과적 가중범의 간접정범이 성립할 수 있다.

사례형 쟁점정리

CASE 쟁점 051 정범배후의 정범이론의 인정여부

1. 논점

고의의 정범으로 처벌되는 자를 이용한 때에도 극히 제한된 예외적 상황에서는 간접정범이 성립할 수 있는지가 문제된다. 특히 ① 회피가능한 금지착오에 빠진 자, ② 객체의 착오에 빠진 자(예) 甲은 乙이 자기를 살해하기 위하여 잠복해 있다는 것을 알고 자기의 원수인 A를 유인하여 잠복 장소로 가게 하여 乙로 하여금 A를 甲으로 오인케 하여 살해한 경우), ③ 조직적 권력구조의 하수인을 이용하는 경우(김현희 KAL기 폭파사건)에서 문제된다.

2. 학설

(1) 간접정범 긍정설

위 사례의 경우 의사지배가 가능하다는 것을 근거로 이용자에게 간접정범의 성립을 인정할 수 있다는 견해이다.

(2) 간접정범 부정설

형법 제34조 제1항이 피이용자를 '**어느 행위로 인하여 처벌되지 아니하는 자 또는 과실범으로 처벌되는 자**'로 국한하고 **있으므로** 위 사례와 같이 피이용자가 고의범으로 처벌되는 경우에는 간접정범이 성립할 수 없다는 견해이다.

3. 검토 (부정설 지지)

제34조 제1항의 **명문규정상** 고의정범을 이용한 간접정범은 성립할 수 없다고 보아야 한다. 그리고 간접정범을 인정하지 않아도 다른 범죄참가형태로 처벌할 수 있으므로 **처벌의 흠결이 발생하는 것도 아니다.** 따라서 간접정범 부정설이 타당하다. 따라서 이용자에 대하여는 ①의 경우 교사범으로, ②의 경우 방조범으로, ③의 경우 공동정범으로 처벌하면 족하다고 본다.

CASE 쟁점 052 간접정범의 실행의 착수시기

1. 학설

(1) 주관설(이용행위시설)

간접정범의 경우 **피이용자는 이용자의 도구에 불과**하기 때문에 이용자의 행위는 이용행위로 끝나고 그 후 피이용자의 행위는 이용행위의 결과로서 인과관계의 일부를 형성할 뿐이므로 이용자가 우월한 지위에서 이용자가 피이용자를 이용하는 행위를 개시한 때에 실행의 착수를 인정해야 한다는 견해이다.

(2) 객관설(피이용자의 실행행위시설)

보호법익을 직접적으로 위태롭게 하는 실행행위 없이는 실행의 착수를 인정할 수 없으므로 피이용자의 실행행위가 있어야 실행의 착수를 인정할 수 있다는 견해이다.

(3) 이분설

피이용자가 선의의 도구인 경우에는 이용자의 이용행위시에 실행의 착수를 인정하고, 피이용자가 악의의 도구인 경우에는 피이용자의 실행행위시에 실행의 착수를 인정하는 견해이다.

2. 검토 (이용행위시설 지지)

간접정범이 우월적 의사지배를 통하여 피이용자를 도구로 이용하여 범죄를 실현하는 범죄임을 고려하면, 이용자의 이용행위 후의 피이용자의 행위는 이용행위의 결과로서 인과관계의 일부를 형성할 뿐이이므로 이용자의 이용행위에 의하여 이미 보호법익에 대한 직접적 위험이 발생했다고 보아야 한다. 따라서 이용행위시설이 타당하다.

1. 논점

① 이용자가 피이용자에게 고의 · 책임능력이 없는 것으로 알고 이용했으나 사실은 고의 · 책임능력이 있었던 경우나, ② 이용자가 피이용자에게 고의 · 책임능력이 있는 것으로 알고 교사 · 방조하였으나 사실은 고의 · 책임능력이 없었던 경우, 간접정범이 성립할 것인지 공범이 성립할 것인지가 문제된다.

2. 학설

간접정범을 인정하는 견해와 공범이 성립한다는 견해가 있다.

3. 검토

①의 경우 이용자의 행위지배를 인정할 수 없고, ②의 경우 의사지배의 고의가 없으므로 어느 경우나 간접정범은 성립할 수 없으므로 공범이 성립할 수 있다는 견해가 타당하다.

실전연습 017   허위공문서작성죄의 간접정범과 공범 [변시 24]

> 乙은 과거 육군 대위로서 육군사관학교에 재직하면서 납품 관련 시험평가서를 기안하는 등 그 작성을 보조하는 업무를 담당하던 중에, B방위산업체에 근무하는 고교동창 丁으로부터 B방위산업체에서 생산하여 납품하려고 하는 탄환에 대한 시험평가서가 필요하니 도와달라는 부탁을 받고, 그 부탁에 따라 다른 업체에 대한 탄환 실험데이터를 도용하여 실험 결과를 허위로 기재한 육군사관학교장 명의의 시험평가서를 작성한 다음 그 정을 모르는 결재권자의 도장을 받았다. 乙, 丁의 죄책은? (단, 위계에 의한 공무집행방해죄는 논외로 할 것)   **【제11회 변호사시험 제2문】**

[사안의 해결] 사안에서 납품 관련 시험평가서를 기안하는 등 그 작성을 보조하는 업무를 담당 중이던 乙이 실험결과를 허위로 기재한 육군사관학교장 명의의 시험평가서를 작성한 다음 그 정을 모르는 결재권자의 도장을 받았으므로 乙에게는 허위공문서작성죄의 간접정범이 성립한다(제227조, 제34조 제1항). 丁이 乙에게 B방위산업체에서 생산하여 납품하려고 하는 탄환에 대한 시험평가서가 필요하다며 도와달라는 부탁을 하여 乙이 결재권자를 이용하여 허위공문서를 작성하였으므로 丁은 乙의 범행을 교사한 것에 해당한다. 이 경우 원칙적으로 신분이 없는 丁에게는 허위공문서작성죄의 간접정범이 성립할 수 없으므로 丁에게 허위공문서작성죄의 간접정범의 교사범이 성립할 수 있는지 문제된다.

진정신분범에 있어서 비신분자가 신분자를 이용하더라도 비신분자는 진정신분범의 정범 적격이 없으므로 간접정범이 될 수 없으나, 비신분자가 신분범의 범죄에 가담한 경우 공범과 신분에 관한 제33조 본문이 적용되어 비신분자에게도 진정신분범의 공범(공동정범, 교사범, 방조범)이 성립될 수 있다(대판 : 91도2837).

사안의 경우 비록 丁이 공무원의 정범 적격이 인정되지 않는다고 하더라도 신분범인 乙의 허위공문서작성죄의 간정정범의 범행에 가담한 이상 丁에게도 허위공문서작성죄의 교사범이 성립한다(제227조, 제34조 제1항).

03 공동정범

선택형 핵심지문

1. 전자제품 등을 밀수입해 올테니 이를 팔아달라는 제의를 받고 승낙한 경우, 승낙은 밀수입 범행을 공동으로 하겠다는 공모의 의사를 표시한 것으로는 볼 수 없다. (2000도576)

2. **[편면적 공동정범 부정]** 행위자 일방의 가공의사만으로는 공동정범관계가 성립할 수 없다. ➡ 즉, 편면적 공동정범은 공동정범에 해당하지 않는다. (84도2118)

3. 공모 내용에 따라 공범자 중 1인이 금품이나 이익을 수수하였다면, 사전에 특정 금액 이하로만 받기로 약정하였다든가 수수한 금액이 공모 과정에서 도저히 예상할 수 없는 고액이라는 등과 같은 특별한 사정이 없는 한, 그 수수한 금품이나 이익 전부에 관하여 위 각 죄의 공모공동정범이 성립한다. (2010도387) [변시 13]

4. 공모한 범행에 나아갔다가 예상되던 부수적인 파생 범행들이 발생하였다면, 비록 그 파생적인 범행 하나하나에 대하여 개별적인 의사의 연락이 없었다 하더라도 당초의 공모자들 사이에 그 범행 전부에 대하여 암묵적인 공모는 물론 그에 대한 기능적 행위지배가 존재한다고 보아야 한다. (2013도6570) [변시 15 · 21]

5. 공동가공의 의사의 성립시기
   ① **[사전모의를 요하지 않음]** 공동정범의 성립에 필요로 하는 범죄를 공동 실행할 의사는 범죄행위 시에 존재하면 족하고 반드시 사전모의가 있어야만 하는 것은 아니다. (84도1373) [변시 21]
   ② **[즉시범 · 상태범의 경우 기수, 즉 행위종료 이후이면 성립 불가능]** 회사직원이 영업비밀을 경쟁업체에 유출하거나 스스로의 이익을 위하여 이용할 목적으로 무단으로 반출한 때 업무상배임죄의 기수에 이르렀다고 할 것이고, 이후에 위 직원과 접촉하여 영업비밀을 취득하려고 한 자는 업무상배임죄의 공동정범이 될 수 없다. (2003도4382) [변시 12 · 17]
   ③ **[계속범의 경우 기수 이후라도 행위종료 이전이면 성립 가능]** 교통방해를 유발한 집회에 참가한 경우 참가 당시 이미 다른 참가자들에 의해 교통의 흐름이 차단된 상태였더

라도 교통방해를 유발한 다른 참가자들과 암묵적·순차적으로 공모하여 교통방해의 위법상태를 지속시켰다고 평가할 수 있다면 일반교통방해죄가 성립한다. (2017도9146) [변시 19]

6. 승계적 공동정범에서 후행 가담자의 귀책의 범위

[가담 이후의 부분만 책임] 포괄적 일죄의 일부에 공동정범으로 가담한 자는 비록 그가 그때에 이미 이루어진 종전의 범행을 알았다 하여도 그 가담 이후의 범행에 대해서만 공동정범으로서 책임을 진다. (2019도8357) [변시 12·13]

> **비교판례** 피고인이 포괄일죄의 관계에 있는 범행의 **일부를 실행한 후** 공범관계에서 이탈하였으나 다른 공범자에 의하여 나머지 범행이 이루어진 경우, 피고인이 관여하지 않은 부분에 대하여도 죄책을 부담한다.[6]

7. [과실범의 공동정범 인정] 형법 제30조에 '공동하여 죄를 범한 때'의 '죄'는 고의범이고 과실범이고를 불문한다. → 判例는 행위공동설에 입각하고 있다. [변시 15]

8. 공모자 중 구성요건 행위 일부를 직접 분담하여 실행하지 않은 자라도 경우에 따라 이른바 공모공동정범으로서의 죄책을 질 수도 있기는 하지만, 이를 위해서는, 단순한 공모자에 그치는 것이 아니라 범죄에 대한 본질적 기여를 통한 기능적 행위지배가 존재하는 것으로 인정되는 경우여야 한다. (2009도2994) [변시 15·21·24]

9. 주도적 참여자의 공모관계 이탈 요건 [실·미·영]

공모자가 공모에 주도적으로 참여하여 다른 공모자의 실행에 영향을 미친 때에는 범행을 저지하기 위하여 적극적으로 노력하는 등 **실행에 미친 영향력을 제거**하지 아니하는 한 공모자가 구속되었다는 등의 사유만으로 공모관계에서 이탈하였다고 할 수 없다. (2008도1274) [변시 15·24]

10. [Case]* 주도적 참여자가 다른 공모자의 실행에 미친 영향력을 제거하지 않아 공모관계 이탈이 인정되지 않은 사례

['어'하고 주저않은 사건] 다른 3명의 공모자들과 강도 모의를 하면서 삽을 들고 사람을 때리는 시능을 하는 등 그 모의를 주도한 피고인이 함께 범행 대상을 물색하다가 다른 공모자들이 강도의 대상을 지목하고 뒤쫓아 가자 단지 "어?"라고만 하고 비대한 체격 때문에 뒤따라가지 못한 채 범행현장에서 200m 정도 떨어진 곳에 앉아 있었으나 위 공모자들이 피해자를 쫓아가 강도상해의 범행을 한 경우 피고인은 공모관계에서 이탈하였다고 볼 수 없으므로 강도상해죄의 공동정범으로서의 죄책을 진다. (2008도1274) [변시 14·24]

11. 공모관계 이탈의 표시는 반드시 명시적임을 요하지 않는다. (71도2277) [변시 12]

---

6) 본문 판례는 종전의 범행 이후에 가담한 경우이고, 비교판례는 최초의 범행을 일부 시작하고 이탈한 경우이다.

12. 강도의 공범자 중 1인이 강도의 기회에 피해자에게 폭행 또는 상해를 가하여 살해한 경우 다른 공모자가 살인의 공모를 하지 아니하였다고 하여도 그 살인행위나 치사의 결과를 예견할 수 없었던 경우가 아니면 강도치사죄의 죄책을 면할 수 없다. ➔ **예견 가능성** (91도2156) [변시 14 · 16 · 19]

13. **독립행위의 경합**
① 독립행위가 경합하여 상해의 결과를 발생하게 한 경우에 있어서 원인된 행위가 판명되지 아니한 때에는 공동정범의 예에 의한다(제263조).
② 상호의사의 연락이 있어 공동정범이 성립한다면, 독립행위경합 등의 문제는 아예 제기될 여지가 없다. (97도1740) [변시 18 · 20]
③ 가해행위를 한 것 자체가 불분명한 경우 동시범이 될 수 없다. (84도488) [변시 18]
④ **[이시의 경합도 제263조가 적용]** '시간적 차이'가 있는 독립된 상해행위나 폭행행위가 경합하여 '사망의 결과'가 일어나고 그 사망의 원인된 행위가 판명되지 않은 경우에는 공동정범의 예에 의하여 처벌할 것이다. (2000도2466) [변시 18 · 20]
⑤ 형법 제263조의 동시범은 상해와 폭행죄에 관한 특별규정으로서 동 규정은 그 보호법익을 달리하는 강간치상죄에는 적용할 수 없다. (84도372)

14. **공모관계의 이탈**

이탈시기	단순 가담자	주모자
실행의 착수 전	(그저) 이탈	실행에 미친 영향력 제거
실행의 착수 후	공범과 중지미수	실행에 미친 영향력 제거

사례형 쟁점정리

CASE 쟁점 054 공동정범 사례 구조

1. **Keyword 암기**
   ① **[공동정범]** 공모(공동가공의 의사) + 역할분담에 의한 기능적 행위지배
   ② **[합동범]** 공모(공동가공의 의사) + 역할분담 + 시 · 장 · 협(시간적 · 장소적 협동관계)

2. **사례 쟁점**
   ① leading case **[비대한 체격사건]** ➔ 후술하는 실전연습 참고.
   ② 합동범의 본질
   ③ 합동범의 공동정범 성립여부

공동정범의 성립요건

의과대학 부속병원장 甲은 병원직원들이 보건복지부장관이 정한 기준을 위반하여 환자들로부터 진료비를 과다 징수하고 있는 사실에 관하여 인식이 있었으나, 병원장으로 취임한 후 병원 진료과목의 수가항목 전부에 관하여 전면 재검토하여 수가 조정이나 삭제를 지시·요청하지 아니하였다. 甲에 대하여 사기죄의 공동정범의 성립여부를 검토하시오.

[사안의 해결] 공동가공의 의사는, 타인의 범행을 인식하면서도 이를 제지하지 아니하고 용인하는 것만으로 부족하고, 공동의 의사로 특정한 범죄행위를 하기 위하여 일체가 되어 서로 다른 사람의 행위를 이용하여 자기의 의사를 실행에 옮기는 것을 내용으로 하는 것이어야 한다. 사안에서 甲은 병원직원들의 사기범행을 인식하면서도 이를 제지하지 아니하고 용인한 것에 불과하므로 사기범행에 대하여 공동가공의사가 인정되지 아니하여 사기죄의 공동정범이 성립할 수 없다.

승계적 공동정범의 후행가담자의 귀책범위

乙이 1981. 1월 초순경부터 필로폰 제조행위를 계속하던 도중인 1981. 2. 9경 甲이 乙의 필로폰 제조행위를 알고 그에 가담하였다. 甲은 자신이 가담하기 이전의 乙의 필로폰 제조행위에 대하여도 책임을 지는지를 검토하시오.

1. 학설
① **적극설** - 후행가담자에게 참가 이전의 피참가자의 행위를 이용하려는 의사가 있는 이상 공동가공의 의사와 실행행위의 공동이 사실상 존재하므로 범행 전체에 대해 공동정범의 책임을 진다는 견해이다.
② **소극설** - 가담 이후의 행위에 대해서만 공동정범의 책임을 인정함

2. 判例
포괄적 일죄의 일부에 공동정범으로 가담한 자는 비록 종전의 범행을 알았다 하여도 가담 이후의 범행에 대해서만 공동정범으로서 책임을 진다(대판 : 82도884; 동지 대판 : 2019도8357).

3. 검토 (소극설지지) `Keyword` 자기책임의 원칙에 反
형법상 공동실행의 의사는 소급될 수 없고, 후행가담자의 행위와 선행사실 사이에 인과관계를 인정할 수 없으며, 선행사실에 대하여 후행가담자의 기능적인 역할분담이 인정될 수 없으므로, 선행사실에 대하여 후행가담자의 책임을 인정하는 것은 **자기책임의 원칙에 반한다**는 점에서 적극설은 문제가 있다. 따라서 소극설이 타당하다.

4. 결론

甲은 자신이 가담하기 이전의 乙의 필로폰 제조행위에 대하여는 책임을 지지 아니한다.

CASE 쟁점 057 과실범의 공동정범 인정여부

1. 학설[7]

공동정범의 본질은 기능적 행위지배에 있고, 기능적 행위지배는 공동의 결의에 기초한 역할분담을 의미하므로 과실범의 경우 이러한 기능적 행위지배가 인정되지 않으므로 공동정범이 성립할 수 없다고 보는 견해가 있다.

2. 判例

2인 이상이 어떠한 과실 행위를 서로의 의사 연락 아래 하여 범죄가 되는 결과를 발생케한 경우 과실범의 공동정범이 성립할 수 있다는 입장이다(대판 : 61도598).

3. 검토 (판례지지)

형법 제30조에 '공동하여 죄를 범한 때'의 '죄'는 고의범이고 과실범이고를 불문한다고 보아야 하므로 과실범의 공동정범이 성립할 수 있다고 보는 것이 타당하다. [변시 15 · 19]

실전연습 018 과실범의 공동정범

> 乙은 주문한 냉장고가 자신의 집 앞에 배달되자, 이웃에 사는 丙에게 그 냉장고를 집 거실까지 옮겨달라고 부탁하였다. 이를 승낙한 丙은 그 냉장고를 같이 옮기기로 하고 乙과 함께 냉장고의 앞과 뒤를 잡고 옮기다가 부주의로 그곳을 지나던 C의 등 뒤로 냉장고가 넘어지게 하였고, 이로 인해 C는 상해를 입었다. 乙과 丙의 죄책은?
> **【22년 1차 법전협 모의고사 제2문】**

[사안의 해결] 2인 이상이 공동의 과실에 의하여 과실범의 구성요건적 결과를 발생케 한 경우에 과실범의 공동정범이 성립할 수 있는지 문제된다. 이에 대하여 공동정범의 본질은 기능적 행위지배에 있고, 기능적 행위지배는 공동의 결의에 기초한 역할분담을 의미하므

---

7) 과실범의 공동정범을 긍정하는 견해로는 행위공동설, 공동행위주체설, 과실공동 기능적 행위지배설, 과실공동 행위공동설이 있다. 과실범의 공동정범을 부정하는 견해로는 범죄공동설, 공동의사주체설, 목적적 행위지배설, 기능적 행위지배설이 있다. 실제 시험에서 위 8개의 학설을 모두 기술하면 1면이 넘는 분량에 해당한다. 사례형의 문제에서 위 모든 학설을 기술하는 것은 불가능하며 또한 그럴 필요도 없을 것이다. 저자는 부정하는 대표적인 학설(기능적 행위지배설)과 긍정하는 판례의 입장을 기술하는 것만으로도 족하다고 보아 위 본문과 같이 간결하게 정리하였다.

로 과실범의 경우 이러한 행위지배가 인정되지 않으므로 공동정범이 성립할 수 없다고 보는 견해가 있다. 그러나, **형법 제30조에 '공동하여 죄를 범한 때'의 '죄'는 고의범이고 과실범이고를 불문한다고 보아야 하므로** 2인 이상이 어떠한 과실 행위를 서로의 의사연락 아래 하여 범죄가 되는 결과를 발생케 한 이상 과실범의 공동정범이 성립할 수 있다고 보는 것이 타당하다. 판례도 행위공동설의 입장에서 이를 과실범의 공동정범을 긍정한다. 사안의 경우 乙과 丙은 냉장고를 옮기다가 부주의로 C를 상해하였으므로 과실치상죄의 공동정범이 성립한다(제266조 제1항, 제30조).

CASE 쟁점 058 공모공동정범 인정여부★★★

1. 논점
공모공동정범이론은 직접 실행행위에 가담하지 않은 집단적·조직적 범죄의 배후조종자를 공동정범으로 처벌할 수 있는 장점은 있으나, 공동정범의 객관적 요건을 완화시켜 책임주의에 반할 수 있다는 문제점이 있어 그 인정여부에 대하여는 견해가 대립되고 있다.

2. 학설
공모공동정범을 긍정하면 공동정범, 교사범, 종범의 개념적 **구별이 불명확해지므로** 공모공동정범은 인정할 수 없고, 공모자는 가공의 정도에 따라 교사 또는 방조의 책임을 지게하면 족하다는 견해가 있다.

3. 判例
판례는 일정한 요건 하에 공모공동정범을 인정하고 있다.

4. 검토 (판례지지)
범죄의 집단화 현상으로 볼 때 범행의 모의만 하고 실행행위는 분담하지 않아도 그 범행에 중요한 소임을 하는 것을 간과할 수 없기 때문에 이러한 자를 처벌하기 위하여 공모공동정범을 긍정하는 견해가 타당하다. 다만 공모공동정범이 인정되기 위해서는 단순한 공모자에 그치는 것이 아니라 범죄에 대한 본질적 기여를 통한 기능적 행위지배가 존재하여야 한다.

공모관계 이탈의 요건과 효과 [비대한 체격 사건]***

甲은 사업에 실패하여 돈이 필요하게 되자 乙과 丙에게 한가한 새벽녘에 돈 많은 사람을 골라 강도를 하자고 제의하였다. 이에 乙과 丙이 동의하자 甲은 밤 11시경 乙과 丙을 자기 집으로 불러 강도를 모의하면서 각목을 들고 사람을 때리는 것을 직접 보여주면서 세부적인 계획을 설명하였다. 다음날 새벽 4시 30분경 甲, 乙, 丙은 한적한 길목에서 강도 대상을 물색하던 중 乙과 丙이 고급양복에 값비싼 시계를 지니고 술에 취해 걸어가고 있는 B를 발견하고 쫓아가자 甲은 "어?"라고만 하고 자신은 비대한 체격 때문에 뒤따라가지 못하고 범행현장에서 200m 정도 떨어진 곳에 앉아 있었으나 乙과 丙은 B를 쫓아가 각목으로 폭행한 다음 시계와 B의 뒷주머니에서 지갑을 빼내었고 B는 약 7주간의 치료를 요하는 우측 무릎뼈골절 등의 상해를 입었다. [변시 24]

I. 논점

乙과 丙이 B를 각목으로 폭행한 후 B의 재물을 취득하고 B에게 상해를 입힌 점에 대하여 강도상해죄가 성립하는지, 乙과 丙에게 강도상해죄가 성립하는 경우, 甲에게 공모관계 이탈을 인정하여 강도상해죄의 죄책을 부정할 수 있는지 문제된다.

II. 乙, 丙에 대하여 강도상해죄가 성립할 수 있는지 여부

제337조에 의하면 강도가 사람을 상해한 경우 강도상해죄가 성립한다. 여기의 강도에 특수강도가 포함됨은 의문이 없다. 그리고 '상해'란 상해에 대하여 고의가 있는 경우이다. 사안에서 乙, 丙은 강도를 공모하였고, B를 각목으로 폭행하였으므로 상해의 고의가 인정된다. 따라서 乙과 丙은 특수강도로서 B를 상해한 것이므로 강도상해죄가 성립한다.

III. 甲에 대하여 강도상해죄의 죄책을 부정할 수 있는지 여부

1. 공모관계 이탈의 요건과 효과

공모공동정범에 있어서 공모자 중의 1인이 다른 공모자가 실행행위에 이르기 전에 그 공모관계에서 이탈한 때에는 그 이후의 다른 공모자의 행위에 관하여는 공동정범으로서의 책임은 지지 않는다.

한편 공모관계에서의 이탈은 공모자가 공모에 의하여 담당한 기능적 행위지배를 해소하는 것이 필요하므로 공모자가 공모에 주도적으로 참여하여 다른 공모자의 실행에 영향을 미친 때에는 범행을 저지하기 위하여 적극적으로 노력하는 등 실행에 미친 영향력을 제거하지 아니하는 한 공모관계에서 이탈되었다고 할 수 없다(대판 : 2010도6924). [변시 15]

2. 甲이 공모관계에서 이탈하였는지 여부

사안에서 甲은 乙과 丙에게 강도를 제의하고, 강도를 모의하면서 각목을 들고 사람을 때리는 시늉을 하면서 세부적인 계획을 설명하고, 乙, 丙과 함께 범행 대상을 물색하는 등으로, 공모에 주도적으로 참여하여 乙과 丙의 강도상해의 실행에 영향을 미친 것으로 보아야 한다.

그런데 甲은 乙과 丙이 강도의 대상을 뒤쫓아 가자 단지 "어?"라고만 하고 비대한 체격 때문에 뒤따라가지 못한 채 범행현장에서 200m 정도 떨어진 곳에 앉아 있었을 뿐이고 乙과 丙의 강도상해의 실행에 미친 영향력을 제거하지 아니하였으므로 공모관계에서 이탈하였다고 볼 수 없다.

3. 甲의 죄책

사안에서 甲은 乙, 丙과 강도를 공모하였고 또한 그 공모 내용에는 각목을 들고 사람을 때리는 것도 예정되어 있었으므로 결국 강도상해를 공모한 것으로 보아야 하고, 세부적인 계획을 세워 乙, 丙에게 설명하는 등 실행행위의 분담이 인정된다. 따라서 甲에게 공모관계의 이탈이 인정되지 않으므로 乙과 丙이 범한 강도상해죄의 공동정범이 성립한다(제337조, 제30조).

IV. 결론

乙과 丙이 B를 각목으로 폭행한 후 B의 재물을 취득하고 B에게 상해를 입힌 점에 대하여는 강도상해죄가 성립하며, 甲은 공모관계 이탈을 인정할 수 없어 강도상해죄의 공동정범의 죄책을 진다.

판례연습 【공모관계의 이탈 – 망보다가 담배 사러 간 사건, 시라소니파 사건】

다음 사례 중 甲에게 괄호 안의 범죄가 성립하는 경우는?

A. 甲 등이 금품을 강취할 것을 공모하고 甲은 집 밖에서 망을 보기로 하였다. 다른 공범자들은 집 안으로 들어가 피해자들로부터 금품을 강취하는 과정에서 이들에게 상해를 입혔다. 망을 보던 甲은 다른 공모자들이 피해자의 집에 침입하여 실행에 착수한 후 담배를 사기 위해서 현장을 떠나 망을 보지 않았다(강도상해죄의 공동정범).

B. '시라소니'파 조직원 甲은 먼저 공격해온 반대파에 대한 보복 공격을 위해 다른 조직원들이 여러 대의 차에 분승하여 출발하려고 할 때 사태의 심각성을 실감하고 범행에 휘말리기 싫어서 그곳에서 택시를 타고 집으로 와 버렸다. 그러나 다른 조직원들은 공모한대로 반대파 두목을 살해하였다(살인죄의 공동정범).

[판결요지] A는 실행에 착수한 후 이탈한 경우이고, B는 실행에 착수하기 전에 이탈한 경우이다.

A. 행위자 상호간에 범죄의 실행을 공모하였다면 다른 공모자가 이미 실행에 착수한 이후에는 그 공모관계에서 이탈하였다고 하더라도 공동정범의 책임을 면할 수 없는 것이므로 피고인 등이 금품을 강취할 것을 공모하고 피고인은 집 밖에서 망을 보기로 하였으나, 다른 공모자들이 피해자의 집에 침입한 후 담배를 사기 위해서 망을 보지 않았다고 하더라도, 피고인은 판시 강도상해죄의 공동정범의 죄책을 면할 수가 없다(대판 : 83도2941). → 甲은 강도상해죄의 공동정범

B. 피고인에게 범행에 가담하려는 의사가 있었다고 보기 어렵고, 가사 공모관계가 인정된다 하더라도 다른 조직원들이 범행에 이르기 전에 그 공모관계에서 이탈한 것이라 할 것이므로 피고인은 위 공모관계에서 이탈한 이후의 행위에 대하여는 공동정범으로의 책임을 지지 않는다(대판 : 94도2654). → 甲은 무죄

정답 | (A)

CASE 쟁점 059　제263조의 적용범위★★★

1. 논점
독립행위가 경합하여 상해의 결과가 발생한 경우뿐만 아니라 '사망'의 결과가 발생한 경우 예컨대 폭행치사죄나 상해치사죄의 경우에도 제263조가 적용될 수 있는지가 문제된다.

2. 학설
제263조가 명문으로 상해의 결과를 발생하게 한 경우라고 밝히고 있으므로 사망의 결과가 발생한 경우도 동조를 적용하는 것은 **유추해석금지원칙에 반하여** 허용될 수 없다는 견해가 있다.

3. 判例
상해치사죄와 폭행치사죄의 경우에도 제263조를 적용하고 있다(대판 : 2000도2466).

4. 검토 (판례지지)　Keyword　사망은 상해의 결과 포함
사망의 결과가 발생한 경우는 이미 상해의 결과를 포함하고 있다고 보아야 하므로 판례의 입장이 타당하다. 따라서 폭행치사죄나 상해치사죄의 경우에도 제263조가 적용될 수 있다.

甲은 마침 현장에 도착한 A의 아버지 B를 발견하고 체포될까 두려워 도망치다가 아파트 후문 노상에서 B에게 잡히자 B를 때려눕히고 발로 복부를 수 회 걷어찬 다음 도망갔다. 약 2시간 후 甲의 친구 乙이 평소에 감정이 좋지 않던 B가 쓰러진 것을 우연히 발견하고 화가 나서 발로 B의 복부를 수 회 걷어찼다. 며칠 후 B는 장 파열로 사망하였는데, 부검결과 甲과 乙 중 누구의 행위로 인하여 사망하였는지 판명되지 않았다. 甲, 乙의 죄책을 논하시오.　　【제10회 변호사시험 제1문】

I. B의 사망과 관련한 甲과 乙의 죄책

1. 상해치사죄의 성립여부

제259조 제1항에 의하면 사람의 신체를 상해하여 사망에 이르게 한 경우 상해치사죄가 성립한다. 동 죄가 성립하기 위해서는 상해행위와 사망 사이에 인과관계가 인정되어야 하며 중한 결과인 사망에 대하여 예견가능성이 있어야 한다.

사안의 경우 甲은 B를 때려눕히고 발로 복부를 수 회 걷어차는 상해행위를 하였고, 乙도 B의 복부를 수회 걷어차는 상해행위를 하였는바, 甲과 乙의 이와 같은 행위로 B가 장 파열을 일으켜 사망에 이를 수 있다는 것은 통상예견이 가능하다고 보여진다.[8]

다만 사안의 경우 B의 사망이 甲과 乙의 상해행위 중 누구의 행위에 기인한 것인지가 판명되지 않았음에도 상해치사죄가 인정될 수 있는지 문제된다.

2. 제263조의 적용범위

제263조에 의하면 독립행위가 경합하여 상해의 결과를 발생하게 한 경우에 있어서 원인된 행위가 판명되지 아니한 때에는 공동정범의 예에 의한다.

제263조의 독립행위에 독립된 상해행위가 포함됨에는 의문이 없다. 그리고 형법 제19조와 제263조의 규정취지를 고려할 때 사안의 경우와 같이 이시의 독립된 상해행위가 경합한 경우에도 제263조가 적용될 수 한다[9](대판 : 80도3321).

다만 독립된 상해행위가 경합하여 '사망의 결과'가 발생한 경우에도 제263조가 적용되는지 문제된다. 제263조가 명문으로 '상해의 결과'를 발생하게 한 경우라고 밝히고 있으므로 사망의 결과가 발생한 경우도 동조를 적용하는 것은 유추해석금지원칙에 반하여 허용될 수 없다는 견해가 있다.

---

8) 실제 대법원에서 '예견가능성'에 대하여 다투어졌음을 고려하면 이 부분에 관한 기술도 득점요소에 해당한다고 본다.

9) 학설과 판례가 일치하는 부분이기는 하지만 판례가 나와 있는 부분이므로 반드시 언급하여야 한다. 논거까지 제시하면 금상첨화가 될 것이다.

그러나 상해의 결과가 발생한 이상 상해의 범위를 넘어 상해치사에 이른 경우에도 제263조를 적용할 수 있다고 보는 것이 타당하다.[10]

判例도 독립된 상해행위가 경합하여 사망의 결과가 일어나고 그 사망의 원인된 행위가 판명되지 않은 경우에도 공동정범의 예에 의하여 처벌된다고 판시한 바 있다(대판 : 2000도2466).

한편, 제263조가 공동정범의 예에 의한다는 의미는 '인과관계' 판단을 공동정범의 예에 의하여 판단한다는 의미로 보아야 한다.[11] 따라서 甲과 乙에게는 각각 상해치사죄의 단독정범이 성립한다.

3. 결론

甲과 乙은 각각 상해치사죄의 죄책을 진다.

04 교사범

선택형 핵심지문

1. 피교사자가 이미 동일한 범죄의 결의를 가지고 있는 경우 교사범이 성립할 수 없다. (91도542)

2. 교사행위에 의하여 정범이 실행을 결의하게 된 이상 비록 정범에게 범죄의 습벽이 있어 그 습벽과 함께 교사행위가 원인이 되어 정범이 범죄를 실행한 경우에도 교사범의 성립에 영향이 없다. (91도542)

3. 단순히 범죄를 유발할 수 있는 상황을 만든 것만으로는 교사행위라고 할 수 없다.

4. 미수의 교사(예 甲이 丙의 금고가 텅 비어있다는 것을 알면서 乙에게 그 금고 안의 돈을 절취할 것을 교사한 경우)에는 교사의 고의가 인정되지 않기 때문에 교사범이 성립할 수 없다.

5. 교사범의 공범관계로부터의 이탈 요건과 교사범 이탈의 효과
   ① 교사범이 공범관계로부터 이탈하기 위해서는 피교사자가 범죄의 실행행위에 나아가기 전에 교사범이 피교사자의 범죄실행의 결의를 해소하는 것이 필요함.
   ② 교사범이 그 공범 관계로부터 이탈의 요건을 갖춘 경우 교사자는 형법 제31조 제2항(효과없는 교사)에 의한 죄책을 부담함은 별론으로 하고 형법 제31조 제1항에 의한 교사범으로서의 죄책을 부담하지는 않는다. (2012도7407)

---

10) 판례의 결론과 일치하는 학설의 논거에 해당한다.
11) 이와는 달리 제263조에 의하여 범죄참가형태까지 공동정범으로 변경된다는 된다는 견해도 있다.

6. 교사의 착오

① [甲이 乙에게 A를 살해할 것을 교사하였는데 乙이 착오로 B를 살해한 경우] 법정적 부합설은 甲에게 B에 대한 살인죄의 교사범의 성립을 인정한다. [변시 14·17·23]

② [강도를 교사하였으나 피교사자가 절도를 실행] 교사자는 절도의 교사범이 되는 동시에 강도예비·음모(제31조 제2항)가 되어 양죄의 상상적 경합범에 해당한다. 따라서 형법 제40조에 의하여 형이 중한 강도 예비·음모죄로 처벌된다.

☑ **추상적 사실의 착오★★**

		사 례	교사자의 책임
실행행위에대한착오	교사내용보다 적게 실행한 경우	강도교사 → 절도	절도의 교사범이 되는 동시에 강도예비·음모(제31조 제2항)가 되어 양죄의 상상적 경합범에 해당한다. 따라서 형법 제40조에 의하여 형이 중한 강도 예비·음모죄로 처벌된다. [변시 14]
		살인교사 → 미수에 그침	살인미수죄의 교사범
	교사내용을 초과하여 실행한 경우	질적 초과 강간교사 → 방화 상해교사 → 절도 강도교사 → 강간	질적 초과에 본질적인 차이가 있는 경우로서 발생한 결과에 대하여는 교사범이 성립하지 않는다. 다만 교사한 범죄의 예비·음모가 처벌되는 경우에 한하여 제31조 제2항, 제3항에 의해 예비·음모에 준하여 처벌 [변시 17·21] * 강간죄 예비·음모 규정 신설 주의!
		비본질적 초과 (착오) 사기교사 → 공갈 공갈교사 → 강도 허위공문서작성교사 → 공문서위조	질적 초과이지만 본질적인 차이가 없는 경우로서 교사한 범죄에 대한 교사범 성립
		양적초과 (구성요건을 달리하지만 공통적 요소를 포함하는 범죄실행) 절도교사 → 강도	절도죄의 교사범
		상해교사 → 살인	결과에 대하여 피교사자의 예견가능성이 있었는지 여부와 관계없이 교사자에게 예견가능성이 있는 때에는 제15조 제2항에 의해 상해치사죄(결과적 가중범)의 교사범 성립(판례) [변시 16·19·20]

7. 기도된 교사의 법적 효과 : 최소한 교사자는 음모 또는 예비에 준하여 처벌한다.

① [실패한 교사] 교사를 받은 자가 범죄의 실행을 승낙하지 아니한 때에는 교사자에 대하여는 음모 또는 예비에 준하여 처벌한다(제31조 제3항).

② [효과 없는 교사] 교사를 받은 자가 범죄의 실행을 승낙하고 실행의 착수에 이르지 아니한 때에는 교사자와 피교사자를 음모 또는 예비에 준하여 처벌한다(제31조 제2항). [변시 18·21]

CASE 쟁점 060   **교사범의 공범관계로부터의 이탈의 요건과 효과***★★★** [변시 19 · 20 · 23]

甲은 乙에게 전화하여 은행 노조위원장인 A의 불륜관계를 이용하여 공갈할 것을 교사하였다. 이에 乙은 A를 미행하여 A가 여자와 함께 호텔에 들어가는 현장을 카메라로 촬영한 후 甲에게 이를 알렸으나, 甲은 乙에게 여러 차례 전화를 하여 그 동안의 수고비로 1,000만 원 정도를 줄테니 촬영한 동영상을 넘기고 A를 공갈하는 것을 단념하라고 만류하였다. 그럼에도 乙은 甲의 제안을 거절하고 촬영한 동영상을 A의 핸드폰에 전송하고 전화나 문자메시지 등으로 1억 원을 주지 않으면 여자와 호텔에 들어간 동영상을 가족과 회사에 유포하겠다고 A에게 겁을 주어 A로부터 현금 500만 원을 교부받았다. 甲에게 공갈죄의 교사범이 성립할 수 있는지를 논하시오.

[사안의 해결] 甲의 만류행위가 있었지만 乙이 이를 명시적으로 거절하고 당초와 같은 범죄 실행의 결의를 그대로 유지하여 공갈죄를 범하였으므로, 甲이 공범관계에서 이탈한 것으로 볼 수 없다. 따라서 甲에게는 공갈죄의 교사범이 성립한다.

CASE 쟁점 061   **정범의 객체의 착오와 교사자의 죄책***★★★** [변시 19 · 23]

1. 논점

甲이 乙에게 A를 살해할 것을 교사하였는데 乙이 B를 A로 오인하여 살해한 경우와 같이 피교사자가 객체의 착오를 한 경우 甲의 죄책 여하가 문제된다. 이는 정범이 객체의 착오를 한 경우 교사자에게도 객체의 착오가 되는지 아니면 방법의 착오가 되는지가 선결문제가 된다.

2. 학설   Keyword   공범종속이론 / 의도객체이외객체

① **객체의 착오로 보는 견해** : 정범의 객체의 착오의 경우에도 **공범종속이론**에 따라 착오의 이론이 그대로 적용되어 교사자에게도 동일하게 객체의 착오가 된다는 견해이다.

② **방법의 착오로 보는 견해** : 정범의 객체의 착오는 교사자의 입장에서는 **의도하지 않았던 객체**에 대하여 결과가 발생하는 것이므로 착오의 구조의 동일성을 근거로 방법의 착오로 보는 견해이다.

3-1. 검토 (객체의 착오로 보는 견해 지지)

정범의 객체의 착오의 경우에도 **공범종속이론**에 따라 **착오의 이론이 그대로 적용**된다고 보아야 하므로 교사자에게도 동일하게 객체의 착오가 된다고 보는 것이 타당하다.

3-2. 검토 (방법의 착오로 보는 견해 지지)

정범의 객체의 착오는 교사자의 입장에서는 **의도하지 않았던 객체**에 대하여 결과가 발생하는 것이므로 방법의 착오로 보는 것이 타당하다.

> **실전연습 021**   교사의 착오, 공범과 신분
>
> 甲은 코로나19로 사업이 어렵게 되자 양부(養父) A에게 재산의 일부를 증여해 달라고 요구했지만 핀잔만 듣게 되었다. 이에 화가 난 甲은 A를 살해하기로 마음먹고 따로 거주하고 있는 사촌동생乙에게 A를 살해하라고 교사하면서 甲과 A가 함께 살고 있는 집의 현관 비밀번호 및 집 구조를 乙에게 알려 주었다. 甲이 알리바이를 위하여 다른 지역으로 출장을 떠난 사이, 乙은 범행 당일 새벽 2시경 甲이 알려준 비밀번호를 이용하여 현관문을 열고 들어가 침실에서 자고 있던 사람의 얼굴을 베개로 눌러 질식시켜 사망케 했다. 그러나 사실 침실에서 자고 있던 사람은 A의 운전기사 B였다. 甲과 乙의 죄책은? (단, 주거침입죄는 논외로 함).   **【제12회 변호사시험 제2문】**

I. 논점

B를 살해한 점에 대하여 甲과 乙에게 각 살인죄와 살인죄의 교사범이 성립하는지 문제된다.

II. B의 살해와 관련된 죄책

1. 乙의 죄책

사안의 경우 乙은 B를 살해하였는바 살인죄가 성립한다(제250조 제1항). 다만, 甲으로부터 A를 살해하라는 교사를 받고 B를 A로 오인하여 B를 살해하였는바 이는 동일 구성요건 사이의 착오이며 객체의 동일성을 착오한 경우이므로, **구성요건적 착오로서 구체적 사실의 착오 중 객체의 착오**에 해당한다.[12]

---

12) 쟁점에 대한 '법적 성질'을 밝힌 것이다. 어떠한 착오인지에 따라 그 법적 효과가 달라지고 또한 구성요건 착오에 해당할지라도 구체적 사실의 착오인지 추상적 사실의 착오인지 또는 객체의 착오인지 방법의 착오인지에 따라 각 학설의 입장에 의할 때 결론이 같거나 달라질 수 있기 때문에 '쟁점'에 대한 법적 성질을 먼저 밝혀야 한다.

13) 구체적 사실의 착오 중 객체의 착오의 경우에는 부합설 중 어느 학설에 의하더라도 발생사실에 대한 고의를 인정함에 이론이 없으므로 여러 가지 부합설을 장황하게 나열하는 것은 아무런 의미가 없다(그런데 실제로 채점을 해보면 학설 소개에 많은 지면을 할애하는 경우가 많다. 이는 배점이 없는 부분에 시간을 낭비한 것이며 더 나아가 사례 해결에 불필요한 내용을 기술하였다는 점에서 답안의 인상을 흐릴 수 있다는 점에서 주의하여야 한다). 각 학설이 쟁점에 대한 효과를 달리하는 경우에만 각 학설을 소개한 후 어느 하나의 학설을 취하여(물론 이 과정에서 다른 견해의 문제점이나 취하는 견해의 장점을 소개하여야 한다) 그 견해에 입각하여 결론을 내려야 한다. 박상기 교수님의 사례집(형법연습 8면)에서도 어느 학설을 적용하더라도 결론이 동일할 경우 굳이 각 학설을 일일이 설명하고 같은 결론임을 설명할 필요는 없다고 언급하고 있다.

이 경우 발생사실에 대하여 고의를 인정함에는 이론이 없다.[13] 따라서 乙에게 B에 대한 살인의 고의가 인정되므로 B에 대한 살인죄의 고의기수범이 성립한다(제250조 제1항).

2. 甲의 죄책

(1) 정범의 객체의 착오와 교사자의 죄책

甲이 乙에게 A를 살해할 것을 교사하였는데 乙이 B를 A로 오인하여 살해한 경우와 같이 **피교사자가 객체의 착오를 한 경우** 甲의 죄책 여하가 문제된다. 이는 정범이 객체의 착오를 한 경우 교사자에게도 객체의 착오가 되는지 아니면 방법의 착오가 되는지가 선결문제가 된다.

이에 대하여 ① 정범의 객체의 착오의 경우에도 공범종속이론에 따라 착오의 이론이 그대로 적용되어 교사자에게도 동일하게 객체의 착오가 되므로 **객체의 착오로 보는 견해**, ② 정범의 객체의 착오는 교사자의 입장에서는 의도하지 않았던 객체에 대하여 결과가 발생하는 것이므로 착오의 구조의 동일성을 근거로 **방법의 착오로 보는 견해**가 대립한다. 그러나, 정범의 객체의 착오의 경우에도 **공범종속이론**에 따라 착오의 이론이 그대로 적용된다고 보아야 하므로 교사자에게도 동일하게 **객체의 착오가 된다고 보는 것이 타당**하다.

한편, **법정적 부합설**은 乙의 객체의 착오·방법의 착오를 불문하고 발생사실에 대한 교사범의 성립을 인정한다. 그러나, **구체적 부합설**은 정범의 방법의 착오의 경우 교사자에게도 방법의 착오를 인정한다는 점에서는 문제가 없으나, 정범의 객체의 착오의 경우 ⅰ) 교사자에게는 방법의 착오가 된다는 견해, ⅱ) 교사자는 피교사자의 착오의 위험을 부담해야 한다는 견해가 대립한다. 구체적 부합설은 고의를 인정하는 범위가 협소하므로 판례의 입장인 법정적 부합설이 타당하다.

사안의 경우 피교사자인 乙의 착오는 교사자인 甲에 대하여도 객체의 착오가 되고, 법정적 부합설에 따르면 일응 B에 대한 살인죄의 교사범이 성립한다.

(2) 존속살해죄의 교사범 성립여부

자기 또는 배우자의 직계존속을 살해한 사람에 대해서는 존속살해죄(제250조 제2항)가 성립한다. 형법상 양부는 직계존속에 해당하므로 사안에서 甲은 사촌 동생 乙에게 존속살인을 교사하였고 이는 형법 제33조 단서가 적용되는 사안에 해당한다. 제33조 단서는 '신분 때문에 형의 경중이 달라지는 경우'라고 할 뿐 신분이 정범과 공범 누구에게 있는가는 불문하므로 이 경우에도 단서가 적용되어 성립과 처벌이 모두 개별화된다(판례, 통설). 따라서 **신분자가 비신분자**를 교사하여 존속살인을 범한 경우 원칙적으로 존속살인죄의 교사범이 성립한다.

判例도 형법 제31조 제1항은 협의의 공범의 일종인 교사범이 그 성립과 처벌에 있어서 정범에 종속한다는 일반적인 원칙을 선언한 것에 불과하고, 신분관계로 인하여 형의 경중이 있는 경우에 신분이 있는 자가 신분이 없는 자를 교사하여 죄를 범하게 한 때에는 형법 제33조 단서가 형법 제31조 제1항에 우선하여 적용됨으로써 신분이 있는 교사범이 신분이 없는 정범보다 중하게 처벌된다(대판 : 93도1002)고 판시한 바 있다. 그러나 이러한 법리는 실제로 의도한 객체에서 결과가 발생한 경우에 적용되는 것으로 보아야 하므로 사안의 경우와 같이 피교사자 착오를 일으킨 경우에는(乙이 살해한 사람은 양부 A가 아닌 운전기사 B였으므로) 공범종속성의 원칙에 따라 교사자는 피교사자가 실제로 실행한 범위 내에서만 책임을 부담한다고 보는 것이 타당하다. 따라서 사안의 경우 甲에게 존속살해죄의 교사범은 성립하지 않고 보통살인죄의 교사범이 성립한다.

Ⅲ. 결론
甲은 살인죄의 교사범의 죄책을 지고, 乙은 살인죄의 죄책을 진다.

CASE 쟁점 062 　교사의 교사의 가벌성 인정여부

1. 논점
타인에게 제3자를 교사하도록 하여 범죄를 실행하게 한 경우(甲이 乙에게 丙을 시켜 A를 살해하도록 교사한 경우)와 타인을 교사를 하였으나 그 자가 직접 실행하지 않고 다시 제3자를 교사하여 범죄를 실행하게 한 경우(甲이 乙에게 A를 살해하도록 교사하였으나 乙이 다시 丙에게 A를 살해하도록 교사한 경우)를 간접교사라고 하며, 제31조 제1항의 해석과 관련하여 간접교사의 가벌성을 인정할 수 있는지가 문제된다.

2. 학설 및 判例
① 가벌성을 부정하는 견해 : 형벌 법규는 엄격해석이 원칙이므로 제31조 제1항을 '타인을 교사하여'의 의미를 직접교사에 제한하여야 하고 간접교사를 포함하는 것을 해석할 수 없어 간접교사를 처벌할 수 없다는 견해이다.
② 가벌성을 긍정하는 견해 : 형법 제31조 제1항은 '타인을 교사하여 죄를 범한 자'를 교사범으로 규정하고 있을 뿐 교사의 방법을 제한하고 있지 않으므로 간접교사의 경우도 가벌성을 인정할 수 있다는 견해이다. 判例도 간접교사의 가벌성을 긍정하고 있다.

3. 검토
형법 제31조 제1항이 교사의 방법을 제한하고 있지 않은 이상 피교사자가 반드시 정범이어야 하는 것은 아니므로 간접교사도 타인을 교사하여 죄를 범한 것으로 보아야 한다. 따라서 가벌성을 인정하는 견해가 타당하다.

05 종 범

1. 방조행위가 각칙상 독립된 구성요건적 행위로 특별히 규정된 경우(예 간첩방조죄, 도주원조죄, 자살방조죄)에는 방조행위 자체가 정범의 실행행위에 해당하므로 제32조는 적용되지 않는다.

2. 종범은 정범의 실행행위 중에 이를 방조하는 경우는 물론이고 실행의 착수 전에 장래의 실행행위를 예상하고 이를 용이하게 하는 행위를 하여 방조한 경우에도 정범이 그 실행행위에 나아갔다면 성립한다. (2005도872) [변시 12 · 15 · 17 · 18]

3. 간호보조원의 무면허 진료행위가 있은 후에 이를 의사가 진료부에다 기재하는 행위는 정범의 사실행위 종료 후의 단순한 사후행위에 불과하다고 볼 수 없고 보건범죄단속에 관한 특별조치법상 무면허 의료행위의 방조에 해당한다. (82도122) [변시 12]

4. **종범의 고의**
   ① **[방조의 고의와 정범의 고의 즉 이중의 고의 필요]** 방조범은 정범의 실행을 방조한다는 이른바 방조의 고의와 정범의 행위가 구성요건에 해당하는 행위인 점에 대한 정범의 고의가 있어야 하며, 또한 방조범에 있어서 정범의 고의는 정범에 의하여 실현되는 범죄의 구체적 내용을 인식할 것을 요하는 것은 아니고 미필적 인식 또는 예견으로 족하다. (2003도6056; 2008도4228) [변시 12 · 19 · 21 · 22 · 23]
   ② 정범이 누구인지 확정적으로 인식할 필요도 없다. [변시 12 · 21]

5. **[편면적 종범 성립]** 정범이 방조행위를 인식하지 못한 경우에도 종범이 성립할 수 있다. (cf. 편면적 공동정범 인정 ×) (74도509)

6. 형법은 기도된 교사와는 달리 기도된 방조를 처벌하는 규정을 두고 있지 않다. 따라서 정범이 예비의 단계에 그친 경우인 예비의 종범은 인정되지 아니한다. (75도1549) [변시 12 · 14 · 15 · 17 · 20]

7. 방조자의 인식과 정범의 실행 간에 착오가 있더라도 그 구성요건이 중첩되는 부분이 있는 경우에는 그 중복되는 한도 내에서는 방조자의 죄책을 인정하여야 한다. (84도2987)

8. 종범에 대한 선고형이 정범보다 가볍지 않다고 하더라도 위법이라 할 수 없다. (2015도8408)

9. 공중송신권을 침해하는 게시물인 영상저작물에 연결되는 링크를 자신이 운영하는 사이트에 영리적 · 계속적으로 게시한 행위가 전송의 방법으로 공중송신권을 침해한 정범의 범죄를 방조한 행위에 해당한다. (2017도19025)

06 공범과 신분

1. 제33조의 성격과 적용범위

		본 문	단 서
성 격		신분의 연대적 작용을 규정	책임(신분)의 개별화 작용을 규정
적용 범위	통 설	진정신분범에 가담한 비신분자인 공범의 성립과 과형의 문제를 규정	부진정신분범에 가담한 비신분자인 공범의 성립과 과형의 문제를 규정
	소수설 (판례)	진정신분범과 부진정신분범에 대한 공범의 성립의 문제를 규정	부진정신분범의 과형의 문제를 규정

① **[가담의 방향]** 형법 제33조의 본문은 비신분자가 신분자의 범행에 가담한 경우에만 적용되고, 단서는 비신분자가 신분자의 범행에 가담한 경우는 물론 신분자가 비신분자의 범행에 가담한 경우에도 적용된다.

② **[피가담범죄의 범위]** ⅰ) 통설 : 본문은 진정신분범의 공범성립과 과형의 문제를, 단서는 부진정신분범의 공범성립과 과형의 문제를 규정한 것으로 이해한다. ⅱ) 소수설(판례) : 본문은 진정신분범과 부진정신분범에 대한 공범의 성립문제를, 단서는 부진정신분범에 한하여 과형의 문제를 각각 규정한 것으로 이해한다.

2. 제33조의 적용요건과 효과[14]

	가담의 방향	통 설	판 례
구성적 신분 (진정신분범)	비신분자 → 신분자 (※ 공동정범 포함)	성립과 처벌 : 제33조 본문 적용(비 = 신)	
	신분자 → 비신분자	제33조 적용 안 됨. 이론에 의하여 신분자는 간접정범 성립	
가감적 신분 (부진정신분범)	비신분자 → 신분자	성립과 처벌 : 제33조 단서 적용(비 = 비)	① 성립 : 제33조 본문 적용(비 = 신) ② 처벌 : 제33조 단서 적용(비 = 비)
	신분자 → 비신분자	성립과 처벌 : 제33조 단서 적용(비 = 비)	

3. 제33조 본문이 적용되는 경우

① 공무원이 아닌 甲이 공무원 乙과 함께 수뢰한 경우 또는 乙의 수뢰를 교사·방조한 경우 : 甲은 수뢰죄의 공동정범·교사범·종범이 성립 [변시 12·23]

② 甲이 乙을 사주하여 법정에서 위증하게 한 경우 : 甲은 위증죄의 교사범이 성립 [변시 12]

---

14) 제33조 단서의 "중한 형으로 벌하지 아니한다."의 의미를 책임개별화의 의미로 보는 입장에서 만들어진 도표이다. 본 도표에서 '비'는 '비신분자'를 '신'은 '신분자'를 의미한다.

4. 제33조 본문이 적용되지 않는 경우

물건의 소유자가 아닌 사람은 형법 제33조 본문에 따라 소유자의 권리행사방해 범행에 가담한 경우에 한하여 그의 공범이 될 수 있을 뿐이다. 따라서 권리행사방해죄의 공범으로 기소된 물건의 소유자에게 고의가 없는 등으로 범죄가 성립하지 않는다면 공동정범이 성립할 여지가 없다. (2017도4578) [변시 20 · 21]

5. 가중적 신분범에 비신분자가 신분자에게 가공한 경우 예 甲과 乙이 공동하여 乙의 父인 丙을 살해한 경우)

① **[통설]** 甲은 보통살인죄의 공동정범이 성립하고 보통살인죄의 공동정범으로 처벌된다(제33조 단서에서 성립과 처벌이 결정된다고 본 결과임).

② **[소수설(판례)]** 甲에게도 존속살해죄의 공동정범이 성립하고 다만 보통살인죄로 처벌된다. → 제33조 본문에서 성립이 결정되고, 제33조 단서에서 처벌이 결정된다고 본 결과임. (4294형상284)

6. 실자와 더불어 남편을 살해한 처는 존속살해죄의 공동정범이다. → 처에게도 존속살해죄의 공동정범이 성립한다는 취지이며 물론 처벌은 보통살인죄로 처벌 [변시 12]

7. 신분자가 비신분자에게 가공한 경우

제33조 단서는 '신분 때문에 형의 경중이 달라지는 경우'라고 할 뿐 신분이 정범과 공범 누구에게 있는가는 불문하므로 이 경우에도 단서가 적용되어 성립과 처벌이 모두 개별화된다(판례, 통설). → 예 甲이 자기의 장인(丈人) A를 친구 乙에게 감금하도록 교사하여 실행하도록 한 경우 乙은 단순감금죄의 죄책을 지고 甲은 존속감금죄의 죄책을 진다. [변시 12]

8. [Case]***甲이 A를 모해할 목적으로 乙에게 위증을 교사하였다. 이에 乙은 모해의 목적이 없었으나 위증을 하였다. 판례에 의할 때 甲과 乙의 죄책은?

① 乙은 단순 위증죄, 甲은 모해위증교사죄 성립 (甲 위증교사죄 성립 ×) [변시 23]

② 위 사례의 경우 형법 제33조 단서가 형법 제31조 제1항에 우선하여 적용됨으로써 신분이 있는 교사범이 신분이 없는 정범보다 중하게 처벌된다. (93도1002) [변시 14 · 16 · 17]

9. 비신분자가 이중적 신분자의 범죄에 가담한 경우 → 예 비보관자(비업무자)인 甲이 업무상 보관자인 乙의 횡령에 가담한 경우

① **[통설]** 甲은 단순횡령죄의 공범이 성립하고 단순횡령죄의 공범의 형으로 처벌된다. [변시 12 · 16]

② **[소수설(判例)]** 甲은 업무상횡령죄의 공범이 성립하지만, 단순횡령죄의 공범의 형으로 처벌된다. (87도1901)

10. 소극적 신분과 공범의 성립여부

	가담의 방향	사 례	법적 효과
불구성적 신분	비신분자 → 신분자	일반인이 의사의 의료행 위에 가담한 경우	정범인 신분자의 불법이 부정되 므로 비신분자도 공범 불성립
	신분자 → 비신분자★★ (※공동정범 포함)	의사가 일반인에게 무면 허의료행위를 교사한 경우	정범인 비신분자의 불법이 인정되 므로 신분자도 공범(공동정범) 성립
책임·처벌 조각신분 (독립적 신분)	비신분자 → 신분자 신분자 → 비신분자	① 형사미성년자와 성년 자가 공모 후 절도를 한 경우 ② 甲이 乙에게 乙의 父 의 금품을 절취하도록 교사한 경우	가담의 방향에 관계없이 신분자 는 책임·처벌이 조각되나, 비신 분자는 책임·처벌이 인정된다.

① 형법 제33조는 소극적 신분과 공범의 관계에 대해서는 규정하고 있지 아니하다.
② **[신 → 비]** 의료인일지라도 의료인 아닌 자의 의료행위에 공모하여 가공하면 의료법이 규정하는 무면허의료행위의 공동정범으로서의 책임을 진다. (85도448) [변시 16]
③ 피고인 甲 등이 자신들이 운영하는 병원의 모든 시술에서 특별한 제한 없이 프로포폴을 투여하여 준다는 소문을 듣고 찾아온 사람들에게 환자에 대한 진료 및 간호사와 간호조무사에 대한 구체적인 지시·감독 없이 간호사와 간호조무사로 하여금 프로포폴을 제한 없이 투약하게 한 경우 甲 등은 무면허의료행위의 공동정범으로서의 죄책을 진다. (2012도26119) [변시 16]

사례형 쟁점정리

CASE 쟁점 063 제33조 본문과 단서의 적용범위★★★

1. **학설**
   ① **제1설(통설)** : 본문은 진정신분범의 공범성립과 과형의 문제를, 단서는 부진정신분범의 공범성립과 과형의 문제를 규정한 것으로 이해한다.
   ② **제2설(소수설)** : 본문은 진정신분범과 부진정신분범에 대한 공범의 성립문제를, 단서는 부진정신분범에 한하여 과형의 문제를 각각 규정한 것으로 이해한다.

2. **判例**
   은행원이 아닌 자가 은행원들과 공모하여 업무상배임죄를 저질렀다 하여도, 이는 업무상 타인의 사무를 처리하는 신분관계로 인하여 형의 경중이 있는 경우이므로, 그러한 신분관계가 없는 자에 대하여서는 형법 제33조 단서에 의하여 단순배임죄로 처벌되어야 한다고 판시하여 제2설과 동일한 결론을 내리고 있다(대판 : 86도1517; 대판 : 2018도10047). [변시 23]

3. 검토

(1) 통설 지지의 경우

제2설은 제33조 본문은 **'신분관계로 인하여 성립될 범죄'**라고 규정하고 있는 바 **부진정신분범은 여기에 해당하지 않는다는 점**, 범죄의 성립과 처벌은 분리될 수 없다는 점에서 문제가 있다. 따라서 제1설이 타당하다.

(2) 판례 내지 소수설 지지의 경우

제1설은 **제33조 단서의 '중한 형으로 벌하지 아니한다'를 '중한 죄가 성립하지 아니한다'는 의미까지 포함**되는 것으로 해석한다는 점에서 문제가 있다고 본다. 따라서 제2설이 타당하다.

실전연습 022 비신분자가 이중신분범에 가담한 경우

甲은 A학교법인 이사장으로서 A학교법인이 설치·운영하는 사립학교 B대학 및 별개 법인 B대학 산학협력단의 운영에 직·간접적으로 영향력을 행사하였고, B대학 산학협력단 자금에 관하여 입출금을 지시하기도 하였다. 甲은 동창회 모임에서 증권회사에 근무하고 있는 친구 乙을 만나 주식투자를 권유받게 되었다. 甲과 乙은 그 자리에서 B대학 산학협력단에서 교부받은 국가 보조금을 빼내어 돈을 주식에 투자하여 수익을 분배하기로 합의하였다. 위 보조금은 B대학 산학협력단이 국가로부터 용도를 특정하여 교부받은 것으로, 보조금 관리에 관한 법률에 의하여 다른 용도에 사용하는 것이 금지되어 있다. 그 후 甲은 위 보조금 중 2억 원을 빼내어 乙에게 전달하였고, 乙은 그러한 사정을 잘 알고 이를 건네받아 주식에 투자하였다. 甲의 행위가 업무상 횡령죄에 해당된다고 가정하고, 乙의 죄책을 논하시오. (장물죄는 논외로 함)

1. 논점

乙의 죄책과 관련하여 ① 甲의 횡령 범죄에 대한 공동정범이 성립할 수 있는지 문제된다. ② 甲의 행위가 업무상횡령죄에 해당한다고 하더라도 이는 신분범에 해당하므로 이에 가공한 비신분자인 乙에게 업무상횡령죄가 성립할 수 있는지 및 그 처벌은 어떠한지가 문제된다.

2. 乙에게 甲의 횡령범죄에 대한 공동정범이 성립할 수 있는지 여부

형법 제30조의 공동정범은 2인 이상이 공동하여 죄를 범하는 것으로서, 공동정범이 성립하기 위해서는 주관적 요건인 공동가공의 의사와 객관적 요건인 공동의사에 의한 기능적 행위지배를 통한 범죄의 실행사실이 필요하다(대판 : 2011도7229).

사안에서 乙은 甲과 국가 보조금을 빼내어 그 돈을 주식에 투자하여 수익을 분배하기로 합의하였으므로 횡령에 대한 공동가공의사가 인정된다. 그 후 甲은 보조금

중 2억 원을 빼내어 乙에게 전달하였고, 乙은 그러한 사정을 잘 알고 이를 건네받아 주식에 투자하였으므로 공동의사에 의한 기능적 행위지배를 통한 범죄의 실행 사실도 인정된다. 따라서 乙에게는 甲의 횡령범죄에 대한 공동정범이 성립한다.

3. 甲의 횡령에 가담한 부분에 대한 乙의 죄책

형법 제33조는 신분관계로 인하여 성립될 범죄에 가공한 행위는 신분관계가 없는 자에게도 전3조의 규정을 적용한다. 단, 신분관계로 인하여 형의 경중이 있는 경우에는 중한 형으로 벌하지 아니한다고 규정하고 있다.

제33조 본문과 단서의 관계에 대하여 첫째로 본문은 진정신분범의 성립과 과형을, 단서는 부진정신분범의 성립과 과형을 규정한 것으로 보는 견해가 있다. 이 견해에 의하면 乙에게는 단순횡령죄가 성립하고 단순횡령죄의 형으로 처벌된다.

둘째로 본문은 진정신분범과 부진정신분범 모두에 대한 성립문제를, 단서는 부진정신분범에 한하여 과형의 문제를 규정한 것으로 보는 견해가 있다. 이 견해에 의하면 乙에게는 업무상횡령죄가 성립하나 단순횡령죄의 형으로 처벌된다.[15]

判例도 후자의 입장이다.[16]

생각건대 위 첫째 견해는 제33조 단서의 '중한 형으로 벌하지 아니한다'를 '중한 죄가 성립하지 아니한다'는 의미까지 포함된다고 해석하는 것으로 문제가 있다고 본다. 따라서 형법 제33조 본문은 진정신분범과 부진정신분범에 모두에 대한 성립문제를 규정한 것이고, 제33조 단서는 '신분관계로 인하여 형의 경중이 있는 경우' 즉 부진정신분범의 경우에 그 과형에 대해서만 예외적으로 '중한 형으로 벌하지 아니한다'고 해석하는 것이 타당하다.[17]

따라서 乙은 제33조 본문에 의하여 업무상횡령죄가 성립하나, 제33조 단서에 의하여 단순횡령죄로 처벌된다.

---

15) 시간적 여유가 없다면 첫째와 둘째 견해에 따른 乙의 죄책을 각각 상세하게 기술하지 않아도 무방하다. 두가지 견해 중 타당하다고 생각되는 견해를 선택한 다음 그에 따른 乙의 죄책만을 언급하여도 충분하기 때문이다.

16) 면의 예산과는 별도로 면장이 면민들로부터 모금하여 그 개인명의로 예금하여 보관하고 있던 체육대회성금의 업무상 점유보관자는 면장뿐이므로 면의 총무계장이 면장과 공모하여 업무상횡령죄를 저질렀다 하여도 업무상 보관책임 있는 신분관계가 없는 총무계장에 대해서는 형법 제33조 단서에 의하여 형법 제355조 제1항(단순횡령죄)에 따라 처단하여야 한다(대판 : 87도1901).

17) 이 견해는 진정신분범의 경우 제33조 단서에서 과형에 대한 예외를 두고 있지 아니하므로 제33조 본문에서 성립한 범죄의 형벌로 처벌된다고 해석한다.

甲은 도박의 습벽이 있는 乙에게 도박자금을 빌려주어 乙로 하여금 도박을 할 수 있도록 하였다. 甲의 죄책을 논하시오.

1. 논점

甲은 도박의 상습성이 없는 자이므로 도박의 상습성이 있는 乙의 도박을 방조한 경우 '상습도박죄'의 종범이 성립할 수 있는지 문제된다.

2. 형법 제33조의 적용범위

형법 제33조는 신분관계로 인하여 성립될 범죄에 가공한 행위는 신분관계가 없는 자에게도 전3조의 규정을 적용한다. 단, 신분관계로 인하여 형의 경중이 있는 경우에는 중한 형으로 벌하지 아니한다고 규정하고 있다.

제33조 본문과 단서의 관계에 대하여, 본문은 진정신분범의 성립과 과형을, 단서는 부진정신분범의 성립과 과형을 규정한 것으로 보는 견해가 있다.

그러나 33조 단서의 '중한 형으로 벌하지 아니한다'를 '중한 죄가 성립하지 아니한다'는 의미까지 포함된다고 해석하는 것으로 문제가 있다고 본다.

따라서 형법 제33조 본문은 진정신분범과 부진정신분범에 모두에 대한 성립문제를 규정한 것이고, 제33조 단서는 '신분관계로 인하여 형의 경중이 있는 경우' 즉 부진정신분범의 경우에 그 과형에 대해서만 예외적으로 '중한 형으로 벌하지 아니한다'고 해석하는 것이 타당하다. 判例도 후자의 입장이다.

3. 결론

甲은 제33조 본문에 의하여 상습도박죄의 종범이 성립하나 제33조 단서에 의하여 단순도박죄의 종범으로 처벌하여야 한다.

CASE 쟁점 064 제33조 단서의 법적 효과

1. 논점

비신분자가 감경적 부진정 신분범에 가담한 경우 비신분자를 어떻게 처벌하여야 하는지 문제된다.

2. 학설

(1) 제1설

제33조 단서가 명문으로 "중한 형으로 벌하지 아니한다"고 규정하고 있는 이상 비신분자는 언제나 중한 형으로 처벌할 수 없고 따라서 경한 죄로 처벌해야 한다는 견해가 있다.

(2) 제2설

제33조 단서를 책임 개별화규정으로 보아 부진정신분범에 있어서 감경사유는 언제나 신분 있는 자에게만 적용되고 신분이 없는 자에게는 고려될 수 없다는 견해가 있다.

3. 결론

제33조 단서의 '중한 형으로 벌하지 아니한다'는 의미는 행위자의 책임 이상으로 중하게 처벌하지 않는다는 취지 즉 책임 개별화규정으로 보는 것이 타당하므로 부진정신분범에 있어서 감경사유는 언제나 신분 있는 자에게만 적용되고 신분이 없는 자에게는 고려될 수 없다고 보는 것이 타당하다(따라서 직계존속이 아닌 자가 직계존속의 영아살해를 교사한 경우 직계존속이 아닌 자는 보통살인죄로 처벌된다).

판례연습 【모해목적이 있는 자가 모해목적이 없는 증인에게 위증을 교사한 경우】★★★

甲이 A를 모해할 목적으로 乙에게 위증을 교사하였다. 이에 乙은 모해의 목적이 없었으나 위증을 하였다. 판례에 의할 때 甲의 죄책은?

판결요지

[1] 형법 제33조 소정의 이른바 신분관계라 함은 남녀의 성별, 내·외국인의 구별, 친족관계, 공무원인 자격과 같은 관계뿐만 아니라 널리 일정한 범죄행위에 관련된 범인의 인적관계인 특수한 지위 또는 상태를 지칭하는 것이다.

[2] 형법 제152조 제1항과 제2항은 위증을 한 범인이 형사사건의 피고인 등을 '모해할 목적'을 가지고 있었는가 아니면 그러한 목적이 없었는가 하는 범인의 특수한 상태의 차이에 따라 범인에게 과할 형의 경중을 구별하고 있으므로, 이는 바로 형법 제33조 단서 소정의 "신분관계로 인하여 형의 경중이 있는 경우"에 해당한다고 봄이 상당하다. [변시 16·19]

[3] 피고인이 A를 모해할 목적으로 乙에게 위증을 교사한 이상, 가사 정범인 乙에게 모해의 목적이 없었다고 하더라도, 형법 제33조 단서의 규정에 의하여 피고인을 모해위증교사죄로 처단할 수 있다.

[4] 형법 제31조 제1항은 협의의 공범의 일종인 교사범이 그 성립과 처벌에 있어서 정범에 종속한다는 일반적인 원칙을 선언한 것에 불과하고, 신분관계로 인하여 형의 경중이 있는 경우에 신분이 있는 자가 신분이 없는 자를 교사하여 죄를 범하게 한 때에는 형법 제33조 단서가 형법 제31조 제1항에 우선하여 적용됨으로써 신분이 있는 교사범이 신분이 없는 정범보다 중하게 처벌된다(대판 : 93도1002). [변시 14·16·17]

정답 | 모해위증교사죄

제7장 | 죄수론

01 죄수이론

선택형 핵심지문

1. **비전속적 법익에 대한 죄수 판단의 기준(관리의 수)**
   ① **[같은 관리하의 별개 소유자 물건 절취 = 1죄]** 단일범의로의 절취한 시간과 장소가 접착되어 있고 같은 관리인의 관리하에 있는 방 안에서 소유자를 달리하는 두 사람의 물건을 절취한 경우에는 1개의 절도죄가 성립한다. (70도1133)
   ② **[공동관리하의 가족 물건에 대한 강도 = 1죄]** 강도가 시간적으로 접착된 상황에서 가족을 이루는 수인에게 폭행·협박을 가하여 집안에 있는 재물을 탈취한 경우 그 재물은 가족의 공동점유 아래 있는 것으로서, 이를 탈취하는 행위는 그 소유자가 누구인지에 불구하고 단일한 강도죄의 죄책을 진다. (96도1285)
   ③ **[다른 관리하의 별개 소유자 물건 절취 = 수죄]** 절도범이 甲의 집에 침입하여 그 집의 방안에서 그 소유의 재물을 절취하고 그 무렵 그 집에 세들어 사는 乙의 방에 침입하여 재물을 절취하려다 미수에 그쳤다면 위 두 범죄는 그 범행장소와 물품의 관리자를 달리하고 있어서 별개의 범죄를 구성한다. (89도664)

2. **흡수관계인 경우(불가벌적 수반행위로 인정된 경우)**
   ① 인장위조죄는 사문서위조죄에 흡수 (78도1287) [변시 12]
   ② 신용카드부정사용죄가 성립하면 사문서위조 및 동행사죄는 이에 흡수 (92도77) [변시 15]
   ③ 특정범죄 가중처벌 등에 관한 법률 위반(위험운전치사상)죄와 죄수

죄명	죄명	죄수
특가법 위험운전치사상	교특법 업과실치사상	특가법만 성립 (교특법은 흡수)
	도교법 업과실재물손괴	상·경
	도교법 음주운전죄	실·경
도교법 음주운전죄	도교법 무면허운전죄	상·경

3. **흡수관계가 아닌 경우** ➔ 불가벌적 수반행위로 인정되지 않은 경우
   ① 감금행위가 강간죄나 강도죄의 수단이 된 경우 (96도2715) [변시 17]
   ② 피해자에 대한 폭행행위가 동일한 피해자에 대한 업무방해죄의 수단이 되었다고 하더라도 업무방해죄에 대하여 흡수관계에 있다고 볼 수 없음. (2012도1895) [변시 14·20]

4. 불가벌적 사후행위로 인정

① **[별도 횡령죄 성립 ×]**

    ⅰ) 편취한 약속어음을 채권변제에 충당 (82도3079)

    ⅱ) 절도범인으로부터 장물보관의뢰를 받은 자가 그 정을 알면서 이를 인도받아 보관하고 있다가 임의처분한 행위 (76도3067) [변시 16 · 20]

    ⅲ) 수탁자가 횡령한 부동산을 처분한 대가로 취득한 부동산을 임의처분한 행위

    ⅳ) 주식회사 대표이사인 甲이 자신의 채권자 乙에게 차용금에 대한 담보로 회사 명의 정기예금에 질권을 설정하여 주었는데, 그 후 乙이 차용금과 정기예금의 변제기가 모두 도래한 이후 甲의 동의하에 정기예금 계좌에 입금되어 있던 회사 자금을 전액 인출한 행위 (2012도10980)

    ⅴ) 甲 종친회 회장인 피고인이 위조한 종친회 규약 등을 공탁관에게 제출하는 방법으로 甲 종친회를 피공탁자로 하여 공탁된 수용보상금을 출급받아 편취한 후 甲 종친회에 대하여 공탁금 반환을 거부한 행위 (2015도8592)

② **[별도 사기죄 성립 ×]** 절취한 자기앞수표를 음식대금으로 교부하고 거스름돈을 환불받은 행위 (86도1728) [변시 16 · 21]

③ **[별도 누설죄 성립 ×]** 간첩이 이미 탐지 · 수집하여 지득하고 있는 사항을 타인에게 보고 · 누설하는 행위는 간첩의 사후행위로서 위 조항에 의하여 처단의 대상이 되는 간첩행위 자체라고 할 수 없다. (2008재도11)

5. 불가벌적 사후행위로 인정되지 않는 경우

① **[별도 사기죄 성립 ○]**

    ⅰ) 절도범인이 절취한 장물을 자기 것인양 제3자를 기망하여 금원을 편취한 경우 (80도2310) [변시 19]

    ⅱ) 편취한 약속어음을 그와 같은 사실을 모르는 제3자에게 편취사실을 숨기고 할인받는 행위 (2005도5236)

    ⅲ) 절취한 전당표로 전당포에 가서 기망하여 전당물을 편취하는 것 (80도2155)

    ⅳ) 절취(또는 강취)한 은행예금통장을 이용하여 은행원을 기망해서 진실한 명의인이 예금을 찾는 것으로 오신시켜 예금을 편취한 것 (74도2817) [변시 17]

② **[별도 횡령죄 성립 ○]**

    ⅰ) 대표이사가 회사의 상가분양 사업을 수행하면서 수분양자들을 기망하여 편취한 후, 대표이사가 그 분양대금을 횡령 (2005도741)

    ⅱ) **[명의수탁 부동산을 거듭 처분한 경우]** 타인의 부동산을 보관 중인 자가 불법영득의사를 가지고 그 부동산에 근저당권설정등기를 경료함으로써 일단 횡령행위가 기수에 이르렀다 하더라도 그 후 같은 부동산에 별개의 근저당권을 설정하여 새로운 법익침해의 위험을 추가함으로써 법익침해의 위험을 증가시키거나 해당 부동산을 매각함으로써 기존의 근저당권과 관계없이 법익침해의 결과를 발생시킨 경우 (2010도10500) [변시 15 · 16 · 19 · 20]

iii) A 주식회사의 대표이사와 실질적 운영자인 甲 등이 공모하여, 자신들이 B에 대해 부담하는 개인채무 지급을 위하여 A 회사로 하여금 약속어음을 공동발행하게 하고 위 채무에 대하여 연대보증하게 한 후에 A 회사를 위하여 보관 중인 돈을 임의로 인출하여 B에게 지급하여 위 채무를 변제한 경우 (89도1605)

③ **[별도 배임죄 성립 O]** 1인 회사의 주주가 자신의 개인채무를 담보하기 위하여 회사 소유의 부동산에 대하여 근저당권설정등기를 마쳐 주어 배임죄가 성립한 이후에 그 부동산에 대하여 새로운 담보권을 설정해 주는 행위 (2009도4915)

④ 기타 불가벌적 사후행위로 인정 ×

  i) **[무허가대마소지죄 별죄 O]** 대마취급자가 아닌 자가 절취한 대마를 흡입할 목적으로 소지하는 행위 (98도3619)

  ii) **[신용카드의 부정사용죄 별죄 O]** 신용카드를 절취한 후 이를 사용한 경우 (96도1181)

  iii) **[자동차관리법위반죄의 별죄 성립]** 자동차를 절취한 후 자동차등록번호판을 떼어내는 행위 (2007도4739) [변시 20]

  iv) **[사체유기죄 별죄 성립]** 사람을 살해한 다음 그 범죄의 흔적을 은폐하기 위하여 그 시체를 다른 장소로 옮겨 유기 (84도2263) [변시 12]

> **비교판례** 피해자를 끌고 가서 인적이 드문 장소에서 살해하고 사체를 그대로 둔 채 도주한 경우에는 비록 결과적으로 사체의 발견이 현저하게 곤란을 받게 되는 사정이 있다 하더라도 별도로 사체은닉죄가 성립되지 아니한다. (86도891) [변시 12 · 19]

  v) **[피해회복 후 다시 편취]** 사기죄에서 피해자에게 대가가 지급된 경우, 피해자를 기망하여 그가 보유하고 있는 대가를 다시 편취하거나 피해자로부터 그 대가를 위탁받아 보관 중 횡령하였다면, 새로운 법익의 침해가 발생한 경우이므로, 기존에 성립한 사기죄와는 별도의 새로운 사기죄나 횡령죄가 성립한다. (2009도7052) [변시 22]

6. 포괄일죄 인정

① 단일한 범의의 발동에 의하여 상대방을 기망하고 그 결과 착오에 빠져 있는 동일인으로부터 일정 기간 동안 동일한 방법에 의하여 금원을 편취한 경우에는 이는 포괄일죄에 해당한다. (2004도1751)

> **비교판례** 수인의 피해자에 대하여 각별로 기망행위를 하여 각각 재물을 편취한 경우에는 비록 범의가 단일하고 범행방법이 동일하더라도 피해자별로 독립한 수 개의 사기죄가 성립된다. (89도582)

② 하나의 사건에 관하여 한 번 선서한 증인이 같은 기일에 여러 가지 사실에 관하여 기억에 반하는 허위의 진술을 한 경우 포괄하여 1개의 위증죄성립, 단일한 범의 하에 계속하여 허위의 감정을 한 경우 포괄하여 1개의 허위감정죄를 구성함. (97도3340)

③ 도박의 습벽이 있는 자가 도박을 하고 또 도박방조를 하였을 경우 상습도박방조의 죄는 무거운 상습도박의 죄에 포괄시켜 1죄로서 처단하여야 한다. (84도195) [변시 16]
④ **[여·포]** 절도범이 체포를 면탈할 목적으로 체포하려는 **여**러 명의 피해자에게 같은 기회에 폭행을 가하여 그 중 1인에게만 상해를 가하였다면 이러한 행위는 **포**괄하여 하나의 강도상해죄만 성립한다. (2001도3447) [변시 12·14·15·17·18]

> **비교판례** 강도가 한 개의 강도범행을 하는 기회에 수명의 피해자에게 각 폭행을 가하여 각 상해를 입힌 경우에는 각 피해자별로 수개의 강도상해죄가 성립하며 이들은 실체적 경합범의 관계에 있다. (87도527) [변시 20]

⑤ 단일하고도 계속된 범의 아래 일정 기간 반복하여 일련의 뇌물수수 행위와 부정한 행위가 행하여졌고 그 뇌물수수 행위와 부정한 행위 사이에 인과관계가 인정되며 피해법익도 동일하다면, 최후의 부정한 행위 이후에 저질러진 뇌물수수 행위도 최후의 부정한 행위 이전의 뇌물수수 행위 및 부정한 행위와 함께 수뢰후부정처사죄의 포괄일죄로 처벌함이 타당하다. (2020도12103) [변시 21]
⑥ 범죄단체를 구성하거나 이에 가입한 자가 더 나아가 구성원으로 활동하는 경우, 이는 포괄일죄의 관계에 있다. (2015도7081)

> **비교판례** **별죄가 성립하는 경우(실체적 경합)**
> [1] 범죄단체 등에 소속된 조직원이 저지른 폭력행위 등 처벌에 관한 법률(이하 '폭력행위처벌법'이라 한다) 위반(단체 등의 공동강요)죄 등의 개별적 범행과 폭력행위처벌법 위반(단체 등의 활동)죄는 실체적 경합관계에 있다. (2022도6993)
> [2] 범죄단체 가입행위 또는 범죄단체 구성원으로서 활동하는 행위와 사기행위는 각각 별개의 범죄구성요건을 충족하는 독립된 행위이고 서로 보호법익도 달라 법조경합 관계로 목적된 범죄인 사기죄만 성립하는 것은 아니다. (2017도8600)

7. 포괄일죄 부정
① 강도가 한 개의 강도 범행을 하는 기회에 수명의 피해자에게 각 폭행을 가하여 각 상해를 입힌 경우, 각 피해자별로 수개의 강도상해죄가 성립하며 이들은 실체적 경합범의 관계에 있다. (87도527) [변시 20]
② 계속적으로 무면허운전을 할 의사를 가지고 여러 날에 걸쳐 무면허운전행위를 반복하였다 하더라도 이를 포괄하여 일죄로 볼 수는 없다. 그러나, 같은 날 무면허운전행위를 여러 차례 반복한 경우, 각 무면허운전죄는 포괄하여 하나의 무면허운전죄 일죄에 해당한다. (2022도88)

8. 저작재산권 침해행위의 죄수
[저작물 기준] 각각의 저작물에 대한 침해행위는 원칙적으로 각 별개의 죄를 구성한다. 다만 단일하고도 계속된 범의 아래 동일한 저작물에 대한 침해행위가 일정기간 반복하여 행하여진 경우에는 포괄하여 하나의 범죄가 성립한다고 볼 수 있다. (2011도12131) [변시 14]

9. 포괄일죄의 소송법상 효과

① 상습범의 중간에 동종의 상습범의 확정판결이 있는 경우, 확정판결 전후의 범행은 두 개의 죄로 분단된다. (99도2744) [변시 12·14]

② 다른 사람의 주택에 무단 침입한 범죄사실로 이미 유죄판결을 받은 사람이 그 판결이 확정된 후에도 퇴거하지 않은 채 계속하여 당해 주택에 거주한 경우, 위 판결 확정 이후의 행위는 별도의 주거침입죄를 구성한다. (2007도11322)

사례형 쟁점정리

CASE 쟁점 065 불가벌적 사후행위의 인정여부

> X 종중으로부터 종중 소유의 토지를 명의신탁받아 보관 중이던 甲이 자신의 개인 채무 변제에 사용할 돈을 차용하기 위해 위 토지에 근저당권을 설정하였는데, 그 후 甲이 다시 위 토지를 Y에게 임의로 매도한 경우, 甲의 토지 매도행위가 불가벌적 사후행위에 해당하는지를 논하시오.

[사안의 해결] 부동산을 재물로서 불법적으로 영득할 의사로, 즉 횡령행위로서 근저당권을 설정한 것이라면, 이러한 횡령행위에 의한 법익침해의 결과나 위험은 그때 이미 위 부동산에 관한 소유권 전체에 미치게 되고, 이 경우 후행 처분행위에 의한 추가적 법익침해의 결과나 위험은 법논리상 불가능하므로 甲의 토지 매도행위가 불가벌적 사후행위에 해당한다는 견해가 있다(대법원 소수견해).

그러나 甲이 부동산을 매도한 행위는 선행 근저당권으로 인해 당연히 예상될 수 있는 범위를 넘어 새로운 법익침해의 결과를 발생시킨 것이므로 특별한 사정이 없는 한 불가벌적 사후행위로 볼 수 없고, 별도로 횡령죄를 구성한다고 보는 것이 타당하다(대법원 다수견해).

02 수 죄

선택형 핵심지문

1. 실체적 경합 vs 상상적 경합

① **[준·공·상 / 강·공·실]** 절도범인이 체포를 면탈할 목적으로 경찰관에게 폭행·협박을 가한 때에는 **준**강도죄와 **공**무집행방해죄를 구성하고 양죄는 **상**상적 경합관계에 있으나, 강도범인이 체포를 면탈할 목적으로 경찰관에게 폭행을 가한 때에는 **강**도죄와 공무집행방해죄는 **실**체적 경합관계에 있다. (92도917) [변시 15·17·19]

② **[공무원의 수에 따라 여럿의 공·집·방 성립 ➜ 상·경]** 범죄 피해 신고를 받고 출동한 **두 명의 경찰관에게 욕설을 하면서 차례로 폭행**을 하여 신고 처리 및 수사 업무에 관한 정당한 직무집행을 방해한 경우, 동일한 장소에서 동일한 기회에 이루어진 폭행 행위는 사회관념상 1개의 행위에 해당하므로, **위 공무집행방해죄**는 형법 제40조에 정한 **상상적 경합**의 관계에 있다. (2009도3505)

③ **[강도강간미수 + 강도치상죄 ➜ 상·경]** 강도가 재물강취의 뜻을 재물의 부재로 이루지 못한 채 미수에 그쳤으나 그 자리에서 항거불능의 상태에 빠진 피해자를 간음할 것을 결의하고 실행에 착수했으나 미수에 그쳤더라도 반항을 억압하기 위한 폭행으로 피해자에게 상해를 입힌 경우 **강도강간미수죄**와 **강도치상죄**가 성립되고 **상상적 경합관계**가 성립된다. (88도820) [변시 22]

2. 상상적 경합

① 피고인이 자동차운전면허를 받지 아니하고 술에 취한 상태로 승용차를 운전한 경우, 이로 인한 도로교통법위반(음주운전)죄와 도로교통법위반(무면허운전)죄는 형법 제40조의 상상적 경합관계에 있다. (2015도5108; 86도2731) [변시 17·21]

② 피고인이 피해자가 자동차에서 내릴 수 없는 상태를 이용하여 강간하려고 결의하고, 주행 중인 자동차에서 탈출 불가능하게 하여 외포케 하고 50km를 운행하여, 여관 앞까지 강제로 연행하여 강간하려다 미수에 그친 경우 감금과 강간미수죄는 형법 제40조의 상상적 경합관계에 있다. (83도323)

> **비교판례** 감금행위가 단순히 강도상해 범행의 수단이 되는 데 그치지 아니하고 강도상해의 범행이 끝난 뒤에도 계속된 경우에는 감금죄와 강도상해죄는 형법 제37조의 (실체적) 경합범 관계에 있다. (2002도4380) [변시 14·17·18]

③ 타인의 사무를 처리하는 자가 본인을 기망하여 재물을 교부받은 경우, 사기죄와 배임죄의 상상적 경합에 해당한다. (2002도669) [변시 12]

④ 2인 이상의 연명으로 된 문서를 위조한 때 (87도564)

⑤ 피고인 등이 피해자들을 유인하여 사기도박을 하여 도금을 편취한 행위는 사회관념 상 1개의 행위로 평가함이 상당하므로, 피해자들에 대한 각 사기죄는 상상적 경합 의 관계에 있다. (2010도9330)

3. 상상적 경합의 처벌 → 전체적 대조주의

① 형법 제40조가 규정하는 1개의 행위가 수 개의 죄에 해당하는 경우에는 "가장 중한 죄에 정한 형으로 처벌한다."함은 각 법조의 상한과 하한을 모두 중한 형의 범위 내 에서 처단한다는 것을 포함하는 것으로 새겨야 한다. (2005도8704)

② 상상적경합 관계에 있는 사기죄와 변호사법위반죄에 대하여 형이 더 무거운 사기죄 의 형으로 처벌하면서도, 필요적 몰수추징에 관한 구변호사법 제116조, 111조에 의 해 청탁 명목으로 받은 금품상당액을 추징한조치는 정당하다. (2005도8704) [변시 21]

4. 상상적 경합과 공소시효의 적용

[각각 판단] 변호사법 위반죄의 공소시효가 완성되었다고 하여 그 죄와 상상적 경합관 계에 있는 사기죄의 공소시효까지 완성되는 것은 아니다. (2006도6356) [변시 12]

5. 연결효과에 의한 상상적 경합의 인정여부가 문제되는 사례*

① 예비군 중대장이 소속예비군으로부터 금원을 교부받고 예비군이 예비군훈련에 불 참하였음에도 불구하고 참석한 것처럼 허위내용의 중대학급편성명부를 작성·행사 한 경우 수뢰후부정처사죄 외에 별도로 허위공문서작성 및 동행사죄가 성립하고 이 들 죄와 수뢰후부정처사죄는 각각 상상적 경합관계에 있다. (83도1378)

② 허위공문서작성죄와 동행사죄가 수뢰후부정처사죄와 각각 상상적 경합관계에 있을 때에는 허위공문서작성죄와 동행사죄 상호 간은 실체적 경합범관계에 있다고 할지 라도 상상적 경합범관계에 있는 수뢰후부정처사죄와 대비하여 가장 중한 죄에 정한 형으로 처단하면 족한 것이고 따로 경합가중을 할 필요가 없다. (83도1378)

6. 실체적 경합에 해당하는 경우

① [위·통·사·실] 위조통화를 행사하여 재물을 불법영득한 때에는 위조통화행사죄와 사기죄의 양 죄의 실체적 경합관계에 해당한다. (79도840) [변시 12]

② 사기의 수단으로 발행한 수표가 지급거절된 경우 부정수표단속법위반죄와 사기죄는 그 행위의 태양과 보호법익을 달리하므로 실체적 경합범의 관계에 있다. (2004도1751)

③ 피고인이 전세임대차계약을 체결할 권한이 없음에도 임차인들을 속이고 전세임대차 계약을 체결하여 임차인들로부터 보증금 명목으로 돈을 교부받은 행위는 사기죄에 해당하고, 전세임대차계약이 아닌 월세임대차계약을 체결하여야 할 업무상 임무를 위반하여 전세임대차계약을 체결하여 건물주로 하여금 전세보증금반환채무를 부담하 게 한 행위는 사기죄와 별도로 업무상배임죄에 해당한다. 각 죄는 구성요건 행위태 양과 보호법익을 달리하여 실체적 경합범 관계에 있다. (2010도10690) [변시 18·20]

④ 흉기를 휴대하거나 2인 이상이 합동하여 타인의 재물을 절취한 경우의 특수절도에 있어서 주거침입은 그 구성요건이 아니므로, 절도범인이 그 범행수단으로 주거침입

을 한 경우에 그 주거침입행위는 절도죄에 흡수되지 아니하고 **별개로 주거침입죄를 구성**하여 절도죄와는 실체적 경합의 관계에 있게 된다. (2009도9667) [변시 13 · 16]

⑤ 피고인이 여관에 들어가 1층 안내실에 있던 여관의 관리인을 칼로 찔러 상해를 가하고 그로부터 금품을 강취한 다음 각 객실에 들어가 각 투숙객들로부터 금품을 강취하였다면, 피고인의 위와 같은 각 행위는 실체적 경합범의 관계에 있다. (91도643)

⑥ 법원을 기망하여 승소판결을 받고 그 확정판결에 의하여 소유권이전등기를 경료한 경우에는 **사기죄와 별도로 공정증서원본부실기재죄**가 성립하고 양죄는 실체적 경합범 관계에 있다. (83도188)

⑦ 피고인이 슈퍼마켓 사무실에서 식칼을 들고 피해자를 협박한 행위와 식칼을 들고 매장을 돌아다니며 손님을 내쫓아 그의 영업을 방해한 행위는 별개의 행위로서 실체적 경합에 해당한다. (82도486)

⑧ 주취운전과 음주측정거부의 각 도로교통법위반죄는 실체적 경합관계에 있다. (2004도5257)

7. 형법 제37조 후단의 경합범의 요건

① "판결이 확정된 죄"의 의미

"판결이 확정된 죄"라 함은 수개의 독립된 죄 중의 어느 죄에 대하여 확정판결이 있었던 사실 그 자체를 의미하며, 형의 선고의 효력이 상실된 여부는 묻지 않는다. 따라서, 판결이 확정된 죄가 일반사면을 받은 경우나, 집행유예 · 선고유예 기간의 경과로 형의 선고가 실효되거나 면소 간주된 경우에도 '판결이 확정된 죄'에 해당한다. (92도1417) [변시 17 · 22]

② 확정판결 '전에 범한 죄'의 의미

판결확정 전에 성립하여 종료된 범죄를 의미한다. 따라서, 포괄일죄로 되는 개개의 범죄행위가 다른 종류의 죄의 확정판결의 전후에 걸쳐서 행하여진 경우 그 죄는 2죄로 분리되지 않고 확정판결 후인 최종의 범죄행위시에 완성되는 것이다. 포괄일죄는 확정판결 전에 범한 범죄에 해당하지 않는다. (2004도45) [변시 15 · 22]

③ 동시심판의 가능성

아직 판결을 받지 아니한 죄가 이미 판결이 확정된 죄와 동시에 판결할 수 없었던 경우에는 형법 제39조 제1항에 따라 동시에 판결할 경우와 형평을 고려하여 형을 선고하거나 그 형을 감경 또는 면제할 수 없다. (2021도8719)

8. 수 개의 마약류관리에 관한 법률 위반(향정)죄의 중간에 징역 8월에 집행유예 2년을 선고한 확정판결이 존재하는 경우 확정판결 전후의 범죄는 서로 경합범 관계에 있지 않게 되었다면 형법 제39조 제1항에 따라 2개의 주문으로 형을 선고하여야 한다. (2010도10985) [변시 15 · 17 · 22]

9. 신용카드관련범죄의 죄수

① 신용카드를 절취한 후 이를 사용한 경우 신용카드의 부정사용행위는 절도범행의 불가벌적 사후행위가 되는 것은 아니다. (96도1181) [변시 21]

② **[신용카드부정사용한 행위는 포괄하여 일죄 / 사기죄는 실체적 경합]** 피고인은 절취한 신용카드로 단일한 범의로 7곳의 가맹점들로부터 물품을 구입한 경우 (92도77) [변시 21 · 22]

③ **[신카부정사용죄와 절도죄의 실체적 경합]** 신용카드를 부정사용하여 현금자동인출기에서 현금을 인출하고 그 현금을 취득한 경우 신용카드부정사용죄와 별도로 절도죄를 구성하고, 위 양 죄의 관계는 그 보호법익이나 행위태양이 전혀 달라 실체적 경합 관계에 있다. (95도997) [변시 15 · 16]

10. 경합범의 처벌

① **[중한 단기를 하한으로]** 경합범의 처벌에 관하여 형법 제38조 제1항 제2호(가중주의)가 적용되는 경우 가장 중한 죄 아닌 죄에 정한 형의 단기가 가장 중한 죄에 정한 형의 단기보다 중한 때에는 그 중한 단기를 하한으로 한다. (84도2890) [변시 17]

② **[가장 중한 액의 × 1/2 ≦ 벌금액의 총합]** 甲이 범한 A죄 및 B죄의 벌금형의 다액은 각 10,000,000원이고, C죄의 벌금형의 다액은 6,000,000원인 경우

→ 위 3개의 죄에 대하여 경합범 가중한 처단형은 가장 중한 죄에 정한 벌금형의 다액인 10,000,000원에 그 2분의 1까지 가중한 15,000,000원 이하이므로 그 범위 내에서 선고형을 정하여야 한다. 따라서 피고인에 대하여 벌금 20,000,000원을 선고하는 것은 위법하다. (2008도7543)

③ **[후단 경합범은 임의적 감면]** 형법 제37조의 후단 경합범에 대하여 형을 감경 또는 면제할 것인지는 원칙적으로 그 죄에 대하여 심판하는 법원이 재량에 따라 판단할 수 있다. [변시 15] 따라서 형법 제38조 제1항 제1호가 형법 제37조의 전단 경합범 중 가장 중한 죄에 정한 처단형이 무기징역인 때에는 흡수주의를 취하였다고 하여 뒤에 공소제기된 후단 경합범에 대한 형을 필요적으로 면제하여야 하는 것은 아니다. (2006도8376; 2007도6868)

11. 사후적 경합범

① 사후적 경합범은 금고 이상의 형에 처한 판결이 확정된 죄와 그 판결확정 전에 범한 죄로서 동시심판이 가능했던 경우이다(제37조 후단). 따라서, 확정판결은 금고 이상의 형에 처하는 것임을 요하므로, 벌금형을 선고받고 형이 확정된 경우에는 사후적 경합범에 해당하지 않는다. (2014두43806) [변시 24]

② 사후적 경합법은 금고이상의 형에 처한 판결이 확정된 죄와 그 판결확정 전에 범한 죄이어야 하므로, 판결확정 전후의 죄는 경합범이 아니다. (2001도3312) [변시 24]

> **관련판례** 포괄일죄로 되는 개개의 범죄행위가 다른 종류의 죄의 확정판결의 전후에 걸쳐서 행하여진 경우에는 그 죄는 2개의 죄로 분리되지 않고, 확정판결 후인 최종의 범죄행위 시에 완성되는 것이다. (2001도3312) [변시 22 · 24]

③ 형법 제37조 후단 경합범에 대하여 형법 제39조 제1항에 의하여 형을 감경할 때에도 법률상 감경에 관한 형법 제55조 제1항이 적용되어 유기징역을 감경할 때에는 그 형기의 2분의 1로 감경할 수 없다. (2017도14609) [변시 24]

해커스변호사
law.Hackers.com

제3편
형벌론

01 형벌의 종류

선택형 핵심지문

1. 벌금형을 선택하여 선고하면서 그에 대한 노역장유치기간을 환산한 결과 선택형의 하나로 되어 있는 징역형의 장기보다 유치기간이 더 길 수 있게 되었다 하더라도 이를 위법이라고 할 수는 없다. (2000도3945)

2. **몰수와 관련한 判例**
   ① 몰수나 추징이 공소사실과 관련이 있다 하더라도 그 공소사실에 관하여 이미 공소시효가 완성되어 유죄의 선고를 할 수 없는 경우에는 몰수나 추징도 할 수 없다. (92도700; 2006도4885; 2009도11732)
   ② 실행행위의 종료 후의 행위에 사용한 물건이더라도 그것이 범죄행위의 수행에 실질적으로 기여하였다고 인정되는 형법 제48조 제1항 제1호의 "범죄행위에 제공한 물건"에 포함된다. (2006도4075)
   ③ 피해자로 하여금 사기도박에 참여하도록 유인하기 위하여 고액의 수표를 제시해 보인 경우, 위 수표가 직접적으로 도박자금으로 사용되지 아니하였다 할지라도, 위 수표가 피해자로 하여금 사기도박에 참여하도록 만들기 위한 수단으로 사용된 이상, 이를 몰수할 수 있다. (2002도3589) [변시 22]
   ④ 몰수대상 물건이 압수되어 있는가 하는 점 및 적법한 절차에 의하여 압수되었는가 하는 점은 몰수의 요건이 아니다. (2003도705)
   ⑤ 형법 제48조 제1항의 '범인'의 범위
   　ⅰ) '범인'에는 공범자도 포함되므로 공범자의 소유물도 공범자의 소추여부를 불문하고 몰수할 수 있고, 공범자에는 공동정범, 교사범, 방조범에 해당하는 자는 물론 필요적 공범도 포함된다. (2006도5586; 83도2680; 2000도745) [변시 19 · 22]

   > **비교판례** 공범 사이의 처벌에 형평을 기하기 위하여 공범 중 1인에 대한 공소의 제기로 다른 공범자에 대하여도 공소시효가 정지되도록 규정하고 있는 형사소송법 제253조 제2항에서 말하는 '공범'에는 뇌물공여죄와 뇌물수수죄 사이와 같은 대향범 관계에 있는 자는 포함되지 않는다. (2012도4842) [변시 17]

   　ⅱ) '범인'에 해당하는 공범자는 반드시 유죄의 죄책을 지는자에 국한된다고 볼 수 없고 공범에 해당하는 행위를 한자이면 족하다. (2006도5586)
   ⑥ 추징의 가액산정 기준 ➔ 재판 선고 시의 가격 (91도352)
   ⑦ '웹 사이트'는 범죄행위에 제공된 무형의 재산에 해당할 뿐, 형법 제48조 제1항 제2호에서 정한 '범죄행위로 인하여 발생하였거나 이로 인하여 취득한 물건'에 해당하지 않으므로, '웹사이트 매각을 통해 피고인이 취득한 대가'는 제48조 제2항의 추징의 대상에 해당하지 않는다. (2021도7168) [변시 23]

02 형의 양정

1. **[법률상 중복 可 / 작량감경 한 번]** 법률상 감경사유가 수개 있을 경우 거듭 감경할 수 있으나 작량감경사유가 수개 있는 경우라도 거듭 감경할 수는 없음. (63도410)

2. **자수와 관련한 판례정리**
   ① **[자백≠자수]** 수사기관의 직무상의 질문 또는 조사에 응하여 범죄사실을 진술하는 것은 자백일 뿐 자수로는 되지 않음. (82도1965)
   ② 범죄사실을 부인하거나 죄의 뉘우침이 없는 자수는 그 외형은 자수일지라도 법률상 형의 감경사유가 되는 진정한 자수라고는 할 수 없음. (94도2130)
   ③ 일단 자수가 성립한 이상 자수의 효력은 확정적으로 발생하고 그 후에 범인이 번복하여 수사기관이나 법정에서 범행을 부인한다고 하여 일단 발생한 형법 제52조 제1항 소정의 자수의 효력이 소멸하는 것은 아님. (99도1965)
   ④ 수 개의 범죄사실 중 일부에 관하여만 자수한 경우 그 부분 범죄사실에 대하여만 자수의 효력이 있음. (94도2130)
   ⑤ 형의 가중 · 감경의 순서(제56조) **[각 · 특 · 누 · 법 · 경 · 작]** [변시 17]
   각칙 본조에 의한 가중 ➡ **특**수교사 · 방조 가중(제34조 제2항) ➡ **누**범가중 ➡ **법률상** 감경 ➡ **경**합범 가중 ➡ **작**량감경 (93도3608; 4293형상509)

3. **[상한 하한 모두]** 형법 제55조 제1항 제6호의 벌금을 감경할 때의 '다액'의 2분의 1이라는 문구는 '금액'의 2분의 1이라고 해석하여 그 상한과 함께 하한도 2분의 1로 내려가는 것으로 해석하여야 한다. (78도246)

4. 작량감경의 방법도 제55조 소정 방법(법률상 감경)에 따라야 한다. (64도454) [변시 17]

5. 유기징역형에 대한 법률상 감경을 하면서 형법 제55조 제1항 제3호에서 정한 것과 같이 장기와 단기를 모두 2분의 1로 감경하는 것이 아닌 장기 또는 단기 중 어느 하나만을 2분의 1로 감경하는 방식이나 2분의 1보다 넓은 범위의 감경을 하는 것은 죄형법정주의 원칙상 허용될 수 없다. (2018도5475) [변시 23]

03 누 범

1. 누범의 성립요건

① 금고 이상의 형을 선고받아 그 집행이 종료되거나 면제된 후 3년 내에 금고 이상에 해당하는 죄를 지은 사람은 누범으로 처벌한다. 전범(누범전과)의 형은 금고 이상의 형으로서 선고형을 의미한다. 금고 이상의 형의 선고는 유효하여야 한다. 따라서 형선고의 효력이 상실된 때에는 누범 전과가 될 수 없다.

일반사면 · 집유기간도과 · 재심 [cf. 사후적 경합범에서는 효과 인정 ×]	→ 형 선고효 상실 → 누범 전과 ×
특별사면 · 복권	→ 형 선고효 유지 → 누범 전과 ○

② 누범기간 중에 범한 범죄가 아닌 경우 → 누범 ×
  ⅰ) 집행유예기간 중의 재범 (83도1600)
  ⅱ) 가석방기간 중의 재범 (76도2071) [변시 21]
③ 누범기간 이내의 범죄인가의 판단 기준 [cf. 사후적 경합범]
  누범기간 내에 실행의 착수가 있었는가를 기준으로 함
  ⅰ) [상습범의 경우] 일부행위가 누범기간 내이면 족함 (85도1000)
  ⅱ) [포괄일죄] 일부행위가 누범기간 내이면 족함 (2011도14135)
④ 후범의 요건인 '금고 이상에 해당하는 죄'의 의미
  ⅰ) 법정형을 의미하는 것이 '선고형'을 의미한다. (82도1702)
  ⅱ) 법정형 중 벌금형을 선택한 경우 누범가중을 할 수 없다. (82도1702) [변시 17]
⑤ 누범 성립을 위한 전범과 후범과의 관계 → 양죄 사이에 일정한 상관관계 不要

2. 누범의 효과

누범의 형은 그 죄에 정한 형의 장기의 2배까지 가중한다(제35조 제2항). 단기는 가중하지 않으며, 장기도 50년을 초과할 수 없다(제42조).

3.
폭처법 제2조 제3항은 2회 이상 징역형을 받은 사람에 대해서 누범으로 가중처벌 하도록 정하고 있는데, 집행유예의 선고를 받은 후 그 선고가 실효 또는 취소됨이 없이 유예기간을 경과하여 형의 선고가 효력을 잃는 경우는 형의 선고에 의한 법적 효과가 장래를 향하여 소멸하므로 형이 실효된 후에는 위 조항의 '징역형을 받은 경우'에 해당하지 않는다. (2016도5032) [변시 23]

> **관련판례** 징역형의 집행유예를 선고한 판결이 확정된 후 선고의 실효 또는 취소 없이 유예기간을 경과함에 따라 형 선고의 효력이 소멸되어 그 확정판결이 특정범죄가중법 제5조의4 제5항에서 정한 "징역형"에 해당하지 않음에도, 위 확정판결에 적용된 형벌 규정에 대한 위헌결정 취지에 따른 재심판결에서 다시 징역형의 집행유예가 선고·확정된 후 유예기간이 경과되지 않은 경우라면, 특정범죄가중법 제5조의4 제5항의 입법 취지에 비추어 위 재심판결은 위 조항에서 정한 "징역형"에 포함되지 아니한다. (2020도13705)[1]

04 집행유예·선고유예·가석방

선택형 핵심지문

I. 집행유예

1. 집행유예의 요건

① 3년 이하의 징역이나 금고 또는 '500만원 이하의 벌금'의 형을 선고할 경우일 것 [변시 18]

② 금고 이상의 형을 선고한 판결이 확정된 때부터 그 집행을 종료하거나 면제된 후 3년까지의 기간에 범한 죄가 아닐 것 → 집행유예의 결격기간 내의 범죄가 아닐 것(형법 제62조 제1항 단서) [변시 18]

③ 형법 제62조 제1항 단서에서 규정한 '금고 이상의 형을 선고한 판결이 확정된 때'는 실형뿐 아니라 형의 집행유예를 선고한 판결이 확정된 경우도 포함된다. (2006도6196) [변시 20]

④ 집행유예 기간 중에 범한 범죄라고 할지라도 집행유예가 실효 취소됨이 없이 그 유예기간이 경과한 경우에는 이에 대해 다시 집행유예의 선고가 가능하다. (2006도6196) [변시 20]

2. 법원이 형의 집행을 유예하는 경우 명할 수 있는 사회봉사는 자유형 집행을 대체하기 위한 것으로서 500시간 내에서 시간 단위로 부과될 수 있는 일 또는 근로활

---

1) 특정범죄 가중처벌 등에 관한 법률 제5조의4 제5항은 "형법 제329조부터 제331조까지, 제333조부터 제336조까지 및 제340조·제362조의 죄 또는 그 미수죄로 세 번 이상 징역형을 받은 사람이 다시 이들 죄를 범하여 누범으로 처벌하는 경우에는 다음 각 호의 구분에 따라 가중처벌한다."라고 규정하고, 같은 항 제1호는 "형법 제329조부터 제331조까지의 죄(미수범을 포함한다)를 범한 경우에는 2년 이상 20년 이하의 징역에 처한다."라고 규정한다.

동을 의미하는 것으로 해석된다. 따라서 사회봉사명령으로 피고인에게 일정한 금원을 출연하거나 준법경영을 주제로 하는 강연과 기고를 명하는 것은 허용될 수 없다. (2007도8373) [변시 14]

> **관련판례** 형법 제62조에 의하여 집행유예를 선고할 경우에는 같은 법 제62조의 2 제1항에 규정된 보호관찰과 사회봉사 또는 수강을 동시에 명할 수 있다. (98도98) [변시 23]

3. 형을 병과할 경우에는 그 형의 일부에 대하여 집행을 유예할 수 있다(제62조 제1항). 따라서 하나의 자유형 중 일부에 대해서는 실형을, 나머지에 대해서는 집행유예를 선고하는 것은 허용되지 않는다. (2006도8555)

4. 집행유예의 선고를 받은 후 그 선고의 실효 또는 취소됨이 없이 유예기간을 경과한 때에는 형의 선고는 효력을 잃는다(제65조). 그러나 형의 선고가 있었다는 기왕의 사실 자체까지 없어지는 것은 아니다. (83모8) [변시 20]

5. 집행유예를 함에 있어 그 집행유예기간의 시기는 집행유예를 선고한 판결 확정일로 하여야 하고 법원이 판결 확정일 이후의 시점을 임의로 선택할 수는 없다. 따라서 두 개의 징역형을 선고하면서 하나의 징역형에 대하여만 집행유예를 선고하고 집행유예 기간의 시기를 다른 하나의 징역형의 집행종료일로 한 것은 위법하다. (2000도4637)

6. 형법 제37조 후단 경합범 관계에 있는 두 개의 범죄에 대하여 하나의 판결로 두 개의 자유형을 선고하는 경우 두 개의 자유형은 각각 별개의 형이므로, 위 두 개의 징역형 중 하나의 징역형에 대하여는 실형을 선고하면서 다른 징역형에 대하여 집행유예를 선고하는 것도 우리 형법상 이러한 조치를 금하는 명문의 규정이 없는 이상 허용된다. (2001도3579) [변시 14]

7. 집행유예의 실효
집행유예의 선고를 받은 자가 유예기간 중 고의로 범한 죄로 금고 이상의 실형을 선고받아 그 판결이 확정된 때에는 집행유예의 선고는 효력을 잃는다. (97모18) [변시 18·20]

8. 집행유예의 취소
① 집행유예의 선고를 받은 후 제62조 단행의 사유(결격사유)가 발각된 때에는 집행유예의 선고를 취소한다. 이때 '발각'이라 함은 검사가 그 결격사유를 안 경우 이외에 부주의로 알지 못한 경우도 포함된다. (2001모135) [변시 18]
② **[유예기간 경과의 효과 인정]** 집행유예기간 경과 후에 취소사유가 발각된 경우 ➔ 취소 ×, 그대로 유예기간 경과의 효과 발생) (98모151)

Ⅱ. 선고유예

1. 선고유예의 요건

① 1년 이하의 징역이나 금고, 자격정지 또는 벌금의 형을 선고할 경우여야 한다. 따라서 구류형에 대하여는 선고유예를 할 수 없다.

② 주형을 선고유예하는 경우에만 부가형에 대하여 선고유예가 가능하고, 주형을 선고유예하더라도 부가형(추징)에 대하여 선고유예를 인정하지 않을 수도 있음. (88도551; 76도2262)

③ 형을 병과할 경우에 형의 전부 또는 일부에 대한 선고유예도 가능하다(제59조 제2항). 따라서 징역형과 벌금형을 병과하는 경우에 징역형은 집행을 유예하고 벌금형의 선고만을 유예할 수도 있다. (74도1266)

④ 피고인이 범죄사실을 자백하지 않고 부인할 경우에는 언제나 선고유예를 할 수 없다고 해석할 것은 아니다. (2001도6138) [변시 14]

⑤ 선고유예 결격사유인 "자격정지 이상의 형을 받은 전과"는 범죄경력 자체를 의미한다. 따라서 집행유예기간을 무사히 경과하여 형의 선고가 효력을 잃게 되었다고 하더라도, 형의 선고가 있었다는 기왕의 사실 자체까지 없어지는 것은 아니므로, 선고유예 결격사유인 "자격정지 이상의 형을 받은 전과가 있는 자"에 해당한다. (2003도3768; 2011도10570)

⑥ 결격사유인 자격정지 이상의 전과의 존재여부의 판단시기 → 범행 시가 아니라 선고 시가 기준

⑦ 선고유예의 요건 중 '개전의 정상이 현저한 때'란 반성의 정도를 포함하여 형법 제51조의 양형 조건을 종합적으로 참작해 볼 때 형을 선고하지 않더라도 피고인이 다시 범행을 저지르지 않으리라는 사정이 현저하게 기대되는 경우를 가리킨다고 해석할 것이고, 이와 달리 개전의 정상이 현저한 때가 반드시 피고인이 죄를 깊이 뉘우치는 경우만을 뜻하는 것으로 제한하여 해석하거나 피고인이 범죄사실을 자백하지 않고 부인할 경우에는 언제나 선고유예를 할 수 없다고 해석할 것은 아니다. (2001도6138) [변시 14]

2. 선고유예 판결에서도 그 판결이유에서는 선고할 형의 종류와 양 즉 선고형을 정해 놓아야 하고 그 선고를 유예하는 형이 벌금형일 경우에는 그 벌금액뿐만 아니라 환형유치처분까지 해 두어야 한다. (86도2654; 2014도15120)

3. 선고유예기간 경과의 효과
형의 선고유예를 받은 날로부터 2년을 경과한 때에는 면소된 것으로 간주한다.

Ⅲ. 가석방

1. 사형집행 대기기간을 처음부터 무기징역을 받은 경우와 동일하게 가석방요건 중의 하나인 형의 집행기간에 다시 산입할 수는 없다. (90모59)

2. 가석방의 처분을 받은 후 그 처분이 실효 또는 취소되지 아니하고 가석방기간을 경과한 때에는 형의 집행을 종료한 것으로 본다(제76조 제1항).

해커스변호사
law.Hackers.com

제4편
개인적 법익에 관한 죄

제1장 | 생명과 신체에 관한 죄

01 살인의 죄

선택형 핵심지문

1. **[제왕절개에 의한 출생의 경우 사람의 시기]** 제왕절개 수술의 경우 '의학적으로 제왕절개 수술이 가능하였고 규범적으로 수술이 필요하였던 시기'는 판단하는 사람 및 상황에 따라 다를 수 있어 분만개시 시점 즉, 사람의 시기도 불명확하게 되므로 이 시점을 분만의 시기로 볼 수는 없다. (2005도3832) [변시 18]

2. **[자살방조죄가 인정되지 않은 경우]** 자살용 청산염의 판매광고가 사기목적이었던 경우 (2005도1373)

3. **[인적 예비]** 甲이 乙을 살해하기 위하여 丙, 丁 등을 고용하면서 그들에게 대가의 지급을 약속한 경우, 甲에게는 살인예비죄가 성립한다.

02 상해와 폭행의 죄

선택형 핵심지문

1. **낙태에 의한 태아 사망** ➔ 임산부에 대한 신체훼손×, 낙태행위 ➔ 임산부에 대한 상해× (2005도3832; 2009도1025)

2. **상해에 해당하는 경우**
   ① 오랜 시간 동안의 협박과 폭행을 이기지 못하고 실신하여 범인들이 불러온 구급차 안에서야 정신을 차린 경우 (96도2529)
   ② i) 강간하려고 피해자의 반항을 억압하는 과정에서 주먹으로 피해자의 얼굴과 머리를 몇 차례 때려 피해자가 코피를 흘리고 콧등이 부었다면 비록 병원에서 치료를 받지 않더라도 일상생활에 지장이 없고, 자연적으로 치료될 수 있는 것이라 하더라도 강간치상죄의 상해에 해당한다. (91도2832)

ii) 미성년자에 대한 추행행위로 인하여 피해자의 외음부 부위에 염증이 발생한 것이라면, 증상이 약간의 발적과 경도의 염증이 수반된 정도에 불과하다고 하더라도 미성년자의제강제추행치상죄의 상해에 해당한다. (96도139) [변시 15]

3. 상해 또는 중상해에 해당하지 않는 경우

① **[일상생활에서 생길 수 있는 극히 경미한 상처]** 동전 크기의 멍 (96도2673)

② **[상해 ×]** 피해자의 음모의 모근 부분을 남기고 모간 부분만을 일부 잘라냄으로써 음모의 전체적인 외관에 변형만이 생긴 경우 (99도3099)

③ **[중상해 ×]** 1~2개월 간 입원할 정도로 다리가 부러진 상해 또는 3주간 치료를 요하는 우측흉부자상 (89도358)

4. '위험한 물건'의 판단기준

'위험한 물건'에 해당하는지 여부는 구체적 사안에서 사회통념 상 물건을 사용하면 상대방이나 제3자가 생명 또는 신체에 위험을 느낄 수 있는지 여부에 따라 판단해야 한다. (2010도10256)

5. 위험한 물건에 해당하는 경우

① 甲이 정차 후에 4~5m 후진하여 A가 승차 중인 자동차와 충돌한 경우 자동차 (2010도10256)

② 승용차 앞 범퍼 부분으로 들이받아 폭행한 경우의 승용차 (97도597) [변시 13]

6. 위험한 물건에 해당하지 않는 경우

① **[소형 → 중형]** 소형승용차(라노스)로 중형승용차(쏘나타)를 충격하였으나 자동차의 손괴 및 사람의 상해의 정도가 비교적 경미 (2007도3520) [변시 13]

② **[툭툭×]** 당구공으로 피해자 머리를 툭툭 건드린정도에 불과한 경우 (2007도9624) [변시 13]

7. [Case]*** 폭처법 제2조 제2항의 2인 이상이 '공동하여'의 의미 [동·장·기·인·용]

공범인 수인이 (**동일 장소**)에서 (**동일 기회**)에 (상호 다른 자의 범행을 **인식**)하고 (이를 이**용**)하여 범행을 한 경우라야 한다. ➔ 형법상 '합동'과 비슷한 의미로 사용되므로 주의! (99도4305)
[변시 16·17·24]

사례형 쟁점정리

CASE 쟁점 066 상해의 개념*

1. 학설

① 신체의 완전성침해설 : 상해를 신체의 완전성에 대한 침해로 보는 견해이다. 이 견해에 의하면 모발·손톱의 절단, 일시적 인사불성에 빠지게 하는 경우도 상해에 해당하게 된다.

② **생리적 기능훼손설** : 상해란 생리적 기능의 훼손을 의미한다고 해석하는 견해이다. 이 견해에 의하면 모발·손톱의 절단, 일시적 인사불성에 빠지게 하는 경우에는 상해에 해당하지 아니한다.

③ **절충설** : 상해란 생리적 기능의 훼손 이외에 신체외관에 중대한 변경을 가하는 경우를 포함한다는 견해이다.

2. 判例

신체의 완전성침해설과 생리적 기능 훼손설의 입장이 분기하고 있다.

3. 검토 (생리적 기능훼손설 지지)

ⅰ) 신체의 완전성 침해설에 의하면 신체의 완전성을 보호법익으로 하는 폭행죄와 상해죄의 구별이 불분명하게 될 뿐만 아니라 상해의 범위가 지나치게 넓어진다는 문제점이 있다. ⅱ) 절충설은 신체의 외관에 대한 중대한 변화의 기준이 분명하지 않으므로 상해의 범위가 불분명하게 된다는 문제가 있다. 따라서 생리적 기능훼손설이 타당하다.

CASE 쟁점 067 　특수폭행죄의 위험한 물건의 '휴대'의 의미** [변시 19]

甲은 자신의 차량을 A의 차량 앞으로 몰고 가 급제동을 하여 A로 하여금 충돌을 피하기 위하여 급제동하거나 급차로변경을 하게 하는 등의 행위를 하였다. 甲의 행위가 위험한 물건을 휴대하여 한 행위에 해당하는지 논하시오.

1. 논점

사안에서 甲은 위험한 물건인 자동차를 이용하여 A를 폭행하였는바 자동차를 이용한 경우로 위험한 물건을 '휴대'하였다고 할 수 있는지 문제된다.

2. 학설 (휴대의 의미)

ⅰ) 소지, 즉 몸에 지니거나 언제든지 집어들 수 있을 정도로 가까이에 두는 것을 의미한다는 견해, ⅱ) 소지 이외에 널리 이용한다는 의미도 포함된다는 견해가 있다.

3. 判例 Keyword 널리 이용

위험한 물건을 '휴대하여'라는 말은 소지뿐만 아니라 **널리 이용**한다는 뜻도 포함하는 것이라고 판시한 바 있다(대판 : 97도597; 동지 대판 : 2002도2812).

4. 검토 (판례지지)

특수폭행죄 소정의 위험한 물건을 '휴대하여'라는 말은 소지뿐만 아니라 널리 이용한다는 뜻도 포함하는 것으로 보는 것이 타당하다.

5. 결론

甲의 행위는 물건인 자동차를 이용한 경우로서 이는 위험한 물건을 휴대하여 한 행위에 해당한다.

03 과실치사상의 죄

선택형 핵심지문

1. 안전배려 내지 안전관리 사무에 계속적으로 종사하는 지위를 계속성을 가지지 아니한 채 단지 건물의 소유자로서 건물을 비정기적으로 수리하거나 건물의 일부분을 임대하였다는 사정만으로는 업무상과실치상죄에 있어서의 '업무'로 보기 어렵다. (2009도1040) [변시 17]

2. 전기배선이 벽 내부에 매립 설치되어 건물 구조의 일부를 이루고 있다면 그에 관한 관리책임은 일반적으로 소유자에게 있다고 보아야 할 것이고, 다만 그 전기배선을 임차인이 직접 하였으며 그 이상을 미리 알았거나 알 수 있었다는 등의 특별한 사정이 있는 때에는 임차인에게도 그 부분의 하자로 인한 화재를 예방할 주의의무가 인정될 수 있다. (2009도1040) [변시 18]

3. 공휴일 또는 야간에는 소장을 대리하는 교도관들의 업무는 업무상과실치사죄에서 말하는 업무에 해당한다. (2006도3493)

4. 식당(분식점)의 운영자인 피고인이 식당 밖에서 당겨 열도록 표시되어 있는 출입문을 열고 음식 배달차 밖으로 나가던 중 이웃 가게 손님으로 마침 위 식당 출입문 앞쪽 길가에 서 있던 피해자의 오른발 뒤꿈치 부위를 위 출입문 모서리 부분으로 충격하여 상해를 입게 한 행위 (2009도5753)

5. 도급계약의 경우 원칙적으로 도급인에게는 수급인의 업무와 관련하여 사고방지에 필요한 안전조치를 취할 주의의무가 없으나, 법령에 의하여 도급인에게 수급인의 업무에 관하여 구체적인 관리·감독의무 등이 부여되어 있거나 도급인이 공사의 시공이나 개별 작업에 관하여 구체적으로 지시·감독하였다는 등의 특별한 사정이 있는 경우에는 도급인에게도 안전조치를 취할 주의의무가 있음. (2015도8621) [변시 17·18]

6. 수련병원의 전문의와 전공의 등의 관계처럼 의료기관 내의 직책상 주된 의사의 지위에서 지휘·감독 관계에 있는 다른 의사에게 특정 의료행위를 위임하는 수직적 분업의 경우에는, 그 다른 의사에게 전적으로 위임된 것이 아닌 이상 주된 의사는 자신이 주로 담당하는 환자에 대하여 다른 의사가 하는 의료행위의 내용이 적절한 것인지 여부

를 확인하고 감독하여야 할 업무상 주의의무가 있고, 만약 의사가 이와 같은 업무상 주의의무를 소홀히 하여 환자에게 위해가 발생하였다면 주된 의사는 그에 대한 과실 책임을 면할 수 없다. (2022도1499)

7. 의료행위와 환자에게 발생한 상해·사망 등 결과 사이에 인과관계가 인정되는 경우에 도, 검사가 공소사실에 기재한 바와 같은 업무상과실로 평가할 수 있는 행위의 존재 또는 그 업무상과실의 내용을 구체적으로 증명하지 못하였다면, 의료행위로 인하여 환 자에게 상해·사망 등 결과가 발생하였다는 사정만으로 의사의 업무상과실을 추정하 거나 단순한 가능성·개연성 등 막연한 사정을 근거로 함부로 이를 인정할 수는 없 다. (2022도11163)

04 유기와 학대의 죄

선택형 핵심지문

1. 유기죄의 '법률상 보호의무'에 해당하는 경우
   ① 부부간의 부양의무 → 사법상의 보호의무 인정 (민법 제826조) (2018도4018)
   ② 경찰관 → 공법(경직법)상의 보호의무 인정 (72도863)

2. 법률상의 보호의무 인정여부
   사실혼관계는 ○, 단순 동거관계 × → 사실혼 관계 인정은 유기죄가 유일 (2007도3952) [변시 19]

3. 계약상의 보호의무 인정범위
   부조 의무가 계약의 부수적 의무인 경우도 포함(예) 주점 주인의 손님에 대한 관계) (2011도12302)

4. [유기죄 보호의무 근거 → 법·계] 현행 형법은 **법률상 또는 계약상(열거규정)**의 의무 있 는 자만을 유기죄의 주체로 규정하므로, 명문상 사회상규상의 보호책임을 관념할 수 없 다. [여 : 부진정부작위범에서의 보증인 의무 발생근거 → 법·법·선·조] (76도3419)

5. 강간치상의 범행을 저지른 자가 그 범행으로 인하여 실신 상태에 있는 피해자를 구호하지 아니하고 방치하였다고 하더라도 그 행위는 포괄적으로 단일의 강간치상죄만 을 구성한다. (80도726)

6. 유기죄는 살인죄·상해죄에 대하여 보충관계에 있으므로 살인·상해의 고의로 유기 하면 살인죄·상해죄가 성립한다.

7. [반인륜적 침해만으로는 학대행위라고 할 수 없음] 학대 행위는 형법의 규정 체제상 학대 와 유기의 죄가 같은 장에 위치하고 있는 점 등에 비추어 단순히 상대방의 인격에 대

한 반인륜적 침해만으로는 부족하고 적어도 유기에 준할 정도에 이르러야 한다. (2000
도223)

사례형 쟁점정리

CASE 쟁점 068 사무관리·관습·조리에 근거한 보호의무 인정여부★★

甲은 1976. 1. 26.16:00경 A와 함께 마차4리를 향하여 가던중 술에 취하였던 탓으로
도로 위에서 실족하여 2미터 아래 개울로 미끄러 떨어져 약 5시간 가량 잠을 자다가
술과 잠에서 깨어난 甲과 A는 도로 위로 올라가려 하였으나 야간이므로 도로로 올라
가는 길을 발견치 못하여 개울 아래위로 헤매든 중 A는 후두부 타박상을 입어서 정
상적으로 움직이기가 어렵게 되었고 甲은 도로로 나오는 길을 발견 혼자 도로 위로
올라왔다. 당시는 영하 15도의 추운 날씨이고 40미터 떨어진 곳에 민가가 있었으나
甲은 A를 그대로 방치하여 A는 약 4, 5시간 후 심장마비로 사망하였다. 甲에게 유기
죄의 '보호의무'가 인정할 수 있는지를 논하시오.

1. 논점

甲에게 법률상 계약상 보호의무가 인정되지 않음은 분명하고, 사회상규상의 보호의무
를 인정할 수 있는지 문제된다. 형법 제271조는 유기죄의 보호의무자를 법률상 또는
계약상 의무 있는 자라고 규정하고 있는데 동 규정을 예시규정으로 보아 사회상규에
근거한 보호의무를 인정할 수 있는지가 문제된다.

2. 학설

위 규정을 예시적인 것으로 보아 유기죄의 보호의무를 부진정부작위범의 작위의무와
동일하게 널리 사무관리·관습·조리에 의해서도 인정할 수 있다는 견해가 있다.

3. 判例

형법이 법률상 또는 계약상의 의무 있는 자만을 유기죄의 주체로 규정하고 있어
명문상 사회상규상의 보호책임을 인정할 수 없다고 판시한 바 있다.

4. 검토 (판례지지)

제271조를 예시 규정으로 보는 견해는 문언의 가능한 의미를 벗어나 유기죄의 주
체를 확대하여 가벌성을 지나치게 확장하는 유추해석에 해당하므로 타당하다고 할 수
없다. 따라서 제한적 열거 규정이라고 보는 견해가 타당하다.

5. 결론

사회상규상의 보호의무는 유기죄의 보호의무에 포함되지 않으므로 甲에게는 유기죄의 '보호의무'가 인정되지 아니한다.

실전연습 024   **부진정부작위범의 보증인지위 및 유기죄의 보호의무**

乙에게 전화하여 "도움에 감사하다."라고 말하고 인근 술집으로 나오라고 한 후 밤새 술을 마시며 놀았다. 취기가 오른 乙은 새벽에 택시를 타고 귀가하였으나 甲은 만취하여 의식을 잃은 채 술집 소파에서 잠들어 버렸는데, 술집사장 丁은 甲의 주머니에서 현금 200만 원을 발견하고 술 값 100만 원을 꺼내 가졌다. 만약 丁이 퇴근하기 위해 잠든 甲을 깨우려고 몇차례 흔들어도 깨어나지 않자 영하 10도의 추운 날씨임에도 난방을 끈 채 퇴근해 버렸는데, 甲이 다음 날 얼어 죽었다면, 甲이 죽어도 어쩔 수 없다고 생각했던 경우와 甲의 죽음을 단지 예견할 수 있었던 경우를 나누어 丁의 죄책을 검토하시오.   **【제6회 변호사시험 제1문】**

I. 甲이 죽어도 어쩔 수 없다고 생각했던 경우 丁의 죄책

1. 논점

丁이 甲이 죽어도 어쩔 수 없다고 생각하면서 甲을 방치하여 甲이 얼어 죽었다면 丁에게 살인의 미필적 고의가 인정된다.[1] 이 경우 丁에 대하여 살인죄가 성립될 수 있는지 문제된다.

2. 살인죄의 성립여부

(1) 살인죄의 성립요건

사람을 살해한 경우 살인죄가 성립한다(제250조 제1항). 여기의 살해는 부작위에 의하여도 가능하다. 다만 부작위에 의한 살인죄가 성립하기 위해서는 부작위행위자에게 생명침해를 방지할 법적 작위의무가 있어야 하고(제18조), 부작위로 인한 생명침해가 살인죄의 살해행위로 평가될 수 있어야 한다(대판 : 2015도6809).

(2) 丁에게 법적인 작위의무가 인정되는지 여부

형법 제18조의 작위의무는 법적인 의무인 한 성문법이건 불문법이건 상관이 없고

---

1) 미필적 고의의 인정요건에 관한 학설인 가능성설, 개연성설, 감수설, 용인설(판례입장이기도 하다) 어느 견해에 의하더라도 미필적 고의가 인정되므로 학설을 상세하게 소개할 필요는 없다고 본다. 결국 본 사례는 살인의 고의가 인정될 것인지를 묻고 있는 것이 아니라 살인의 고의가 인정되는 경우와 유기의 고의가 인정되는 경우를 사실상 주어주고 그에 따른 丁의 죄책을 논하라는 것이나 다름없다고 본다.

또 공법이건 사법이건 불문하므로, 법령, 법률행위, 선행행위로 인한 경우는 물론
이고 기타 신의성실의 원칙이나 사회상규 혹은 조리상 작위의무가 기대되는 경우에
도 법적인 작위의무가 인정된다(대판 : 95도2551).

사안의 경우 丁은 술집의 사장이므로 영하 10도의 추운 날씨에 손님 甲이 만취하여
의식을 잃은 채 소파에서 잠들었다면, 甲의 생명 또는 신체에 대한 위해가 발생하
지 아니하도록 甲을 주점 내실로 옮기거나 인근에 있는 여관에 데려다 주어 쉬게
하거나 甲의 지인 또는 경찰에 연락하는 등 필요한 조치를 강구하여야 할 묵시적
계약 또는 신의칙상 의무가 인정된다고 보아야 한다.

(3) 丁이 甲을 방치한 행위가 살해행위라고 볼 수 있는지 여부

사안에서 丁은 위에서 살펴본 의무를 이행함으로써 甲의 사망을 쉽게 방지할 수 있
었음에도 불구하고 甲의 사망을 용인하고 이를 방관한 채 그 의무를 이행하지 아니
하여 甲이 사망하였는바 이는 그 부작위가 작위에 의한 법익침해와 동등한 형법적
가치를 가진다고 볼 수 있어 살인죄의 살인행위로 평가될 수 있다고 보여진다(대판
: 2009도12109).[2]

(4) 결론

사안에서 丁은 법적인 작위의무가 인정됨에도 甲이 동사할 수 있는 상황 – 구성요
건적 상황 – 에서 살인의 고의를 가지고 부작위에 의한 살인행위로 나아가 그로 인
하여[3] 甲을 사망하게 하였다. 따라서 丁에게는 살인죄가 성립한다.

II. 甲의 죽음을 단지 예견할 수 있었던 경우 丁의 죄책

1. 논점

丁이 甲의 죽음을 예견할 수 있었음에도 甲을 방치하여 甲이 얼어 죽었다면 丁에
게 유기치사죄가 성립될 수 있는지 문제된다.

2. 유기치사죄의 성립여부

유기죄를 범하여 사람을 사망에 이르게 함으로써 유기치사죄가 성립하며(제275조), 유
기죄는 노유, 질병 기타 사정으로 인하여 부조를 요하는 자를 보호할 법률상 또는 계약
상 의무 있는 자가 유기함으로써 성립한다(제271조 제1항).

사안의 경우 甲이 스스로 만취하여 의식을 잃은 경우도 요부조자에 해당하며, 유기는
요부조자에 대한 장소적 이전을 요하지 않으므로 丁이 甲을 방치하고 퇴근한 행위는
유기에 해당한다.[4]

---

2) 사안을 행위정형의 동가치성의 법적 요건에 바로 포섭한 것이다.
3) 본 사례에서 인과관계를 큰 쟁점으로 보아 목차를 잡아 설명하고 있는 교재도 있다. 저자는 인과
   관계가 인정됨이 분명하다고 보아 '그로 인하여'라는 표현 하나로 인과관계가 인정됨을 간명하게
   표현하였다. 여력이 있다면 「작위의무를 이행하였다면 결과가 발생하지 않았을 것이라는 관계가
   인정될 경우에는 작위를 하지 않은 부작위와 사망의 결과 사이에 인과관계가 있다(대판 : 2015도
   6809)」는 판례법리를 적시한 후 사안포섭을 하는 것도 방법일 것이다.

한편 유기죄의 계약상 보호의무에는 계약에 기한 주된 급부의무가 부조를 제공하는 것인 경우뿐만 아니라, 계약의 부수적 의무의 한 내용으로 상대방을 부조하여야 하는 경우도 포함된다(대판 : 2011도12302).[5]

사안의 경우 丁은 술집의 사장이므로 영하 10도의 추운 날씨에 손님 甲이 만취하여 의식을 잃은 채 소파에서 잠들었다면, 甲의 생명 또는 신체에 대한 위해가 발생하지 아니하도록 甲을 주점 내실로 옮기거나 인근에 있는 여관에 데려다 주어 쉬게 하거나 甲의 지인 또는 경찰에 연락하는 등 필요한 조치를 강구하여야 할 계약상의 보호의무가 인정된다.

또한 사안에서 丁의 유기행위와 甲의 사망간에 인과관계가 인정되며, 丁은 자신의 유기행위로 甲이 사망할 수 있다는 점에 대한 예견가능성도 인정된다.[6]

丁은 계약상의 보호 의무가 인정됨에도 불구하고 요부조자인 甲을 유기하여 사망에 이르게 하였으므로 유기치사죄가 성립한다.

---

4) 이 부분은 반드시 언급이 있어야 하는 기본적 논점에 해당한다고 본다.
5) 이 부분이 핵심 논점이지만 그렇다고 하여 앞의 기본적 논점을 간과해서는 안된다.
6) 인과관계 및 예견가능성이 인정됨은 분명한 사안이라고 보여진다. 따라서 이와 같이 간명하게 처리하거나 심지어 상황에 따라서는 생략하고 바로 결론으로 넘어가도 무방하다고 본다.

제2장 | 자유에 관한 죄

01 협박의 죄

선택형 핵심지문

1. **협박죄와 법인 [객체 ×, 제3자에 대한 해악의 고지에서 제3자 ○]**
   ① 협박죄의 객체 → 법인 × (2010도1017)
   ② 제3자에 대한 법익 침해를 내용으로 하는 해악을 고지한 경우의 제3자 → 법인도 포함

2. **[제3자에 대한 법익 침해를 내용이 해악 고지했으나 협박죄 불성립]** 모정당의 당사를 폭파하겠다고 경찰관에게 고지한 경우 → 경찰관에게 공포심을 일으킬 만큼 '밀접한 관계'에 있지 않기 때문 (2011도10541)

3. 고지하는 내용이 위법하지 않은 것인 때에도 해악이 될 수 있다(예 비리사실에 대하여 민사소송과 형사고발을 비롯하여 세무서 등 관계기관과 언론사에 제보하겠다는 취지의 통지문을 보낸 것). (2011도5910)

4. **협박죄의 법적 성격과 기수시기 [해악의 고지시 → 실·착 / 인식시 → 기수 / 협박죄 미수범 규정 有]**
   ① 협박죄는 사람의 의사결정의 자유를 보호법익으로 하는 **위험범**이다. [변시 15·20]
   ② 객관적으로 상대방이 **공포심을 일으키기에 충분한 정도의 해악의 고지가 있었다**면 상대방이 그 의미를 **인식한** 이상 현실적으로 공포심을 일으키지 않았다 하더라도 **협박죄의 기수**에 이른 것이다(현실적으로 공포심 느꼈는지는 요건 ×). (2007도606)
   [변시 12·13]

5. 피고인이 위 공기총에 실탄을 장전하지 아니하였다고 하더라도 피고인이 범행 현장에서 공기총과 함께 실탄을 소지하고 있었고 피고인으로서는 언제든지 실탄을 장전하여 발사할 수도 있었던 것이므로 위 공기총은 특수협박죄 소정의 '흉기 기타 위험한 물건'에 해당한다. (2002도4586) [변시 13]

6. **특수협박죄의 위험한 물건의 휴대의 의미**
   ① 위험한 물건의 '휴대'라 함은 범행현장에서 범행에 사용할 의도 아래 위험한 물건을 몸 또는 몸 가까이 소지하는 것을 말한다. (85도1581)
   ② 청산염 2g 정도를 협박편지에 동봉 우송하여 피해자에게 도달케 하였다는 것만으로는 위험한 물건의 휴대라고 할 수 없다. (85도1851)

7. 위험한 물건을 휴대한 특수협박는 반의사불벌죄에 해당하지 않는다. (2008도4658)

CASE 쟁점 069 협박죄의 법적 성질과 기수시기** [변시 12 · 13]

> 정보보안과 소속 경찰관 甲이 자신의 지위를 내세우면서 A와 B의 민사분쟁에 개입하여 A에게 빨리 채무를 변제하지 않으면 상부에 보고하여 문제를 삼겠다고 말하였으나 A는 공포심을 느끼지 않았다. 甲에게 협박죄가 성립할 수 있는지를 논하시오.

1. 협박죄의 성립요건

협박죄는 사람을 협박함으로써 성립한다(제283조). 사안의 경우 甲이 A를 협박하였으나 A가 현실적으로 공포심을 느끼지 않았다. 협박죄가 기수가 되기 위해서 협박의 상대방에게 현실적인 공포심이 발생하여야 하는지 문제된다. 이를 해결하기 위해서는 협박죄의 법적 성질이 침해범인지, 위험범인지가 선결적으로 해결되어야 한다.

2. 협박죄의 법적 성질

협박죄의 미수 처벌규정이 존재한다는 점, 협박죄를 위험범으로 보게 되면 기수범으로 처벌되는 범위가 지나치게 넓어질 우려가 있다는 점에서 침해범으로 보아야 한다는 견해가 있다. 이 견해에 의하면 해악의 고지에 의하여 상대방이 현실적인 공포심이 발생하면 기수가 되고 그렇지 않은 경우 미수가 된다고 본다.

그러나 현행 형법상 **현주건조물방화죄**와 같이 **위험범임에도 미수처벌규정을 두고 있는 경우도 있으므로** 미수 처벌규정이 존재한다고 하여 당해 범죄가 침해범이어야 한다는 논리필연적인 연관성을 인정할 수 없고,[1] 협박죄를 침해범으로 보아 해악의 고지에 의하여 현실적인 공포심이 발생한 경우에 기수가 된다고 보게 되면 현실적으로 공포심을 일으켰는지에 대한 판단기준이 모호하다는 문제점이 있다. 따라서 협박죄는 위험범으로 보는 것이 타당하다.

判例도 협박죄를 위험범으로 보고 해악을 고지함으로써 상대방이 그 의미를 인식한 이상, 상대방이 현실적으로 공포심을 일으켰는지 여부와 관계없이 구성요건은 충족되어 협박죄의 기수가 된다고 판시한 바 있다(대판(전) : 2007도606).

3. 결론

甲이 전화를 걸어 A에게 협박한 행위는 A가 공포심을 전혀 느끼지 않았다고 하더라도 협박죄(제283조)에 해당한다.

---

1) 김성돈, 형사판례연구 별쇄본, 2009, 박영사, 6면

02 강요의 죄

선택형 핵심지문

1. 환경단체 소속 회원들이 축산 농가들의 폐수 배출 단속 활동을 벌이면서 폐수 배출현장을 사진 촬영하거나 지적하는 한편 폐수 배출 사실을 확인하는 내용의 사실확인서를 징구하는 과정에서 서명하지 아니할 경우, 법에 저촉된다고 겁을 주는 등 행한 일련의 행위는 '협박'에 의한 강요 행위에 해당한다. (2007도7064)

2. 골프시설의 운영자가 골프회원에게 불리하게 변경된 내용의 회칙에 대하여 동의한다는 내용의 등록신청서를 제출하지 아니하면 회원으로 대우하지 아니하겠다고 통지한 것은 강요죄의 협박에 해당한다. (2003도763) [변시 14]

3. 강요죄의 협박에 해당하지 않는 경우 → 단순히 사직할 것을 권유 (2008도7018)

4. 피해자의 해외 도피를 방지하기 위하여 피해자를 협박하고 이에 피해자가 겁을 먹고 있는 상태를 이용하여 동인 소유의 여권을 교부하게 하여 피해자가 그의 여권을 강제 회수당하였다면 피해자가 해외여행을 할 권리는 사실상 침해되었다고 볼 것이므로 강요죄에 해당한다. (93도901) [변시 12]

5. 피고인이 甲과 공모하여 甲 소유의 차량을 乙 소유 주택 대문 바로 앞부분에 주차하는 방법으로 乙이 차량을 주택 내부의 주차장에 출입시키지 못하게 폭행에 의한 권리행사방해죄가 성립하지 않는다(乙은 차량을 용법에 따라 정상적으로 사용할 수 있었던 점 등이 고려됨). (2018도1346)[2] [변시 24]

6. 행위자가 직무상 또는 사실상 상대방에게 영향을 줄 수 있는 직업이나 지위에 있고 직업이나 지위에 기초하여 상대방에게 어떠한 요구를 하였더라도 곧바로 그 요구 행위를 위와 같은 해악의 고지라고 단정하여서는 안 된다. 공무원인 행위자가 상대방에게 어떠한 이익 등의 제공을 요구한 경우 위와 같은 해악의 고지로 인정될 수 없다면 직권남용이나 뇌물 요구 등이 될 수는 있어도 협박을 요건으로 하는 강요죄가 성립하기는 어렵다. (2018도13792)

---

2) 후술하는 손괴죄 판례와 비교할 것.

03 체포와 감금의 죄

선택형 핵심지문

1. 정신병자도 감금죄의 객체가 될 수 있다. (2002도4315) [변시 17]

2. **감금죄에 있어서의 감금행위의 범위**
   ① 반드시 물리적·유형적 장애를 사용하는 경우뿐만 아니라 심리적·무형적 장애에 의하는 경우도 포함된다. (91모5)
   ② 설사 그 장소가 경찰서 내 대기실로서 일반인과 면회인 및 경찰관이 수시로 출입하는 곳이고 여닫이 문만 열면 나갈 수 있도록 된 구조라 하여도 경찰서 밖으로 나가지 못하도록 그 신체의 자유를 제한하는 유형, 무형의 억압이 있었다면 이는 감금에 해당한다. (97도877) [변시 17]

3. **체포죄의 법적 성질과 기수시기 및 실행의 착수시기**
   ⅰ) 체포죄는 **계속범**으로서 체포의 행위에 확실히 사람의 신체의 자유를 구속한다고 인정할 수 있을 정도의 **시간적 계속**이 있어야 기수가 된다. ⅱ) 체포의 고의로써 타인의 신체적 활동의 자유를 현실적으로 침해하는 행위를 개시한 때 체포죄의 실행에 착수하였다고 볼 것이다. (2016도18713)

4. 감금의 수단으로서 행사된 단순한 협박행위는 감금죄에 흡수되어 따로 협박죄를 구성하지 아니한다. (82도705) [변시 17]

5. 중체포·감금죄는 사람을 체포 또는 감금하여 가혹한 행위를 한 경우에 성립하며 중상해죄, 중유기죄, 중손괴죄 등과 같이 (생명이나 신체의) 위험을 발생시킬 것을 요건으로 규정하고 있지 않다. ➜ 진정결과적 가중범도 부진정결과적 가중범도 될 수 없는 이유

04 약취, 유인 및 인신매매의 죄

선택형 핵심지문

1. **[형법상 세계주의 규정]** 약취, 유인 및 인신매매의 죄의 장에 규정된 범죄는 인류에 대한 공통적인 범죄로서 대한민국 영역 밖에서 죄를 범한 외국인에게도 적용될 수 있도록 세계주의를 규정하고 있다.

2. 외조부가 맡아서 양육해 오던 미성년인 子를 子의 의사에 반하여 사실상 자신의 지배 하에 옮긴 경우, 미성년자 약취 · 유인죄가 성립한다. (2002도7115) [변시 14]

3. **[베트남 어머니 사건]** 미성년의 자녀를 부모가 함께 동거하면서 보호 · 양육하여 오던 중 부모의 일방이 상대방 부모나 그 자녀에게 어떠한 폭행, 협박이나 불법적인 사실상의 힘을 행사함이 없이 그 자녀를 데리고 종전의 거소를 벗어나 다른 곳으로 옮겨 자녀에 대한 보호 · 양육을 계속하였다면, 그 행위가 보호 · 양육권의 남용에 해당한다는 등 특별한 사정이 없는 한 설령 이에 관하여 법원의 결정이나 상대방 부모의 동의를 얻지 아니하였다고 하더라도 그러한 행위에 대하여 곧바로 형법상 미성년자에 대한 약취죄의 성립을 인정할 수는 없다고 할 것이다. (2010도14328)

> **비교판례** 피고인과 甲은 각각 한국과 프랑스에서 따로 살며 이혼소송 중인 부부로서 자녀인 피해 아동 乙(만 5세)은 프랑스에서 甲과 함께 생활하였는데, 피고인이 乙을 면접 교섭하기 위하여 그를 보호 · 양육하던 甲으로부터 乙을 인계받아 국내로 데려온 후 면접 교섭 기간이 종료하였음에도 乙을 데려다주지 아니한 채 甲과 연락을 두절한 후 법원의 유아 인도명령 등에도 불응한 사안에서, 피고인의 행위가 미성년자약취죄의 약취행위에 해당한다. (2019도16421)

4. **[일시적 침해는 ×]** 미성년자 혼자 머무는 주거에 침입하여 강도 범행을 하는 과정에서 미성년자와 그 부모에게 폭행 · 협박을 가하여 일시적으로 부모와의 보호관계가 사실상 침해 · 배제되었더라도, 형법 제287조의 미성년자약취죄가 성립하지 않는다. (2007도8485) [변시 14 · 18]

5. **[간음목적유인죄의 기수시기]** 피고인이 간음 목적으로 11세에 불과한 어린 나이의 피해자를 유혹하여 위 모텔 앞길에서부터 위 모텔 301호실까지 데리고 간 이상, 간음목적유인죄의 기수에 해당한다. (2007도2318)

05 강간과 추행의 죄

선택형 핵심지문

1. **강간죄의 폭행·협박의 정도**
   ① 피해자의 항거를 불가능하게 하거나 현저히 곤란하게 할 정도의 것이어야 함.
   ② 누워 자고 있는 피해자의 가슴과 엉덩이를 만지면서 간음을 기도하였다는 사실만으로는 강간의 수단으로 피해자에게 폭행이나 협박을 개시하였다고 하기는 어렵다.
   → 폭행이나 협박의 정도에 맞지 않음.

2. 강간죄에서의 폭행·협박과 간음 사이에는 인과관계가 있어야 하나, 폭행·협박이 반드시 간음행위보다 선행되어야 하는 것은 아니다. * (2016도16948)

   예 폭행이나 협박은 없었으나 의사에 반한 성교가 이루어진 후 피해자가 그 성교행위를 회피하려고 하자 피고인이 피해자를 움직이지 못하도록 반항을 억압한 후 간음행위를 계속한 경우

   > **비교판례** 대판 2021.8.12. 2020도17796★★★
   >
   > [1] 주거침입강제추행죄 및 주거침입강간죄 등은 주거침입죄를 범한 후에 사람을 강간하는 등의 행위를 하여야 하는 일종의 신분범이고, 선후가 바뀌어 강간죄 등을 범한 자가 그 피해자의 주거에 침입한 경우에는 이에 해당하지 않고 강간죄 등과 주거침입죄 등의 실체적 경합범이 된다. 그 실행의 착수시기는 주거침입 행위 후 강간죄 등의 실행행위에 나아간 때이다.
   > [2] 강간죄는 사람을 강간하기 위하여 피해자의 항거를 불능하게 하거나 현저히 곤란하게 할 정도의 폭행 또는 협박을 개시한 때에 그 실행의 착수가 있다고 보아야 할 것이지, 실제 간음행위가 시작되어야만 그 실행의 착수가 있다고 볼 것은 아니다. 유사강간죄의 경우도 이와 같다.

3. **'알코올 블랙아웃(black out)'과 의식상실(passing out)의 구별**
   [1] 피해자가 깊은 잠에 빠져 있거나 술·약물 등에 의해 일시적으로 의식을 잃은 상태 또는 완전히 의식을 잃지는 않았더라도 그와 같은 사유로 정상적인 판단능력과 대응·조절능력을 행사할 수 없는 상태에 있었다면 준강간죄 또는 준강제추행죄에서의 심신상실 또는 항거불능 상태에 해당한다.
   [2] 음주 후 준강간 또는 준강제추행을 당하였음을 호소한 피해자의 경우, 범행 당시 알코올이 위의 기억형성의 실패만을 야기한 알코올 블랙아웃 상태였다면 피해자는 기억장애 외에 인지기능이나 의식 상태의 장애에 이르렀다고 인정하기 어렵지만, 이에 비하여 피해자가 술에 취해 수면상태에 빠지는 등 의식을 상실한 패싱아웃 상태였다면 심신상실의 상태에 있었음을 인정할 수 있다. (2018도9781)

4. 강간죄는 피해자를 간음하기 위하여 피해자의 항거를 불능하게 하거나 현저히 곤란하게 할 정도의 폭행 또는 협박을 개시한 때에 그 실행의 착수가 있다고 보아야 할 것이고, 실제로 그와 같은 폭행 또는 협박에 의하여 피해자의 항거가 불능하게 되거나 현저히 곤란하게 되어야만 실행의 착수가 있다고 볼 것은 아니다. (2000도1253)

5. 강간죄의 객체는 모든 '사람'이므로 피해자가 13세 이상이라는 사실은 고의의 인식대상이 아니다.

6. 강제추행죄는 자수범이라고 볼 수 없으므로, 피해자를 도구로 삼아 피해자의 신체를 이용하여 추행행위를 한 경우에도 강제추행죄의 간접정범에 해당할 수 있다. (2016도17733) [변시 22]

7. **기습추행** | Keyword | 힘의 대소강약 불문

폭행행위 자체가 추행행위라고 인정되는 경우, 그 폭행은 반드시 상대방의 의사를 억압할 정도의 것임을 요하지 않고 상대방의 의사에 반하는 유형력의 행사가 있는 이상 **그 힘의 대소강약을 불문한다**(예 피해자와 춤을 추면서 피해자의 유방을 만진행위가 순간적인 행위에 불과하더라도 강제추행에 해당된다). (2001도2417)

8. **강제추행죄의 '폭행 또는 협박'의 의미** ★★★

강제추행죄의 '폭행 또는 협박'은 상대방의 항거를 곤란하게 할 정도로 강력할 것이 요구되지 아니하고, 상대방의 **신체에 대하여 불법한 유형력을 행사(폭행)**하거나 일반적으로 보아 상대방으로 하여금 **공포심을 일으킬 수 있는 정도의 해악을 고지(협박)**하는 것이라고 보아야 한다. (2018도13877)[3]

> **관련판례** [엘리베이터 사건] 피고인이 엘리베이터 안에서 피해자를 칼로 위협하는 등의 방법으로 꼼짝하지 못하도록 하여 자신의 실력적인 지배하에 둔 다음 자위행위 모습을 보여준 행위는 강제추행죄의 추행에 해당한다. (2009도13716)

9. [머리카락에 소변 → 추행 ○] 甲이 아파트 놀이터의 의자에 앉아 전화통화를 하고 있던 A의 뒤로 몰래 다가가 甲의 머리카락 및 옷 위에 소변을 본 경우 객관적으로 일반인에게 성적 수치심이나 혐오감을 일으키게 하고 선량한 성적 도덕관념에 반하는 행위로서 A의 성적 자기결정권을 침해하는 추행행위에 해당한다고 볼 여지가 있고, 행위 당시 甲이 이를 인식하지 못하였더라도 마찬가지이다. (2021도7538)

10. [피해자가 심신상실 상태에 있다고 인정되지 않은 경우] 피해자는 잠결에 자신의 바지를 벗기려는 피고인을 자신의 애인으로 착각하여 반항하지 않고 응함에 따라 피해자를 1회 간음한 경우 → 준강간죄 불성립 (98도4355) [변시 15]

---

3) [대판(전) 2023.9.21. 2018도13877] 피고인이 甲(여, 48세)에게 단순히 자신의 바지를 벗어 성기를 보여준 것만으로는 폭행 또는 협박으로 '추행'을 하였다고 볼 수 없으므로 강제추행죄가 성립하지 아니한다는 대판 2012.7.26. 2011도8805는 대판 2023.9.21. 2018도13877 전원합의체 판결에 의하여 폐기되었음에 유의하여야 한다.

11. **미성년자의제강간 · 강제추행죄**

간음을 함에 있어서 피해자에게 폭행 협박을 가하거나 피해자의 의사에 반하여야 하는 것은 아니며 피해자의 동의가 있어도 성립됨. (82도2183) [변시 16]

12. **미성년자의제강제추행죄의 주관적 구성요건요소**

① 주관적 구성요건요소는 고의만으로 충분하고, 그 외에 성욕을 자극 · 흥분 · 만족시키려는 주관적 동기나 목적까지 있어야 하는 것은 아니다. (2005도6791)

② 초등학교 4학년 담임교사(남자)가 교실에서 자신이 담당하는 반의 남학생의 성기를 '교육적 의도'로 만진 행위일지라도 이는 미성년자의제강제추행죄에서 말하는 '추행'에 해당한다. (2005도6791)

13. 피고인이 피해자를 폭행하여 비골 골절 등의 상해를 가한 다음 강제추행한 경우, 강제추행치상죄가 성립하지 아니한다. (2009도1934) [변시 14]

14. **미성년자 등에 대한 '위계'에 의한 간음죄에서 '위계'의 의미★★★**

Keyword 오 · 착 · 부 / 간음행위 자체 · 동기 · 금전적 · 비금전적 대가

행위자가 간음의 목적으로 피해자에게 **오인, 착각, 부지**를 일으키고 피해자의 심적상태를 이용하여 간음의 목적을 달성했다면 위계와 간음행위 사이의 인과관계를 인정할수 있고, 위계에 의한 간음죄가 성립한다. 한편 피해자가 오인, 착각, 부지에 빠지게되는 대상은 **간음행위 자체**일 수도 있고, 간음행위에 이르게 된 **동기**이거나 간음행위와 결부된 **금전적 · 비금전적 대가**와 같은 요소일 수도 있다. (2015도9436)

15. **성폭력범죄의 처벌 등에 관한 특례법 등에 관한 判例**

① [특수강도강간죄 부정] 강간범이 강간의 범행 후에 특수강도의 범의를 일으켜 그 부녀의 재물을 강취한 경우 (2001도6425)

> 비교판례 [특수강도강간죄 인정] 특수강간범이 강간행위 종료 전에 특수강도의 행위를 한 이후에 그 자리에서 강간행위를 계속한 경우 (2010도9630; 2010도3594; 88도1240) [변시 13 · 18 · 19]

② [합동에 의한 특수강간죄의 경우 책임 범위] 피고인들(甲을 포함하여 3인)이 피해자들(3인, 여고생)을 데리고 불과 100m 이내의 거리에 있는 곳으로 흩어져 동시 또는 순차적으로 피해자들을 각각 강간하였다면, 甲은 피해자 3명 모두에 대한 특수강간죄 등이 성립된다. (2004도2870) [변시 13]

③ [공중밀집장소에서의 추행행위에 해당] 다른 손님이 없어 한적해진 찜질방 수면실에서 옆에 누워 있던 피해자의 가슴 등을 손으로 만진 행위가 성폭법 제13조 공중밀집장소에서의 추행행위에 해당한다. (2009도5704) [변시 13]

④ [카메라 등 이용촬영죄의 기수] 카메라 등 기계장치를 이용하여 동영상 촬영이 이루어졌다면 범행은 촬영 후 일정한 시간이 경과하여 영상정보가 기계장치 내 주기억장치 등에 입력됨으로써 기수에 이르는 것이고, 촬영된 영상정보가 전자파일 등의 형태로 영구저

장되지 않은 채 사용자에 의해 강제종료되었다고 하여 미수에 그쳤다고 볼 수는 없다. (2010도10677)

⑤ **[카메라이용촬영죄의 촬영물에 해당하지 않는 경우]** 승낙을 받아 촬영한 영상물의 경우 (2009도7973)

⑥ **[군형법 위반죄 ×]** 군인이 사적 공간인 독신자 숙소에서 자유로운 의사로 합의에 따른 성행위를 한 사안으로 군인의 성적 자기결정권이라는 법익에 대한 침해는 물론, 군이라는 공동사회의 건전한 생활과 군기라는 법익에 대한 침해를 인정하기 어려운 경우까지 처벌대상으로 삼는 해석은 허용될 수 없다. (2019도3047)

⑦ **[카메라 등 이용촬영죄의 촬영에 해당하는 경우]** '엉덩이를 부각'하여 촬영한 경우, 성적 수치심을 유발할 수 있으므로, 카메라이용촬영죄가 성립한다. (2012도13203)

⑧ **[카메라이용촬영죄의 촬영에 해당하지 않는 경우]** 다만, 특별히 엉덩이를 부각하지 않고 일상복인 청바지를 입은 여성의 뒷모습 '전신'을 어느정도 떨어진 거리에서 촬영했을 뿐이라면, 성적수치심을 유발할 수 있는 경우에 해당한다고 단정하기 어려우므로, 카메라이용촬영죄가 성립하지 않는다. (2012도13203)

사례형 쟁점정리

실전연습 025 **위계 간음죄에서의 '위계'** *** [변시 23]

甲은 2014. 7. 중순경 스마트폰 채팅 애플리케이션을 통하여 알게 된 14세의 A에게 자신을 '고등학교 2학년생'이라고 거짓으로 소개하고 채팅을 통해 A와 사귀기로 하였다. 甲은 2014. 8. 초순경 A에게 '사실은 나(甲)를 좋아해서 스토킹하는 여성이 있는데, 나에게 집착을 해서 너무 힘들다. 죽고 싶다. 우리 그냥 헤어질까'라고 거짓말하면서 '스토킹하는 여성을 떼어내려면 나의 선배와 성관계하면 된다'는 취지로 이야기하였다. A는 甲과 헤어지는 것이 두려워 甲의 제안을 승낙하였고, 甲은 마치 자신이 甲의 선배인 것처럼 행세하며 A를 간음하였다. 이 경우 甲의 죄책을 논하시오. (단, 특별형법이 문제될 경우 특별형법위반죄도 논할 것.)

1. 논점

甲이 A에게 자신의 선배와 성관계를 하는 것만이 甲을 스토킹하는 여성을 떼어내고 甲과 연인관계를 지속할 수 있는 방법이라고 오인하게 하여 선배로 가장한 甲과 성관계를 하게 한 점에 대하여 아동·청소년의 성보호에 관한 법률위반(위계등간음)죄 (이하 '청소년성보호법'이라 한다)가 성립할 수 있는지 문제된다.

2. 청소년성보호법위반죄의 성립여부

(1) 청소년성보호법위반죄의 성립요건

위계로써 아동·청소년을 간음하면 청소년성보호법위반죄가 성립한다(제7조 제5항). 청소년성보호법위반죄가 성립하려면 13세 이상 19세 미만의 피해 아동·청소년을 위계로써 간음해야 한다. 사안의 경우 A는 14세로서 청소년성보호법상 아동·청소년에 해당하고, 甲이 A를 간음한 사실은 인정되나, 위계에 의한 간음인지 문제된다.

(2) '위계의 의미'

상대방에게 오인, 착각, 부지를 일으키고는 상대방의 그러한 심적 상태를 이용하여 간음의 목적을 달성하는 것을 말하고, **여기에서 오인, 착각, 부지란 간음행위 자체에 대한 오인, 착각, 부지를 말하는 것**이지, 간음행위와 불가분적 관련성이 인정되지 않는 다른 조건에 관한 오인, 착각, 부지를 가리키는 것은 아니라고 보아야 한다는 견해가 있다(변경 전 판례의 입장).

그러나, 성폭력범행에 특히 취약한 사람을 보호하고 행위자를 강력하게 처벌하려는 입법 태도에 비추어 행위자가 간음의 목적으로 피해자에게 오인, 착각, 부지를 일으키는 대상은 **간음행위 자체**일 수도 있고, **간음행위에 이르게 된 동기**이거나 **간음행위와 결부된 금전적·비금전적 대가**와 같은 요소일 수도 있다고 보는 것이 타당하다(대판 : 2015도9436).

(3) 검토 및 소결

왜곡된 성적 결정으로 성행위를 하였다면 **왜곡이 발생한 지점이 성행위 그 자체인지 성행위에 이르게 된 동기인지는 핵심적인 부분으로 볼 수 없으므로** 변경된 판례의 입장은 타당하다.

사안의 경우 A는 甲에게 속아 자신이 甲의 선배와 성관계를 하는 것만이 甲을 스토킹하는 여성을 떼어내고 甲과 연인관계를 지속할 수 있는 방법이라고 오인하여 甲의 선배로 가장한 甲과 성관계를 하였는바 A가 위와 같은 오인에 빠지지 않았다면 甲과의 성행위에 응하지 않았을 것이므로 甲은 간음의 목적으로 A에게 오인, 착각, 부지를 일으키고 A의 그러한 심적 상태를 이용하여 A를 간음한 것이므로 이러한 甲의 간음행위는 위계에 의한 것이다.

3. 결론

甲에게는 청소년성보호법위반(위계등간음)죄가 성립한다.

주거침입등강간죄의 실행의 착수시기*** [변시 21]

> 甲은 주점에서 술을 마시던 중 화장실을 간다고 하여 자신을 남자화장실 앞까지 부축해준 A를 그 주점의 여자화장실로 항거가 현저히 곤란하게 할 정도로 반항을 억압한 채 끌고 가 여자화장실의 문을 잠근 후 강제로 입맞춤을 하고, 이에 A가 저항하자 A를 여자화장실 용변 칸으로 밀어 넣고 유사강간하려고 하였으나 실패하였다. 甲에게 성폭력범죄의 처벌 등에 관한 특례법 위반(주거침입유사강간)죄가 성립할 수 있는지 논하시오. (주거침입은 성립된다고 가정하고, 기타 범죄는 논외로 함.)

1. 결론

甲에게는 성폭력범죄의 처벌 등에 관한 특례법 위반(주거침입유사강간)죄가 성립할 수 없다.

2. 논거 Keyword 신분범 / 폭행 또는 협박 개시가 실행의 착수

주거침입강간죄 등은 사람의 주거 등을 침입한 자가 피해자를 간음, 강제추행 등 성폭력을 행사한 경우에 성립하는 것으로서, 주거침입죄를 범한 후에 사람을 강간하는 등의 행위를 하여야 하는 **일종의 신분범**이고, **선후가 바뀌어 강간죄 등을 범한 자가 그 피해자의 주거에 침입한 경우에는 이에 해당하지 않고 강간죄 등과 주거침입죄 등의 실체적 경합범**이 된다. 그 실행의 착수시기는 주거침입 행위 후 강간죄 등의 실행행위에 나아간 때이다. 한편, 강간죄는 사람을 강간하기 위하여 피해자의 항거를 불능하게 하거나 현저히 곤란하게 할 정도의 **폭행 또는 협박을 개시**한 때에 그 **실행의 착수**가 있다. 유사강간죄의 경우도 이와 같다(대판 : 2020도17796).

사안의 경우 甲이 A를 화장실로 끌고 들어갈 때 이미 A에게 유사강간 등의 성범죄를 의욕하였다고 보이고, 또한 甲이 A의 반항을 억압한 채 A를 억지로 끌고 여자화장실로 들어가게 한 것은 유사강간을 위하여 A의 항거를 불능하게 하거나 현저히 곤란하게 할 정도의 폭행 또는 협박을 개시한 경우에 해당한다.

이는 **甲이 여자화장실에 들어가기 전에 이미 유사강간죄의 실행행위를 착수한 경우에 해당**하므로 먼저 주거침입죄를 범한 후 유사강간 행위에 나아갈 때 비로소 성립되는 성폭력범죄의 처벌 등에 관한 특례법위반(주거침입유사강간)죄를 범할 수 있는 지위 즉, '주거침입죄를 범한 자'에 해당되지 아니하고 따라서 강간죄 등과 주거침입죄 등의 실체적 경합범으로 처벌할 수 있음은 별론으로 하더라도 **성폭력범죄의 처벌 등에 관한 특례법 위반(주거침입유사강간)죄는 성립할 수 없다.**

(1) 甲은 2022. 4. 4. 19:20경 피해자 A녀(17세)를 강간하기로 마음먹고 입막음용 청테이프를 소지하고 A를 뒤따라가 A의 주거지인 X아파트 7동에 들어간 다음 1층 계단을 오르는 A의 뒤에서 자기의 휴대폰으로 A의 교복 치마 안쪽을 사진 찍고 난 후 갑자기 치마 안으로 손을 넣다가 누군가가 오는 발자국 소리를 듣고 황급히 그 자리를 떠나갔다.
(2) 甲은 2022. 4. 4. 22:30경에 Y아파트 인근에서 피해자 B녀(17세)를 발견하고서 추행하기로 마음먹고 B를 뒤따라 Y아파트 상가 1층에 들어가, 그곳에서 엘리베이터를 기다리는 B의 뒤에서 갑자기 B의 교복 치마 안으로 손을 넣어 B의 음부를 만졌다.
사실관계 (1) ~ (2)에서 甲의 죄책은?　　　　　　【23년 법전협 제2차 모의고사 제1문】

I. 논점

ⅰ) 사실관계 (1)에서 甲이 A에 대한 강간의 고의로 X아파트에 들어가 A의 치마 안쪽을 찍고 치마 안으로 손을 넣으려고 한 행위에 대하여 주거침입죄, 성폭력범죄의 처벌 등에 관한 특례법(이하 '성폭법'이라 한다)상 주거침입등강간죄, 카메라등이용촬영죄가 성립할 수 있는지,

ⅱ) 사실관계 (2)에서 甲이 미성년자인 B에 대한 추행의 고의로 B를 따라가 Y아파트 상가 1층에 들어가 B의 음부를 만진 행위에 대하여 건조물침입죄, 성폭법상 건조물침입강제추행죄, 아동 · 청소년의 성보호에 관한 법률(이하 '청소년성보호법'이라 한다)상 아동 · 청소년강제추행죄가 성립할 수 있는지 각 문제된다.

Ⅱ. 사실관계 (1)에 대한 甲의 죄책

1. 주거침입죄 성립여부

사람의 주거에 침입하면 주거침입죄가 성립하는데(제319조 제1항), 다가구용 단독주택이나 다세대주택 · 연립주택 · **아파트와 같은 공동주택 내부의 엘리베이터, 공용 계단, 복도 등 공용 부분도 그 거주자들의 사실상 주거의 평온을 보호할 필요성이 있어 주거침입죄의 객체인 '사람의 주거'에 해당**한다. 주거침입죄는 사실상 주거의 평온을 보호법익으로 한다. 주거침입죄의 구성요건적 행위인 침입은 주거침입죄의 보호법익과의 관계에서 해석하여야 하므로, **침입이란 거주자가 주거에서 누리는 사실상의 평온상태를 해치는 행위태양으로 주거에 들어가는 것을** 의미하고, 침입에 해당하는지 여부는 출입 당시 객관적 · 외형적으로 드러난 행위태양을 기준으로 판단함이 원칙이다(대판 : 2021도15507).

X아파트의 내부는 위요지인 주거로서 사실상 주거의 평온을 보호할 필요성이 있으므로 사안에서 甲이 A를 강간하기 위해 X아파트에 들어간 것은 침입에 해당하고 주거침입죄가 성립한다(제319조 제1항).

2. 성폭법위반(주거침입강간죄)죄 성립여부

(1) 문제점

주거침입죄를 범한 사람이 강간죄를 범한 경우 성폭법위반(주거침입강간죄)가 성립한다 (성폭법 제3조 제1항). 사안에서 甲이 주거침입죄를 범했음은 분명하므로 본죄의 실행의 착수를 인정하여 주거침입강간죄가 성립할 수 있는지 문제된다.

(2) 성폭법위반(주거침입강간)죄의 성립여부

주거침입강제추행죄 및 주거침입강간죄 등은 사람의 주거 등을 침입한 자가 피해자를 간음, 강제추행 등 성폭력을 행사한 경우에 성립하는 것으로서, **주거침입죄를 범한 후에 사람을 강간하는 등의 행위를 하여야 하는 일종의 신분범**이고, 선후가 바뀌어 강간죄 등을 범한 자가 그 피해자의 주거에 침입한 경우에는 이에 해당하지 않고 강간 죄 등과 주거침입죄 등의 실체적 경합범이 된다. 그 **실행의 착수시기는 주거침입 행위 후 강간죄 등의 실행행위에 나아간 때이다.** 그리고 **강간죄는 사람을 강간하기 위하여 피해자의 항거를 불능하게 하거나 현저히 곤란하게 할 정도의 폭행 또는 협박을 개시한 때에 그 실행의 착수가 있다고 보아야 할 것이지**, 실제 간음행위가 시작되어야만 그 실행의 착수가 있다고 볼 것은 아니다(대판 : 2020도17796).

<u>사안에서 甲은 강간의 고의로 X아파트에 침입하였으므로 일응 주거침입강간죄의 신분 범의 표지를 갖추었다. 다만, "치마 안으로 손을 넣는 행위"는 A의 항거를 불능하게 하 거나 현저히 곤란하게 할 정도에 이른 것으로 볼 수 없으므로 강간의 실행의 착수로 볼 수 없다.</u> 따라서 甲에게 주거침입강간죄는 성립하지 않는다. 다만, 청테이프를 준비하 는 등 주거침입강간죄의 예비행위를 인정할 수 있으므로 성폭법위반(주거침입강간)죄의 예비죄가 성립한다(성폭법 제15조의2). 한편, A는 미성년자로서 청소년성보호법이 적용 될 수 있으나 성폭법 제2조 제2항의 취지에 따라 성폭법위반(주거침입강간죄)죄만이 성 립한다.[4]

3. 성폭법위반(카메라촬영이용죄)죄 성립여부

甲이 휴대전화를 이용하여 A의 교복치마 안쪽을 찍은 행위는 카메라를 이용하여 성적 욕망 또는 수치심을 유발할 수 있는 사람의 신체를 촬영대상자의 의사에 반하여 촬영 한 경우에 해당하므로 성폭법위반(카메라이용촬영)죄가 성립된다(성폭법 제14조 제1항).[5]

---

4) 청소년성보호법 제7조 제1항 및 동조 제6항(예비규정)에 따라 청소년강간죄(무기 또는 5년이상의 징역)가 성립할 수 있으나, 성폭법 제2조 제2항의 규정에 따라(제1항 각 호의 범죄로서 다른 법률 에 따라 가중처벌 되는 죄는 성폭력범죄로 본다) 무기 또는 7년 이상의 징역을 규정한 성폭법위반 (주거침입강간)죄만이 성립한다.

5) 변호사시험에서는 시간이 절대적으로 부족할 것이다. 따라서 이와 같이 구성요건에 바로 사안을 대입하여 포섭하는 것도 시간 절약을 위한 하나의 방법이 될 것이다. 점수 배점에는 차이가 없다.

Ⅲ. 사실관계 (2)에 대한 甲의 죄책

1. 건조물침입죄 성립여부

관리하는 건조물에 침입하면 건조물침입죄가 성립한다(제319조 제1항). **'침입'이란 주거의 사실상 평온상태를 해치는 행위태양으로 주거에 들어가는 것을 의미하므로 일반적으로 출입이 허용되어 개방된 건조물에 관리자의 출입 제한이나 제지가 없는 상태에서 통상적인 방법으로 들어갔다면**, 사실상의 평온상태를 해치는 행위 태양으로 그 건조물에 들어갔다고 볼 수 없으므로 건조물침입죄에서 규정하는 침입행위에 해당하지 않는다. 설령 **행위자가 범죄 등을 목적으로 음식점에 출입하였거나** 영업주가 행위자의 실제 출입 목적을 알았더라면 출입을 승낙하지 않았을 것이라는 **사정이 인정되더라도 그러한 사정만으로는 출입 당시 객관적 · 외형적으로 드러난 행위태양에 비추어 사실상의 평온상태를 해치는 방법으로 음식점에 들어갔다고 평가할 수 없으므로 침입행위에 해당하지 않는다**(대판(전) : 2017도18272; 대판 : 2022도3801).

사안에서 비록 甲은 B를 추행하기 위한 범죄목적으로 Y아파트 상가 1층에 들어갔으나 객관적 · 외형적으로 드러난 행위태양에 비추어 통상적인 방법으로 출입한 것이므로 침입에 해당하지 않고 따라서 건조물침입죄가 성립하지 않는다(제319조 제1항).

2. 성폭법위반(건조물침입강제추행)죄 및 청소년성보호법위반(미성년자강제추행죄)죄의 성립여부

앞서 살핀 바와 같이 <u>甲에게 건조물침입죄가 성립하지 않는 이상 신분범인 성폭법위반(건조물침입강제추행)죄도 성립할 수 없고, 최근 선고된 헌법재판소의 위헌결정에 의하더라도 성폭법 제3조 제1항 주거침입강제추행죄는 성립할 수 없다.</u>[6]

다만, 甲은 청소년인 B의 치마 안으로 손을 넣어 B의 음부를 만졌으므로 청소년성보호법위반(청소년강제추행)죄가 성립한다(청소년성보호법 제7조 제3항).

Ⅳ. 결론

① 甲은 사실관계 (1)에 대하여 주거침입죄, 성폭법상 주거침입강간예비 및 카메라촬용이용죄가, ② 사실관계 (2)에 대하여 청소년성보호법상 청소년강제추행죄가 각 성립한다.

---

[6] 최근 헌법재판소는 2023.2.23. 2021헌가9 등 병합결정에서 성폭력범죄의 처벌 등에 관한 특례법(2020. 5. 19. 법률 제17264호로 개정된 것) 제3조 제1항 중 '형법 제319조 제1항(주거침입)의 죄를 범한 사람이 같은 법 제298조(강제추행), 제299조(준강제추행) 가운데 제298조의 예에 의하는 부분의 죄를 범한 경우에는 무기징역 또는 7년 이상의 징역에 처한다.'는 부분은 헌법에 위반된다는 하여 위헌결정을 하였다.

제3장 | 명예와 신용에 대한 죄

01 명예에 관한 죄

선택형 핵심지문

1. 국가나 지방자치단체는 국민에 대한 관계에서 형벌의 수단을 통해 보호되는 외부적 명예의 주체가 될 수는 없고, 따라서 명예훼손죄나 모욕죄의 피해자가 될 수 없다. (2014도15290)

2. 서울시민 또는 경기도민이라 함과 같은 막연한 표시에 의해서는 명예훼손죄를 구성하지 아니한다.

3. **명예훼손죄의 고의**
   ① **[미필적 고의로 可]** 전파 가능성을 이유로 명예훼손죄의 공연성을 인정하는 경우 적어도 범죄구성요건의 주관적 요소로서 미필적 고의가 필요하므로, 전파가능성에 대한 인식이 있음은 물론, 나아가 그 위험을 용인하는 내심의 의사가 있어야 한다. (2016도21547)

   ② 진위확인 목적시 고의 부정
   [1] 불미스러운 소문의 진위를 확인하고자 질문을 하는 과정에서 타인의 명예를 훼손하는 발언을 한 경우, 명예훼손의 고의를 인정할 수 없다.
   [2] 甲이 마트영업을 시작하면서 乙을 점장으로 고용하여 관리를 맡겼는데, 재고조사 후 일부 품목과 금액의 손실이 발견되자 乙을 의심하여 마트 관계자들을 상대로 乙의 비리 여부를 확인하던 중 乙이 납품업자들로부터 입점비를 받았다는 이야기를 듣고 마트에 아이스크림을 납품하는 업체직원을 사무실로 불러 진위를 확인한 경우 (2018도4200) ➡ 피고인에게 명예훼손의 고의를 인정하기 어렵고, 피고인에게 전파가능성에 대한 인식과 위험을 용인하는 내심의 의사가 있었다고 보기도 어렵다.

   > **동지판례** 회의 자리에서 상급자로부터 책임을 추궁당하며 질문을 받게 되자 이에 대답하는 과정에서 타인의 명예를 훼손하는 듯한 사실을 발설한 경우 (2021도17744)

4. **공연성이 인정**
   ① 개인 블로그 비공개 대화방에서 상대방과 일대일로 대화한 경우 (2007도8155) [변시 16 · 23]
   ② 명예훼손죄는 '추상적 위험범'이므로, 특정인의 사회적 평가를 침해할 위험이 발생

한 것으로 족하고, 다수의 사람에게 사실을 적시한 경우뿐만 아니라 소수의 사람에게 발언했다 하더라도 그로 인해 불특정 또는 사인이 인식할 수 있는 상태를 초래한 경우 공연히 발언한 것으로 해석할 수 있다. → **구체적 위험범** × (2020도5813) [변시 23]

5. 공연성이 부정

① 어느 사람에게 귀엣말 등 그 사람만 들을 수 있는 방법으로 그 사람 본인의 사회적 가치 및 평가를 떨어뜨릴 만한 사실을 이야기한 경우 (2004도2880) [변시 23]

② 기자가 취재를 한 상태에서 아직 기사화하여 보도하지 아니한 경우 (99도5622) [변시 23]

6. 제307조 제1항의 '사실'의 의미

① 제307조 제1항의 '사실'은 제2항의 '허위의 사실'과 반대되는 '진실한 사실'을 말하는 것이 아니라 가치판단이나 평가를 내용으로 하는 '의견'에 대치되는 개념이다. (2016도18024) [변시 21]

② 목사가 예배 중 특정인을 가리켜 "이단 중에 이단이다" 라고 설교한 부분이 명예훼손죄에서 말하는 '사실의 적시'에 해당하지 않는다. (2007도1220; 97도2956)

③ 장래의 일을 적시하더라도 그것이 과거 또는 현재의 사실을 기초로 하거나 이에 대한 주장을 포함하는 경우에는 명예훼손죄가 성립한다. (2002도7420) [변시 16]

7. 비록 허위의 사실을 적시하였더라도 그 허위의 사실이 특정인의 사회적 가치 내지 평가를 침해할 수 있는 내용이 아니라면 형법 제307조 소정의 명예훼손죄는 성립하지 않는다. (2009도6687; 93도696)

8. 보도 내용에 암시된 사실 자체가 허위라면 그에 관한 소문 등이 있다는 사실 자체는 진실이라 하더라도 허위의 사실을 적시한 것으로 보아야 한다. (2007도5312)

9. [제310조의 증명책임, 증명의 방법] 형법 제310조의 위법성 조각 요건은 행위자가 증명하여야 하는 것이나, 그 증명은 유죄의 인정에 있어 요구되는 것과 같이 법관으로 하여금 의심할 여지가 없을 정도의 확신을 가지게 하는 증명력을 가진 엄격한 증거에 의하여야 하는 것은 아니다. → **입증 책임의 전환** (95도1473) [변시 21]

10. [오상명예훼손의 법적 효과] 일부 허위사실이 포함된 신문 기사를 보도한 경우일지라도 기사작성의 목적이 공공의 이익에 관한 것이고 그 기사내용을 작성자가 진실하다고 믿었으며 그와 같이 믿은 데에 객관적인 상당한 이유가 있는 경우에는 진실한 것이라는 증명이 없다고 할지라도 위법성이 없다. (94도3191) [변시 16]

11. 출판물에 의한 명예훼손

① [제309조 제1항 소정의 '기타 출판물' ×] 컴퓨터 워드프로세서로 작성되어 프린트된 A4 용지 7쪽 분량의 인쇄물 (99도3048) [변시 15]

② 출판물에 의한 명예훼손죄간접정범

i) [성립] 허위의 기사를 기자에게 제보하여 보도하게 한 경우 (2009도8949)

ii) [불성립] 허위의 기사를 기사의 취재 · 작성과 직접적인 연관이 없는 자(예 국회의원)에게 제보하였으나 우연한 발표로 보도된 경우 (2000도3045)

③ 적시한 사실이 공공의 이익에 관한 것인 경우에는 특별한 사정이 없는 한 비방할 목적
은 부인된다고 봄이 상당하므로 출판물의 적시사실이 공공의 이익에 관한 것인 경우 제
307조 제1항 및 제310조 적용可* ➡ 비방목적과 공공의 이익은 비양립적 관계 (2003도6036)
[변시 12 · 21 · 23]

12. 모욕죄

① **[아이 씨발 ➡ 모욕×]** 피고인이 택시 기사와 요금 문제로 시비가 벌어져 112 신고를 한
후, 신고를 받고 출동한 경찰관 갑에게 늦게 도착한 데 대하여 항의하는 과정에서 "아
이 씨발!"이라고 말하였더라도, 이를 모욕적 언사에 해당한다고 단정하기 어렵다. (2015
도6622)

② **[전파공연성 O]** [1] 개별적으로 소수의 사람에게 사실을 적시하였더라도 그 상대방이
불특정 또는 다수인에게 적시된 사실을 전파할 가능성이 있는 때에는 공연성이 인정된
다는 종전 대법원의 일관된 판시를 재확인하였고, 이러한 법리는 모욕죄에도 동일하게
적용된다.
[2] 피고인들이 자신들의 주거지인 아파트에서 위층에 사는 피해자가 손님들을 데리고
와 시끄럽게 한다는 이유로 그 음향이 거실에 울려 퍼지는 인터폰으로 피해자에게 전화
하여 손님과 그 자녀들이 듣고 있는 가운데 욕설을 하여 피해자를 모욕한 사안 (2021도
15122)

③ **[전파가능성 미필적 고의 ×]** 친밀하고 사적인 관계뿐만 아니라 공적인 관계에서도 조직
등의 업무와 관련하여 사실의 확인 또는 규명 과정에서 발언하게 된 것이거나, 상대방
의 가해에 대하여 대응하는 과정에서 발언하게 된 경우와 수사 · 소송 등 공적인 절차에
서 당사자 사이에 공방을 하던 중 발언하게 된 경우 등이라면 발언자의 **전파가능성에
대한 인식과 위험을 용인하는 내심의 의사를 인정하는 것은 신중하여야 한다.**
(2020도8336)

> **판결이유** 빌라를 관리하고 있는 피고인들이 빌라 아랫집에 거주하는 甲으로부
> 터 누수 문제로 공사 요청을 받게 되자, 甲과 전화통화를 하면서 빌라를 임차하
> 여 거주하고 있는 피해자들에 대하여 누수 공사 협조의 대가로 과도하고 부당한
> 요구를 하거나 막말과 욕설을 하였다는 취지로 발언하고, '무식한 것들', '이중인
> 격자' 등으로 말하여 명예훼손죄와 모욕죄로 기소된 사안

④ 모욕의 수단과 방법에는 제한이 없으므로 언어적 수단이 아닌 비언어적 · 시각적 수단
만을 사용하여 표현을 하더라도 그것이 사람의 사회적 평가를 저하시킬 만한 추상적 판
단이나 경멸적 감정을 전달하는 것이라면 모욕죄가 성립한다. (2022도4719)[1]

---

1) 피고인이 자신의 유튜브 채널에 甲의 방송 영상을 게시하면서 甲의 얼굴에 '개' 얼굴을 합성하는
방법으로 甲을 모욕하였다는 내용으로 기소된 사안에서, 원심판단 중 피고인이 甲을 '개'로 지칭하
지는 않은 점 및 효과음, 자막을 사용하지 않았다는 사정을 무죄의 근거로 든 것은 적절하지 않으
나, 영상의 전체적인 내용을 살펴볼 때, 피고인이 甲의 얼굴을 가리는 용도로 동물 그림을 사용하
면서 甲에 대한 부정적인 감정을 다소 해학적으로 표현하려 한 것에 불과하다고 볼 여지도 상당하

⑤ 인터넷 신문사 소속 기자 甲이 작성한 기사가 인터넷 포털 사이트의 '핫이슈' 난에 게재되자, 피고인이 "이런걸 기레기라고 하죠?"라는 댓글을 게시함으로써 공연히 甲을 모욕하였다는 내용으로 기소된 사안에서, '기레기'는 모욕적 표현에 해당하나, 댓글의 내용, 작성 시기와 위치, 위 댓글 전후로 게시된 다른 댓글의 내용과 흐름 등을 종합하면, 위 댓글을 작성한 행위는 사회상규에 위배되지 않는 행위로서 형법 제20조에 의하여 위법성이 조각된다. (2017도17643) → '기레기'는 모욕적 표현에 해당함에 유의

> **동지판례** 피고인이 자신의 페이스북에 甲에 대한 비판적인 글을 게시하면서 "철면피, 파렴치, 양두구육, 극우부패세력"이라는 표현을 사용하여 甲을 모욕하였다는 내용으로 기소된 사안에서, 피고인이 사용한 위 표현이 모욕적 표현으로서 모욕죄의 구성요건에는 해당하나, 제반 사정을 종합할 때 피고인이 甲의 공적 활동과 관련한 자신의 의견을 담은 게시글을 작성하면서 위 표현을 한 것은 사회상규에 위배되지 않는 행위로서 위법성이 조각된다고 볼 여지가 크다. (2020도16897) → '철면피, 파렴치, 양두구육, 극우부패세력'은 모욕적 표현에 해당함에 유의

> **동지판례** 지역버스노동조합 조합원인 피고인이 자신의 페이스북에 집회 일정을 알리면서 노동조합 집행부인 피해자 甲과 乙을 지칭하며 "버스노조 악의 축, 甲과 乙 구속수사하라!!"라는 표현을 적시하여 피해자들을 모욕하였다는 내용으로 기소된 사안에서, 위 표현이 피해자들의 사회적인 평가를 저해시킬 만한 경멸적인 표현에 해당하는 것으로 보이지만, 제반 사정을 종합할 때 피고인이 노동조합 집행부의 공적 활동과 관련한 자신의 의견을 담은 게시글을 작성하면서 그러한 표현을 한 것은 사회상규에 위배되지 않는 정당행위로서 위법성이 조각된다고 볼 여지가 크다. (2019도14421) → '악의 축'은 모욕적 표현에 해당함에 유의

> **비교판례** 피고인들이 소속 노동조합 위원장 甲을 '어용', '앞잡이' 등으로 지칭하여 표현한 현수막, 피켓 등을 장기간 반복하여 일반인의 왕래가 잦은 도로변 등에 게시한 사안에서, '어용'이란 자신의 이익을 위하여 권력자나 권력 기관에 영합하여 줏대 없이 행동하는 것을 낮잡아 이르는 말, '앞잡이'란 남의 사주를 받고 끄나풀 노릇을 하는 사람을 뜻하는 말로서 언제나 위 표현들이 지칭된 상대방에 대한 모욕에 해당한다거나 사회상규에 비추어 허용되지 않는 것은 아니지만, 제반 사정에 비추어 피고인들의 위 행위는 甲에 대한 모욕적 표현으로서 사회상규에 위배되지 않는 행위로 보기 어렵다. (2016도88) → 정당행위로 인정되지 않았음에 유의

> **비교판례** 피고인이 인터넷 포털사이트 뉴스 댓글난에 연예인인 피해자를 '국민호텔녀'로 지칭하는 댓글을 게시하여 모욕죄로 기소된 사안에서, '국민호텔녀'라는 표현은 피해자의 사생활을 들추어 피해자가 종전에 대중에게 호소하던 청순한

므로 모욕적 표현을 한 경우에 해당한다고 단정하기 어렵다.

이미지와 반대의 이미지를 암시하면서 피해자를 성적 대상화하는 방법으로 비하하는 것으로서 여성 연예인인 피해자의 사회적 평가를 저하시킬 만한 모멸적인 표현으로 평가할 수 있고, 정당한 비판의 범위를 벗어난 것으로서 정당행위로 보기도 어렵다고 한 사례 (2017도19229) ➜ 정당행위로 인정되지 않았음에 유의

사례형 쟁점정리

CASE 쟁점 070 전파성이론의 인정여부★★★

이혼소송 계속 중인 甲(女)이 남편의 친구 B에게 서신을 보내면서 남편 A의 명예를 훼손하는 문구가 기재된 서신을 동봉한 경우 명예훼손죄의 공연성을 인정할 수 있는지 논하시오.

1. 논점

공연성이란 불특정 또는 다수인이 인식할 수 있는 상태를 의미한다(판례, 통설). 그런데 '인식할 수 있는 상태'의 의미가 무엇인지가 문제된다.

2. 학설

불특정인 또는 다수인이 '직접' 인식할 수 있는 상태에서 사실을 적시한 경우에 공연성을 인정할 수 있다는 견해가 있다(통설).

3. 判例

개별적으로 한사람에 대하여 사실을 유포하였다고 하더라도 그로부터 불특정 또는 다수인에게 전파될 가능성이 있다면 공연성의 요건을 충족하지만 이와 달리 전파될 가능성이 없다면 공연성을 결한다고 판시했다(대판 : 99도5622).

4. 검토 (판례지지)

명예훼손죄의 구성요건인 공연성은 불특정 또는 다수인이 인식할 수 있는 상태를 의미하고, 비록 개별적으로 한 사람에 대하여 사실을 유포하였다고 하더라도 그로부터 불특정 또는 다수인에게 전파될 가능성이 있다면 공연성의 요건을 충족하지만 이와 달리 전파될 가능성이 없다면 특정한 한 사람에 대한 사실의 유포는 공연성을 인정할 수 없다고 보는 것이 타당하다.

5. 결론

사안에서 편지의 수취인인 B가 명예훼손의 피해자인 A와 친구관계에 있다는 점을 고려하면 편지의 내용이 타에 전파할 가능성이 있다고 보기 어려우므로 명예훼손죄의 구성요건인 공연성이 인정되지 않는다.

장래의 일의 적시가 사실의 적시가 될 수 있는지 여부*

> 甲은 경찰관인 A를 상대로 직무유기 등의 사유로 경찰에 진정을 제기한 바 있었으나 진정한 사건이 혐의가 인정되지 않아 내사종결 처리되자 며칠 후 경북도청 2층 감사관 사무실에서 공무원 등 6명이 듣고 있는 가운데 "사건을 조사한 경산경찰서 경찰관인 B가 내일부로 대구지방검찰청에서 구속영장이 떨어진다."고 소리쳤다. 甲에게 명예훼손죄가 성립할 수 있는지를 논하시오.

1. 논점

甲이 "사건을 조사한 경찰관 A가 내일부로 검찰청에서 구속영장이 떨어진다."고 말한 것이 명예훼손죄가 성립할 수 있는지 문제된다.

2. 명예훼손죄의 성립요건

형법 제307조 제2항에 의하면 공연히 허위의 사실을 적시하여 사람의 명예를 훼손한 경우 명예훼손죄가 성립한다.

여기의 '공연히'라 함은 불특정 또는 다수인이 인식할 수 있는 상태를 의미한다. 사안에서 甲은 공무원 등 6명이 듣고 있는 가운데 일정한 내용을 언급하였으므로 '공연성'의 요건은 구비하였다고 보여진다.

한편 '사실의 적시'에서 적시의 대상이 되는 사실이란 현실적으로 발생하고 증명할 수 있는 과거 또는 현재의 사실을 말하며, 가치판단이나 평가를 내용으로 하는 의견표현은 이에 해당하지 아니한다.

따라서 장래의 일을 적시하는 것은 의견진술에 불과하여 사실의 적시라고 할 수 없다. 다만 장래의 일을 적시하더라도 그것이 과거 또는 현재의 사실을 기초로 하거나 이에 대한 주장을 포함하는 경우에는 사실의 적시에 해당한다(대판 : 2002도7420). [변시 16]

3. 甲의 행위가 사실의 적시에 해당하는지 여부

사안에서 甲은 경찰관인 A를 상대로 직무유기 등의 사유로 경찰에 진정을 제기한 바 있었다는 점을 고려하면 "사건을 조사한 경찰관이 내일부로 검찰청에서 구속영장이 떨어진다."고 말한 것은 단순히 甲의 희망이나 의견진술 또는 가치판단을 나타낸 것에 불과하다고 볼 수 없고 경찰관 A에 대한 사건이 수사 중이라거나 검사가 구속영장을 청구하였다는 현재의 사실을 기초로 하거나 이에 대한 주장을 포함하고 있다고 할 것이므로 이는 명예훼손죄에 있어서의 사실의 적시에 해당한다고 할 것이다.

결국 甲은 내사종결된 사건에 대하여 위와 같은 허위사실을 적시하여 A에 대한 명예를 훼손한 것이므로 제307조 제2항의 명예훼손죄가 성립한다.

4. 결론

甲은 제307조 제2항의 명예훼손죄의 죄책을 진다.

적시 사실의 진실성에 대한 착오** [변시 13 · 16]

> 기자 甲은 제보를 받고 강원도 화천군 소재 G산업의 부당노동행위 등의 기사를 작성
> 하여 공익을 위하여 신문에 보도하였다. 그런데 제보된 내용은 허위였고 甲은 마감시
> 간에 쫓겨 사실관계를 확인함이 없이 보도하였음이 밝혀졌다. 甲의 착오의 법적효과
> 를 논하시오.

1. 논점

허위의 사실을 진실로 오인하고 공익을 위하여 명예를 훼손한 경우 제310조와 관
련하여 어떠한 법적 효과를 인정할 것인지 견해의 다툼이 있다.

2. 학설[2]

(1) 위법성조각사유의 전제사실에 대한 착오로 보는 견해

제310조는 위법성조각사유를 규정한 것이므로 적시한 사실의 진실성 및 공익성은
위법성조각사유의 전제사실에 해당하고 이에 대한 착오는 위법성조각사유의 전제
사실에 대한 착오의 문제로 취급해야 한다는 견해이다.

다만, ⅰ) 법효과제한적 책임설에 따르면 제307조 제1항의 구성요건해당성 및 위법
성은 인정되지만, 고의책임이 조각되어 과실범의 성부가 문제된다. 그러나 명예훼
손죄는 과실범의 처벌규정이 없으므로 무죄가 된다.

ⅱ) 유추적용설은 위법성조각사유의 전제사실에 대한 착오의 경우 구성요건착오의
규정을 유추적용하여 구성요건착오와 동일한 효과를 인정한다. 따라서 제307조 제
1항의 범죄에 대한 구성요건적 고의를 인정하지 않으므로 과실범의 성부가 문제된
다. 그러나 명예훼손죄는 과실범의 처벌 규정이 없으므로 무죄가 된다.

ⅲ) 엄격책임설에 따르면 제307조 제1항의 구성요건해당성 및 위법성이 인정되며
오인에 정당한 이유가 인정되지 않으면 제307조 제1항의 죄가 성립하고 오인에 정
당한 이유가 인정되면 책임이 조각되어 무죄가 된다.

(2) 허용된 위험의 법리 원용설[3]

성실한 검토의무를 제310조의 적용에 필요한 특별한 주관적 정당화요소로 파악하
고, 이러한 검토의무를 성실히 이행하였다면 진실성에 대해 착오를 일으켰을지라도
행위반가치가 탈락하여 위법성이 조각된다는 견해이다. 이 견해에 의하더라도 행위

---

2) 아래의 학설 이외에 제15조 제1항의 구성요건적 착오로서의 의미만 부여하는 견해(종국적으로는
위법성의 착오의 문제로 해결한다)도 있으나 실제 시험에서 이 견해까지 설명하기에는 시간적 한
계상 불가능하다고 생각되어 별도로 언급하지 않았다.
3) 허위사실을 진실로 오인하고 공공의 이익을 위하여 적시한 경우를 위법성조각사유의 전제사실의
착오로 보아 제한적 책임설에 의하여 해결하게 되면 기자의 경신으로 인하여 허위기사가 게재된
경우에 이를 처벌할 수 없게 되는 문제점이 있으므로 이러한 단점을 보완하기 위하여 주장된 이론
이다.

자가 성실한 검토의무를 다하지 못하고 사실의 진실성을 경신하였다면 행위반가치가 긍정되어 제307조 제1항의 명예훼손죄의 책임을 지게 된다.

3. 判例
일부 허위사실이 포함된 신문기사를 보도한 경우일지라도 기사작성의 목적이 공공의 이익에 관한 것이고 기사내용을 작성자가 진실하다고 믿었으며 그와 같이 믿은 데에 객관적인 상당한 이유가 있는 경우에는 위법성이 없다(대판 : 94도3191).

4. 검토 (위법성조각사유의 전제사실의 착오로 보는 견해 지지)
형법 제310조는 '위법성 조각'이라는 제목하에 적시된 사실이 '진실'할 것과 '공공의 이익'에 관한 것일 것을 요건으로 하고 있으므로 '진실성'은 위법성 조각사유의 객관적 요건(전제사실)에 해당한다고 보는 것이 타당하다. 따라서 적시된 사실이 객관적으로 허위인 경우에는 위법성이 조각될 수 없다고 보아야 하므로 허용된 위험의 법리 원용설은 문제가 있다. 따라서 진실성에 대한 착오는 위법성조각사유의 전제사실의 착오 문제로 보는 것이 타당하다. 그리고 엄격책임설은 오인에 과실이 있는 경우 고의범으로 처벌하게 되는데 이는 일반인의 법감정에 반하고, 유추적용설은 위법성조각사유의 전제사실의 착오로 행위한 자를 이용한 자에 대하여 공범성립을 인정할 수 없다는 문제점이 있다. 판례도 위법성조각요건을 구비하지 못하여 위법성이 조각될 수 없는 경우를 그 오인에 상당한 이유가 있다는 이유로 다시 위법성 조각을 인정한다는 점에서 문제가 있다. 따라서 법효과제한적책임설이 타당하다.

5. 결론
甲의 착오는 위법성조각사유의 전제사실의 착오에 해당하며 과실범의 법적효과가 인정되나 명예훼손죄는 과실범의 규정이 없어 명예훼손죄가 성립하지 아니한다.

02 신용·업무와 경매에 관한 죄

선택형 핵심지문

I. 신용훼손죄

1. 신용훼손의 의미와 신용훼손죄의 성립여부
① [지불능력과 지불의사에 대한 훼손이어야] 신용훼손죄는 허위의 사실을 유포하거나 기타 위계로써 사람의 지불능력 또는 지불의사에 대한 타인의 신뢰에 위해를 가하는 것을 말한다. (2006도3400)

② **[신용훼손죄가 성립]** 대출금을 연체한 적이 없는 사람에 대하여 그러한 사실이 있는 것처럼 알린 경우 (2006도3400)

③ **[신용훼손죄가 불성립]** ⅰ) 어느 사람의 "점포의 물건값이 유달리 비싸다"고 말한 경우 (68도1660) ⅱ) 어느 퀵서비스 운영업체가 불친절하고 배달을 지연시킨다고 알린 경우 (2009도5549) [변시 12]

Ⅱ. 업무방해죄

1. 업무라고 볼 수 없는 경우 → 권리의 행사에 불과한 경우

① 주주로서 주주총회에서 의결권 등을 행사하는 것 (2004도1256)

② 초등학교 학생들이 권리의 행사로서 수업을 듣는 것 (2013도3829) [변시 20 · 23]

2. 보호가치가 인정되는 업무

① 건물의 전차인이 임대인의 승낙 없이 전차하였다고 하더라도 전차인이 불법침탈 등의 방법에 의하여 위 건물의 점유를 개시한 것이 아니고 그동안 평온하게 음식점 등 영업을 하면서 점유를 계속하여 온 이상 전차인의 업무를 업무방해죄에 의하여 보호받지 못하는 권리라고 단정할 수 없다. (86도1372)

② 아파트 관리사무실의 경리가 관리단 총회에서 새로이 선임된 관리인에 의하여 재임 명되어 경리업무를 수행하여 온 경우, 위 관리인 선임에 무효사유가 있다고 하더라도 위 경리의 아파트 관리업무가 업무방해죄의 보호대상에서 제외된다고 보기는 어렵다. (2006도382) [변시 17]

③ 종중회장의 의사진행업무 자체는 1회성을 갖는 것이라고 하더라도, 종중회장이라는 사회적 지위에서 계속적으로 행하여 온 종중 업무수행의 일환으로 행하여진 것이라면 업무방해죄에 의하여 보호되는 업무에 해당한다. (95도1589) [변시 23]

3. 보호가치가 인정되지 않는 업무

① 의료인이나 의료법인이 아닌 자가 의료기관을 개설하여 운영하는 행위는 업무방해죄의 보호대상이 되는 업무에 해당하지 않는다. [변시 17]

> **비교판례** *무자격자에 의해 개설된 의료기관에 고용된 의료인이 환자를 진료한다고 하여 그 진료행위 또한 당연히 반사회성을 띠는 행위라고 볼 수는 없다. (2021도16482)

② 성매매알선 등 행위(예 병풍사건) (2011도7081) [변시 13 · 14]

③ 법원의 직무집행정지 가처분결정에 의하여 그 직무집행이 정지된 자가 법원의 결정에 반하여 직무를 수행함으로써 업무를 계속 행하는 경우 그 업무 (2001도5592) [변시 23]

4. 공무원이 직무상 수행하는 공무를 방해하는 행위에 대해서는 업무방해죄로 의율할 수는 없다. (2009도4166) [변시 20]

5. **[전부공모]** 신규직원 채용권한을 가지고 있는 지방공사 사장이 시험업무 담당자들에게 지시하여 상호 공모 내지 양해하에 시험성적조작 등의 부정한 행위를 한 경우, '위계'에 의한 업무방해죄에 해당하지 않는다. (2005도6404) [변시 20 · 23]

> **비교판례** **[일부공모]** 점수조작행위에 공모 또는 양해하였다고 볼 수 없는 일부 면접위원들이 수산업협동조합의 신규직원 채용업무로서 수행한 면접업무는 위 점수조작행위에 의하여 방해되었다고 보아야 한다. (2009도8506) [변시 13]

6. **위계에 의한 업무방해죄 성립**
   ① ⅰ) 부정시험 사건 [변시 17]
   　　ⅱ) 논문을 대부분 대작시킨 사건 (94도2708)
   　　ⅲ) 위장취업 사건 (91도2221) [변시 17]
   ② 서류배달업 회사가 고객으로부터 배달을 의뢰받은 서류의 포장 안에 특정 종교를 비방하는 내용의 전단을 집어넣어 함께 배달되게 한 사건 (98도3767)
   ③ 피고인 甲, 乙이 공모하여, 피고인 甲은 A 고등학교의 학생 丁이 약 10개월 동안 총 84시간의 봉사활동을 한 것처럼 허위로 기재된 봉사활동확인서를 발급받아 피고인 乙에게 교부하고, 피고인 乙은 이를 丁의 담임교사를 통하여 A 학교에 제출하여 丁으로 하여금 학교장 명의의 봉사상을 수상하도록 한 경우 (2017도19283)

7. **업무방해죄가 성립하기 위하여 위력이 가해지는 상대방 적격 → 업무에 종사 중인 사람에게** 직접 가해질 필요 없음 (2009도5732)

8. **위력에 의한 업무방해죄가 성립**
   ① 피해자가 운영하고 있는 학원을 자신의 명의로 등록된 지위를 이용하여 임의로 폐원 신고를 한 경우 (2003도5004)
   ② 피고인이 피해자의 물건을 임의로 철거·폐기할 수 있다는 임대차계약 조항에 따라 간판업자를 동원하여 피해자가 영업 중인 식당 점포의 간판을 철거한 등의 행위 → 계약 자체가 무효임에 주의 (2004도341)

9. **업무방해죄가 성립 → 추상적 위험이 인정**
   ① 대부업체 직원이 대출금을 회수하기 위하여 소액의 지연이자를 문제 삼아 법적 조치를 거론하면서 소규모 간판업자인 채무자의 휴대전화로 수백 회에 이르는 전화공세를 한 경우 (2004도8477) [변시 17 · 18]
   ② 주택재건축조합장이 감사활동을 방해하기 위하여 조합사무실에 있던 컴퓨터에 비밀번호를 설정하고 하드디스크를 분리 보관하는 방법으로 그 조합의 정보처리 업무를 방해한 경우 (2011도7943) [변시 23]

10. **업무방해죄가 불성립** ➜ 추상적 위험이 인정 ×

① 시험의 출제위원이 문제를 선정하여 시험실시자에게 제출하기 전에 이를 유출하였다고 하더라도 그 후 그와 같이 유출된 문제가 시험실시자에게 제출되지도 아니한 경우 (99도3487) [변시 20]

② 피고인이 부정 채점을 청탁하였으나 채점 위원이 그 제의를 거절하고 즉시 교무처장에게 신고한 경우 (94도2510)

11. **컴퓨터 등 장애 업무방해죄의 성립요건**

① **[정보처리에 장애가 현실적으로 발생할 것을 요함]** 대학의 컴퓨터시스템 서버를 관리하던 피고인이 전보발령을 받아 더 이상 웹서버를 관리 운영할 권한이 없는 상태에서 웹서버에 접속하여 홈페이지 관리자의 아이디와 비밀번호를 무단으로 변경한 행위는 정보처리장치에 부정한 명령을 입력하여 정보처리에 현실적 장애를 발생시킴으로써 피해 대학에 업무방해의 위험을 초래하는 행위에 해당하여 컴퓨터 등 장애 업무방해죄를 구성한다. (2005도382)

② **[업무방해의 결과가 실제로 발생할 것을 요하지는 않음]** 전송된 허위의 클릭정보가 실제로 통계에 반영됨으로써 정보처리에 장애가 현실적으로 발생하였다면 그로 인하여 실제로 검색순위의 변동을 초래하지는 않았다 하더라도 '컴퓨터 등 장애 업무방해죄'가 성립한다. (2008도11978) [변시 16]

> **비교판례** 단순히 메인 컴퓨터의 비밀번호를 알려주지 아니한 것만으로는 정보처리의 장애가 현실적으로 발생하였다고 볼 수 없어 컴퓨터 등 장애 업무방해죄로 의율할 수 없다. (2002도631) [변시 17]

Ⅲ. 경매·입찰방해죄

1. 입찰가격에 있어 입찰실시자의 이익을 해하거나 입찰자에게 부당한 이익을 얻게 하는 것이 아니었다 하더라도 실질적으로는 단독입찰을 하면서 경쟁입찰인 것 같이 가장하였다면 그 입찰가격으로써 낙찰하게 한 점에서 경쟁입찰의 방법을 해한 것이 되어 입찰의 공정을 해한 것이다. (2002도3924)

2. 입찰참가자들 중 일부와의 사이에만 담합이 이루어진 경우라고 하더라도 그것이 입찰의 공정을 해하는 것으로 평가되는 이상 입찰방해죄는 성립한다. (2005도8498)

CASE 쟁점 072 　업무방해죄의 업무의 의의★★

甲은 조직원들과 공모하여 A가 운영하는 성매매업소 앞에 속칭 '병풍'을 치고 차량을 주차해 놓아 성매매업소 운영업무를 방해하였다. 甲의 죄책을 논하시오. [변시 13 · 14]

1. 논점

甲이 성매매업소 운영업무를 방해한 것이 위력에 의한 업무방해죄가 성립하는지 문제된다.

2. 업무방해죄의 성립요건 　Keyword　자 · 제 · 혼 · 일

형법 제314조 제1항에 의하면 위력으로써 사람의 업무를 방해한 경우 업무방해죄가 성립한다. 여기의 '위력'이란 사람의 **자유의사를 제압 · 혼란케 할 만한 일체의 세력**을 말한다(대판 : 2009도5732). 한편, 업무방해죄의 '업무'는 형법상 보호가치 있는 업무여야 한다.

3. 사안의 경우

사안에서 甲은 A에게 직접 가해를 하지 않았다고 하더라도 조직원들과 공모하여 성매매업소 앞에 속칭 '병풍'을 치고 차량을 주차해 놓았으므로 이는 사람의 자유의사를 제압 · 혼란케 할 만한 세력으로서 위력에 해당한다.

다만, 성매매알선 등 행위는 법에 의해 원천적으로 금지된 행위로서 형사처벌의 대상이 되는 중대한 범죄행위일 뿐 아니라 정의관념상 용인될 수 없는 정도로 반사회성을 띠는 경우에 해당하므로, 업무방해죄의 보호 대상이 되는 업무라고 볼 수 없다(대판 : 2011도7081).

4. 결론

甲이 성매매업소 앞에 속칭 '병풍'을 치고 차량을 주차해 놓아 성매매업소 운영업무를 방해하였다고 하더라도, 성매매업은 업무방해죄의 '업무'에 해당하지 않으므로 甲에게 업무방해죄가 성립할 수 없다.

업무방해죄의 업무에 공무가 포함될 수 있는지 여부★★ [변시 18]

1. 논점

공무가 공무집행방해죄의 폭행이나 협박 또는 위계에 의한 공무집행방해죄의 위계 이외의 '위력'에 의하여 방해되었을 경우 업무방해죄의 업무에 공무가 포함된다고 보아 업무방해죄가 성립할 수 있는지 문제된다.

2. 학설

공무를 업무방해죄의 업무에서 제외한다면 허위사실의 유포나 폭행 또는 협박에 해당하지 않는 **위력을 사용하여 공무를 방해한 자를 처벌하지 못하게 되어** 공무가 일반 업무보다 경시되는 결과를 초래하므로 업무방해죄의 업무에는 공무도 포함되어야 한다는 견해가 있다. 다만 이 견해는 공무의 방해에 대하여 공무집행방해죄가 성립하는 경우에는 법조경합 중 특별관계에 해당하므로 공무집행방해죄만 성립한다고 한다.

3. 判例

공무원이 직무상 수행하는 공무를 방해하는 행위에 대해서는 업무방해죄로 처벌할 수 없다는 입장이다(대판 : 2009도4166). [변시 20]

4. 검토 (판례지지)

형법이 업무방해죄와는 별도로 공무집행방해죄를 규정하고 있는 것은 사적업무와 공무를 구별하여 공무에 관해서는 공무원에 대한 폭행 · 협박 또는 위계의 방법으로 그 집행을 방해하는 경우에 한하여 처벌하겠다는 취지라고 보아야 하므로, 업무방해죄의 업무에는 공무가 포함되지 않는다는 판례의 입장이 타당하다.

제4장 | 사생활의 평온에 대한 죄

01 주거침입의 죄

선택형 핵심지문

1. **[보호법익은 주거의 사실상 평온]** 소유자가 무효인 경락허가결정에 의하여 점유를 이전받은 자의 주거에 들어간 경우, 점유할 권리 없는 자의 점유라고 하더라도 그 주거의 평온은 보호되어야 한다. 따라서 권리자가 그 권리실행으로서 자력구제의 수단으로 건조물에 침입한 경우에도 주거침입죄가 성립한다. (83도1429) [변시 12]

2. **주거의 범위**

   ⅰ) 가옥의 위요지(경계를 쉽사리 넘을 수 있다면 위요지 ×)도 포함 (2009도14643) [변시 12 · 24]

   ⅱ) 공동주택의 내부에 있는 엘리베이터, 공용계단과 복도도 포함 (2009도4335) [변시 12 · 19 · 22]

3. 피고인이 피해자가 사용 중인 공중화장실의 용변칸에 노크하여 남편으로 오인한 피해자가 용변칸 문을 열자 강간할 의도로 용변칸에 들어간 것이라면 피해자가 명시적 또는 묵시적으로 이를 승낙하였다고 볼 수 없어 주거침입죄에 해당한다. (2003도1256) [변시 12]

4. 주거침입죄 최신판례 정리★★★[1]

장소	사건		침입여부
공동거주	① 상간녀 판례(전합)		×
	② 별거 중 남편 사건(전합)		×
	③ 스마트키 사건		×
공동주택	④ 헤어진 남친 아파트 공동현관문 비밀번호 사건		○
	⑤ 아파트 입주자대표회의 지하주차장 용역계약 사건		○
공중개방	상시허용	⑥ 음식점 녹화물 설치사건(초원복집 판례변경)(전합)	×
		⑦ 시청 1층 로비사건	×
		⑧ 대형마트 2층 매장사건	×
	승낙허용	⑨ 교도소 · 구치소 녹화장비 사건	×
공동주택 + 공중개방	⑩ 추행목적 아파트 1층 및 상가 1층 출입사건		아파트 1층 ○
			상가 1층 ×

① **[상간녀 사건]** 배우자 있는 사람과의 혼외 성관계 목적으로 다른 배우자가 부재중인 주거에 출입한 경우 주거침입죄의 불성립 (2020도12630)

② **[별거 중 남편 사건]** 가정불화로 처(乙)와 일시 별거 중인 남편 甲이 그의 부모(丙, 丁)와 함께 주거지에 들어가려고 하는데 처로부터 집을 돌보아 달라는 부탁을 받은 처제(戊)가 출입을 못하게 하자, 출입문에 설치된 잠금장치를 손괴하고 주거지에 들어간 경우, 甲, 丙, 丁은 폭력행위 등 처벌에 관한 법률위반(공동주거침입)죄 불성립 (2020도6085) ➜ 폭처법 공동재물손괴는 인정에 유의!

③ **[스마트키 사건]** 甲이 야간에 피해자로부터 교부받은 스마트키를 이용하여 피해 회사 사무실에 절도 목적으로 출입한 경우 야간건조물침입절도 불성립 (2023도3351)

④ **[헤어진 남친 아파트 공동현관문 비밀번호 사건]** 피고인이 교제하다 헤어진 피해자의 주거가 속해 있는 아파트 동의 출입구에 설치된 공동출입문에 피해자나 다른 입주자의 승낙 없이 비밀번호를 입력하는 방법으로 아파트의 공용 부분에 출입한 경우 주거침입죄 성립 (2021도15507)

⑤ **[아파트 입주자대표회의 지하주차장 용역계약 사건]** 입주자대표회의가 입주자 등이 아닌 자(이하 '외부인')의 단지 안 주차장에 대한 출입을 금지하는 결정을 하고 그 사실을 외부인에게 통보하였음에도 외부인이 입주자대표회의의 결정에 반하여 그 주차

---

[1] 수험을 위하여 편의상 공동거주와 공동주택 및 공중개방으로 분류하였다. 제12회 변호사시험에서 공동거주와 관련된 전합 판례가 출제되었으므로 제13회 이후의 시험에서는 그 이하의 판례들의 출제가 유력하다. 따라서 사실관계까지 숙지하여 철저하게 대비하여야 한다.

장에 들어갔다면, 출입 당시 관리자로부터 구체적인 제지를 받지 않았다고 하더라도 그 주차장의 관리권자인 입주자대표회의의 의사에 반하여 들어간 것이므로 건조물침입죄가 성립 (2017도21323)

⑥ **[음식점 녹화물 설치사건]** 피고인들이 공모하여 피해자가 운영하는 음식점에서 인터넷 언론사 기자를 만나 식사를 대접하면서 기자가 부적절한 요구를 하는 장면 등을 확보할 목적으로 녹음·녹화장치를 설치하거나 장치의 작동 여부 확인 및 이를 제거하기 위하여 각 음식점의 방실에 들어간 경우 주거침입죄 불성립 (2017도18272)

⑦ **[시청 1층 로비 사건]** 피고인들이 공동하여 ○○ 시청에 이르러 150여 명의 조합원들과 함께 시청 1층 로비로 들어가 바닥에 앉아 구호를 외치며 소란을 피운 경우 건조물 침입죄 불성립 (2021도7087)

⑧ **[대형마트 2층 매장사건]** 마트산업노동조합 간부와 조합원인 피고인들이 공동하여, 대형마트 지점에 방문한 대표이사 등에게 해고와 전보 인사발령에 항의하기 위하여 지점장 甲의 의사에 반하여 정문을 통해 지점 2층 매장으로 들어간 경우 폭력행위 등 처벌에 관한 법률 위반(공동주거침입)죄 불성립(2021도9055) → 위력에 의한 업무방해죄는 불성립

⑨ **[교도소·구치소 녹화장비 사건]** 교도관 H에게 F의 지인인 것처럼 신분을 속이고 접견신청서를 작성·제출하여 접견을 허가받은 후, 반입이 금지되어 있는 명함지갑 모양의 녹음·녹화 장비를 소지하고 접견실로 들어가 약 10분간 F를 접견하면서 그 장면을 촬영하고 대화내용을 녹음한 경우 건조물침입죄 불성립(교도소 녹화사건도 동일) (2018도15213; 2019도333)[2] → 위계에 의한 공무집행방해죄는 성립하지 않음에 유의!

⑩ **[추행목적 아파트 1층 및 상가 1층 출입사건]** 피고인이 추행하기로 마음먹고 피해자를 뒤따라가 피해자의 주거인 아파트에 들어가 아파트 1층 계단을 오르는 피해자의 뒤에서 갑자기 피해자의 교복 치마 안으로 손을 넣어 피해자의 음부와 허벅지를 만진 경우 주거침입죄 성립. 피고인이 추행하기로 마음먹고, 피해자를 뒤따라 상가 1층에 들어가, 그곳에서 엘리베이터를 기다리는 피해자의 뒤에서 갑자기 피해자의 교복 치마 안으로 손을 넣어 피해자의 음부를 만진 경우 주거침입죄 불성립 (2022도3801) → 아파트 1층과 상가를 정확하게 구별할 것

5. 주거침입죄의 고의와 기수시기

주거침입죄의 범의는 신체의 일부라도 타인의 주거 안으로 들어간다는 인식이 있으면

---

2) 관리자에 의해 출입이 통제되는 건조물에 관리자의 승낙을 받아 건조물에 통상적인 출입방법으로 들어갔다면, 이러한 승낙의 의사표시에 기망이나 착오 등의 하자가 있더라도 특별한 사정이 없는 한 형법 제319조 제1항에서 정한 건조물침입죄가 성립하지 않는다. 이러한 경우 관리자의 현실적인 승낙이 있었으므로 가정적·추정적 의사는 고려할 필요가 없다. 단순히 승낙의 동기에 착오가 있다고 해서 승낙의 유효성에 영향을 미치지 않으므로, 관리자가 행위자의 실제 출입 목적을 알았더라면 출입을 승낙하지 않았을 사정이 있더라도 건조물침입죄가 성립한다고 볼 수 없다. 나아가 관리자의 현실적인 승낙을 받아 통상적인 출입방법에 따라 건조물에 들어간 경우에는 출입 당시 객관적·외형적으로 드러난 행위태양에 비추어 사실상의 평온상태를 해치는 모습으로 건조물에 들어간 것이라고 평가할 수도 없다(대판 : 2018도15213).

족하며, 비록 신체의 일부만이 집 안으로 들어갔다고 하더라도 사실상 주거의 평온을 해하였다면 주거침입죄는 기수에 해당한다. (94도2561)

6. 퇴거불응의 의미

정당한 퇴거요구를 받고 건물에서 나가면서 가재도구 등을 남겨둔 경우 퇴거불응죄를 구성하지 않는다. (2007도6990) [변시 22]

7. [특수주거침입죄에서의 흉기휴대 여부의 판단기준 → 침입자] 특수주거침입죄의 구성요건이 충족되었다고 볼 수 있는지의 여부는 건조물에 들어간 범인을 기준으로 하여 그 범인이 흉기를 휴대하였다고 볼 수 있느냐의 여부에 따라 결정되어야 한다. (94도1991)

사례형 쟁점정리

CASE 쟁점 074 주거침입죄***

Keyword 사실상 주거의 평온 / 객관적·외형적으로 드러난 행위 태양 / 통상적인 출입 방법

주거침입죄는 **사실상 주거의 평온**을 **보호법익**으로 한다. 주거침입죄의 구성요건적 행위인 **침입**은 주거침입죄의 **보호법익과의 관계에서 해석하여야** 하므로, 침입이란 주거의 사실상 평온상태를 해치는 행위태양으로 주거에 들어가는 것을 의미하고, **침입에 해당하는지는 출입 당시 객관적·외형적으로 드러난 행위태양**을 기준으로 판단함이 원칙이다. 사실상의 평온상태를 해치는 행위태양으로 주거에 들어가는 것이라면 대체로 거주자의 의사에 반하겠지만, 단순히 주거에 들어가는 행위 자체가 거주자의 의사에 반한다는 주관적 사정만으로는 바로 침입에 해당한다고 볼 수 없다. 거주자의 의사에 반하는지는 사실상의 평온상태를 해치는 행위태양인지를 평가할 때 고려할 요소 중 하나이지만 주된 평가 요소가 될 수는 없다. 따라서 침입행위에 해당하는지는 거주자의 의사에 반하는지가 아니라 사실상의 평온상태를 해치는 행위태양인지에 따라 판단하여야 한다.

CASE 쟁점 075 부재 중인 남편의 주거에 대한 지배관리관계 인정여부*** [변시 23]

1. 논점

복수의 주거자가 존재하는 공동주거의 경우 일부 주거자의 동의를 받고 주거에 들어갔으나 부재중인 다른 주거자의 의사에 반하여 들어간 경우 주거침입죄가 성립하는지가 문제된다.

2. 견해의 대립

남편이 일시 부재중일지라도 남편의 주거에 대한 지배관리관계는 여전히 존속한다고 보아야 하고, 간통의 목적으로 주거에 들어오는 것은 남편의 의사에 반하는 것이므로 처의 승낙이 있었다 하더라도 남편의 주거의 사실상의 평온은 깨어졌다 할 것이므로 주거침입죄가 성립한다는 견해가 있다(변경 전 판례의 입장).

3. 判例

배우자 있는 사람과의 혼외 성관계 목적으로 다른 배우자가 부재중인 주거에 출입한 경우 주거침입죄의 성립하지 않는다는 입장이다(변경된 전합 다수의견).

4. 검토 (판례지지)

외부인이 공동거주자의 일부가 부재중에 주거 내에 현재하는 거주자의 현실적인 승낙을 받아 통상적인 출입방법에 따라 공동주거에 들어간 경우라면 그것이 부재중인 다른 거주자의 추정적 의사에 반하는 경우에도 주거침입죄가 성립하지 않는다고 보아야 한다는 판례의 입장이 타당하다(대판(전) : 2020도12630).

실전연습 029   주거침입과 공동거주자 중 1인의 승낙

甲은 코로나19로 사업이 어렵게 되자 양부(養父) A에게 재산의 일부를 증여해 달라고 요구하였지만 핀잔만 듣게 되었다. 이에 화가 난 甲은 A를 살해하기로 마음먹고 따로 거주하고 있는 사촌 동생 乙에게 A를 살해하라고 교사하면서 甲과 A가 함께 살고 있는 집의 현관 비밀번호 및 집 구조를 乙에게 알려 주었다. 甲이 알리바이를 위하여 다른 지역으로 출장을 떠난 사이, 乙은 범행 당일 새벽 2시경 甲이 알려 준 비밀번호를 이용하여 현관문을 열고 들어가 침실에서 자고 있던 사람의 얼굴을 베개로 눌러 질식으로 사망케 하였다. 그러나 사실 침실에서 자고 있던 사람은 A의 운전기사 B였다. A의 집에 들어간 행위와 관련하여 甲과 乙의 죄책은?

【제12회 변호사시험 제2문】

1. 乙의 주거침입죄 성립여부

타인의 주거에 침입하는 경우 주거침입죄가 성립한다(제319조 제1항). 사안에서 乙은 A를 살해할 목적으로 甲의 승낙을 받아 甲과 乙이 함께 살고 있는 집에 甲이 알려 준 비밀번호를 이용하여 들어갔는바 '침입'에 해당하는지 문제된다.

이에 대하여, 공동의 주거권자가 존재하는 경우 다른 거주자의 의사에 반하여 주거에 들어가는 경우 주거침입죄가 성립한다는 견해가 있다(변경 전 判例).

그러나, 주거침입죄의 구성요건적 행위인 침입은 **주거침입죄의 보호법익과의 관계에서 해석**하여야 한다.

따라서 침입이란 '거주자가 주거에서 누리는 사실상의 평온상태를 해치는 행위태양으로 주거에 들어가는 것'을 의미하고, 침입에 해당하는지 여부는 **출입 당시 객관적 · 외형적으로 드러난 행위태양을 기준으로 판단**함이 원칙이다. 사실상의 평온상태를 해치는 행위태양으로 주거에 들어가는 것이라면 대체로 거주자의 의사에 반하는 것이겠지만, 단순히 주거에 들어가는 행위 자체가 거주자의 의사에 반한다는 거주자의 주관적 사정만으로 바로 침입에 해당한다고 볼 수는 없다. <u>외부인이 공동거주자 중 주거 내에 현재하는 거주자로부터 현실적인 승낙을 받아 **통상적인 출입방법**에 따라 주거에 들어간 경우라면, 특별한 사정이 없는 한 사실상의 평온상태를 해치는 행위태양으로 주거에 들어간 것이라고 볼 수 없으므로 주거침입죄에서 규정하고 있는 침입행위에 해당하지 않는다</u>(대판(전) : 2020도12630; 대판(전) : 2020도6085)고 보는 것이 타당하다.

사안의 경우 乙은 甲이 알려 준 비밀번호를 이용하여 통상적인 방법으로 甲과 乙이 함께 살고 있는 집에 들어간 것이므로 비록 공동거주자인 A의 추정적 의사에 반하다고 하더라도 주거의 사실상의 평온상태를 해친 것으로 볼 수는 없다. 따라서 乙에게 주거침입죄는 성립하지 않는다.

2. 甲의 교사범 성립여부

사안에서 乙에게 주거침입죄가 성립하지 않는 이상 甲에게도 주거침입죄의 교사범은 성립하지 않는다.

CASE 쟁점 076 **일반공중에 개방된 장소에 범죄목적으로 들어간 경우 주거침입죄의 성립여부★★★**

1. 논점

공중의 출입이 허용된 장소(예 백화점, 음식점)에 범죄목적을 가지고 들어간 경우 주거침입죄가 성립하는지가 문제된다.

2. 견해의 대립

일반인의 출입이 허용된 장소라 하더라도 영업주의 명시적 또는 추정적 의사에 반하여 들어간 것이라면 주거침입죄가 성립한다고 보아야 한다는 견해가 있다(변경 전 判例).

3. 判例

일반인의 출입이 허용된 음식점에 영업주의 승낙을 받아 통상적인 출입방법으로 들어갔다면 특별한 사정이 없는 한 주거침입죄에서 규정하는 침입행위에 해당하지 않고, 설령 행위자가 범죄 등을 목적으로 음식점에 출입하였거나 영업주가 행위자의 실제 출입 목적을 알았더라면 출입을 승낙하지 않았을 것이라는 사정이 인정되더라도 그러한 사정만으로는 출입 당시 객관적 · 외형적으로 드러난 행위 태양에 비추어 사실상의 평온상태를 해치는 방법으로 음식점에 들어갔다고 평가할 수 없으므로 침입행위에 해당하지 않는다고 판시한 바 있다(변경된 전합 다수의견).

4. 검토 (판례지지)

주거침입죄는 사실상 주거의 평온을 보호법익으로 하므로 '침입'은 주거침입죄의 보호법익과의 관계에서 해석하여야 하고, 거주자의 의사에 반하는지는 사실상의 평온상태를 해치는 행위 태양인지를 평가할 때 고려할 요소 중 하나이지만 주된 평가 요소가 될 수는 없으므로 침입행위에 해당하는지는 주거의 사실상의 평온상태를 해치는 행위 태양인지에 따라 판단되어야 한다고 보는 것이 타당하다.

따라서 행위자가 범죄 등을 목적으로 출입하였거나 영업주가 행위자의 실제 출입 목적을 알았더라면 출입을 승낙하지 않았을 것이라는 사정이 인정되더라도 출입 당시 객관적·외형적으로 드러난 행위 태양에 비추어 사실상의 평온상태를 해치는 방법으로 들어간 것이 아니라면 주거침입죄는 성립하지 않는다.

실전연습 030 일반공중에 개방된 장소에 범죄목적으로 들어간 경우 주거침입죄의 성립여부

> 甲은 乙에게 A를 살해할 계획을 설명하면서 칼을 구해달라고 부탁하였고, 이에 乙은 살해에 사용할 칼을 구해 주었다. 甲은 그 칼을 들고 3일간 매일 밤 10시경에 A의 집 주변에서 기다렸으나 한번도 A를 만나지 못하였다. 며칠 뒤 甲은 자신의 전처(前妻) 丁이 운영하는 X주점에서 丙을 만나 A를 살해하기로 공모하고 살해에 필요한 제초제를 구입한 후 A가 식사하고 있는 Y식당에 들어가 A가 잠시 화장실에 간 틈을 이용하여 甲은 망을 보고 丙은 준비한 제초제를 A의 맥주잔에 넣었다. 그러나 A는 그 맥주를 마시고도 그날 밤 경미한 복통을 앓았을 뿐이었다. 그 제초제는 신개발품으로 제초제병 라벨에 '사람에게 거의 무해하지만 복통 등의 경미한 부작용이 있을 수 있음' 이라는 주의문자가 크게 쓰여 있었으나, 이를 읽지 않은 甲과 丙은 사람에게 치명적 이라 생각하고 A에게 마시게 한 것이었다. 甲, 乙, 丙의 죄책은?
>
> **【22년 제1차 법전협 모의고사 제1문】**

I. 논점

甲과 丙이 범죄의 목적으로 Y식당에 들어간 행위가 폭처법상의 공동건조물침입죄가 성립할 수 있는지 문제된다.[3]

---

3) 일반적으로 출입이 허용된 장소에 출입한 경우 주거침입죄가 성립한다는 '초원복집 사건'(대판 : 95 도2674)을 최근 전원합의체 판결을 통해 판례를 변경하였다(대판(전) : 2017도18272). 객, 사, 기를 막론하고 반드시 올해 시험에 출제된 판례이니 논거까지 반드시 암기하여 언제든 쓸 준비를 하여야 한다.

II. 甲과 丙의 죄책

1. 폭처법위반(공동건조물침입)죄의 성립여부

2명 이상이 공동하여 관리하는 건조물에 침입한 경우 폭처법위반(공동건조물침입)죄가 성립한다(폭처법 제2조 제2항 제1호, 형법 제319조 제1항). 여기의 공동은 공범관계에 있는 수인이 동일 장소에서 동일 기회에 상호 다른 자의 범행을 인식하고 이를 이용하여 범행을 한 경우를 의미한다(대판 : 2013도4430). 사안에서 甲과 丙은 A를 범죄를 공모하고 실행하기 위해 건조물인 주점과 식당에 들어갔으므로 이는 공범관계에 있는 수인이 동일 장소에서 동일 기회에 상호 다른 자의 주거침입의 범행을 인식하고 이를 이용하여 주거침입의 범행을 한 경우에 해당하는바 甲과 丙의 행위가 2명 이상이 공동하여 관리하는 건조물에 침입한 경우로서 폭처법위반(공동건조물침입)죄가 성립하는지 문제된다.

이에 대하여 사실상의 평온을 해할 수 있는 범죄를 목적으로 관리자의 추정적 의사에 반하여 들어갔다면 침입이 될 수 있다는 견해가 있다(변경 전 判例의 입장).

그러나, 침입죄는 사실상 평온을 보호법익으로 한다. **침입죄의 구성요건적 행위인 침입은 침입죄의 보호법익과의 관계에서 해석하여야 하므로**, 침입이란 사실상 평온상태를 해치는 행위 태양으로 들어가는 것을 의미하고, 침입에 해당하는지는 출입 당시 객관적·외형적으로 드러난 행위 태양을 기준으로 판단함이 원칙이다. 사실상의 평온상태를 해치는 행위 태양으로 들어가는 것이라면 대체로 관리자나 거주자의 의사에 반하겠지만, 단순히 들어가는 행위 자체가 거주자나 관리자의 의사에 반한다는 주관적 사정만으로는 바로 침입에 해당한다고 볼 수 없다.

따라서 일반인의 출입이 허용된 음식점에 영업주의 승낙을 받아 통상적인 출입방법으로 들어갔다면 특별한 사정이 없는 한 주거침입죄에서 규정하는 침입행위에 해당하지 않는다. **설령 행위자가 범죄 등을 목적으로 음식점에 출입**하였거나 영업주가 행위자의 실제 출입 목적을 알았더라면 출입을 승낙하지 않았을 것이라는 **사정이 인정되더라도 그러한 사정만으로는 출입 당시 객관적·외형적으로 드러난 행위 태양에 비추어 사실상의 평온상태를 해치는 방법으로 음식점에 들어갔다고 평가할 수 없으므로 침입행위에 해당하지 않는다.**[4]

사안의 경우 甲과 丙이 사실상 평온상태를 침해하는 방법으로 주점이나 음식점에 들어간 것이 아니므로 건조물침입행위로 볼 수는 없다.

따라서 甲과 丙에게는 폭력행위등처벌에관한법률 제2조 제2항 소정의 폭처법 위반(공동건조물침입)죄가 성립하지 않는다.

---

4) 대판(전) : 2017도18272

제5장 | 재산에 대한 죄

01 재산죄의 기본개념

선택형 핵심지문

1. 절도죄의 객체에 해당하지 않는 경우

① 피고인이 컴퓨터에 저장된 정보를 출력하여 생성한 문서는 피해 회사의 업무를 위하여 생성되어 피해 회사에 의하여 보관되고 있던 문서가 아니라, 피고인이 가지고 갈 목적으로 피해 회사 업무와 관계없이 새로이 생성시킨 문서라 할 것이고, 피해 회사 소유의 문서로 볼 수는 없다 할 것이어서, 이를 가지고 간 행위를 피해 회사 소유의 문서를 절취한 것으로 볼 수 없다. (2002도745) [변시 17·20]

② 타인의 전화기를 무단으로 사용하여 전화통화를 하는 행위는 절도죄의 객체가 되지 아니한다. (98도700)

2. 형법상 재물에 해당하는 경우

위조된 유가증권도 절차에 따라 몰수되기까지는 그 소지자의 점유를 보호하여야 한다는 점에서 형법상 재물로서 절도죄의 객체가 된다. (98도2967)

3. 재산상 이익

① **[매음료 면탈]** 부녀를 기망하여 성행위 대가의 지급을 면하는 경우 사기죄가 성립한다. (2001도2991) [변시 20]

② **[재산상 이득 얻을 수 있는 사실관계]** 반드시 사법상 유효한 재산상의 이득만을 의미하는 것이 아니고 외견상 재산상의 이득을 얻을 것이라고 인정할 수 있는 사실관계만 있으면 여기에 해당한다(폭행·협박을 당한 피해자가 매출전표에 허위 서명하여 교부한 것을 소지한 경우 ➡ 지급을 거절할 가능성이 있다 하더라도 강도죄 성립). (96도3411) [변시 20]

4. 타인의 점유 부정 ➡ 절도죄 불성립

임차인이 임대계약 종료 후 식당 건물에서 퇴거하면서 종전부터 사용하던 냉장고의 전원을 켜 둔 채 그대로 두었다가 약 1개월 후 철거해 가는 바람에 그 기간 동안 전기가 소비된 경우 이는 당초부터 자기의 점유·관리하에 있던 전기를 사용한 것일 뿐이어서 절도죄가 성립하지 않는다. (2008도3252)

5. 타인의 점유가 인정 ➡ 절도죄의 객체성 인정

① 강간의 피해 현장에 피해자가 두고간 물건 (84도38)

② 당구장 또는 PC방 내의 유실물 (2006도9338) [변시 14]

③ 사자의 생전 점유(기절한 자의 물건) (93도2143)

6. 점유이탈물이 인정되는 경우

① 고속버스 승객이 두고 내린 물건 (92도3170)

② 승객이 놓고 내린 지하철 전동차 바닥이나 선반 위에 있던 물건 (99도3963)

7. 사자의 생전점유 인정 요건 [시·장·근]

[살해와 시간적 장소적 근접성] 피해자를 살해한 방에서 사망한 피해자 곁에 4시간 30분쯤 있다가 그곳 피해자의 자취방 벽에 걸려 있던 피해자가 소지하는 물건들을 영득의 의사로 가지고 나온 경우 피해자가 생전에 가진 점유는 사망 후에도 여전히 계속되는 것으로 보아야 하므로 절도죄가 성립한다. (93도2143) [변시 13·15·17·23]

8. 자기의 점유 인정

[횡령죄 성립] 피해자가 그 소유의 오토바이를 타고 심부름을 다녀오라고 하여서 그 오토바이를 타고 가다가 마음이 변하여 이를 반환하지 아니한 채 그대로 타고 가버렸다면 횡령죄를 구성한다. (81도3396)

9. 타인의 점유가 인정

[절도죄 성립] 피고인이 경리담당직원 甲의 요청으로 甲과 동행하여 은행에 가서 같이 찾은 현금 200여만 원 중 50만 원을 그의 부탁으로 피고인이 소지하고 피해자와 동행하여 사무실에 당도하여 위 50만 원을 피해자에게 교부할 때 그 중 10만 원을 현금처럼 가장한 돈뭉치와 바꿔치기 한 경우 절도죄가 성립한다(사기죄 불성립 ➜ **처분행위가 없음**. 횡령죄 불성립 ➜ 피고인의 점유가 아니라 피해자(甲)의 점유 인정) (65도1178)

10. 불법영득의사

① **[불법영득의사 인정]** 甲 주식회사 감사인 피고인이 회사 경영진과의 불화로 한 달 가까이 결근하다가 회사 감사실에 침입하여 자신이 사용하던 컴퓨터에서 하드디스크를 떼어간 후 4개월 가까이 지난 시점에 반환한 경우 (2010도9570) [변시 14·16]

② **[불법영득의사 인정]** 타인의 예금통장을 무단사용하여 예금을 인출한 후 바로 예금통장을 반환한 경우 ➜ 예금통장 자체가 가지는 **예금액 증명기능**의 경제적 가치에 대한 불법영득의사가 인정 (2009도9008)

> **비교판례** **[불법영득의사 부정]** 타인의 신용카드(현금카드, 직불카드)를 무단사용하여 현금자동지급기에서 현금을 인출(또는 이체)한 후 카드를 곧 반환한 경우 카드에 대한 불법영득의 의사가 인정되지 않는다. (98도2642) [변시 20]

③ **[불법영득의사 인정]** 어떠한 물건을 점유자의 의사에 반하여 취거하는 행위가 결과적으로 소유자의 이익으로 된다는 사정 또는 소유자의 추정적 승낙이 있다고 볼 만한 사정이 있다고 하더라도, 다른 특별한 사정이 없는 한 그러한 사유만으로 불법영득의 의사가 없다고 할 수는 없다. (2013도14139) [변시 16]

④ **[불법영득의사 인정]** 비록 약정에 기한 인도 등의 청구권이 인정된다고 하더라도, 취거 당시에 점유 이전에 관한 점유자의 명시적·묵시적인 동의가 있었던 것으로 인정되지

않는 한, 점유자의 의사에 반하여 점유를 배제하는 행위를 함으로써 절도죄는 성립하는 것이고, 그러한 경우에 특별한 사정이 없는 한 불법영득의 의사가 없었다고 할 수는 없다(굴삭기 임의철거 사건). (72도2538; 83도297) [변시 15]

11. 친족상도례

① **[적용]** 특경법상의 사기죄(또는 횡령죄)에 대한 친족상도례 규정 → 배제규정이 없으므로 (2009도12627; 99오1; 2013도7754) [변시 13 · 18 · 19 · 20]

② **적용요건**(예 삼각범죄 등의 경우)

　ⅰ) **[절도죄의 경우]** 범인과 피해물건의 소유자 및 점유자 쌍방 간에 친족관계가 있는 경우에만 적용 (2014도8984; 80도131) [변시 18]

　ⅱ) **[횡령죄의 경우]** 범인과 피해물건의 소유자 및 위탁자 쌍방 사이에 친족관계가 있는 경우에만 적용 (2008도3438) [변시 12 · 20]

　ⅲ) **[소송사기의 경우]** 피기망자인 법원은 피해자가 될 수 없고 재물을 편취당한 제3자가 피해자라고 할 것이므로 피해자인 제3자와 사기죄를 범한 자가 직계혈족의 관계에 있을 때에는 형을 면제하여야 한다. (2014도8076; 75도781) [변시 18 · 19 · 23]

　ⅳ) **[사기의 경우]** 사돈은 친족 × (2011도2170; 2014도17894) [변시 18 · 20]

　ⅴ) **[절취한 예금통장으로 계좌이체시 컴사기죄의 피해자** → 예금주 ×, 금융기관 ○] 손자가 할아버지 소유 농업협동조합 예금통장을 절취하여 이를 현금자동지급기에 넣고 조작하는 방법으로 예금 잔고를 자신의 거래 은행 계좌로 이체한 경우, 위 농업협동조합이 컴퓨터 등 사용사기 범행 부분의 피해자이므로 친족상도례를 적용할 수 없다. (2006도2704) [변시 18]

③ 친족관계는 원칙적으로 범행 당시 존재해야 하나, 민법상 인지의 소급효는 인정 (96도1731) [변시 12 · 16 · 20]

④ 친족관계의 착오

　ⅰ) 친족상도례는 객관적으로 친족관계가 인정되면 적용되는 것이므로 행위자가 범행 당시에 친족관계의 존재를 알고 있었는지 여부를 불문하고 적용

　ⅱ) 행위자가 범행 당시에 친족관계가 존재한다고 오인한 경우라도 친족상도례 규정이 적용되지 않으므로 범죄의 성립과 처벌에 영향이 없다. (66도104)

⑤ 강도, 준강도, 점유강취, 준점유강취, 손괴, 강제집행면탈 친상도 적용 × [변시 19 · 20]

CASE 쟁점 077   재물의 개념*

1. 논점

형법은 제346조에서 절도와 강도의 죄에 있어서 관리할 수 있는 동력은 재물로 간주한다고 규정한 다음 이를 다른 재산죄에 준용하는 규정을 두고 있으나, 권리행사방해죄 및 장물죄에 대하여는 준용규정을 두고 있지 아니하다. 이와 같이 준용규정을 두고 있지 않은 경우에도 관리할 수 있는 동력을 재물이라고 볼 수 있는지가 문제된다.

2. 학설

① 유체성설 : 고체 · 액체 · 기체처럼 일정한 공간을 차지하고 있는 유체물만이 재물이 될 수 있다는 견해이다. 일상 용어상 재물은 유체물을 의미하며, 관리가능성설에 의하면 재물의 범위가 부당하게 확대된다는 것을 논거로 한다. 이 견해는 제346조를 재물의 범위를 확장하는 특별규정 또는 예외규정으로 본다.

② 관리가능성설(통설 · 판례) : 관리가 가능하다면 유체물 이외에 동력도 재물이 될 수 있다는 견해이다. 관리가능한 동력도 형법적 보호가 필요하다는 것을 논거로 한다. 이 견해는 제346조를 당연규정 또는 주의규정으로 본다.

3. 判例

장물이란 재산죄로 인하여 얻어진 재물(관리할 수 있는 동력도 포함된다)을 말한다고 하여 관리가능성설에 입각하여 판시하고 있다.

4. 검토 (관리가능성설 지지)

재물이 통상 유체물을 의미한다 하더라도 형법상 재물은 재산범죄의 목적에 따라 해석할 수 있으며 관리할 수 있는 동력은 형법상 재산죄에 의한 보호가 필요하다는 점, 관리가능성설에 의하더라도 '관리'의 의미를 물리적 관리를 의미하는 것으로 제한하여 해석하면 재물의 범위가 지나치게 넓어지게 되는 문제점도 시정이 가능하다는 점에서 관리가능한 동력도 재물이 될 수 있다고 보는 관리가능성설이 타당하다. 따라서 제346조는 예시규정으로 보아야 하며 이 규정을 준용하고 있지 않은 권리행사방해죄 및 손괴죄에 있어서도 관리가능한 동력은 재물이 될 수 있다고 해야 한다.

CASE 쟁점 078   금제품의 재물성*

1. 논점

위조된 유가증권과 같은 금제품도 재물로 인정하여 절도죄의 객체성을 인정할 수 있는지가 문제된다.

2. 학설

① **절충설** – 절도죄의 보호법익은 소유권이므로 소유권의 객체가 될 수 없는 절대적 금제품(예. 위조지폐, 아편흡식기)은 재물이 아니지만 단순히 점유가 금지되어 있는 상대적 금제품(예. 권총 등 불법무기)은 재물이 될 수 있다는 견해이다.

② **적극설** – 금제품은 사인에 대한 관계에서 소유가 금지되는 것이므로 국가의 소유는 인정될 수 있으므로 **적법한 절차에 따라 몰수되기까지는 그 소유 또는 점유를 보호해야 하므로** 재물이 될 수 있다는 견해이다.

3. 判例

위조된 유가증권이라고 하더라도 형법상 재물로서 절도죄의 객체가 된다(대판 : 98도2967).

4. 검토 (판례지지)

위조된 유가증권과 같은 금제품이라고 하더라도 절차에 따라 몰수되기까지는 소지자의 점유를 보호하여야 하므로, 위조된 유가증권도 형법상 재물로서 절도죄의 객체가 된다고 보는 것이 타당하다.

실전연습 031 금제품의 재물성

> 주식회사 쌍방울개발 무주리조트 전산팀에 근무하던 甲은 1997. 12. 27. 16:00경 무주리조트 서편매표소에서 컴퓨터를 점검하던 중 매표소 직원이 잠시 자리를 비우자 판매할 목적으로 권한 없이 리프트 탑승권 발매기의 전원을 켠 후 날짜를 입력시켜서 탑승권발행화면이 나타나면 전산실의 테스트카드를 사용하여 한 장씩 찍혀나오는 쌍방울개발 명의의 회원용 리프트탑승권 100장을 빼내어 나온 것을 비롯하여 그 때부터 1998. 1. 6. 11:00경까지 사이에 위와 같은 방법으로 모두 5회에 걸쳐 리프트탑승권 1,700장을 빼내어 나왔다. 甲에게 절도죄가 성립할 수 있는지를 논하시오.

1. 절도죄의 성립요건

형법 제329조에 의하면 타인의 재물을 절취한 경우 절도죄가 성립한다. 사안의 경우 위조된 유가증권이 절도죄의 재물에 해당할 수 있는지 문제 된다.

2. 위조된 유가증권의 재물성 인정여부

절도죄의 보호법익은 소유권이므로 소유권의 객체가 될 수 없는 절대적 금제품인 위조된 유가증권은 재물이 될 수 없다는 견해가 있다.

그러나 위조된 유가증권도 절차에 따라 몰수되기까지는 소지자의 점유를 보호하여야 한다는 점에서 형법상 재물로서 절도죄의 객체가 된다(대판 : 98도2967)고 보는 것이 타당하다.

3. 결론

사안에서 발매기에서 찍혀 나오는 위조된 탑승권은 甲이 이를 빼내어 가기 전까지는 쌍방울개발의 소유 및 점유하에 있다고 보아야 할 것이므로 甲이 탑승권을 빼내어 간 것은 타인의 재물을 절취한 경우에 해당하여 절도죄가 성립한다.

CASE 쟁점 079 상속에 의한 점유의 이전의 인정여부**

> 피고인은 내연관계에 있는 甲과 아파트에서 동거하다가, 甲의 사망으로 甲의 상속인인 乙 및 丙 소유에 속하게 된 부동산 등기권리증 등 서류들이 들어 있는 가방을 위 아파트에서 가지고 가 버렸다. 이 경우 甲의 자식인 乙 및 丙이 위 아파트에서 전혀 거주한 일이 없이 다른 곳에서 거주·생활하다가 甲의 사망으로 아파트 등의 소유권을 상속하였으나, 乙 및 丙이 甲 사망 후 피고인이 가방을 가지고 가기까지 그들의 소유권 등에 기하여 아파트 또는 그곳에 있던 가방의 인도 등을 요구한 일이 전혀 없었다. 피고인에게 절도죄가 성립하는지를 검토하시오.

[사안의 해결] 절도죄의 요건으로서의 '타인의 점유'와 관련하여서는 민법상의 상속에 의한 점유의 이전은 적용되지 않는다. 따라서 재물을 점유하는 소유자로부터 이를 상속받아 그 소유권을 취득하였다고 하더라도 상속인이 그 재물에 관하여 사실상의 지배를 가지게 되어야만 이를 점유하는 것으로서 그때부터 비로소 상속인에 대한 절도죄가 성립할 수 있다. 사안의 경우 乙 및 丙이 甲 사망 후 피고인이 가방을 가지고 가기까지 그들의 소유권 등에 기하여 아파트 또는 그곳에 있던 가방의 인도 등을 요구한 일이 전혀 없었으므로 피고인이 가방을 들고 나온 시점에 乙 및 丙이 아파트에 있던 가방을 사실상 지배하여 점유하고 있었다고 볼 수 없다. 따라서 피고인의 행위는 乙 및 丙의 가방에 대한 점유를 침해하여 절도죄를 구성한다고 할 수 없다.

CASE 쟁점 080 살해 후 영득의사가 생겨 피해자의 재물을 영득한 경우***

1. 논점

살해 후 영득의사가 생겨 피해자의 재물을 영득한 경우, 살인이 재물탈취의 수단이 아니므로 강도살인죄는 성립할 수 없으나, 살인죄가 성립하는 것에는 문제가 없다. 다만 재물의 영득이 절도죄에 해당하는지 점유이탈물횡령죄에 해당하는지가 문제된다.

2. 학설

① 점유이탈물횡령죄설 – 사자는 점유의사가 없으므로 사자의 점유를 인정할 수 없다는 점, 상속에 의한 점유의 이전도 인정되지 않으므로 상속인의 점유도 인정되지 않는다는 점에서 사자의 재물을 영득한 행위는 점유이탈물횡령죄에 해당한다는 견해이다.

② 절도죄설 – 피해자가 사망한 후에도 시간적·장소적 근접성이 인정되는 동안에는 피해자의 생전의 점유는 계속되기 때문에 사자의 재물을 영득한 행위는 절도죄에 해당한다는 견해이다.

3. 判例 Keyword 생전점유계속

피해자를 살해한 방에서 사망한 피해자 곁에 4시간 30분쯤 있다가 그곳 피해자의 자취방 벽에 걸려 있던 피해자가 소지하는 물건들을 영득의 의사로 가지고 나온 경우 피해자가 **생전에 가진 점유는 사망 후에도 여전히 계속**되는 것으로 보아야 하므로 절도죄가 성립한다(대판 : 93도2143)고 판시한 바 있다.

4. 검토 (판례지지) Keyword 시·장·근

피해자의 사망과 **시간적·장소적 근접성**이 인정되는 동안에는 사자의 생전점유가 인정된다고 보는 것이 타당하다. 따라서 살해 후 시간적·장소적 근접성이 인정되는 범위내에서 영득의사가 생겨 피해자의 재물을 영득한 경우 절도죄가 성립한다.

실전연습 032 **사자의 생전 점유** [변시 15 · 23]

> 甲은 A명의 부동산을 임의로 처분하기로 마음먹었다. 이에 甲은 A를 살해한 직후 병실에 보관되어 있던 A의 인감도장을 가지고 나온 다음 'A가 甲에게 인감증명서 발급을 위임한다'는 취지의 A명의 위임장 1장을 작성하고 같은 날 주민센터 담당 직원 C에게 제출하여 A의 인감증명서를 발급받았다. 甲의 죄책은?
>
> **【제12회 변호사시험 제2문】**

1. 논점

甲이 인감도장을 가지고 나온 행위에 대하여 절도죄가 성립할 수 있는지 문제된다.

2. 절도죄의 성립여부

인감도장도 절도죄의 객체인 재물성이 인정되므로 사안에서 甲이 A의 인감도장을 의사에 반하여 가지고 나온 것은 일응 절도죄에 해당한다(제329조). 다만, 사안에서 A가 사망하였는바 이는 살해 후 영득의사가 생겨 피해자의 재물을 영득한 경우이므로 살인이 재물탈취의 수단이 아니므로 강도살인죄는 성립할 수 없으나, 살인죄가 성립하는 것에는 문제가 없다.

이 경우 재물의 영득이 절도죄에 해당하는지, 점유이탈물횡령죄에 해당하는지가 문제 된다.

이에 대하여 사자는 점유의사가 없으므로 사자의 점유를 인정할 수 없고, 상속에 의한 점유의 이전도 인정되지 않으므로 상속인의 점유도 인정되지 않으므로, 사자의 재물을 영득한 행위는 **점유이탈물횡령죄에 해당한다는 견해**가 있다.

그러나, **사자가 생전에 가진 점유는 사망 후에도 여전히 계속**되는 것으로 보아야 하므로 절도죄가 성립한다고 보는 것이 타당하다(대판 : 93도2143).

피해자의 사망과 **시간적 · 장소적 근접성**이 인정되는 동안에는 사자의 생전점유가 인정되므로 사안의 경우 A의 생전 점유는 계속되고 있는바 甲에게 절도죄가 성립한다.

3. 결론

甲은 절도죄의 죄책을 진다.

CASE 쟁점 081 불법영득의사의 대상***

1. 학설

① 물체설 – 불법영득의사의 대상을 재물 자체로 보는 견해이다. 이 견해에 의하면 타인의 예금통장을 절취하여 예금을 인출한 다음 반환한 경우에는 예금통장에 대한 불법영득의사를 인정하지 않는다.

② 가치설 – 불법영득의사의 대상을 물체 속에 들어 있는 가치로 보는 견해이다. 이 견해에 의하면 타인의 예금통장을 절취하여 예금을 인출한 다음 반환한 경우에도 예금통장에 대한 불법영득의사를 인정한다.

③ 절충설 – 불법영득의사의 대상을 **물체 또는 물체가 가지는 가치**로 보는 견해이다.

2. 判例 Keyword 물체 또는 가치

절도죄의 성립에 필요한 불법영득의사라 함은 목적물의 물질을 영득할 의사이거나 또는 그 물질의 가치만을 영득할 의사이든 적어도 그 재물에 대한 영득의 의사가 있어야 한다고 판시한 바 있다.

3. 검토 (절충설지지) Keyword 특수기능가치

ⅰ) 물체설은 물건 자체는 소유자에게 두고 그 가치만 취득한 경우 불법영득의사를 인정할 수 없다는 문제가 있고, ⅱ) 가치설은 경제적 가치가 없는 재물을 절취한 때에는 불법영득의사를 인정할 수 없게 되어 절도죄의 객체인 재물이 경제적 가치를 요하지 않는다는 것과 모순된다는 점, 가치설을 일관하게 되면 절도죄가 영득죄가 아닌 이득죄로 변질된다는 점에서 부당하다. 따라서 절충설이 타당하다. 다만, 절충설에 의하더라도 가치설의 단점이 나타나므로 가치는 재물의 단순한 사용가치가 아니라 **특수한 기능가치**를 의미한다고 해야 한다.

甲은 친구 A의 손지갑 안에서 예금통장을 발견하고 예금통장을 이용하여 은행에서 예금을 인출한 후 예금통장을 다시 손지갑에 돌려놓았다. 예금통장에 대한 절도죄가 성립할 수 있는지를 논하시오.

1. 논점

절도죄는 타인의 재물을 절취함으로써 성립하는 범죄이다(제329조). 절도죄가 성립하기 위해서는 주관적 요건으로 절도의 고의 이외에 불법영득의사가 있어야 한다.

甲은 A의 예금통장에서 예금을 인출한 후 반환하였는데 이 경우에도 예금통장에 대한 불법영득의사를 인정할 수 있는지가 문제된다.

2. 불법영득의사의 객체   Keyword   물체 또는 가치 / 특수기능가치

불법영득의사의 객체에 대하여는, 재물 자체로 보는 견해(물체설)와 물체 속에 들어 있는 가치로 보는 견해(가치설)가 있다. 그러나 ⅰ) 물체설은 물건 자체는 소유자에게 두고 그 가치만 취득한 경우 불법영득의사를 인정할 수 없다는 문제가 있고, ⅱ) 가치설은 경제적 가치가 없는 재물을 절취한 때에는 불법영득의사를 인정할 수 없게 되어 절도죄의 객체인 재물이 경제적 가치를 요하지 않는다는 것과 모순된다는 점, 가치설을 일관하게 되면 절도죄가 영득죄가 아닌 이득죄로 변질된다는 점에서 부당하다. 따라서 불법영득의사의 대상은 **물체** 또는 물체가 가지는 **가치**로 보는 것(절충설)이 타당하다. 판례도 절도죄의 성립에 필요한 불법영득의 의사라 함은 목적물의 물질을 영득할 의사이거나 또는 그 물질의 가치만을 영득할 의사이든 적어도 그 재물에 대한 영득의 의사가 있어야 한다고 판시한 바 있다.[1] 다만 절충설에 의하더라도 가치설의 단점이 나타나므로 가치는 재물의 단순한 사용가치가 아니라 **특수한 기능가치**를 의미한다고 해야 한다.

3. 사안의 경우   Keyword   예금증명액기능

예금통장은 예금계약사실 뿐 아니라 예금액에 대한 증명기능이 있고 이러한 증명기능은 예금통장 자체가 가지는 경제적 가치라고 보아야 하므로, 예금통장을 사용하여 예금을 인출하게 되면 그 인출된 예금액에 대하여는 예금통장 자체의 **예금액 증명기능이 상실**되고 이에 따라 그 상실된 기능에 상응한 경제적 가치도 소모된다.

따라서 甲이 예금통장을 사용하여 예금을 인출한 후 예금통장을 반환하였다고 하더라도, 예금통장 자체가 가지는 예금액 증명기능의 경제적 가치에 대한 불법영득의 의사를 인정할 수 있으므로 甲에게는 절도죄가 성립한다.[2]

4. 결론

甲에게는 예금통장에 대한 절도죄가 성립한다.

---

1) 대판 : 91도3149
2) 대판 : 2009도9008

불법영득의사의 '불법'의 의미* [변시 17]

1. 논점

불법영득의사에서 불법은 위법함을 의미하지만 어떠한 경우에 위법을 인정할 수 있는 지 문제된다. 이는 권리자가 권리행사의 수단으로 재물을 임의취거한 경우에 불법영득 의사를 인정할 수 있는가의 문제이기도 하다.

2. 견해의 대립

① **취거행위의 불법설** – 불법이란 취거행위가 불법함을 의미하므로 취거행위가 적법하 지 않으면 불법영득의사를 인정해야 한다는 견해이다. 이에 의하면 행위자에게 반 환청구권이 있는 경우에도 재물을 임의취거한 경우 위법성조각사유가 없는 한 불법 영득의사가 인정되어 절도죄가 성립한다.

② **영득의 불법설** – 불법이란 영득이 실질적으로 소유권질서와 모순·충돌되는 상태를 의미한다는 견해이다(통설). 이에 의하면 항변의 여지가 없는 반환청구권이 행위자 에게 있는 경우에는 불법영득의사가 인정되지 않아 절도죄가 성립하지 않는다.

3. 判例

약정에 기한 인도 등의 청구권이 인정된다고 하더라도, 취거 당시에 점유 이전에 관한 점유자의 명시적·묵시적인 동의가 없었다면, 특별한 사정이 없는 한 불법영득의 의사가 인정된다고 판시한 바 있다(대판 : 72도2538; 대판 : 83도297).

4. 검토 (판례지지)

불법이란 취거행위가 불법함을 의미한다고 보는 것이 타당하다. 따라서 취거 당시에 청구권이 인정된다고 하더라도 점유 이전에 관한 점유자의 명시적·묵시적인 동의가 없 었다면, 특별한 사정이 없는 한 불법영득의 의사가 인정된다고 보는 것이 타당하다.

친족상도례가 적용되기 위한 친족관계의 존재범위***

甲과 甲의 처 乙은 乙 명의로 등록된 자동차를 甲이 소유하기로 약정하였다. 그 후 乙 은 자동차매매업자를 통하여 A에게 자동차를 매도하였고 A는 자동차매매업자에게 매 매대금을 모두 지급하고 자동차를 인도받아 노상에 주차해 두었는데 자동차 매매 사 실을 알고 있었던 甲은 A가 주차해 둔 자동차를 발견하고 임의로 운전하여 가버렸다. 甲에게 절도죄가 성립함을 전제로 친족상도례 규정이 적용될 수 있는지를 논하시오.

1. 논점

절도죄의 경우 재물의 소유자와 점유자가 다른 경우 친족상도례 규정이 적용될 수 있 는 요건에 대하여 견해가 대립되고 있다.

2. 학설

절도죄의 보호법익은 소유권이므로 행위자와 소유자 사이에 친족관계가 존재하면 친족상도례 규정이 적용될 수 있다는 견해가 있다(소유자관계설).

3. 判例

친족상도례에 관한 규정은 범인과 피해물건의 소유자 및 점유자 모두 사이에 친족관계가 있는 경우에만 적용된다고 판시한 바 있다(소유자·점유자관계설, 대판 : 2014도8984; 대판 : 80도131).

4. 검토 (판례지지)

소유자관계설에 의할 경우 소유자로부터 임차하여 사용하고 있는 물건을 절취한 경우 임차인과는 친족관계가 없더라도 소유자와 친족관계가 있으면 친족상도례 규정이 적용될 수 있다는 문제점이 있으며, 친족상도례 규정은 친족간의 정의를 고려한 규정이므로 소유자 및 점유자 모두 친족관계가 존재하여야 친족상도례 규정이 적용될 수 있다는 견해가 타당하다.

5. 결론

甲에게 절도죄가 성립하며 소유자인 乙과 친족관계에 있으나 점유자인 A와는 친족관계가 아니므로 친족상도례규정이 적용될 수 없다.

02 절도의 죄

▌선택형 핵심지문

1. **[10년간 방치된 물건 → 타인이 점유 물건 ×]** 광산개발이 불가능하게 되자 육지로 그 물건들을 반출하는 것을 포기하고 그대로 유기하여 둔 채 섬을 떠난 후 10년 동안 그 물건들을 관리하지 않고 있던 물건. (95도1481) [변시 13]

2. **[수목은 토지 소유권자의 소유]** 권원 없이 식재한 감나무에서 감을 수확 → 절도죄 (97도3425) [변시 13]

> **비교판례** **[농작물은 경작자 소유]** 타인소유의 토지에 이를 사용·수익할 만한 권한 없이 농작물을 경작한 경우 그 농작물의 소유권은 경작한 사람에게 귀속된다. 그러므로 토지소유자가 경작자가 경작한 콩을 뽑아버린 경우 재물손괴죄가 성립한다. → 수목과 농작물의 소유권 귀속을 구별하여야 한다. (99도3891)

3. 자동차 명의신탁과 절도죄

① 자동차 명의신탁관계에서 제3자가 명의수탁자로부터 승용차를 가져가 매도할 것을 허락받고 인감증명 등을 교부받아 위 승용차를 명의신탁자 몰래 가져간 경우, 위 제3자와 명의수탁자의 공모·가공에 의한 절도죄의 공모공동정범이 성립한다. (2006도4498) [변시 14]

② 피고인이 자신의 모(母) 甲 명의로 구입·등록하여 甲에게 명의신탁한 자동차를 乙에게 담보로 제공한 후 乙 몰래 가져간 경우, 乙에 대한 관계에서 자동차의 소유자는 甲이고 피고인은 소유자가 아니므로 乙이 점유하고 있는 자동차를 임의로 가져간 이상 절도죄가 성립한다. (2010도11771) [변시 14·15]

4. 점유개정방식에 의한 동산의 이중양도담보

[뒤의 채권자는 양도담보권을 취득 ×] 돈사에서 대량으로 사육되는 돼지에 대한 (점유개정방식에 의한) 이중의 양도담보설정계약이 체결된 경우 뒤에 양도담보설정계약을 체결한 이중양수 채권자가 임의로 돼지를 반출한 행위는 절도죄를 구성한다. (2006도8649)

> **비교판례** 점유개정방식에 의한 양도담보 목적물을 채권자가 목적물반환청구권을 양도하는 방법으로 제3자에게 처분한 후 그 제3자로 하여금 그 목적물을 취거하게 한 경우, 그 제3자로서는 자기의 소유물을 취거한 것에 불과하므로, 채권자의 이 같은 행위는 절도죄를 구성하지 않는다. (2006도423) [변시 14]

5. 책략절도 ➡ 사기죄가 아닌 절도죄 성립

① **[금은방 사건]** 피고인이 피해자 경영의 금방에서 마치 귀금속을 구입할 것처럼 가장하여 피해자로부터 순금 목걸이 등을 건네받은 다음 화장실에 갔다 오겠다는 핑계를 대고 도주한 경우 (94도1487) [변시 13]

② **[축의금 사건]** 피해자가 결혼예식장에서 신부측 축의금 접수인인 것처럼 행세하는 피고인에게 축의금을 내어 놓자 이를 교부받아 가로챈 경우 (96도2227)

> **비교판례** **[떨어진 지갑 사건]***** 피해자 甲은 드라이버를 구매하기 위해 특정 매장에 방문하였다가 지갑을 떨어뜨렸는데, 10분쯤 후 피고인이 같은 매장에서 우산을 구매하고 계산을 마친 뒤, 지갑을 발견하여 습득한 매장 주인 乙로부터 "이 지갑이

---

3) 형법상 절취란 타인이 점유하고 있는 자기 이외의 자의 소유물을 점유자의 의사에 반하여 점유를 배제하고 자기 또는 제3자의 점유로 옮기는 것을 말한다. 이에 반해 기망의 방법으로 타인으로 하여금 처분행위를 하도록 하여 재물 또는 재산상 이익을 취득한 경우에는 절도죄가 아니라 사기죄가 성립한다. 사기죄에서 처분행위는 착오에 빠진 피해자의 행위를 이용하여 재산을 취득하는 것을 본질적 특성으로 하는 사기죄와 피해자의 행위에 의하지 아니하고 행위자가 탈취의 방법으로 재물을 취득하는 절도죄를 구분하는 역할을 한다. 처분행위가 갖는 이러한 역할과 기능을 고려하면 피기망자의 의사에 기초한 어떤 행위를 통해 행위자 등이 재물 또는 재산상의 이익을 취득하였다고 평가할 수 있는 경우라면, 사기죄에서 말하는 처분행위가 인정된다(대판 : 2022도12494).

선생님 지갑이 맞느냐?"라는 질문을 받자 "내 것이 맞다."라고 대답한 후 이를 교부 받아 가지고 간 경우, 乙의 행위는 사기죄에서 말하는 처분행위에 해당한다.[3] → 절도가 아닌 사기죄 성립 (2022도12494) [변시 24]

6. **[물색행위 시작했으므로 실행의 착수 O]** 주간에 절도의 목적으로 방 안까지 들어갔다가 절취할 재물을 찾지 못하여 거실로 돌아 나온 경우, 절도죄의 실행 착수가 인정된다. (2003도1985; 86도2199) [변시 13]

7. **[Case] 영산홍 나무 사건**★★★
   ① **[캐낸 때 기수]** 입목을 절취하기 위하여 캐낸 때에 소유자의 입목에 대한 점유가 침해되어 범인의 사실적 지배하에 놓이게 되므로 범인이 그 점유를 취득하고 절도죄는 기수에 이른다. 이를 운반하거나 반출하는 등의 행위는 필요하지 않다. (2008도6080) [변시 13]
   ② **[처는 단순 절도죄, 남편은 장물운반죄 성립]** 절도범인(처)이 혼자 입목을 땅에서 완전히 캐낸 후에 비로소 제3자(남편)가 가담하여 함께 입목을 운반한 경우, (합동에 의한) 특수절도죄가 성립하지 아니한다. 처는 단순절도죄, 남편은 장물운반죄가 성립 → 남편은 필요적 감면됨에 유의! (2008도6080) [변시 13]

8. **[상습절도시 별도 주거침입죄 성립]** 형법 제332조에 규정된 상습절도죄를 범한 범인이 범행의 수단으로 주간에 주거침입을 한 경우 주간 주거침입행위는 상습절도죄와 별개로 주거침입죄를 구성한다. (2015도8169) [변시 17 · 18]

9. **야간주거침입절도죄의 야간의 의미**
   [침입이 야간이어야] 주간에 사람의 주거 등에 침입하여 야간에 타인의 재물을 절취한 행위는 형법 제330조의 야간주거침입절도죄를 구성하지 않는 것으로 봄이 상당하다. (2015도5381) [변시 16 · 17 · 19 · 21 · 22]

10. **야간주거침입절도죄의 실행의 착수 인정** [야 · 주 · 절 실착 → 주거침입시 → 밀 · 당 · 손괴시[4]]
    ① 야간에 절도의 목적으로 출입문이 열려 있으면 안으로 들어가겠다는 의사 아래 출입문을 **당겨보는** 행위를 한 경우 (2006도2824)
    ② 야간에 절도의 목적으로 아파트의 베란다 철제난간까지 올라가 유리창문을 **열려고 시도한** 경우 (2003도4417)

11. **특수절도죄**
    ① **[손괴 ×]** 피고인이 창문과 방충망을 창틀에서 분리한 사실만으로는 형법 제331조 제1항의 특수절도죄의 손괴에 해당하지 아니한다. (2015도7559) [변시 17]

---

4) 야간주거침입절도의 실행의 착수 시기는 주거침입시이고, 주거침입시의 실행의 착수시기는 밀거나 당기거나 손괴시이므로 결국 야간주거침임절도의 실행의 착수 여부는 밀거나 당기거나 손괴했는지 여부로 판단하면 된다.

② **[Case 삐끼주점 사건]***** 시간적 · 장소적으로 협동한 삐끼들은 합동에 의한 특수절도죄 성립, 주점에서 피해자를 감시한 지배인은 합동에 의한 특수절도죄의 공동정범 성립 (98도321) [변시 12 · 13]

사례형 쟁점정리

CASE 쟁점 084 **책략절도와 사기죄의 구별*****

丙은 ○○백화점에서 시계매장에서 사고 싶었던 시계를 발견하고 들어가 매장직원 B에게 "한번 착용해 보자."라고 요청했고, B가 건네준 시계를 손목에 차고 살펴보다가 B가 다른 손님과 대화하는 사이 몰래 도망쳤다. 이 경우 丙의 죄책은? (주거침입죄는 논외로 할 것) **【제13회 변호사시험 제2문】**

사례해설 타인의 재물을 절취한 경우 절도죄가 성립한다(제329조). 사안에서 丙은 기망을 수단으로 하여 점유를 취득하였으므로 절도죄가 아닌 사기죄가 성립하는지 문제된다.

형법상 '절취'란 타인이 점유하고 있는 자기 이외의 자의 소유물을 점유자의 의사에 반하여 점유를 배제하고 자기 또는 제3자의 점유로 옮기는 것을 말하고, 이에 반해 기망의 방법으로 타인으로 하여금 처분행위를 하도록 하여 재물 또는 재산상 이익을 취득한 경우에는 절도죄가 아니라 사기죄가 성립한다.

사기죄에서 처분행위는 행위자의 기망행위에 의한 피기망자의 착오와 행위자 등의 착오에 빠진 피해자의 행위를 재물 또는 재산상 이익의 취득이라는 최종적 결과를 중간에서 매개 · 연결하는 한편, 착오에 빠진 피해자를 이용하여 재산을 취득하는 것을 본질적 특성으로 하는 사기죄와 피해자의 행위에 의하지 아니하고 행위자가 탈취의 방법으로 재물을 취득하는 절도죄를 구분하는 역할을 한다. 처분행위가 갖는 이러한 역할과 기능을 고려하면 피기망자의 의사에 기초한 어떤 행위를 통해 행위자 등이 재물 또는 재산상의 이익을 취득하였다고 평가할 수 있는 경우라면, 사기죄에서 말하는 처분행위가 인정된다(대판 : 2022도12494).

사안에서 매장직원 B가 丙이 한번 착용해 보겠다는 요청에 따라 시계를 건네준 것은 처분의사로 이루어진 처분행위로 볼 수 없고, 丙이 매장에서 도망치기 전까지는 여전히 B의 점유하에 있었다 할 것이므로 丙에게 사기죄가 아닌 절도죄가 성립한다.

입목의 절취와 절도죄의 기수시기***

甲은 A가 운영하는 연구소 마당에 승용차를 세워 두고, 마당 뒤편에서 A 소유의 영산홍 1그루를 캔 다음, 남편인 乙에게 전화를 걸어 영산홍을 차에 싣는 것을 도와 달라고 말하여, 乙을 그곳으로 오게 하여 캐낸 영산홍을 함께 승용차까지 운반하여 주차된 승용차 바로 뒤에서 영산홍을 함께 잡고 있다가 A에게 발각되었다. 위 영산홍은 상당히 클 뿐만 아니라 뿌리 부분의 흙까지 함께 캐내어져 甲이 혼자서 이를 운반하기는 어려웠다. 甲과 乙의 행위에 대하여 특수절도죄의 성립여부를 검토하시오.

---

[1] 입목을 절취하기 위하여 캐낸 때에 소유자의 입목에 대한 점유가 침해되어 범인의 사실적 지배하에 놓이게 되므로 범인이 그 점유를 취득하고 절도죄는 기수에 이른다. 이를 운반하거나 반출하는 등의 행위는 필요하지 않다.

[2] 절도범인이 혼자 입목을 땅에서 완전히 캐낸 후에 비로소 제3자가 가담하여 함께 입목을 운반한 사안에서, 특수절도죄의 성립을 부정했다(대판 : 2008도6080). [변시 13]

판례해설 원심은 "甲이 영산홍을 땅에서 캐낸 것만으로는 그 절취행위가 완성되지 않았음을 전제로 하여, 甲이 캐낸 영산홍을 乙과 함께 승용차까지 운반함으로써 비로소 절취행위를 완성하였다는 이유로 피고인들이 합동하여 절취행위를 하였다고 보아 특수절도죄로 의율하였으나, 원심판결은 절도죄의 기수시기에 관한 법리를 오해한 위법이 있고, 이는 판결 결과에 영향을 미쳤음이 분명하다"하여 대법원에서 파기되었다. 사안에서 乙은 특수절도죄(정범)가 성립하지 아니하여 본범의 정범이 아니므로 장물운반죄가 성립할 수 있다. [변시 13]

야간주거침입절도죄의 법적 성격*** [변시 17]

甲은 15:40경 A가 운영하는 모텔에 이르러, A가 평소 비어 있는 객실의 문을 열어둔다는 사실을 알고 그곳 202호 안까지 들어가 침입한 다음, 같은 날 21:00경 그곳에 설치되어 있던 A 소유의 LCD모니터 1대를 몰래 가져 나왔다. 甲에게는 야간주거침입절도죄가 성립할 수 있는지를 논하시오.

1. 야간주거침입죄의 성립요건

야간주거침입절도죄는 야간에 사람의 주거 등에 침입하여 타인의 재물을 절취함으로써 성립한다(제330조). 사안에서 甲은 주간에 주거에 침입한 후 야간에 타인의 재물을 절취했는바, 甲을 야간주거침입절도죄로 처벌할 수 있는지 여부는 야간이라는 시간적 제약이 주거침입과 절취의 어느 부분에 미치는지에 따라 결정된다.

2. 야간이라는 시간적 제약의 범위 `Keyword` 야간침입위험성·주목

ⅰ) 절취행위가 야간에 이루어져야 한다는 견해, ⅱ) 주거침입과 절취행위 중 어느 하나만 야간에 이루어지면 된다는 견해, ⅲ) 주거침입과 절도행위 모두 야간에 이루어져야 한다는 견해가 나뉘어져 있다.

그러나 야간주거침입절도죄를 가중 처벌하는 이유는 절취가 야간에 이루진 것을 고려한 것이 아니라 주거침입이 야간에 이루어짐으로써 불안감을 높인다는 데 있다고 할 수 있으므로 주거침입이 야간에 이루어지면 절취의 시점을 묻지 않고 야간주거침입절도죄가 성립한다고 해야 한다.

判例도 형법은 **야간에 이루어지는 주거침입행위의 위험성에 주목**하여 그러한 행위를 수반한 절도를 야간주거침입절도죄로 중하게 처벌하고 있는 것으로 보아야 하고, 따라서 주거침입이 주간에 이루어진 경우에는 야간주거침입절도죄가 성립하지 않는다고 해석하는 것이 타당하다."고 판시한 바 있다.[5]

3. 결론

사안에서 甲은 주간에 주거에 침입한 후 야간에 타인의 재물을 절취하였으므로 야간주거침입절도죄(제330조)가 성립할 수 없다.[6]

CASE 쟁점 086 **합동의 의의**★★★ [변시 13 · 17 · 19 · 22]

1. 학설

① **공모공동정범설** – 공모공동정범을 합동범에 한하여 인정해야 한다는 견해로서, 합동범에는 공동정범과 공모공동정범이 포함된다고 본다.

② **가중적 공동정범설** – 합동범은 그 본질에 있어서는 공동정범이지만 집단범죄에 대한 대책상 특별히 형을 가중한 것이라고 해석하는 견해이다.

③ **현장설** – 합동이란 다수인의 **시간적 · 장소적 협동**을 의미한다는 견해로, 합동범을 가중처벌하는 것은 2인 이상이 현장에서 범죄를 범할 경우 집단성으로 인하여 피해가 커지는반면 단속 및 검거가 어려워진다는 점을 고려한 것으로 본다.

④ **현장적 공동정범설** – 합동은 다수인의 시간적 · 장소적 협동(현장성)을 의미하지만, 배후거물이나 두목이 현장에 있지 않더라도 합동범에 기능적 행위지배를 하여 정범성의 요소를 갖추었다면 합동범의 공동정범이 될 수 있다고 한다.

2. 判例 `Keyword` 공모/ 실행행위분담/ 시 · 장 · 협

2인 이상이 합동하여 타인의 재물을 절취한 경우의 특수절도죄가 성립하기 위하여는 주관적 요건인 **공모**와 객관적 요건인 **실행행위의 분담**이 있어야 하고, **시간적으로나 장소적으로 협동관계**에 있음을 요한다고 하여 현장설로 판시한 바 있다.

---

5) 대판 : 2011도300
6) 다만 주거침입죄(제319조 제1항)와 절도죄(제329조)가 성립할 수 있을 뿐이다.

3. 검토 (판례지지)

ⅰ) 공모공동정범설은 합동을 공모로 이해한 결과 **합동범의 범위가 지나치게 넓어질 수 있다는 문제점**이 있고, ⅱ) 가중적 공동정범설은 **합동을 공동으로 이해하고 있는 바 양자를 구별하여 규정한 입법 취지를 무시하게 되고**, 절도죄 · 강도죄 · 도주죄에 대해서만 공동정범을 가중처벌할 이유가 없다는 문제가 있고, 합동은 2인 이상이 실행행위에 있어서 시간적으로나 장소적으로 협동관계에 있음을 의미한다고 보는 것이 타당하다.

CASE 쟁점 087   합동범의 공동정범 인정여부★★★ [변시 12 · 14 · 17 · 23]

1. 학설

현장에서 시간적 · 장소적으로 협동한 자만이 합동범의 정범이 될 수 있으므로 범행현장에 존재하지 아니한 범인에 대하여는 합동범의 공동정범이 될 수 없다는 견해가 있다.

2. 判例

합동범에 대해 현장이 아닌 곳에서 역할분담을 한 자에 대하여 합동범의 공동정범을 인정한 바 있다.

3. 검토 (판례지지)   Keyword 공동정범 일반이론 적용

합동범에 대하여 공동정범의 일반이론이 적용되어야 하므로 현장에 있지 아니한 자도 현장의 합동범에 기능적 행위지배를 하고 있는 이상 합동범의 공동정범이 될 수 있다는 견해가 타당하다.

실전연습 035   '합동'의 의미 및 합동범의 공동정범 인정여부[7]

甲은 교도소 동기인 乙로부터 사채업자인 A의 사무실을 털자는 제의를 받았다. 甲은 A로부터 채무변제 독촉에 시달리고 있는 상황이어서 甲은 乙에게 아는 후배를 한 명 소개할 테니 함께 범행을 하자고 하면서 乙의 제의에 승낙하였다. 甲은 범행 전날 丙을 만나 乙의 범행 계획 등에 관해 알려 주고 丙의 승낙을 받았다. 甲은 범행 당일 丙을 乙에게 소개하여 주었고, 乙, 丙과 함께 A의 사무실 부근까지 동행하였으며, 도중에 범행에 사용할 면장갑과 쇼핑백을 구입하여 丙에게 건네주었다. 甲은 A의 사무실로부터 약 200m 정도 떨어진 S주유소 앞에서 丙과 乙을 기다리고 있었고, A가 점심식사를 하러 외출한 틈을 이용하여 乙은 A의 사무실 앞에서 망을 보고 丙은 열려진 문으로 들어가 乙이 미리 복사하여 건네 준 금고 열쇠를 이용하여 금고 안에 있던 현금 가지고 나왔다. 甲, 乙, 丙의 죄책을 논하시오. (주거침입죄는 논외로 함)

---

7) 삐끼주점 사건에서도 동일한 법리가 적용된다.

I. 논점

A의 사무실에서 현금을 가지고 나온 점에 대하여 甲, 乙, 丙에 대하여 제331조 제2항의 특수절도죄가 성립하는지가 문제된다. 만약에 甲에 대하여 특수절도죄가 성립하지 않는 경우 특수절도죄의 공동정범이 성립할 수 있는지가 문제된다.

II. 사무실에서 현금을 가지고 나온 점에 대한 甲, 乙, 丙의 죄책

1. 특수절도죄의 성립여부

(1) 특수절도죄의 성립요건 (제331조 제2항)

2인 이상이 합동하여 타인의 재물을 절취한 경우 특수절도죄가 성립한다.

여기의 합동의 의미에 대하여는, i) 합동을 공모로 보아 공모공동정범을 합동범에 한하여 인정해야 한다는 견해(**공모공동정범설**), ii) 합동을 공동의 의미로 보아 합동범은 본질에 있어서는 공동정범이지만 집단범죄에 대한 대책상 특별히 형을 가중한 것이라고 해석하는 견해(**가중적 공동정범설**), iii) 합동이란 다수인의 시간적·장소적 협동을 의미한다는 견해(**현장설, 현장적 공동정범설**)이 있다. 생각건대 공모공동정범설은 합동을 공모로 이해한 결과 합동범의 범위가 지나치게 넓어질 수 있다는 문제점이 있고, 가중적 공동정범설은 합동을 공동으로 이해하고 있는바 양자를 구별하여 규정한 입법취지를 무시하게 되는 점에서 문제가 있다.

형법이 2인 이상이 합동하여 절도한 경우를 단순절도에 비하여 가중처벌하는 것은 시간적·장소적 협동에 의하여 다수인이 절도를 하는 경우 구체적 위험성이 증가하는 데 이유가 있다고 보아야 한다.

따라서 합동의 의미는 다수인의 시간적·장소적 협동을 의미한다고 보는 것이 타당하다.

判例도 합동에 의한 특수절도죄가 성립하기 위하여는 주관적 요건으로서의 공모와 객관적 요건으로서의 실행행위의 분담이 있어야 하고, 그 실행행위에 있어서는 시간적으로나 장소적으로 협동관계에 있음을 요한다고 판시하고 있다.[8]

(2) 사안의 경우

사안에서 甲, 乙, 丙은 절도를 공모한 후 乙은 A의 사무실 앞에서 망을 보고 丙은 사무실에 들어가 A의 현금을 절취하였다. 따라서 乙과 丙은 시간적·장소적 협동하여 즉 합동하여 타인의 재물을 절취한 경우에 해당하여 합동에 의한 특수절도죄가 성립한다. 그러나 甲은 乙과 丙의 범행현장에서 200미터 떨어진 곳에서 기다리고 있었으므로 합동하였다고 볼 수 없어 특수절도죄가 성립하지 아니한다.

---

8) 대판 : 96도313

2. 乙과 丙의 절도행위에 대한 甲의 죄책

(1) 합동범의 공동정범 인정여부

절도를 공모하였으나 범행현장이 아닌 곳에서 대기하고 있었던 甲에게 합동에 의한 특수절도죄의 공동정범이 성립할 수 있는지 문제된다.

합동범을 가중처벌하는 이유는 합동하여 실행하는 범죄수행의 위험성을 고려한 것이고, 합동범은 공동정범의 특별규정이라고 보아, 시간적·장소적으로 협동한 자만이 합동범의 정범이 될 수 있으므로 합동범에 대해서는 공동정범의 규정이 적용될 수 없다는 견해가 있다.

그러나 **합동범에 대하여 공동정범의 일반이론이 적용되어야 하므로** 현장에 있지 아니한 자도 현장의 합동범에 기능적 행위지배를 하고 있는 이상 합동범의 공동정범이 성립할 수 있다고 보는 것이 타당하다.

判例도 현장에서 절도의 실행행위를 직접 분담하지 아니한 자에 대하여도 공동정범의 표지를 갖추고 있는 한 공동정범의 일반 이론에 비추어 합동절도의 공동정범으로 인정할 수 있다고 판시한 바 있다.[9]

(2) 사안의 경우

甲은 乙, 丙과 절도를 공모한 후 현장에서 특수절도행위를 직접 실행한 丙을 乙에게 소개시켜주고, 丙에게 범행에 사용할 면장갑과 쇼핑백을 구입하여 주는 등의 행위를 하였으므로 현장의 합동범에 대한 기능적 행위지배가 인정된다. 따라서 甲은 특수절도죄의 공동정범(제331조 제2항, 제30조)이 성립한다.

Ⅲ. 결론

A의 사무실에서 현금을 가지고 나온 점에 대하여 乙, 丙에 대하여는 특수절도죄가 성립하며, 甲에 대하여는 특수절도죄의 공동정범이 성립한다.

■ 유사사례

甲, 乙, 丙이 금값 상승에 관해 이야기를 나누던 중 乙은 외삼촌 A의 집 안 금고에 금괴가 있는데 A가 출장 중이라 집이 비어 있으니 금괴를 훔쳐 나누어 갖자고 제안하였다. 이에 동의한 甲과 丙에게 乙은 A의 집 비밀번호 및 금고의 위치와 비밀번호, CCTV가 없는 도주로까지 상세한 정보와 범행 계획을 제공하였다.

범행 당일 10:00경 범행 계획대로 乙은 자신이 거주하는 오피스텔에 남아 있었고, 甲과 丙은 A의 집으로 갔다. 丙이 A의 집 비밀번호를 눌러 문을 열어주고 문 앞에서 망을 보는 사이 甲은 A의 집 안으로 들어가 금고를 찾아 열었다. 하지만 금고 안은 텅 비어 있었다. 甲은 계속하여 금괴를 찾던 중, 출장이 연기되어 마침 집 안 침실에 있던 A에게 발각되자 자신을 붙잡으려는 A의 얼굴을 주먹으로 때리고 집 밖으로 도망쳤다. 한편, 丙은 망을 보는 시간이 길어지자 甲에게

---

9) 대판 : 2011도2021

진행상황을 물어보는 문자메시지를 보냈고, 이에 甲이 금고 안에 금괴가 없다는 답을 보내오자 丙이 집에서 나오기 전에 이미 현장을 떠났다. 甲, 乙, 丙의 죄책을 논하시오.

【제13회 변호사시험 제1문】

[사안의 해결]

1. 폭처법위반(공동주거침입)죄의 성립여부

乙은 외삼촌 A와 동거하지 않고 따로 오피스텔에 거주하고 있으므로 乙을 A의 공동거주자로 볼 수 없다. 따라서 甲·乙·丙이 주거침입을 공모[10]한 후 丙은 A의 집 비밀번호를 눌러 문을 열어주고 문 앞에서 망을 보고, 甲은 A의 집 안으로 들어갔는바, 이는 공범관계에 있는 甲과 丙이 동일 장소에서 동일 기회에 상호 다른 자의 주거침입의 범행을 인식하고 이를 이용하여 범행을 한 경우로서, 2명 이상이 공동하여 사람의 주거에 침입한 경우에 해당하므로 폭처법위반(공동주거침입)죄가 성립한다.

乙은 甲·丙과 주거침입을 공모하였으나 甲과 丙의 주거침입의 현장에 있지 않았으므로 폭처법위반(공동주거침입)죄가 성립하지 아니하며, 다만 폭처법위반(공동주거침입)죄의 공동정범(형법 제30조)이 성립할 수 있을 뿐이다.[11]

2. 특수절도죄의 성립여부

甲과 丙은 절도를 공모한 후 丙은 A의 집 앞에서 망을 보고, 甲은 A의 집에 들어가 A의 금고를 찾아 열었으므로 이는 시간적·장소적으로 협동하여 실행행위를 분담한 경우에 해당한다. 따라서 甲과 丙의 행위는 2인 이상이 합동하여 타인의 재물을 절취한 경우에 해당되므로 일응 특수절도죄가 성립한다.

다만, A가 이미 오래전 금괴를 처분하여 사건 당시 금고 안에는 아무것도 없어 결과발생이 처음부터 불가능한 경우 해당하나 위험성이 존재하는 경우였으므로 특수절도죄의 불능미수가 성립할 수 있는지 문제된다.

甲과 丙은 처음부터 A의 집에 금괴가 없었음에도 있다고 오인하였는바 이는 실행의 대상의 착오에 해당하고 그로 인하여 결과발생이 불가능한 경우에 해당한다. 그리고 甲과 丙은 A의 집에 금괴가 있다고 생각하고 금괴를 훔치러 들어갔는바, 행위 당시 행위자가 인식한 사정을 기초로 일반인의 관점에서 위험 여부를 판단하는 추상적 위험설에 따르면 일반인은 '금괴를 훔친다'는 사정을 위험하다고 판단할 것이므로 위험성도 인정된다. 따라서 甲과 丙의 행위는 특수절도죄의 불능미수가 성립한다.

乙은 甲과 丙의 합동에 의한 특수절도미수 행위에 대하여 공모와 실행분담(기능적 행위지배)이 인정되므로 합동에 의한 특수절도죄의 공동정범이 성립한다(제331조 제2항, 제30조). 다만, 乙이 A의 동거하지 않는 조카로서 상대적 친고죄에 해당한다(제342조, 제328조 제2항).

---

10) 사실관계에서 乙은 甲과 丙에게 A의 집 비밀번호를 알려 주고 역할을 분담하였으므로 공모가 인정된다.

11) 본 사안에 대하여는 명시적인 판례가 없다. 다만 판례이론에 따라 사안을 포섭하면 위와 같은 결론을 맺을 수밖에 없다고 생각된다. 이하에서 보는 '합동범의 공동정범'의 논의와 유사하다.

제331조 제2항의 특수절도죄에서 '흉기'의 의미* [변시 20]

甲은 A소유의 자동차 창문을 15센티 정도인 일반적인 드라이버로 파손한 후 자동차 안에 있던 노트북을 가져갔다. 甲에게 특수절도죄가 성립할 수 있는지를 논하시오.

1. 특수절도죄의 성립요건

형법 제331조 제2항에 의하면 흉기를 휴대하여 타인의 재물을 절취한 경우 특수절도죄가 성립한다. 사안에서 甲이 타인의 재물인 노트북을 절취하였음은 분명하다. 다만 절취과정에서 드라이버를 사용한 것이 '흉기'를 휴대하여 한 행위라고 할 수 있는지 문제된다.

2. 제331조 제2항의 '흉기'의 의미 [Keyword] 살상용 · 파괴용

흉기의 의미에 관하여는 위험한 물건과 동의어에 불과하다는 견해가 있다.

그러나 형법이 흉기와 위험한 물건을 분명하게 구분하여 규정하고 있다는 점, 형법 제331조 제2항에서 '흉기를 휴대하여 타인의 재물을 절취한' 행위를 특수절도죄로 가중하여 처벌하는 것은 흉기의 휴대로 인하여 피해자 등에 대한 위해의 위험이 커진다는 점 등을 고려한 것으로 볼 수 있다는 점에서 **흉기는 본래 살상용 · 파괴용으로 만들어진 것이거나 이에 준할 정도의 위험성을 가진 것**으로 보아야하며 위험한 물건과 동의어로 볼 수 없다고 보는 것이 타당하다(대판 : 2012도4175).

3. 사안의 경우

甲이 사용한 드라이버는 일반적인 드라이버와 동일한 것으로 특별히 흉기로 개조된 바는 없으며, 15센티 정도의 크기에 지나지 않았다는 사정에 비추어 보면 위험한 물건에 지나지 아니하고 흉기라고 볼 수 없다. 따라서 甲은 '흉기를 휴대'하여 타인의 재물을 절취한 경우에 해당한다고 할 수 없으므로 특수절도죄는 성립할 수 없다. 제329조의 단순절도죄가 성립할 수 있을 뿐이다.

4. 결론

甲은 흉기를 휴대하여 타인의 재물을 절취하였다고 볼 수 없어 특수절도죄가 성립하지 아니한다(형법 제329조의 단순절도죄가 성립한다).

03 강도의 죄

선택형 핵심지문

1. **폭행 또는 협박이 재물을 취거하기 위한 수단이 아니었던 경우**
   [강도죄 불성립] 주점 도우미인 피해자와의 윤락행위 도중 시비 끝에 피해자를 이불로 덮어씌우고 폭행한 후 이불 속에 들어 있는 피해자를 두고 나가다가 탁자 위의 피해자 손가방 안에서 현금을 가져간 경우, 폭행에 의한 강도죄가 성립하지 않는다. (2008도 10308)

2. 폭행, 협박으로 타인의 재물을 탈취한 이상 피해자가 우연히 재물탈취 사실을 알지 못하였다고 하더라도 강도죄는 성립한다. (2010도9630)

3. 강간의 수단인 폭행·협박에 의하여 억압된 상태를 이용한 재물의 탈취의 경우 재물탈취를 위한 새로운 폭행, 협박이 없더라도 강도죄 성립. (2010도9630)

4. 술집에 피고인과 술집 주인 두 사람밖에 없는 상황에서 술값의 지급을 요구하는 술집 주인을 살해하고 곧바로 피해자가 소지하던 현금을 탈취한 경우 강도살인죄가 성립 → 별도로 현금에 대한 절도죄가 성립하는 것이 아님에 유의 (99도242)

5. **준강도죄가 성립할 수 없는 경우**
   피고인이 술집 운영자로부터 술값의 지급을 요구받자 술값의 지급을 면하기로 마음먹고, 술집 운영자를 유인·폭행하고 도주한 경우 준강도죄가 불성립 → 준강도죄의 주체인 절도가 될 수 없으므로 (2014도2521) [변시 15]

6. **절도의 기회성 부정 → 준강도죄 불성립**
   [추격이 이미 종료] 피해자의 집에서 절도범행을 마친지 10분 가량 지나 피해자의 집에서 200m 가량 떨어진 버스정류장이 있는 곳에서 피고인을 절도범인이라고 의심하고 뒤쫓아 온 피해자에게 붙잡혀 피해자의 집으로 돌아왔을 때 비로소 피해자를 폭행한 경우, 그 폭행은 사회통념상 절도범행이 이미 완료된 이후에 행하여졌으므로 준강도죄가 성립하지 않는다. (98도3321)

   > 비교판례 [추격을 받던 중인 경우] 추격을 받던 중 절도의 장소에서 200m 떨어진 곳에서 폭행을 한 경우 (84도1398) [변시 15]

7. **절도의 기회성 인정 → 준강도죄 성립**
   [신병확보가 불확실한 경우] 절도 범행이 종료되고 피해자가 절도범인의 체포사실을 파출소에 신고 전화를 하려는데 피고인이 잘해보자고 하면서 폭행한 경우 (84도1167)

8. 준강도죄의 기수의 판단 및 준강도의 처벌 태양 [기·절·처·폭]

① 준강도의 **기수** 여부는 **절**도행위의 **기수** 여부를 기준으로 하여 판단하여야 한다. (2004도5074) [변시 15 · 17 · 19]

② 준강도를 강도죄 또는 특수강도죄 중 어느 예로 **처**벌할 것인가는 **폭**행 · 협박시의 행위태양을 기준으로 판단하여야 한다. (73도1553)

③ 절도 범인이 처음에는 흉기를 휴대하지 아니하였으나 체포를 면탈할 목적으로 폭행 또는 협박을 가할 때에 비로소 흉기를 휴대사용하게 된 경우에는 형법 제334조의 예에 의한 준강도(특수강도의 준강도)가 되는 것으로 해석하여야 할 것이다. (73도1553)

9. 강도의 기회성이 인정 → 강도치상죄 성립

甲이 택시를 타고 가다가 요금지급을 면할 목적으로 소지한 과도로 운전수를 협박하자 이에 놀란 운전수가 택시를 급우회전하면서 그 충격으로 甲이 겨누고 있던 과도에 어깨부분이 찔려 상처를 입었다면, 甲에게는 강도치상죄가 성립한다. (84도2397)

10. 날치기와 강도치상죄

① **[불성립]** 자동차를 이용하여 날치기하는 과정에서 **우연히** 손가락 골절상을 입게 한 경우 (2003도2316)

② **[성립]** 날치기하는 과정에서 피해자가 넘어졌으나 계속하여 피해자를 5m가량 끌고 감으로써 무릎 등에 상해를 입힌 경우 (2007도7601) [변시 14 · 18 · 23]

11. 준강도에 의한 강도상해죄의 기수의 요건 → 절도의 목적 달성은 기수요건 ×

피고인이 절취품을 물색 중 피해자가 잠에서 깨어나 "도둑이야"고 고함치자 체포를 면탈할 목적으로 그녀에게 이불을 덮어 씌우고 입과 목을 졸라 상해를 입혔다면 절도의 목적 달성 여부에 관계없이 강도상해죄가 성립한다. (85도682) [변시 15]

12. 합동하여 절도를 한 경우 범인 중 1인이 체포를 면탈할 목적으로 폭행을 하여 상해를 가한 때에는 나머지 범인도 이를 예기하지 못한 것으로 볼 수 없으면 준강도상해죄의 죄책을 면할 수 없다. → 예견가능성 (82도1352) [변시 17]

13. 단순히 '준강도'할 목적이 있음에 그친 경우 강도예비 · 음모죄로 처벌할 수 없다. (2004도6432) [변시 14 · 15 · 17 · 22]

CASE 쟁점 088   이익강취죄가 성립하기 위해 피해자의 처분행위의 요부

1. 논점

채무면탈과 같은 이익강취죄가 성립하기 위해서 피해자의 처분행위가 있어야 하는지가
문제된다.

2. 학설

피해자의 처분행위를 요한다는 견해가 있다. 피해자의 처분행위를 요하지 않게 되면
어떤 이익을 목적으로 사람을 살해하면 거의 대부분 강도살인죄가 되는 부당한 결과를
초래하게 된다는 것을 논거로 한다.

3. 判例

강도죄가 성립하기 위한 재산상의 이득행위는 재물강취와 마찬가지로 상대방의
반항을 억압할 폭행 또는 협박의 수단으로 재산상의 이익을 취득하면 족한 것으로
서 반드시 상대방의 의사에 의한 처분행위를 필요로 하지 않는다고 판시했다.

4. 검토 (판례지지)

강도죄는 상대방의 의사를 억압한 상태에서 이루어지는 것이므로 외형상 피해자의 처
분행위가 있더라도 이는 피해자의 의사에 반하는 것이므로 법률상의 처분행위라고 볼
수 없다는 점, 적극설에 의하면 상대방이 전혀 처분행위를 할 수 없을 정도로 억압을
한 경우 오히려 강도죄가 성립할 수 없게 된다는 문제점이 있으므로 피해자의 처분행
위를 필요로 하지 않는다는 판례가 타당하다.

CASE 쟁점 089   야간주거침입강도의 실행의 착수시기[12]★★ [변시 21]

1. 학설

① 주거침입시설 – 야간주거침입강도에 의한 특수강도죄는 주거침입죄와 강도죄의 결
  합범으로 보아 시간적으로 주거침입행위가 선행하므로 주거침입을 한 때에 실행에
  착수한 것으로 보는 견해이다.
② 폭행·협박시설(다수설) – 특수강도죄는 강도죄에 대한 가중적 구성요건이므로 강도
  의 실행의 착수 즉 폭행·협박을 개시한 때에 실행의 착수를 인정해야 한다는 견해
  이다.

---

12) 야간주거침입절도는 특수절도가 아니지만, 야간주거침입강도는 특수강도임에 유의할 것.

2. 判例

실행의 착수시기에 대하여 주거침입시(헛기침 사건, 대판 : 92도917)로 본 경우와 폭행·협박시(욕정 사건, 대판 : 91도2296)로 본 경우로 입장이 나뉘어져 있다.

3. 검토 (폭행·협박시설 지지)

야간주거침입강도에 의한 특수강도의 실행의 착수시기를 주거침입시로 보게 되면 **야간에 주거에 침입한 후 범인이 체포된 경우 야간주거침입절도죄의 미수인지 특수강도의 미수인지를 구별하기가 곤란해진다는 문제점**이 있으므로 실행의 착수시기는 폭행, 협박의 개시시라고 보는 것이 타당하다.

| 실전연습 037 | 특수강도죄의 실행의 착수시기 |

1,000만 원을 반환하라는 甲의 독촉에 시달리던 乙은 A의 재물을 강취하기로 마음먹고 지인으로부터 A의 집 구조와 금고위치 등에 관한 정보를 입수하고 미리 현장을 답사하였다. 그로부터 3일 뒤 밤 11시경 乙은 A의 단독주택에 도착하여 외부 벽면을 타고 2층으로 올라가 창문을 열고 들어가다가 예상치 못하게 집안에서 거구의 남자 2명이 다가오자 순간적으로 겁을 먹고 도망하였다. 乙의 죄책은?

【제10회 변호사시험 제2문】

1. 논점

乙이 A의 재물을 강취하기로 마음 먹고 밤 11시경 창문을 열고 들어가다가 겁을 먹고 도망간 행위와 관련하여 특수강도미수죄, 강도예비죄, 주거침입죄가 각 성립할 수 있는지 문제된다.

2. 乙의 죄책

(1) 특수강도미수죄의 성립여부[13]

야간에 사람의 주거에 침입하여 강도죄를 범한 경우 야간주거침입강도죄(특수강도죄)가 성립한다(제334조 제1항). 야간주거침입에 의한 강도죄는 주거침입과 강도죄의 결합범으로서 사안과 같이 乙이 A에 대한 강도의 고의로 밤 11시경 A의 집에 들어가다가 도망간 경우 특수강도죄의 실행의 착수가 인정되어 특수강도미수죄가 성립할 수 있는지 문제된다.

야간주거침입강도의 실행의 착수시기와 관련하여 ⅰ) 야간주거침입강도에 의한 특수강도죄는 주거침입죄와 강도죄의 결합범으로 보아 시간적으로 주거침입행위가 선행하므

---

13) '주거침입시설'을 지지할 경우 실행의 착수가 인정되므로 특수강도미수죄가 성립할 것이다(제343, 제334조 제1항). 그리고 이 경우 강도예비죄는 법조경합으로 인하여 별도로 성립하지 않는다.

로 주거침입을 한 때에 실행에 착수한 것으로 보아야 한다는 주거침입시설, ⅱ) 특수강
도죄는 강도죄에 대한 가중적 구성요건이므로 강도의 실행의 착수 즉 폭행·협박을 개
시한 때에 실행의 착수를 인정해야 한다는 폭행·협박시설(다수설)이 대립하고, 判例는
주거침입시로 본 경우와 폭행·협박시로 본 경우로 입장이 나뉘어져 있다.

야간주거침강도에 의한 특수강도의 실행의 착수시기를 주거침입시로 보게 되면 야간에
주거에 침입한 후 범인이 체포된 경우 야간주거침입절도죄의 미수인지 특수강도의 미
수인지를 구별하기가 곤란해진다는 문제점이 있으므로 실행의 착수시기는 폭행, 협박
의 개시시라고 보는 것이 타당하다.

사안에서 乙은 폭행·협박에 나아간 바 없으므로 실행의 착수가 인정되지 않아 특수강
도미수죄는 성립할 수 없고, 특수강도를 범할 의사로 지인으로부터 A의 집 구조와 금
고위치 등에 관한 정보를 입수하고 미리 현장을 답사한 후 특수강도의 고의로 집안에
들어가다가 도망하였으므로 특수강도예비죄가 성립한다(제343조). 다만, 거구의 남자 2
명이 다가오자 순간적으로 겁을 먹고 도망하였다는 점에서 예비의 중지범이 성립할 수
있는지 문제된다.

(2) 강도예비죄의 중지범의 성립여부

사안에서 乙은 겁을 먹고 도망간 것이므로 '자의성'이 인정되지 않을 뿐만 아니라(대판
: 97도957), 실행의 착수가 있기 전인 예비·음모의 행위를 처벌하는 경우에 있어서는
중지범의 관념은 이를 인정할 수 없으므로(대판 : 99도424) 강도예비죄의 중지범은 성립
할 수 없다.

(3) 주거침입죄의 성립여부[14]

타인의 주거에 침입하는 경우 주거침입죄가 성립한다(제319조 제1항). 사안에서 乙은 A
의 단독주택의 벽면을 타고 2층으로 올라가 창문을 열고 들어갔는바 이는 출입 당시
객관적·외형적으로 드러난 행위태양에 비추어 통상적인 출입방법으로 들어간 것으로
볼 수 없으므로 침입에 해당한다(대판(전) : 2020도12630). 또한, 乙은 창문을 열고 들어가
다가 도망하였다는 점에서 신체의 일부가 A의 주거 안으로 들어간 것으로 볼 수 있고
이는 거주자가 누리는 사실상의 주거의 평온을 해한 것이므로(대판 : 94도2561) 주거침입
행위는 기수에 이르렀다. 따라서 乙에게 주거침입죄가 성립한다.

3. 결론

乙은 강도예비죄와 주거침입죄가 성립한다.

---

14) '폭행·협박시설'을 지지하는 경우 반드시 주거침입죄의 성립 여부를 별도로 논해주어야 한다. 왜
  냐하면 특수주거침입미수죄가 성립하는 경우 별도의 주거침입죄가 성립하지 않는다는 대법원의
  판례(대판 : 2012도12777)가 명시적으로 존재하는바 특수예비죄가 성립하는 경우 별도의 주거침입
  죄가 성립하기 때문이다. 다만, 논의의 정도는 최근의 전원합의체 판결을 반영하여 침입에 해당
  하는지 및 기수시기를 키워드 위주로 간단하게 논해주면 족할 것이다.

甲과 乙은 합동하여 양주를 절취하기로 공모한 후 A가 운영하는 주점에서 乙은 망을 보고 甲은 주점의 잠금장치를 뜯고 침입하여 진열장에 있던 양주 40여 병을 미리 준비한 바구니에 담고 있던 중, 계단에서 서성거리고 있던 乙을 수상히 여긴 주점 종업원 B가 주점으로 돌아오려는 소리를 듣고서 양주를 그대로 둔 채 출입문을 열고 나오다가 B가 甲을 붙잡자 체포를 면탈할 목적으로 甲의 목을 잡고 있던 B의 오른손을 깨물었다. 甲과 乙은 준강도죄의 기수인지 미수인지를 논하시오.

1. 논점

甲과 乙은 특수절도미수범으로서 체포를 면탈할 목적으로 B를 폭행하였는바 준강도에 해당함은 의문이 없다. 다만 준강도죄의 기수여부의 판단기준에 대하여는 다툼이 있다.

2. 학설 　Keyword　 재산죄본질 / 형의 불균형 초래

① **폭행·협박행위기준설** – 준강도죄의 구성요건적 행위는 폭행·협박이므로 기수·미수의 기준은 폭행·협박행위를 기준으로 판단하여야 한다는 견해이다. 이 견해에 의하면 절도가 기수이더라도 폭행·협박에 의하여 상대방의 반항이 억압되지 않았다면 준강도죄의 미수가 된다.

② **절취행위기준설** – 강도죄는 재산권과 자유권을 보호법익으로 하지만 **재산죄에 그 본질**이 있고, 강도죄의 경우 재물을 강취하여야 기수가 됨에도 불구하고, 폭행·협박을 기준으로 준강도죄의 기수·미수를 결정하면 재물을 절취하지 못한 자도 준강도죄의 기수가 되어 강도죄의 기수의 형으로 처벌받게 되어 **형의 불균형을 초래**하므로, 준강도죄의 기수·미수는 절취행위를 기준으로 하여야 한다는 견해이다.

3. 判例

준강도죄의 기수 여부는 절도행위의 기수 여부를 기준으로 하여 판단하여야 한다고 판시하고 있다(대판 : 2004도5074). [변시 15·17·19]

4. 검토 (절취행위기준설 지지)

폭행·협박행위기준설에 의하여 기수·미수를 판단하는 경우 절도의 기수, 미수를 불문하고 양자 모두 준강도기수죄가 될 수 있어 **형의 불균형이 발생**한다는 문제점이 있다. 따라서 절취행위기준설이 타당하다.

5. 결론

甲과 乙은 준강도에 해당하나 절취행위가 미수에 그쳤으므로 준강도죄의 미수에 해당한다.

준강도죄의 처벌기준★★★ [변시 12]

甲은 야간에 A의 집에 침입하여 절도를 하던 중 A에게 발각되자 체포를 면탈할 목적으로 마침 옆에 놓여 있던 부엌칼로 A를 협박하고 도주하였다. 甲이 단순강도의 준강도인지 특수강도의 준강도인지를 논하시오.

1. 논점

형법 제335조는 준강도를 단순강도 또는 특수강도의 예에 의한다고 규정하고 있으나 단순강도 또는 특수강도의 예에 의할 기준을 제시하고 있지 않아 그 기준이 어떠한지가 문제된다.

2. 견해의 대립   Keyword 강도죄와 같은 실질적 위법성

① **절도의 태양기준설 (대법원 소수견해)** – 준강도죄를 규정한 형법 제335조는 범죄의 주체를 절도라고 규정한 후, 그 행위를 폭행·협박으로만 규정하고 있고 행위의 정도·방법에 대하여는 언급이 없으므로 행위로서는 단순강도의 준강도냐 또는 특수강도의 준강도이냐를 구별 지을 근거가 없으므로 행위의 주체인 절도의 태양에 따라 구별지어야 한다는 견해이다.

② **폭행·협박의 태양기준설 (대법원 다수견해)** – 준강도죄는 **절도범인이** 일정한 목적으로서 폭행 또는 협박하는 행위가 **재물 탈취의 수단으로서 폭행, 협박을 가하는 강도죄와 같은 실질적 위법성**을 가진다는 이유로 중하게 처벌되도록 되어 있는 것이고, 강도죄에 있어서 재물 탈취의 수단인 폭행 또는 협박의 유형을 흉기를 휴대하고 하는 경우와 그렇지 않은 경우로 나누어 흉기를 휴대하고 하는 경우를 특수강도로 하고, 그렇지 않은 경우를 단순강도로 하여 처벌을 달리하고 있으므로, 준강도죄의 경우도 폭행·협박의 행위의 태양에 따라 판단해야 한다는 견해이다(대판 : 73도1553).

3. 검토 (판례 다수견해 지지)

준강도죄는 강도죄와 같은 실질적 위험성으로 인하여 중하게 처벌되는 것이고, 강도죄가 폭행·협박의 행위 태양에 따라 단순강도와 특수강도로 달리 처벌하고 있는 이상 이러한 기준에 따라 준강도를 단순강도 또는 특수강도의 예에 따라 처벌할 것을 판단하는 것이 타당하다.

4. 결론

甲이 체포를 면탈할 목적으로 폭행 또는 협박을 가할 때에 흉기를 휴대하여 사용하였으므로 甲은 특수강도의 준강도에 해당한다.

甲과 乙은 빈 담배가게를 털기로 공모하였다. 乙이 담배창구를 통하여 가게에 들어가 절취할 물건을 물색하던 중 甲은 가게 밖에서 망을 보다가 예기치 않았던 인기척 소리가 나므로 도주하였으나, 乙은 빈손인 채로 담배가게 창구로 다시 나오려다가 창구에 몸이 걸려 빠져 나오지 못하게 되어 주인 丙에게 손을 붙들리자 체포를 면탈할 목적으로 丙의 안면부에 폭행을 가하여 丙에게 코뼈가 부러지는 전치 3주의 상해를 입게 하였다. 乙에게 (준)강도상해죄가 성립함을 전제하고 甲에게 강도상해죄의 공동정범이 성립할 수 있는지를 논하시오.

1. 논점

합동절도범 중 1인이 준강도죄(준강도상해죄)를 범한 경우에 다른 공범자에게도 준강도죄(준강도상해죄)의 공동정범의 성립을 인정할 수 있는지가 문제된다.

2. 甲에게 강도상해죄가 성립할 수 있는지 여부

判例는 공모 합동하여 절도를 한 경우 범인 중의 1인이 체포를 면탈할 목적으로 폭행을 하여 상해를 가한 때에는 나머지 범인도 **이를 예기하지 못한 것으로 볼 수 없다면** 강도상해죄의 죄책을 면할 수 없다고 판시하여 공모를 초과한 범죄에 대하여 예견가능성을 전제로 공동정범의 성립을 긍정하고 있다.

그러나 공동정범은 공동의사의 범위 내에서 성립할 수 있다는 점, 강도상해죄의 전제가 되는 준강도죄는 폭행·협박에 대한 고의가 있어야 할 뿐만 아니라 일정한 목적까지 있어야 성립하는 범죄로서 절도죄의 결과적 가중범이 아니므로 다른 공범자의 폭행(또는 상해)에 예견가능성이 있다는 것만으로 준강도죄(준강도상해죄)의 공동정범이 성립할 수는 없다고 보는 것이 타당하다. 따라서 공범자의 1인이 초과하여 실행한 부분은 그 1인의 단독범이 될 뿐이라고 보아야 한다.

3. 결론

甲은 乙과 절도를 공모하였을 뿐 폭행(상해)행위에 대한 공동의 의사가 인정되지 않으므로 폭행(상해)행위를 매개로 한 강도상해죄에 대하여도 공동의 의사를 인정할 수 없다. 따라서 甲에게는 강도상해죄에 대한 공동정범은 성립하지 않으며 甲 자신이 행한 합동에 의한 특수절도미수죄에 대한 죄책을 질뿐이다.[15]

---

15) 다만 본 사례는 판례이론에 의하더라도 甲에게는 강도상해죄가 성립할 수 없고 특수절도미수죄가 성립할 뿐이다. 판례는 "절도를 공모한 피고인이 다른 공모자의 폭행행위에 대하여 사전양해나 의사의 연락이 전혀 없었고, 범행장소가 빈 가게로 알고 있었고, 위 공모자가 담배창구를 통하여 가게에 들어가 물건을 물색하던 중(본래 사안은 절도 기수 사안이지만 다른 쟁점을 포함시키기 위하여 저자가 미수 사안으로 변경한 것이다) 피고인은 밖에서 망을 보던중 예기치 않았던 인기척 소리가 나므로 도주해버린 이후에 위 공모자가 창구에 몸이 걸려 빠져 나오지 못하게 되어 피해자에게 붙들리자 체포를 면탈할 목적으로 피해자에게 폭행을 가하여 상해를 입힌 것이고, 피고인은 그동안 상당한 거리를 도주하였을 것으로 추정되는 상황하에서는 피고인이 위 공모자의

날치기 과정에서의 상해를 입힌 경우 강도치상죄의 성부***
[법모 13 · 14 · 16 · 17 · 21 · 22]

퇴원 후 乙은 평일 대낮에 한적한 대로변을 어슬렁거리다가 마침 명품핸드백을 메고 자신 앞을 지나가는 A를 발견하고는 핸드백을 낚아챌 마음으로 A에게 접근한 뒤 A가 어깨에 메고 있던 핸드백끈을 잡아당겼고, A가 핸드백을 붙잡고 버티다가 바닥에 넘어져 약 5m가량 끌려가면서도 '핸드백 내놔'라고 소리치다가 핸드백을 놓치게 되었다. 이로 인해 A는 전치 4주의 무릎찰과상 및 손가락골절상 등을 입게 되었다. 乙의 죄책은? 【22년 제2차 법전협 모의고사 제2문】

[해설]

1. 강도치상죄 성립여부

강도가 사람을 상해에 이르게 한 경우 강도치상죄가 성립한다(제337조). 강도치상죄의 성립의 전제가 되는 강도(준강도 포함)가 되기 위한 폭행은 상대방의 반항을 억압할 목적으로 한 것이어야 하며 또한 그 정도의 것이어야 한다(대판 : 2003도2316).

날치기 범죄의 경우 피해자의 반항억압을 목적으로 하지 않고 점유탈취의 과정에서 우연히 강력력이 가해진 경우에는 절도죄가 성립하나(대판 : 2003도2316), 강제력의 행사가 사회통념상 객관적으로 상대방의 반항을 억압하거나 항거불능케 할 정도의 것으로 인정된다면 이러한 강제력은 강도죄에서의 폭행에 해당하므로 강도에 해당한다(대판 : 2004도4437).

2. 결론

사안의 경우 乙은 날치기 수법의 점유탈취 과정에서 재물을 뺏기지 않으려는 A의 반항에 부딪혔음에도 계속하여 A를 끌고 가면서 억지로 재물을 빼앗았으므로 피해자의 반항을 억압한 후 재물을 강취한 것으로서 강도에 해당하고, 가방을 놓지 않고 버티는 A를 5m가량 끌고 감으로써 무릎 등에 상해를 입혔으므로 강도치상죄가 성립한다.
[변시 14 · 18 · 23]

> **관련판례** 날치기와 강도치상죄
>
> 1. (강도치상죄가 성립하지 않는 경우) [1] 날치기와 같이 강력적으로 재물을 절취하는 행위는 때로는 피해자를 전도시키거나 부상케 하는 경우가 있고, 구체적인 상황에 따라서는 이를 강도로 인정하여야 할 때가 있다 할 것이나, 그와 같은 결과가 피해자의 반항억압을 목적으로 함이 없이 점유탈취의 과정에서 우연히 가해진 경우라면 이는 절도에 불과한 것으로 보아야 한다.

폭행행위를 전연 예기할 수 없었다고 보여지므로 피고인에게 준강도상해죄의 공동책임을 지울 수 없다."고 판시한 바 있다(대판 : 83도3321; 동지 대판 : 84도2552).

[2] 준강도죄에 있어서의 '재물의 탈환을 항거할 목적'이라 함은 일단 절도가 재물을 자기의 배타적 지배하에 옮긴 뒤 탈취한 재물을 피해자측으로부터 탈환당하지 않기 위하여 대항하는 것을 말한다.

[3] 피해자의 상해가 차량을 이용한 날치기 수법의 절도시 점유탈취의 과정에서 우연히 가해진 것에 불과하고, 그에 수반된 강제력 행사도 피해자의 반항을 억압하기 위한 목적 또는 정도의 것은 아니었던 것으로 보아 강도치상죄로 의율한 원심판결을 파기한 사례(대판 : 2003도2316).

2. **(강도치상죄가 성립하는 경우)** [1] 소위 '날치기'와 같이 강제력을 사용하여 재물을 절취하는 행위가 때로는 피해자를 넘어뜨리거나 상해를 입게 하는 경우가 있고, 그러한 결과가 피해자의 반항 억압을 목적으로 함이 없이 점유탈취의 과정에서 우연히 가해진 경우라면 이는 강도가 아니라 절도에 불과하지만, 강제력의 행사가 사회통념상 객관적으로 상대방의 반항을 억압하거나 항거 불능케 할 정도의 것이라면 이는 강도죄의 폭행에 해당한다. 그러므로 **날치기 수법의 점유탈취 과정에서 이를 알아채고 재물을 뺏기지 않으려는 상대방의 반항에 부딪혔음에도 계속하여 피해자를 끌고 가면서 억지로 재물을 빼앗은 행위는 피해자의 반항을 억압한 후 재물을 강취한 것으로서 강도에 해당한다.**

[2] 날치기 수법으로 피해자가 들고 있던 가방을 탈취하면서 가방을 놓지 않고 버티는 피해자를 5m 가량 끌고 감으로써 피해자의 무릎 등에 상해를 입힌 경우, 반항을 억압하기 위한 목적으로 가해진 강제력으로서 그 반항을 억압할 정도에 해당한다고 보아 강도치상죄의 성립을 인정한 사례(대판 : 2007도7601). [변시 14 · 18]

CASE 쟁점 094   강도의 공모자 중 일부가 상해를 입힌 경우 법적효과

1. 논점

강도의 공동정범 중 1인이 강도의 기회에 상해나 치상의 결과를 발생케 한 경우에 다른 공범자에게도 강도상해(치상)죄의 공동정범이 성립할 것인지가 문제된다.

2. 검토 (부정설 지지) Keyword 예견가능성

판례는 다른 공범자에게 상해에 대한 예견가능성이 인정되는 경우 강도상해죄의 공동정범을 인정한다. 그러나 공동정범은 공동의사의 범위 내에서만 성립하므로 상해에 대하여 공동의사가 없는 공범자에게는 강도상해죄의 공동정범은 성립할 수 없고, 다만 상해나 치상의 결과를 예상할 수 있었던 경우에 한하여 강도치상죄(단독정범)가 성립한다고 해야 한다.

04 사기의 죄

선택형 핵심지문

1. 기망행위에 의하여 조세를 포탈한 경우 [사기죄 ×, 조세범처벌법 위반죄 ○]

기망행위에 의하여 조세를 포탈하거나 조세의 환급·공제를 받은 경우에는 조세범처벌법 제9조에서 이러한 행위를 처벌하는 규정을 별도로 두고 있으므로 조세범처벌법 위반죄가 성립하며, 형법상 사기죄는 성립하지 않는다. (2008도7303; 2021도7831) [변시 17]

2. 사기죄 성립

① **[채무이행의 연기]** 채무자가 채권자에 대하여 소정 기일까지 지급할 의사와 능력이 없음에도 종전 채무의 변제기를 늦출 목적에서 어음을 발행 교부한 경우에는 사기죄가 성립한다. ➡ 채무이행의 연기도 재산상의 이익에 해당 (97도1095)

② **[가압류의 해제]** 채무자가 채권자를 기망하여 가압류를 해제하게 하였다면 사기죄의 재산적 처분행위에 해당하고, 이후 가압류의 피보전채권이 존재하지 않는 것으로 밝혀졌다고 하더라도 가압류의 해제로 인한 재산상의 이익이 없었다고 할 수 없다. ➡ 가압류 해제시 가압류의 부담이 없는 부동산을 소유하는 이익 (2007도5507)

③ **[비의료인 개설 의료기관 요양급여비용 청구]** 비의료인이 개설한 의료기관이 국민건강보험공단에 요양급여비용의 지급을 청구하여 요양급여비용을 지급받은 경우 ➡ 비의료인이 개설 명의를 빌려준 의료인으로 하여금 환자들에게 요양급여를 제공하게 하였더라도 사기죄가 성립 (2018두44838) [변시 16]

④ **[협의매수·수용 예정 토지 매도 후 대금 수령]** 토지가 정주시에 의하여 협의매수되거나 수용될 것이라는 점을 알고 있었던 피고인이 이러한 사정을 고지하지 아니한 그 토지를 매도하고 대금을 수령 ➡ 부작위에 의한 사기죄 (93도14) [변시 14·18]

3. [Case] 사기죄 불성립★★

[GPS이용 승용차 절취 사건] 피고인이 A 등에게 자동차를 인도하고 소유권이전등록에 필요한 일체의 서류를 교부함으로써 A 등이 언제든지 자동차의 소유권이전등록을 마칠 수 있게 된 이상, 피고인이 자동차를 양도한 후 다시 절취할 의사를 가지고 있었더라도 자동차의 소유권을 이전하여 줄 의사가 없었다고 볼 수 없고, 피고인이 자동차를 매도할 당시 곧바로 다시 절취할 의사를 가지고 있으면서도 **이를 숨긴 것을 기망이라고 할 수 없어**, 결국 피고인이 자동차를 매도할 당시 기망행위가 없었으므로, 피고인에게 사기죄를 인정할 수 없다. (2015도17452) [변시 18]

4. 과다지급금의 영득과 사기죄

① **[교부 전 또는 중 ➡ 사기죄]** 매도인이 매매잔금을 교부받기 **전** 또는 교부받던 **중**에 과다지급 사실을 알게 된 경우 (2003도4531)

② [교부 후 → 점유이탈물횡령죄] 그 사실을 미리 알지 못하고 매매잔금을 건네주고 받는 행위를 끝마친 후에야 비로소 알게 된 경우 (2003도4531)

5. 사기죄 불성립 → 거래목적을 달성하는데 지장이 없는 사항을 불고지

① 부동산의 이중매매에 있어서 제1계약사실 불고지 (2011도15179)

② 부동산의 이중매매에서 명의 수탁 부동산임을 불고지 (2006도4498) [변시 14 · 15 · 20]

③ 입주권을 2억 5,000만 원에 확보하여 2억 9,500만 원에 전매한다는 사실을 매수인에게 불고지 (2010도5124)

④ 피고인이 피해자에게 위조한 약속어음을 마치 진정한 어음인 것처럼 기망하여 밀린 물품대금 채무의 변제조로 이를 교부 → 피해자가 피고인의 물품대금 채무를 소멸시키는 등 어떠한 처분행위를 한 사실을 인정되어야 함. (82도2938)

> **동지판례** 자기의 채권자에 대한 채무이행으로 부존재 하는 채권을 양도 → 채권자에 대한 기존의 채무도 소멸하는 것이 아니므로 재산상의 이익 취득 ×
>
> **비교판례** 피해자들을 기망하여 부동산을 매도하며 매매대금 중 기존 채권과 상계 → 상계는 채권의 소멸사유이므로 재산상 이익 ○

⑤ 甲이 제3자에게 편취당한 송금의뢰인으로부터 자신의 계좌에 송금된 돈을 출금한 경우 → 甲은 예금주로 은행에 대하여 예금반환을 청구할 수 있는 권한有 (2010도3498)

⑥ 자기가 점유하는 타인의 재물을 횡령하기 위하여 기망의 수단을 쓴 경우 → 횡령죄만 성립(≒책략절도) (80도1177) [변시 16 · 17]

6. 보험사기 실행의 착수

① [부정] 상법상 고지 의무를 위반하여 생명보험계약을 체결한 행위만으로는 미필적으로라도 보험금을 편취 하려는 의사에 의한 기망행위의 실행에 착수한 것으로 볼 것은 아니다. (2010도6910)

② [인정] 특정질병을 앓고 있는 사람이 보험회사가 정한 약관에 질병에 대한 고지의무를 규정하고 있음을 알면서도 고지하지 아니한 채 사실을 모르는 보험회사와 질병을 담보하는 보험계약을 체결 후 보험금을 청구 (2007도967) [변시 13 · 18]

7. 기망행위와 착오, 처분행위와의 인과관계

① i) [대표자나 최종결재권자가 기망행위자와 동일한 경우 → 사기죄 ×] 피해자 법인이나 단체의 대표자 또는 실질적으로 의사결정을 하는 최종결재권자 등이 기망행위자와 동일인이거나 기망행위자와 공모하는 등 기망행위임을 알고 있었던 경우 → 기망행위로 인한 착오 ×, 인과관계× (2017도8449) [변시 18 · 22]

ii) [대표자나 최종결재권자가 기망행위자가 아닌 경우 → 사기죄 ○] 피해자 법인이나 단체의 업무를 처리하는 실무자인 일반 직원이나 구성원 등이 기망행위임을 알고 있었더라도, 피해자 법인이나 단체의 대표자 또는 실질적으로 의사결정을 하는 최종결재권자 등이 기망행위임을 알지 못한 채 착오에 빠져 처분행위에 이른 경우 → 피

해자 법인에 대한 사기죄 ○ (2017도8449) [변시 22]

② **[부정]** 전문적으로 대출을 취급하면서 차용인에 대한 체계적인 신용조사를 행하는 금융기관이 '변제기 안에 대출금을 변제하겠다'는 취지의 차용인 말만을 그대로 믿고 대출 → 인과관계 × (2000도1155) [변시 18]

8. 기타 사기죄 성립

① 새마을금고가 재무상태 등에 대한 실사를 거쳐 대출한 경우 → 대출 가능 여부에 대한 착오 원인 중 피해자인 새마을금고의 과실이 있더라도 사기죄 ○ (2008도1697)

② 지급의사와 능력도 없는 甲의 주문에 따라 제작된 도자기 중 실제로 배달된 것뿐만 아니라 피고인이 지정하는 장소로의 배달을 위하여 피해자가 보관 중인 도자기도 포함 → 甲에게 모두 교부된 것이므로 사기죄의 기수 (2001도1825)

③ 피고인이 전통적인 관습 또는 종교행위로서 허용될 수 있는 한계를 벗어난 경우 → 골프공을 쳐 액운을 날려버리는 것은 전통적인 종교 행위 × (2016도12460)

④ 보험금을 편취할 의사로 상해를 과장하여 병원에 장기간 입원하고 이를 이유로 실제 피해에 비하여 과다한 보험금을 지급받은 경우 → 보험금 전체에 대해 사기죄가 성립! (2010도17512)

9. 소송사기 쟁점

① **[사기죄 ×]** 피고인(甲회사 운영자)이 '甲회사의 乙에 대한 채권'이 존재하지 않는다는 사실을 알면서 그 사실을 모르는 丙(甲회사에 대한 채권자)에게 '甲회사의 乙에 대한 채권'의 압류 및 전부(추심)명령을 신청하게 하여 그 명령을 받게 한 경우[16] (2009도9982)

② 소송사기죄 불성립 → 판결의 효력이 상대방에게 미치지 못하는 경우
 i) 사자 (200도1881) 또는 허무인 상대 소송 (92도743) [변시 15]
 ii) 무권한자 상대 소송 (84도2642)
 iii) 공모에 의한 의제자백 소송 (97도2430)

③ 소송사기 실행의 착수 인정 여부
 i) **[인정]** 소송에서 주장하는 권리가 존재하지 않는 사실을 알고 있으면서도 법원을 기망한다는 인식을 가지고 **소를 제기시** (93도915)
 ii) **[인정]** 피해자에 대한 직접적인 기망 不要 (2016도13362)
 iii) **[인정]** 승소하여 판결을 실제 집행할 의사가 없었어도 실행의 착수 인정 (2003도7124)
 iv) **[인정]** 제소자가 상대방의 주소를 허위로 기재함으로써 그 허위주소로 소송서류가 송달되어 그로 인하여 상대방 아닌 다른 사람이 그 서류를 받아 소송이 진행된 경우 (2006도5811)

---

16) 丙이 甲회사에 대하여 진정한 채권을 가지고 있는 이상, 위와 같은 사정만으로는 법원을 기망하였다고 볼 수 없고, 丙이 乙을 상대로 전부(추심)금 소송을 제기하지 않은 이상 소송사기의 실행에 착수하였다고 볼 수도 없다. → 채권에 대한 압류 및 전부(추심)명령을 신청한 경우, 집행력 있는 정본의 존부, 집행개시의 요건 구비 여부 등은 법원의 심사 대상이지만 피압류채권의 존부는 그 심사 대상이 아니다.

ⅴ) **[부정]** 소의 제기 없이 **가압류** 신청 (82도1529) [변시 14 · 19]

> **비교판례** **[인정]** 허위 근원에 기하여 소유권이전등기청구권에 대하여 **압류**신청을 한 경우 (2014도10086)

ⅵ) **[부정]** 허위 근거에 기하여 **유치권 신고** (2009도5900)

> **비교판례** **[인정]** 허위 근거에 기하여 유치권에 기한 **경매신청** + 임차권등기명령을 신청 (2012도9603; 2010도12732) [변시 15]

ⅶ) **[부정]** 매수한 일 없었던 자가 타인 명의로 소유권이전등기말소의 소를 제기 (2009도128)

> **비교판례** **[인정]** 소유자로 등기된 적이 있는 자가 소유권이전등기말소의 소를 제기 (2003도1951) [변시 15]

ⅷ) **[부정]** 부동산 경매가격 하락을 목적으로 허위근거에 기하여 소유권보존등기 말소의 소를 제기 (2009도128)

> **비교판례** **[인정]** 피고인이 소유권보존등기를 할 목적으로 허위근거에 기하여 상대방의 소유권보존등기 말소의 소를 제기 (2005도9658)

④ **[사기죄 O]** 가계수표발행인이 허위의 분실사유를 들어 공시최고 신청을 하고 이에 따라 법원으로부터 제권판결을 받은 경우 ➡ 수표상의 채무를 면하여 그 수표금 상당의 재산상 이득을 취득 (99도364)

> **동지판례** 자기앞수표를 갈취당한 자가 이를 분실하였다고 허위로 공시최고신청을 하여 제권판결을 선고받은 경우 ➡ 그 수표를 갈취하여 소지하고 있는 자에 대한 사기죄가 성립 (2003도4914)

⑤ 승소판결 (2005도9858) 또는 지급명령 확정시 기수 (2002도4151)
⑥ 사기죄와 불법원인급여 ➡ 사기죄 성립 (2006도6795) [변시 13 · 22]
  수익자가 기망을 통하여 급여자로 하여금 불법원인급여에 해당하는 재물을 제공하도록 하였다면 사기죄가 성립한다(예 대법관에게 로비자금으로 쓸 의사가 없었던 사건). (95도707)

10. 보이스피싱 사기[17]★★★

> 예 A가 甲의 피싱사기로 乙의 계좌로 현금을 송금하여 이를 甲 또는 乙이 인출한 경우

	A(피해자)	甲	一
甲	• 사기죄 ○ • 횡령죄 × (∵사기의 실행행위에 지나지 않아)	－	－
乙	• 사기죄 종범 ○ → 횡령죄 × (∵사기의 실행행위에 지나지 않아) • 사기죄 종범 × → 횡령죄 ○ (≒착오송금 / ∵신의칙상 보관의무)	횡령죄 × (∵보호가치 있 는 위탁관계 ×)	장물취득죄 × (∵장물은 인정되나 본범으로부 터의 점유이전이 없어 취득 ×)

11. 컴퓨터 등 사용사기죄

① '부정한 명령의 입력'에 해당

프로그램 자체에서 발생하는 오류를 적극적으로 이용하는 행위도 포함 (2011도4440) [변시 16]

② 컴사기죄가 성립하는 경우 → 권한 없이 정보를 입력하여 재산상의 이익을 취득한 경우

ⅰ) 권한 없이 인터넷뱅킹을 통하여 돈을 이체한 경우 (2004도353)

ⅱ) 타인 명의를 모용하여 발급받은 카드로 ARS 전화서비스를 받거나 인터넷을 통한 신용대출을 받은 경우 (2006도3126)

③ 컴사기죄의 기수에 해당

허위정보를 입력하여 계좌에 입금 절차를 완료시 기수 → 이후 입금이 취소되어 현실적으로 인출되지 못하였다고 하더라도 영향 × (2006도4127) [변시 12]

④ 컴사기죄의 객체 → 재물 ×, 재산상의 이익 ○

[컴사기죄 ×, 절도죄 ○] 절취한 카드 또는 타인의 명의를 모용하여 발급받은 신용카드로 자동지급기에서 현금인출한 경우 (2003도1178) [변시 12 · 15]

⑤ **[Case]**★★**[초과액에 대한 컴사기죄○, 절도죄×]** 위임한 금액을 초과하여 현금자동지급기에서 현금카드로 현금을 인출한 경우 → 위임금액초과인출 사건 (2005도3516) [변시 18]

⑥ **[절도죄 성립 ×]** 절취한 타인의 신용카드를 이용하여 현금지급기에서 자기구좌로 계좌이체를 한 후 현금지급기에서 현금을 인출한 경우, 계좌이체행위 및 현금인출행위는 절도죄 × → 계좌이체행위는 컴퓨터등사용사기죄에 해당, 현금인출행위는 현금지급기 관리자의 의사에 반한다고 볼 수 없기 때문 (2008도2440) [변시 17 · 21]

---

17) 편의상 사기죄에서 횡령죄를 모두 정리하였다.

12. 절취한 후불식 공중전화카드 사용 → 편의시설부정이용죄 ×, 사문서부정행사죄 ○ (2001도3625)
[변시 17]

13. 각종 카드 범죄

① 대금결제의 의사와 능력이 없으면서도 자기명의로 카드를 발급받은 후 현금서비스도 받고, 여러 가맹점에서 물품도 구입한 경우 사기의 포괄일죄 → **타인의 신용카드를 이용하여 현금서비스를 받은 경우와의 구별에 유의!** (95도2466)

② 강취한 신용카드 물품 구입 → 신용카드부정사용죄와 사기죄 성립 (96도2715)

③ 절취한 직불카드 현금지급기에서 예금인출 → 직불카드부정사용죄 × (겸용으로 되어 있는 현금카드 기능을 사용한 것에 불과함) (2003도3977)

④ **[신용카드부정사용죄 ×]** 신용카드를 절취한 사람이 대금을 결제하기 위하여 신용카드를 제시하고 카드회사의 승인까지 받았다고 하더라도 매출전표에 서명한 사실이 없고 도난카드임이 밝혀져 최종적으로 매출취소로 거래가 종결(미수에 해당)되었다면, 위 법률 위반죄로 처벌할 수 없으므로 무죄가 됨. → **여신전문금융업법은 미수범 처벌규정 ×** (2007도8767) [변시 18]

⑤ **[갈취 또는 편취 현카 → 포괄일죄]** 피해자로부터 현금카드를 사용한 예금인출의 승낙을 받고 현금카드를 교부받은 행위와 이를 사용하여 현금자동지급기에서 예금을 여러 번 인출한 행위 → 포괄하여 하나의 공갈죄(또는 사기죄) (95도1728) [변시 12 · 15 · 18]

> **비교판례** [강취 신카 → 강도죄 외 별도 절도죄 성립] 강취한 현금카드를 사용하여 현금자동지급기에서 예금을 인출한 행위 (2007도1375) [변시 15 · 21]

⑥ **[편취한 신용카드로 물품구입 → 신용카드부정사용죄 성립]** ** ⅰ) 체계적 · 논리적 해석 방법을 사용할 수 있으나, 문언 자체가 비교적 명확한 개념으로 구성되어 있다면 원칙적으로 이러한 해석 방법은 활용할 필요가 없거나 제한되어야 한다. ⅱ) 여신전문금융업법 제70조 제1항 제4호에서는 '강취 · 횡령하거나, 사람을 기망하거나 공갈하여 취득한 신용카드나 직불카드를 판매하거나 사용한 자'를 처벌하도록 규정하고 있는데, 여기에서 '사용'은 강취 · 횡령, 기망 또는 공갈로 취득한 신용카드나 직불카드를 진정한 카드로서 본래의 용법에 따라 사용하는 경우를 말한다. 그리고 '기망하거나 공갈하여 취득한 신용카드나 직불카드'는 문언상 '기망이나 공갈을 수단으로 하여 다른 사람으로부터 취득한 신용카드나 직불카드'라는 의미이므로, '신용카드나 직불카드의 소유자 또는 점유자를 기망하거나 공갈하여 그들의 자유로운 의사에 의하지 않고 점유가 배제되어 그들로부터 사실상 처분권을 취득한 신용카드나 직불카드'라고 해석되어야 한다. → **별도의 신용카드부정사용죄 성립** (2022도10629)

> **비교판례** [폭행 · 협박으로 지불금액을 합의한 후 피해자가 결제하라고 건네준 신용카드를 사용한 경우 → 신용카드부정사용죄 불성립] (2006도6542)

☑ 카드사용범죄 정리

종류	명의	취득태양과 성립범죄			카드사용범죄							
					형법 (재산죄)				여전법 (신카부정사용죄)			
					물품구입	현금서비스	예금인출	계좌이체	물품구입	현금서비스	예금인출	계좌이체
신용카드 (재물 O, 유가증권 ×)	타인	승낙무효	도난분실강취횡령	절도 점유물이탈 횡령 강도 횡령	사기 (가맹점)	절도 (지급기)	절도 (지급기)	컴사 (은행)	○		× (∵본래용법대로 사용이 아니므로)	
		승낙유효	갈취편취	공갈 사기	공갈·사기 포괄일죄[18] (단, 물품구입의 경우 별도 사기죄 성립 可)				○ (2022도10629) ★★★			
	타인 명의 모용	부정발급	사기 (카드회사)		사기 (가맹점)	절도 (지급기)	–	컴사 (은행)	절도	–		
	자기	부정발급	사기 (∵의사나 능력×)		포괄하여 하나의 사기죄 (카드회사)			× (∵자기예금인출)	×			
현금카드	타인	갈취			예금인출							
		편취			포괄하여 하나의 공갈죄·사기죄							

---

18) 갈취·편취한 신용카드의 경우 현금서비스와 물품구입의 경우의 수를 나누어 정리를 해두어야 한다. 양자 모두 명시적인 판례는 존재하지 않으나 ① **갈취·편취한 신용카드로 현금서비스를 받은** 경우 갈취·편취한 현금카드로 예금인출을 한 경우 절도죄가 성립할 수 없다는 판례의 취지(95도1728; 2005도5869)에 비추어 **별도의 절도죄는** 성립하지 않을 것이다. 한편, ② **갈취·편취한 신용카드로 물품을 구입**한 경우 갈취한 은행통장과 도장으로 은행직원을 기망하여 예금을 인출한 경우 사기죄가 성립한다는 판례(79도489)의 취지에 비추어 **별도의 사기죄가 성립할 것이다.**

실전연습 038 **과다지급금을 영득한 경우 사기죄의 성립여부**★★ [변시 15]

> 甲은 A에게 자신의 중고차를 팔고 그 잔대금을 받는 과정에서 A가 착오로 100만 원권 자기앞수표 1장을 더 지급한다는 사실을 알면서도 수령하여 소비하였다. 甲의 죄책을 논하시오.

1. 논점

甲이 초과 지급된 자기앞수표 100만 원권을 수령한 것이 사기죄가 성립하는지 문제된다.

2. 사기죄 성립여부

(1) 사기죄의 성립요건

형법 제347조에 의하면 사람을 기망하여 재물의 교부를 받거나 재산상의 이익을 취득한 경우 사기죄가 성립한다.

여기의 기망의 수단·방법은 제한이 없으므로 법률상 고지의무 있는 자가 일정한 사실에 관하여 상대방이 착오에 빠져 있음을 알면서도 이를 고지하지 아니하는 부작위에 의한 기망도 가능하다. 그리고 고지의무는 법령·계약 이외에 신의성실의 원칙에 의해서도 발생할 수 있다.

(2) 과다지급금에 대하여 상대방에게 고지의무가 인정되는지 여부

거래관행상 행위자에게 수령액이 더 많다는 것을 고지해야 할 의무가 없다는 견해가 있다.

그러나 매도인이 매매잔금을 교부받기 **전** 또는 교부받던 **중**에 초과 사실을 알게 되었을 경우에는 매수인의 **그 착오를 제거하여야 할 신의칙상 의무를** 지므로 고지의무를 이행하지 아니하고 수령한 경우 사기죄에 해당될 것이지만, 매매잔금을 건네주고 받는 행위를 끝마친 **후**에야 비로소 알게 되었을 경우에는 초과 사실을 고지하여야 할 법률상 의무의 불이행은 더 이상 그 초과된 금액 편취의 수단으로서의 의미는 없으므로, 교부하는 돈을 그대로 받은 그 행위는 점유이탈물횡령죄가 될 수 있음은 별론으로 하고 사기죄를 구성할 수는 없다고 보는 것이 타당하다(판례).

(3) 사안의 경우

사안에서 甲은 잔대금을 교부 받는 과정에서 A가 착오로 100만 원권 자기앞수표 1장을 더 지급한다는 사실을 알면서도 수령하였으므로 신의칙상 고지의무가 인정되며 이러한 고지의무를 이행하지 않고 수표를 영득한 이상 부작위에 의한 사기죄가 성립한다.

3. 결론

甲에게는 사기죄가 성립한다.

CASE 쟁점 095 　삼각사기의 경우 처분행위자(피기망자)의 요건*

1. 논점

처분행위자와 피해자가 일치하지 않는 경우에 양자 사이에 어떤 관계가 있어야 (삼각) 사기죄가 성립할 수 있는지가 문제된다. 이는 삼각사기죄와 절도죄의 간접정범과의 구별을 위한 기준의 문제이기도 하다.

2. 학설

재산처분자와 피해자 사이에 일정한 법적 관계가 있어야 한다는 견해가 있다(예 재산피해자의 대리인·재산관리인). 이 견해에 의하면 법률, 계약 또는 최소한 묵시적 위임에 의하여 법적으로 처분할 권한이 있는 자가 아니면 처분행위를 할 수 없다(권한설).

3. 判例

사기죄가 성립되려면 피기망자와 재산상의 피해자가 같은 사람이 아닌 경우에는 피기망자가 피해자를 위하여 그 재산을 처분할 수 있는 권능을 갖거나 그 지위에 있어야한다고 판시하고 있다(사실상의 지위설).

4. 검토 (판례지지)

사기죄의 성립되기 위하여 처분행위가 유효할 필요가 없으므로 피기망자가 피해자를 위하여 그 재산을 처분할 수 있는 권능을 갖거나 그 지위에 있으면 족하다고 보아야 한다.

> **관련판례** 삼각사기가 성립하기 위한 피기망자(처분행위자)의 요건
>
> 사기죄가 성립되려면 피기망자와 재산상의 피해자가 같은 사람이 아닌 경우에는 피기망자가 피해자를 위하여 그 재산을 처분할 수 있는 권능을 갖거나 그 지위에 있어야 하지만, 여기에서 피해자를 위하여 재산을 처분할 수 있는 권능이나 지위라 함은 반드시 사법상의 위임이나 대리권의 범위와 일치하여야 하는 것은 아니고, 피해자의 의사에 기하여 재산을 처분할 수 있는 서류 등이 교부된 경우에는 피기망자의 처분행위가 설사 피해자의 진정한 의도와 어긋나는 경우라고 할지라도 위와 같은 권능을 갖거나 그 지위에 있는 것으로 보아야 한다. (94도1575) [변시 12]

CASE 쟁점 096 　불법원인급여와 사기죄의 성부*** [변시 14]

1. 논점

통화위조자금을 마련한다고 속이거나 공무원에게 뇌물로 공여할 것이라고 속여 상대방으로부터 금원을 편취한 경우 즉 사람을 기망하여 반환청구권이 없는 불법한 급여를 하게 한 경우에도 사기죄가 성립할 수 있는지가 문제된다.

2. 학설 [Keyword] 민법상 반환청구권 부정

기망을 통하여 불법원인급여케 한 경우 상대방의 재산처분은 법이 금지하는 행위를 실현하기 위한 것이기 때문에 상대방에게는 **민법상 반환청구권이 인정되지 않아 법이 보호해야 할 재산상 손해가 없으므로 사기죄가 성립하지 않는다**는 견해가 있다.

3. 判例

민법 제746조의 불법원인급여에 해당하여 급여자가 수익자에 대한 반환청구권을 행사할 수 없다고 하더라도, 수익자가 기망을 통하여 급여자로 하여금 불법원인급여에 해당하는 재물을 제공하도록 하였다면 사기죄가 성립한다고 판시한 바 있다.

4. 검토 (판례지지) [Keyword] 형법상 보호가치 / 재산범죄성립

민법상 반환청구권이 없는 경우에도 **형법상 보호가치**가 있으면 **재산범죄가 성립**할 수 있다는 점, 기망에 의하여 불법원인급여를 하게 한 경우 피해자에게 경제적 가치에 손해를 입혔다고 하여야 하므로 사기죄가 성립한다고 보는 것이 타당하다.

실전연습 039　불법원인급여와 사기죄의 성립여부*** [변시 14]

甲은 도박을 하다 도박자금이 떨어지자 구경하고 있던 A에게 사실은 변제할 의사가 없었지만 높은 이자를 약속하고 도박자금을 빌려달라고 하였고 이에 속은 A는 甲에게 도박자금 300만 원을 빌려주었다. 甲에게 사기죄가 성립할 수 있는지를 논하시오.

1. 사기죄의 성립요건

형법 제347조 제1항에 의하면 사람을 기망하여 재물의 교부를 받은 경우 사기죄가 성립한다. 사안에서 甲은 지급의사 없이 이자를 약속하고 도박자금을 丁으로부터 빌렸는바 이는 사람을 기망하여 불법원인급여를 하게 한 경우에 해당한다.

2. 불법원인급여와 사기죄의 성립여부

불법원인급여 경우 급여자에게 민법상 반환청구권이 인정되지 않아 법이 보호해야 할 재산상 손해가 없으므로 사기죄가 성립하지 않는다는 견해가 있다.

그러나 민법상 반환청구권의 존재가 사기죄의 성립요건에 해당하는 것은 아니므로 불법원인급여에 해당하여 급여자가 수익자에 대한 반환청구권을 행사할 수 없다고 하더라도, 수익자가 기망을 통하여 급여자로 하여금 불법원인급여에 해당하는 재물을 제공하도록 하였다면 사기죄가 성립한다고 보는 것이 타당하다(대판 : 2006도6795).

3. 결론

甲에게는 사기죄가 성립한다.

甲은 평소 알고 있던 丙등 도박꾼들을 대포폰으로 연락하여 사무실로 불러 '포커
도박'을 하도록 하고 자릿값으로 한 판당 판돈에서 10%씩 떼어 냈으며, 乙은 망
을 보았다. 丙은 도박자금이 떨어지자 옆에서 구경하고 있던 丁에게 사실 변제할
의사가 없었지만 높은 이자를 약속하고 도박자금을 빌려달라고 했고, 丁은 丙이
상습도박전과가 있음을 알면서도 丙에게 300만 원을 빌려주었다. 丙의 죄책은?

[제3회 변호사시험 제1문]

[해설] 丙의 죄책 (사기죄의 성립여부) : 형법 제347조 제1항에 의하면 사람을 기망하여 재물
의 교부를 받은 경우 사기죄가 성립한다. 丙은 변제의사 없이 이자를 약속하고 도박자금을
빌렸는바 丁을 기망하여 불법원인급여를 하게 한 경우에 해당한다.

이 경우 급여자에게 민법상 반환청구권이 인정되지 않아 법이 보호해야 할 재산상 손해가
없으므로 사기죄가 성립하지 않는다는 견해가 있다.

민법상 반환청구권의 존재가 사기죄의 성립요건에 해당하는 것은 아니므로 불법원인급여에
해당하여 급여자가 수익자에 대한 반환청구권을 행사할 수 없다고 하더라도, 수익자가 기망
을 통하여 급여자로 하여금 불법원인급여에 해당하는 재물을 제공하도록 하였다면 사기죄
가 성립한다고 보는 것이 타당하다(대판 : 2006도6795). 따라서 甲에게는 사기죄가 성립한다.

CASE 쟁점 097 　권리실현의 수단으로 기망행위를 한 경우 사기죄의 성립여부* [변시 18]

1. 논점

권리실현의 수단으로 기망행위를 한 경우 사기죄가 성립하는지가 문제된다.

2. 학설

권리실현의 수단으로 기망을 한 경우일지라도 정당한 권리를 가진 자에 대하여는 불법
영득의사 내지 불법이득의사를 인정할 수 없기 때문에 사기죄의 구성요건해당성
이 부정되어 사기죄가 성립할 수 없다는 견해이다.

3. 判例

기망행위를 수단으로 한 권리행사의 경우 그 권리행사에 속하는 행위와 수단에 속
하는 기망행위를 전체적으로 관찰하여 그와 같은 기망행위가 사회통념상 권리행
사의 수단으로서 용인할 수 없는 정도라면 그 권리행사에 속하는 행위는 사기죄를
구성한다는 입장이다.

4. 검토 (판례지지)

기망행위를 수단으로 한 권리행사의 경우 기망행위가 사회통념상 권리행사의 수단으로
서 용인할 수 없는 정도라면 그 권리행사에 속하는 행위는 사기죄를 구성한다고 보는
것이 타당하다.

CASE 쟁점 098 컴퓨터사용사기죄의 객체인 재산상 이익에 재물의 포함여부★★★

1. 논점

컴퓨터등사용사기죄의 객체인 재산상의 이익에 재물이 포함될 수 있는지가 문제된다.

2. 학설

재물은 재산상의 이익의 특수한 경우이므로 당연히 **재산상의 이익에 포함**된다는 견해이다.

3. 判例

컴퓨터등사용사기죄의 객체는 재산상의 이익으로만 한정된다는 전제하에, 절취한 타인의 신용카드로 현금자동지급기에서 현금을 인출하는 행위가 재물에 관한 범죄임이 분명한 이상 이를 위 컴퓨터등사용사기죄로 처벌할 수는 없다고 판시한 바 있다(대판 : 2005도3516).

4. 검토 (판례지지) `Keyword` 형법/재물죄 · 이득죄/명시 규정

형법은 재산범죄의 객체가 재물인지 재산상의 이익인지에 따라 이를 **재물죄와 이득죄로 명시하여 규정**하고 있는데, 형법 제347조가 사기죄의 객체를 재물과 재산상 이득으로 규정한 것과 달리 형법 제347조의2는 컴퓨터등사용사기죄의 객체를 재산상의 이익으로 한정하여 규정하고 있으므로, 재산상의 이익에 재물이 포함될 수 없다고 보는 것이 타당하다.

CASE 쟁점 099 위임범위를 초과하여 현금카드로 현금을 인출한 경우의 죄책★★★
[변시 18 · 19]

> 甲은 피씨방에 게임을 하러 온 A로부터 그 소유의 현금카드로 20,000원을 인출해 오라는 부탁을 받자 현금자동인출기에 위 현금카드를 넣고 인출금액을 50,000원으로 입력하여 그 금액을 인출한 후 그 중 20,000원만 A에게 건네주고 30,000원은 자신이 취득하였다. 甲에게 절도죄 및 컴퓨터사용사기죄의 성립여부를 논하시오.

1. 절도죄의 성립여부

절도죄에 있어서 절취란 재물의 점유자의 의사에 반하여 그 점유자의 지배를 배제하고 자신의 지배로 옮겨놓는 행위를 의미한다.

그런데 현금카드를 절취한 때와 같이 현금카드 자체를 사용할 권한이 없는 경우와 달리 피고인(甲)이 예금명의인(A)으로부터 그 현금카드를 사용할 권한을 일단 부여받은 이상 이를 기화로 그 위임 범위를 벗어나 추가로 금원을 인출하였다고 하더라도 현금자동지급기 관리자로서는 예금명의인의 계산으로 인출자에게 적법하게 현금을 지급할 수밖에 없다.

따라서 이러한 경우 현금자동지급기 관리자에게 예금명의인과 그로부터 현금 인출을 위임받은 자 사이의 내부적인 위임관계까지 관여하여 그 위임받은 범위를 초과하는 금액에 대하여는 그 인출행위를 승낙하지 않겠다는 의사까지 있다고 보기는 어렵다. 그러므로 위 현금인출 행위가 현금자동지급기 관리자의 의사에 반하여 그가 점유하고 있는 현금을 절취한 경우에 해당한다고 볼 수 없다(대판 : 2005도3516).

2. 컴퓨터사용사기죄의 성립여부 `Keyword` 재산상 이익 / 재물 포함

甲은 위임의 범위를 초과하여 3만원을 더 인출하였으므로 '컴퓨터 등 정보처리장치에 권한 없이 정보를 입력하여 정보처리를 하게 하였고' 초과하여 인출한 **3만원은 재물에 해당하지만 '재산상 이익'은 재물까지 포함하는 개념으로 볼 수 있으므로**(편의상 재물 포함설을 취하였음) 甲이 초과 인출한 3만원을 취득한 것은 컴퓨터사용사기죄가 성립한다(대판 : 2005도3516). [변시 18]

CASE 쟁점 100 절취한 후불식 공중전화카드의 사용에 대한 죄책

甲은 A녀로부터 절취한 전화카드(한국통신의 후불식 통신카드)를 공중전화기에 넣어 사용하여 약 60만 원에 해당하는 통화를 하였다. 甲에게 편의시설부정이용죄 및 사문서부정행사죄의 성립여부를 논하시오.

1. 편의시설부정이용죄의 성립여부

(1) 학설

편의시설부정이용죄의 '대가를 지급하지 아니하고'라는 의미는 행위자가 대가를 지급하지 아니한다는 것을 의미하는 것으로 보아야 하므로, 甲이 대가를 지급하지 않은 이상 편의시설부정이용죄가 성립한다는 견해가 있다.

(2) 判例

타인의 전화카드(한국통신의 후불식 통신카드)를 절취하여 전화통화에 이용한 경우에는 통신카드서비스 이용계약을 한 피해자가 그 통신요금을 납부할 책임을 부담하게 되므로, 이러한 경우에는 피고인이 '대가를 지급하지 아니하고' 공중전화를 이용한 경우에 해당한다고 볼 수 없어 편의시설부정이용의 죄를 구성하지 않는다고 판시한 바 있다.

(3) 검토 (판례에 반대)

'대가를 지급하지 아니하고' 라는 의미는 행위자가 대가를 지급하지 아니한다는 것을 의미하는 것으로 본다. 따라서 甲에게는 편의시설부정이용죄가 성립한다.

2. 사문서부정행사죄의 성립여부

(1) 학설

후불식전화카드는 문자부분과 전자기록부분이 결합되어 하나의 문서를 형성하고 있는바, 전화카드로부터 판독할 수 있는 부분은 자기띠 부분에 수록된 전자기록에 한정되고, 절취한 전화카드를 이용하여 통화를 한 것은 자기띠 부분의 전자기록만 권한 없이 사용한 것이므로 타인의 사문서를 부정행사한 경우에 해당하지 않는다는 견해가 있다.

(2) 判例

사용자에 관한 각종 정보가 전자기록되어 있는 자기띠가 카드번호와 카드발급자 등이 문자로 인쇄된 플라스틱 카드에 부착되어 있는 전화카드의 경우 그 자기띠 부분은 카드의 나머지 부분과 불가분적으로 결합되어 전체가 하나의 문서를 구성하므로, 전화카드를 공중전화기에 넣어 사용하는 경우 전화카드 전체가 하나의 문서로서 사용된 것으로 보아야 하므로 절취한 후불식 전화카드를 공중전화기에 넣어 사용한 것은 타인의 사문서를 부정행사한 경우에 해당한다는 입장이다.

(3) 검토

전화카드의 자기띠 부분은 독자적인 의미를 가지는 것이 아니라 그 밖의 부분과 불가분적으로 결합하여 하나의 전화카드를 구성하고 있다고 보아야 한다. 따라서 전화카드를 공중전화기에 넣어 사용하는 경우 전화카드 전체가 하나의 문서로서 사용된 것으로 보아야 하므로 甲이 절취한 후불식 전화카드를 공중전화기에 넣어 사용한 것은 사문서부정행사죄에 해당한다.

3. 결론

甲에게는 편의시설부정이용죄 및 사문서부정행사죄가 성립한다.

실전연습 041 **절취한 신용카드로 예금을 인출한 경우의 법적효과***** [변시 15 · 18]

> 甲은 절취한 A의 신용카드를 이용하여 은행의 현금자동지급기에서 예금을 인출하였다. 甲에게 신용카드부정사용죄가 성립할 수 있는지를 논하시오.

1. 신용카드부정사용죄의 성립요건

여신전문금융업법 제70조 제1항 3호에 의하면 도난당한 신용카드를 사용한자는 신용카드부정사용죄가 성립한다.

2. 신용카드부정사용죄의 성립여부 Keyword 본래의 용도 사용

절취한 신용카드로 예금을 인출[19]한 경우에 대하여도 여신전문금융업법상 처벌대상인 행위는 단순한 '사용'으로 규정되어 있을 뿐 '부정사용'으로 규정되어 있지 않으므로,

신용카드를 현금자동인출기에서 '사용'한 이상 예금을 인출한 경우에도 신용카드부정사용죄가 성립한다는 견해가 있다. 그러나 신용카드부정사용죄의 처벌이 지나치게 확대되는 것을 방지하기 위해서는 신용카드부정사용죄가 성립하기 위한 사용이란 **신용카드를 본래의 용도대로 사용**하는 경우라고 제한하여 해석하는 것이 타당하고, 또한 신용카드를 이용한 **예금인출은 신용카드의 본래의 용도에 따른 사용으로 볼 수 없으므로 신용카드부정사용죄가 성립하지 않는다고 봄이 타당하다.**

따라서 甲이 절취한 신용카드를 이용하여 현금자동지급기에서 예금을 인출한 경우 신용카드부정사용죄는 성립하지 아니한다.

判例도 절취한 '직불카드'로 현금자동지급기에서 피해자의 예금을 인출한 행위는 여신전문금융업법 제70조 제1항의 '부정사용'에 포함될 수 없다고 판시했다.[20]

3. 결론

甲에게 신용카드부정사용죄가 성립하지 아니한다.

CASE 쟁점 101	서명사취와 사기죄***

甲은 고령의 B로부터 B 소유의 토지를 매수하는 과정에서 B에게 토지거래허가 등에 필요한 서류라고 속여 B로 하여금 근저당권설정계약서에 서명·날인하게 하였고, B의 인감증명서를 교부받았다. 甲은 사정을 모르는 C로부터 7,000만 원을 차용하면서 근저당권설정계약서와 인감증명서를 이용하여 토지에 관하여 甲을 채무자로 하여 채권최고액 1억 원의 근저당권설정등기를 C에게 경료하였다. 甲의 죄책은?

【22년 제3차 법전협 모의고사 제1문】

1. 사기죄의 성립여부

사람을 기망하여 재물의 교부를 받거나 재산상의 이익을 취득한 경우 사기죄가 성립한다(제347조 제1항). 사기죄가 성립하려면 재물 또는 재산상 이익의 취득은 피기망자의 처분행위에 의한 것이어야 한다.

① 처분행위란 처분의사에 지배된 행위이어야 하고, 이러한 처분의사는 자신의 행위로 인한 결과에 대한 인식이 필요하다고 보아, B에게 문서에 서명 또는 날인한다는 인식이 있었더라도, 처분결과에 대해 아무런 인식이 없는 경우 처분의사와 처분행위를 인정할 수 없다는 견해(대법원 소수견해)가 있다.

---

19) 대출기능인 현금서비스와 구별하여야 한다. 이는 신용카드의 본래 용법인 여신기능에 따른 사용에 해당하지 않는다.

20) 대판 : 2003도3977

그러나 ② '서명사취' 사기는 행위자의 기망행위 태양 자체가 피기망자로 하여금 자신의 행위로 인한 결과를 인식하지 못하게 하는 특수성이 있으므로, B가 甲의 기망행위로 착오에 빠진 결과 토지거래허가에 필요한 서류로 잘못 알고 처분문서인 근저당권설정계약서에 서명 또는 날인함으로써 재산상 손해를 초래하는 행위를 하였으므로 B의 행위는 사기죄에서 말하는 처분행위에 해당하고, B가 비록 자신이 서명 또는 날인하는 문서의 정확한 내용과 문서의 작성행위가 어떤 결과를 초래하는지를 미처 인식하지 못하였더라도 문서에 스스로 서명 또는 날인함으로써 문서에 서명 또는 **날인하는 행위에 관한 인식이 있었던 이상 처분의사도 인정된다**고 보는 것(대법원 다수견해, 대판(전) : 2016도13362)이 타당하다.

甲은 B를 기망하여 B의 처분행위를 통하여 위 토지의 담보가치에 해당하는 재산상 이익을 취득하였으므로 사기죄가 성립한다.

한편, 인감증명서는 형법상 재산적 가치 있는 재물에 해당하므로 甲이 B를 기망하여 인감증명서를 교부받은 행위는 인감증명서에 대한 사기죄가 성립하고(대판 : 2011도9919), 이러한 사정을 모르는 C를 기망하여 7,000만 원을 교부받았으므로 C에 대한 사기죄도 성립한다(제347조 제1항).

2. 사문서위조 및 동행사죄 성립여부 → 쟁점누락주의

사문서위조죄는 간접정범의 형태로도 성립할 수 있는바, 명의인을 기망하여 문서를 작성케 하는 경우는 서명 · 날인이 정당히 성립된 경우에도 기망자는 명의인을 이용하여 서명 날인자의 의사에 반하는 문서를 작성케 하는 것이므로 사문서위조죄가 성립한다(대판 : 2000도778). 사안에서 甲이 B를 기망하여 마치 이를 다른 내용의 문서인 것처럼 B에게 제시하여 날인을 받았으므로 사문서위조죄의 간접정범이 성립하고, 이를 이용하여 C로부터 7,000만 원을 차용하였는바, 위조사문서행사죄가 성립한다(제231조, 제234조).

05 공갈의 죄

선택형 핵심지문

1. 이성 간의 정교 ➡ 재산상의 이익 ×, 공갈에 의한 정교 ➡ 공갈죄 × (82도2714)

2. **[등기 경료 시 또는 인도 시 기수]** 부동산에 대한 공갈죄는 그 부동산에 관하여 소유권이 전등기를 경료받거나 또는 인도시 기수. (92도1506)

3. 피공갈자가 외포심을 일으켜 묵인하고 있는 동안에 공갈자가 직접 재산상의 이익을 탈취한 경우에도 공갈죄가 성립할 수 있다. ➡ 부작위에 의한 처분행위 (67도1319)

사례형 쟁점정리

CASE 쟁점 102 공갈죄의 객체인 '타인'의 재물이라고 할 수 없는 경우***

[1] 공갈죄의 대상이 되는 재물은 타인의 재물을 의미하므로, 사람을 공갈하여 자기의 재물을 교부받는 경우에는 공갈죄가 성립하지 아니한다. 그리고 타인의 재물인지는 민법, 상법, 기타의 실체법에 의하여 결정되는데, 금전을 도난당한 경우 절도범이 절취한 금전만 소지하고 있는 때 등과 같이 구체적으로 절취된 금전을 특정할 수 있어 객관적으로 다른 금전 등과 구분됨이 명백한 예외적인 경우에는 절도 피해자에 대한 관계에서 그 금전이 절도범인 타인의 재물이라고 할 수 없다.

[2] 甲이 乙의 돈을 절취한 다음 다른 금전과 섞거나 교환하지 않고 쇼핑백 등에 넣어 자신의 집에 숨겨두었는데, 피고인이 乙의 지시로 폭력조직원 丙과 함께 甲에게 겁을 주어 쇼핑백 등에 들어 있던 절취된 돈을 교부받아 왔다면, 피고인 등이 甲에게서 되찾은 돈은 절취 대상인 당해 금전이라고 구체적으로 특정할 수 있어 객관적으로 甲의 다른 재산과 구분됨이 명백하므로 이를 타인인 甲의 재물이라고 볼 수 없고, 따라서 비록 피고인 등이 甲을 공갈하여 돈을 교부받았더라도 타인의 재물을 갈취한 행위로서 공갈죄가 성립된다고 볼 수 없다(대판 : 2012도6157). [변시 18 · 22]

공갈죄의 부작위에 의한 처분행위의 요건★★★

甲은 A가 운전하는 택시를 타고 간 후 목적지가 다르다는 이유로 택시요금의 지급을 면하고자 이를 요구하는 A를 폭행하고 달아났다. 甲에게 공갈죄가 성립할 수 있는지를 논하시오.

1. 공갈죄의 성립여부

공갈죄는 사람을 공갈하여 재물의 교부를 받거나 재산상의 이익을 취득함으로써 성립한다(제350조). 여기서 재산상의 이익의 취득은 피공갈자의 처분행위를 전제로 하며, 처분행위는 작위뿐만 아니라 부작위에 의해서도 가능하다.

2. A의 부작위에 의한 처분행위가 있었는지 여부 `Keyword` 수·소·용·처

사안의 경우 甲이 운전사 A로부터 택시요금을 받지 않겠다는 의사표시를 받아내려고 한 것이 아니라 그저 도주함으로써 택시요금을 면탈할 고의만을 가지고 도주하였을 뿐이다. 따라서 운전사 A는 택시요금에 대하여 부작위에 의한 처분행위를 한 것으로 볼 수 없다.

判例도 운전사 A가 甲에게 택시요금의 지급을 요구하였으나 甲이 이를 면하고자 A를 폭행하고 달아났을 뿐, A가 폭행을 당하여 외포심을 일으켜 **수**동적·**소**극적으로라도 甲이 택시요금 지급을 면하는 것을 **용**인하여 이익을 공여하는 **처**분행위를 하였다고 할 수 없으므로 甲에 대해서는 공갈죄가 성립할 수 없다고 판시했다.

3. 결론

甲에 대해서는 공갈죄가 성립하지 아니한다.

CASE 쟁점 103 권리실현의 수단으로 공갈을 한 경우 공갈죄의 성립여부★★
[변시 12·20·22]

1. 논점

권리실현의 수단으로 공갈을 한 경우 공갈죄가 성립하는지가 문제된다.

2. 학설

권리실현의 수단으로 공갈을 한 경우일지라도 정당한 권리를 가진 자에 대하여는 불법영득의사 내지 불법이득의사를 인정할 수 없기 때문에 공갈죄의 구성요건해당성이 부정되어 공갈죄가 성립할 수 없다는 견해이다. 다만 이 경우 공갈을 한 자에게는 강요죄가 성립다는 견해와 정당한 권리실현의 경우 채무자에게 의무 없는 일을 강요한 것이 아니므로 강요죄가 성립할 여지는 없으며 폭행죄 또는 협박죄가 성립할 수 있을 뿐이라는 견해가 있다(다수설).

3. 判例 [Keyword] 사회통념

해악의 고지가 권리실현의 수단으로 사용된 경우라도 그것이 권리행사를 빙자하여 협박을 수단으로 상대방을 겁을 먹게 하였고, 그 권리실행의 수단 방법이 **사회통념 상 허용되는 정도나 범위를 넘는다면** 공갈죄가 성립한다는 취지로 판시하고 있다.

4. 검토 (판례지지)

권리실현의 수단으로 공갈을 한 경우라도 그 권리실행의 수단 방법이 사회통념 상 허용되는 정도나 범위를 넘는다면 공갈죄가 성립한다고 보는 것이 타당하다.

> **관련판례** 피해자의 기망에 의하여 부동산을 비싸게 매수한 피고인이라도 그 계약을 취소함이 없이 등기를 피고인 앞으로 둔 채 피해자의 전매차익을 받아낼 셈으로 피해자를 협박하여 재산상의 이득을 얻거나 돈을 받았다면 이는 정당한 권리행사의 범위를 넘은 것으로서 사회통념 상 용인될 수 없으므로 공갈죄를 구성한다(대판 : 91도1824).

06 횡령의 죄

선택형 핵심지문

1. 타인의 재물을 보관하는 자 인정

① 부동산의 보관자 ➜ 등기부상의 명의인, 부동산의 실제 관리 · 지배자 (92도2999)

② 소유권 취득에 등록이 필요한 차량의 보관자 ➜ 등록명의자, 차량의 실제 관리 · 지배자이므로 반드시 등록명의자일 필요는 없다. (2015도1944) [변시 19]

③ 예금계좌에 돈이 착오로 잘못 송금되어 입금된 경우 ➜ 신의칙상 보관 관계 (2010도891) [변시 14 · 16]

④ 타인의 금전을 위탁받아 은행에 예금한 자 (87도1778; 84도300; 2005도2413)

2. 타인의 재물을 보관하는 자 부정

① 부동산의 공동상속인 중 1인은 다른 공동상속인의 지분에 대하여 보관자가 될 수 없다. ➜ 처분권능이 없기 때문 (2000도565)

② 타인을 공갈하여 재물을 교부케 한 경우에는 공갈죄를 구성하는 외에 그것을 소비하고 타에 처분 ➜ 횡령죄의 보관자가 되려면 불법영득의 의사 없이 목적물의 점유를 시작한 경우라야 한다. (85도2513)

3. 불법원인급여물과 횡령죄의 성립여부

① **[원칙 : 횡령죄 불성립]** 뇌물공여 목적으로 전달하여 달라고 교부받은 금전을 영득한 경우 ➡ 소유권이 수익자에 있으므로 (99도275) [변시 12]

② **[예외 : 횡령죄 성립]** 불법성 비교론에 따른 포주와 윤락녀 사건 (98도2036) [변시 19]

4. 횡령죄의 객체인 재물에 해당하지 않는 경우

광업권 (93도2272) [변시 16] , 주권이 발행되지 않은 주식(주주의 지위를 의미함에 불과하다) (2020도2884)

> **비교판례** 유가증권인 주권(株券)은 재물에 해당 (2002도2822)

5. 재물의 타인성이 부정 (횡령죄 불성립)

① 익명조합의 출자금 ➡ 영업자 소유 (2010도5014) [변시 21]

② 입사보증금 ➡ 사용자 소유 (79도656)

③ 가맹점의 물품판매대금 ➡ 가맹점주 소유 (98도292) [변시 16]

④ 수인이 대금을 분담하여 1인명의로 낙찰을 받은 경우 ➡ 낙찰명의자 소유 (2000도258)

⑤ 대표이사가 적법하게 수령할 권한이 있는 보수를 타인명의로 수령 ➡ 대표이사 소유 (2003도3516)

⑥ 사인이 설립하여 운영하는 사립학교의 수업료 등으로 조성된 교비 ➡ 설치·운영자의 소유 (2011도12408)

6. [Case] 보이스피싱 범죄의 관련자의 죄책*** 21) ➡ 예 If 甲은 피싱사기의 정범, 乙은 甲에게 예금계좌를 양도한 자, A는 피싱사기의 피해자

① 사기이용죄 상 현금인출한 경우 甲의 죄책 `Keyword` 이미 성립한 사기 범행의 실행행위

甲이 사기이용계좌에서 현금을 인출하였더라도 이는 **이미 성립한 사기범행의 실행행위에 지나지 아니**하여 새로운 법익을 침해한다고 보기도 어려우므로, 위와 같은 인출행위는 사기의 피해자에 대하여 따로 횡령죄를 구성하지 아니한다. (2016도13362) [변시 21]

② 乙이 사기이용계좌에서 현금을 인출한 경우 乙의 죄책

ⅰ) 피싱사기의 종범인 경우

A에 대한 별도의 횡령죄 불성립(사기죄의 정범인 甲에 대한 것과 동일 논거). 참고로 乙에게 장물취득죄도 성립하지 않는다.

ⅱ) 피싱사기의 종범이 아닌 경우 `Keyword` 보호가치위탁관계

A에 대한 횡령죄 성립(계좌명의인은 피해자와 사이에 아무런 법률관계 없이 송금·이체된 사기피해금 상당의 돈을 피해자에게 반환하여야 하므로, 피해자를 위하여 사기피해금을 보관하는 지위에 있다고 보아야 하고, 만약 계좌명의인이 그 돈을 영득할 의사로 인출하면 피해자에 대한 횡령죄가 성립한다).

---

21) 보이스피싱 쟁점이 22년 제2차 법전협에서 전면적으로 출제되었으므로 굵은글씨의 키워드를 반드시 암기해야 한다.

그러나, 甲에 대한 횡령죄는 불성립(甲은 계좌명의인의 예금반환청구권을 자신이 사실상 행사할 수 있게 된 것일 뿐 예금 자체를 취득한 것이 아니고, 乙과 甲의 관계는 횡령죄로 보호할 만한 가치가 있는 위탁관계가 아니다).

	A(피해자)	甲	—
甲	• 사기죄 ○ • 횡령죄 × (∵사기의 실행행위에 지나지 않아)	—	—
乙	• 사기죄 종범 ○ → 횡령죄 × (∵사기의 실행행위에 지나지 않아) • 사기죄 종범 × → 횡령죄 ○ (≒착오송금 / ∵신의칙상 보관의무)	횡령죄 × (∵ 보호가치 있는 위탁관계 ×)	장물취득죄 × (∵ 장물은 인정되나 본범으로부터의 점유이전이 없어 취득 ×)

7. 목적·용도가 특정된 금전을 목적·용도 이외 사용 → 횡령죄 성립

① 환전하여 달라는 부탁과 함께 교부받은 돈을 그 목적과 용도에 사용하지 않고 마음대로 피고인의 위탁자에 대한 채권에 상계충당한 경우 (97도1520)

② 피고인이 교회신축공사를 감독하면서 위 교회로부터 레미콘대금을 지급하라는 명목으로 금원을 받았으면서도 거기에 사용하지 아니하고 이를 마음대로 피고인이 받을 채권과 상계처리한 경우 (88도1992)

8. 채권양도와 횡령죄***

① **[일반채권양도]** 채권양도인이 채무자에게 채권양도 통지를 하는 등으로 채권양도의 대항요건을 갖추어 주지 않은 채 채무자로부터 채권을 추심하여 금전을 수령한 경우, 특별한 사정이 없는 한 금전의 소유권은 채권양수인이 아니라 채권양도인에게 귀속하고 채권양수인을 위해 보관하는 자의 지위에 있다고 볼 수 없으므로 횡령죄는 성립하지 않는다. (2017도3829) [변시 23]

② **[담보목적 채권양도]** 채무자가 기존 금전채무를 담보하기 위하여 다른 금전채권을 채권자에게 양도한 후 제3채무자에게 채권양도 통지를 하지 않은 채 자신이 사용할 의도로 제3채무자로부터 변제를 받아 변제금을 수령한 경우, 이는 단순한 민사상 채무불이행에 해당할 뿐, 채무자가 채권자와의 위탁신임관계에 의하여 채권자를 위해 위 변제금을 보관하는 지위에 있다고 볼 수 없고, 채무자가 이를 임의로 소비하더라도 횡령죄는 성립하지 않는다. (2020도12927)

> **동지판례** 같은 이유에서 타인의 사무처리자를 부정하여 배임죄도 불성립 (2015도514)

9. 담보에 있어서 담보물의 처분[22]

① **[배임죄 성립]** 부동산의 양도담보에서 '채권자'의 변제기일 이전의 임의처분[23]

② **[횡령죄 성립]** 점유개정방식의 동산의 양도담보에 있어서 채권자의 목적물의 임의처분 (2019도9756) [변시 12]

③ **[횡령죄 성립]** 동산의 매도담보에 있어서 '채무자'의 변제기 전의 임의처분 (42형상470)

10. 변제기 이후 채권자가 담보권 실행을 위하여 담보물을 처분

① 염가처분 ➡ 배임죄 불성립 (97도2430) [변시 12]

② 변제충당 후 잔금을 정산하지 않는 경우 ➡ 배임죄 불성립

11. 명의신탁된 부동산에 대한 수탁자의 임의처분행위의 죄책

① **[횡령죄 불성립]** 2자 간 명의신탁에서 수탁자의 임의처분 (2016도18761)

② **[횡령죄 불성립]** 3자 간 명의신탁과 수탁자의 임의처분 (2014도6992) [변시 18 · 19]

③ **[횡령죄 및 배임죄 모두 불성립]** 계약명의신탁에서 수탁자의 임의처분 ➡ 매도인 선의 또는 악의 불문 (99도4347) [변시 12 · 15]

12. 법인(단체)의 자금으로 그 구성원의 형사사건에서의 변호사비용을 지급한 경우 ➡ 횡령죄 성립 (2011도4677)

> **비교판례** 법인의 이사를 상대로 한 이사직무집행정지가처분결정이 된 경우, 필요한 한도 내에서 법인의 대표자가 법인 경비에서 당해 가처분 사건의 피신청인인 이사의 소송비용을 지급 ➡ 횡령죄 불성립 (2008도10826)

13. 횡령죄의 법적 성질 (구체적 위험범)

피고인이 피해자로부터 위탁받아 식재 · 관리하여 오던 나무들을 피해자 모르게 제3자에게 매도하는 계약을 체결하고 제3자로부터 계약금을 수령한 상태에서 피해자에게 적발 ➡ 횡령미수 (2011도9113)

14. 불법영득의사 인정

① 학교법인의 교비회계를 전용 (2003도4570; 2005도3929)

② 타인으로부터 용도가 엄격히 제한된 자금을 위탁받아 집행하면서 그 제한된 용도 이외의 목적으로 자금을 사용 (2007도9755; 99도4923; 98도4088) [변시 12]

15. 불법영득의사 부정

① 회사에 대하여 개인적 채권을 가지고 있는 대표이사가 회사를 위하여 보관하고 있는 회사 소유의 금 전으로 채권의 변제에 충당 (98도2296; 2001도5459)

---

22) 담보 관련 횡령죄 · 배임죄 판례들이 판례가 변경됨에 따라 현재 담보와 관련하여 남아있는 판례들은 위 세 개의 판례이므로 배임죄도 편의상 이곳에 함께 편재해 두었다.

23) 채권의 양도담보를 목적으로 부동산의 소유권이전등기를 마친 채권자는 채무자가 변제기일까지 그 채무를 변제하면 채무자에게 그 소유명의를 환원하여 주기 위하여 그 소유권이전등기를 이행할 의무가 있기 때문이다(95도283; 92도753).

② 가장납입된 주금을 인출한 경우 → 업무상횡령죄 ×, 상법상 가장납입죄 ○, 공정증서등원본부
실기재죄 ○ (2003도2807; 2008도10096)

③ 법인의 대표자가 법인의 예비비를 전용 (2001도5439)

④ **횡령죄에서 불법영득의 의사는 타인의 재물을 보관하는 자가 그 취지에 반하여 정당
한 권원 없이 스스로 소유권자와 같이 이를 처분하는 의사를 말하므로 비록 반환을 거
부하였더라도 반환거부에 정당한 이유가 있다면 불법영득의 의사가 있다고 할 수 없다.
(2021도2088) [변시 24]

> **기출지문** 물품대금 청구소송 중인 거래회사로부터 우연히 착오송금을 받은 행위자
> 가 물품대금에 대한 적법한 상계권을 행사한다는 의사로 착오송금된 금원의 반환을
> 거부한 경우, 횡령죄 요건인 불법영득의사의 성립을 부정할 수 있다.   [○]

16. 회사의 사실상 1인 주주라고 하더라도 회사의 금원을 업무상 보관중 이를 임의로 처
분시 횡령죄 성립 (2007도6553) [변시 16]

17. 동업자 사이에 손익 분배 정산이 되지 않은 상태에서 동업자 중 한 사람이 동업재산
을 보관하다가 임의로 횡령했다면, 지분비율에 관계없이 임의로 횡령한 금액 전부에
대하여 횡령죄가 성립한다. (2010도17684) [변시 23]

18. 피고인이 업무상 과실로 장물을 보관하고 있다가 처분한 행위는 업무상과실장물보관
죄의 가벌적 평가에 포함되고 별도로 횡령죄를 구성하지 않는다. (2003도8219) [변시 23]

사례형 쟁점정리

CASE 쟁점 104 지입회사 소유인 지입차량의 보관자가 될 수 있는 경우**

지입차주인 주식회사 甲이 지입한 4대의 차량은 등록명의자인 각 지입회사 소유임을
전제로, 주식회사 甲의 대표이사인 乙은 지입되어 등록명의가 주식회사 甲으로 되어
있는 지입차량을 보관하다가 임의로 처분하였다. 乙에게 횡령죄가 성립하는지를 검토
하시오.

[1] 횡령죄는 타인의 재물을 보관하는 사람이 그 재물을 횡령하거나 반환을 거부한 때
에 성립한다. 횡령죄에서 재물의 보관은 재물에 대한 사실상 또는 법률상 지배력이
있는 상태를 의미하며, 횡령행위는 불법영득의사를 실현하는 일체의 행위를 말한다.
따라서 소유권 취득에 등록이 필요한 타인 소유의 차량을 인도 받아 보관하고 있는
사람이 이를 사실상 처분하면 횡령죄가 성립하며, 보관 위임자나 보관자가 차량의 등

록명의자일 필요는 없다. 이러한 법리는 지입회사에 소유권이 있는 차량에 대하여 지입회사로부터 운행관리권을 위임받은 지입차주가 지입회사의 승낙 없이 보관 중인 차량을 사실상 처분하거나 지입차주로부터 차량 보관을 위임받은 사람이 지입차주의 승낙 없이 보관 중인 차량을 사실상 처분한 경우에도 마찬가지로 적용된다. [변시 19]

[2] 지입차주인 주식회사 甲이 지입한 4대의 차량은 등록명의자인 각 지입회사 소유임을 전제로 하여, 주식회사 甲의 대표이사인 乙이 보관하다가 사실상 처분하는 방법으로 횡령한 위 차량들을 피고인이 구입하여 장물을 취득하였다는 공소사실을 유죄로 인정한 원심을 수긍한 사례(대판(전) : 2015도1944). [변시 24]

비교판례 지입제는 자동차운송사업면허를 가진 운송사업자와 실질적으로 자동차를 소유하는 차주 간의 계약으로 외부적으로 자동차를 운송사업자 명의로 등록하여 운송사업자에게 귀속시키고 내부적으로 각 차주들이 독립된 관리 및 계산으로 영업을 하며 운송사업자에 대하여 지입료를 지불하는 운송사업형태이다.

따라서 지입차주가 자신이 실질적으로 소유하거나 처분권한을 가지는 자동차에 관하여 지입회사와 지입계약을 체결함으로써 지입회사에 그 자동차의 소유권등록 명의를 신탁하고 운송사업용 자동차로서 등록 및 그 유지 관련 사무의 대행을 위임한 경우, 특별한 사정이 없는 한 지입회사 측이 지입차주의 실질적 재산인 지입차량에 관한 재산상 사무를 일정한 권한을 가지고 맡아 처리하는 것으로서 당사자 관계의 전형적·본질적 내용이 통상의 계약에서의 이익대립관계를 넘어서 신임관계에 기초하여 타인의 재산을 보호 또는 관리하는 데에 있으므로, 지입회사 운영자는 지입차주와의 관계에서 '타인의 사무를 처리하는 자'의 지위에 있다(대판 : 2018도14365).

CASE 쟁점 105 **착오로 송금된 금전과 횡령죄의 성립여부★★★** [변시 20]

1. 논점

송금 절차의 착오로 인하여 자기 명의의 은행 계좌에 입금된 돈을 창구직원을 통하여 임의로 인출하여 소비한 자의 죄책이 어떠한지 견해가 대립되고 있다.

2. 학설

점유이탈물횡령죄가 성립한다는 견해와 사기죄가 성립한다는 견해가 있다.

3. 判例 **Keyword** 신의칙상 보관관계

송금착오의 경우에 송금인과 예금주 사이에 별다른 거래관계가 없더라도 **신의칙상 보관관계**가 성립한다고 보아 횡령죄가 성립한다고 한다(대판 : 2010도891).

4. 검토 (판례지지)

송금착오의 경우에 송금인과 예금주 사이에 별다른 거래관계가 없더라도 신의칙상 보관관계가 성립한다고 보아야 하므로 횡령죄가 성립한다고 보는 것이 타당하다.

1. 논점

뇌물로 전해달라는 부탁을 받고 수령한 금전을 영득한 경우와 같이 급여가 불법한 원인으로 이루어져 급여자가 급여물에 대하여 반환을 청구할 수 없는 경우 횡령죄가 성립할 수 있는지가 문제된다.

2. 학설

① 긍정설 – 불법원인급여의 경우 민법상 반환청구권 행사가 불가능하더라도 여전히 타인의 재물이 되며, 이 경우에도 신임관계를 전제로 한 위탁관계가 인정되므로 횡령죄가 성립한다는 견해이다.

② 부정설 – 불법원인급여의 경우 **보호받을 만한 위탁관계가 인정되지 않고**, 위탁물의 소유권은 수탁자에게 귀속하므로 타인의 재물이 아니므로 횡령죄가 성립할 수 없다는 견해이다.

3. 判例

전달하여 달라고 교부받은 뇌물을 임의로 소비한 경우 횡령죄가 성립하지 않는다고 하나, 다만 포주가 윤락녀와 화대를 나누어 가지고 약속한 후 화대를 보관하던 중에 영득한 사건에서 포주의 불법성이 윤락녀의 그것보다 현저하게 큰 경우이므로 민법 제746조 본문의 적용은 배제되어 윤락녀가 포주에게 보관한 화대 전부의 반환을 청구할 수 있고, 따라서 포주의 행위는 횡령죄를 구성한다고 판시했다.

4. 검토 (판례지지) Keyword 보호가치 위탁관계 또는 신임관계

불법원인급여물에 대하여는 **형법이 보호할 가치 있는 신임관계가 존재하지 아니한다고 보아야** 하고 또한 불법원인급여물에 대하여는 급여와 동시에 소유권이 수급자에게 이전된다고 보아야 한다. 따라서 불법원인급여물을 수급자가 영득한 경우에는 원칙적으로 횡령죄가 성립하지 않는다고 보는 것이 타당하다. 다만 민법 제746조 단서에 비추어 불법원인급여라 할지라도 수익자의 불법성이 급여자의 그것보다 현저히 크기 때문에 예외적으로 급여자의 반환청구가 허용되는 경우, 수급자에게 횡령죄가 성립할 수 있다고 보아야 한다(대판 : 2017도17494).

불법원인급여물과 횡령죄의 성립여부 [변시 14]

甲은 乙, 丙과 특수절도를 공모한 후 피해자 A의 집 앞에서 만나 함께 담장을 넘어 A의 집에 들어가 장롱에 보관된 자기앞수표 백만 원권 3장을 가지고 나와 甲의 사무실에서 한 장씩 나누어 가졌다. 甲은 위 수표를 애인 丁에게 맡겼는데 丁은 이를 보관하던 중 甲의 승낙을 받지 않고 생활비로 소비하였다. 丁의 죄책은?

【제2회 변호사시험 제1문】

[해설] 형법 제355조 제1항에 의하면 타인의 재물을 보관하는 자가 그 재물을 횡령한 경우 횡령죄가 성립한다. 여기의 재물은 '타인소유'여야 하고, '보관'은 위탁관계에 의한 것임을 요한다. 사안의 경우 丁은 甲이 절취하여 맡긴 장물인 수표를 보관하던 중 임의로 소비하였는 바 이러한 불법원인급여의 경우에도 민법상 반환청구가 불가능하더라도 소유자가 소유권을 상실하는 것이 아니며 또한 신임관계를 전제로 한 위탁관계가 인정되므로 횡령죄가 성립한다는 견해가 있다.

그러나 불법원인급여물에 대하여는 형법이 보호할 가치 있는 신임관계가 존재하지 아니한다고 보아야 하고 또한 급여와 동시에 소유권이 수급자에게 이전된다고 보는 것이 타당하다(대판 : 99도275). [변시 12]

따라서 사안에서 불법원인급여물인 수표의 소유권은 丁에게 귀속되며 위탁관계에 의한 보관자의 지위도 인정되지 않으므로 丁이 수표를 생활비로 소비한 행위는 횡령죄가 성립하지 아니한다.

CASE 쟁점 **107** **목적·용도를 정하여 위탁한 금전을 임의소비한 경우 횡령죄의 성립여부*** [변시 21]

1. 논점

목적·용도가 특정되어 위탁된 금전을 수탁자가 목적·용도 이외에 임의로 사용한 경우 횡령죄가 성립할 것인지 배임죄가 성립할 것인지에 대하여 견해가 대립되어 있다.

2. 학설

① 배임죄설 – 금전은 고도의 유통성과 대체성을 가지고 있으므로 물건으로서가 아니라 가치로 파악되어야 하며, 따라서 금전은 특정물로 위탁된 경우를 제외하고는 점유의 이전과 함께 소유권도 이전된다고 보아야 하므로 수탁자의 임의처분은 배임죄가 성립한다는 견해이다.

② 횡령죄설 – 금전도 정해진 목적·용도에 사용되기까지는 소유권이 위탁자에게 유보되어 있으므로 수탁자의 임의처분은 횡령죄가 성립한다는 견해이다.

3. 判例

환전하여 달라는 부탁과 함께 교부받은 돈을 그 목적과 용도에 사용하지 않고 마음대로 피고인의 위탁자에 대한 채권에 상계충당함은 상계정산하기로 하였다는 특별한 약정이 없는 한 당초 위탁한 취지에 반하는 것으로서 횡령죄를 구성한다고 판시한 바 있다. 다만 금전의 특정성이 요구되지 않는 경우 수탁자가 위탁의 취지에 반하지 않고 필요한 시기에 다른 금전으로 대체시킬 수 있는 상태에 있는 한 이를 일시 사용하더라도 횡령죄를 구성한다고 할 수 없다고 한다(대판 : 97도1520).

4. 검토 (판례지지)

위탁자가 목적·용도를 특정하여 위탁한 경우에는 수탁자의 자유로운 처분을 금지한다는 의미이므로, 목적·용도가 특정되어 위탁된 금전은 그 용도에 사용할 때까지는 소유권이 위탁자에게 유보되어 있다고 보아야 한다. 따라서 횡령죄설이 타당하다.

CASE 쟁점 108 ｜ 양도한 채권을 변제수령한 경우 횡령죄의 성립여부***

1. 논점

채권양도인이 채권양도 통지 전에 채무자로부터 변제받은 금전을 채권양수인에게 교부하지 않고 임의로 소비한 경우 어떠한 죄책을 부담하는지 문제된다.

2. 횡령죄의 성립여부

① 학설

변제받은 금전은 채권양도인의 소유이므로 횡령죄가 성립할 수 없다는 견해와 변제받은 금전은 채권양수인의 소유이므로 횡령죄가 성립한다는 견해가 나뉘어져 있다.

② 判例 Keyword 신임관계에 따른 보관자 지위 부정

통상의 권리이전계약에 따른 이익대립관계에 있을 뿐 보관자 지위가 인정될 수 있는 **신임관계에 있다고 볼 수 없어** 횡령죄가 성립하지 않는다고 보아 횡령죄의 성립을 부정한다(대판(전) : 2017도3829).

③ 검토 (판례지지) Keyword 채권과 금전은 엄연히 구별

채권양도인이 양도한 채권을 추심하여 금전을 수령한 경우 금전의 소유권 귀속은 채권의 이전과는 별개의 문제이고, **채권 자체와 채권의 목적물인 금전은 엄연히 구별**되므로 채권양도인과 채권양수인 사이에 어떠한 위탁관계도 설정된 적이 없다고 보는 것이 타당하다. 따라서 양도인이 수령한 금전의 소유권은 양도인의 소유에 속한다고 보아야 하므로 횡령죄의 성립을 부정하는 것이 타당하다.

2자간의 명의신탁에서 수탁자의 임의처분의 법적 효과★★ [변시 22]

1. 2자간 명의신탁

① 부동산의 소유자(신탁자)가 등기명의를 타인에게 신탁하기로 하는 약정을 맺고 등기 명의를 그 타인(수탁자)에게 이전하는 형식의 명의신탁을 말한다.

② 부동산실명법에 의하면 명의신탁약정 및 소유권이전등기에 의한 물권변동은 무효이다.

2. 학설 (수탁자의 수탁부동산의 임의처분의 법적 효과)

① **부당이득설(횡령죄 인정설)** : 부동산실명법상 명의신탁약정과 소유권이전등기가 무효이 므로 부동산의 소유권은 신탁자에게 있고, 수탁자는 등기명의인으로서 부동산의 보관 자에 해당하므로 수탁자가 부동산을 임의처분한 경우 횡령죄가 성립한다는 견해이다.

② **불법원인급여설(횡령죄 부정설)** : 부동산실명법의 목적을 달성하기 위해서는 무효인 신탁약정에 의한 등기이전을 불법원인급여로 보아 신탁자의 수탁자에 대한 반환청 구권을 부정해야 하므로, 횡령죄가 성립하지 않는다는 견해이다.

3. 判例

횡령죄의 성립을 부정한다.

4. 검토 (판례지지) [Keyword] 형법상 보호가치 있는 위탁관계

명의신탁자와 수탁자 사이에 **위탁관계**는 부동산 실명법에 반하는 관계이므로 이를 **형 법상 보호할 만한 가치 있는** 신임에 의한 것이라고 볼 수 없다는 점에서 명의수탁자 는 신탁부동산을 보관하는 자의 지위에 있지 않다고 보는 것이 타당하다. 따라서, 명의 수탁된 부동산을 임의로 처분하는 경우 횡령죄는 성립하지 않는다고 보는 것이 타당하 다(대판(전) : 2016도18761).

3자간의 명의신탁과 수탁자의 임의처분의 법적 효과★★★ [변시 15 · 18]

1. 3자간의 명의신탁

① 신탁자와 수탁자가 명의신탁약정을 맺고 신탁자가 매매계약의 당사자가 되어 매도 인과 매매계약을 체결하되 등기는 매도인으로부터 수탁자 앞으로 직접 이전하는 형 식의 명의신탁을 말한다(중간생략등기형 명의신탁).

② 신탁자와 매수인이 동일하다.

③ 부동산실명법 상 명의신탁약정 및 소유권이전등기에 의한 물권변동은 무효이다.

2. 학설 (수탁자의 수탁부동산의 임의처분의 법적 효과)

① **횡령죄설** - ⅰ) 매도인에 대한 횡령죄설 : 횡령죄는 형식적인 소유권을 보호하는 범 죄이므로 명의신탁약정이 무효인 이상 소유권은 매도인에게 남아있다고 보아야 하 므로 매도인에 대한 횡령죄가 성립한다는 견해이다(다수설).

ⅱ) 신탁자에 대한 횡령죄설 – 신탁자는 수탁자 명의의 등기에 대한 말소를 구하는 한편 매도인에 대하여 매매계약에 기한 소유권이전등기청구권을 행사하여 그 부동산에 대한 소유권을 취득할 수 있으므로 신탁자에 대한 횡령죄가 성립한다는 견해이다.

② 배임죄설 : 수탁자가 신탁자와의 신임관계를 위배하여 신탁자가 소유권을 취득하지 못하게 되는 재산상의 손해를 끼친 것이므로 배임죄가 성립한다는 견해이다.

3. 判例

신탁자에 대한 횡령죄의 성립을 부정한다(대판 : 2014도6992).

4. 검토 (판례지지) Keyword 부동산실명법 규정 / 위탁신임관계

3자간의 명의신탁약정의 경우, 부동산실명법에 의하면 명의수탁자 명의의 소유권이전등기는 무효이고 신탁부동산의 소유권은 매도인이 그대로 보유하게 되므로 명의신탁자는 부동산의 소유자라고 할 수 없다는 점, 형사처벌까지 하고 있는 **부동산실명법**의 명의신탁관계에 대한 **규정**에 비추어 볼 때 **위탁신임관계를 인정할 수 없다**는 점을 고려할 때, 명의수탁자는 명의신탁자의 재물을 보관하는 자라고 볼 수 없어 수탁자의 수탁부동산의 임의처분은 신탁자에 대하여 횡령죄가 성립할 수 없다고 보는 것이 타당하다.

CASE 쟁점 111 매도인이 선의인 계약명의신탁과 수탁자의 임의처분의 법적효과***

1. 계약명의신탁

ⅰ) 신탁자와 수탁자가 부동산의 매수위임과 함께 명의신탁약정을 맺고 수탁자가 매매계약의 당사자가 되어 매도인과 매매계약을 체결한 후 수탁자 앞으로 이전등기하는 형식의 명의신탁을 말한다. ⅱ) 수탁자와 매수인이 동일하다. ⅲ) 부동산실명법에 의하면 명의신탁약정은 무효이다. 그러나 소유권이전등기에 의한 물권변동은 매도인이 명의신탁사실을 모르는 경우(선의인 경우)에는 유효하다.

2. 계약명의 신탁에서 매도인이 선의인 경우 (수탁자의 수탁부동산의 임의처분의 법적 효과)

① 학설

ⅰ) 횡령죄설 : 수탁자는 제3자에 대한 관계에서만 소유권을 취득할 뿐이며, 신탁자와 수탁자 사이의 내부적 관계에서는 수탁자가 신탁자에 대해 소유권을 주장할 수 없으므로 신탁부동산의 소유권은 신탁자에게 유보되어 있다고 보아 신탁자에 대한 횡령죄가 성립한다는 견해이다.

ⅱ) 배임죄설 : 소유권이전등기는 유효하므로 소유권은 수탁자에게 있고 따라서 횡령죄는 성립할 수 없으며, 다만 신탁자와 수탁자 사이의 명의신탁약정이 무효일지라도 부동산매입에 대한 사실상의 신임관계는 인정되므로 배임죄가 성립한다는 견해이다.

iii) **무죄설** : 수탁자는 신탁부동산에 대해 법률상 유효한 소유권을 취득하므로 그 처분행위는 정당한 권리자의 처분행위에 해당하므로 횡령죄나 배임죄가 성립할 수 없다는 견해이다.

② **判例** : 횡령죄 및 배임죄의 성립을 부정한다(대판 : 98도4347; 대판 : 2001도2722; 대판 : 2009도4502).

③ **검토 (판례지지)** : ⅰ) 매도인이 선의인 경우 **물권변동은 유효**하므로 **수탁자가** 신탁부동산의 **소유권을 취득**한다. 따라서 수탁자가 이를 임의로 처분하더라도 소유자로서의 처분에 해당하여 횡령죄가 성립할 수는 없다고 보아야 한다. ⅱ) 배임죄설은 부동산실명법상 인정되지 않는 명의신탁약정을 사실상 인정하는 결과가 되어 문제점이 있으며, 수탁자가 유효하게 당해 부동산의 소유권을 취득하고 그 부동산의 처분대금도 당연히 수탁자에게 귀속하는 이상 수탁 부동산 및 그 **처분대금에 대하여 '타인의 재산을 보전·관리하는 자'의 지위에 있다고는 볼 수 없으므로**, 배임죄가 성립할 수도 없다고 보는 것이 타당하다. 따라서 횡령죄 및 배임죄가 성립할 수 없다는 보는 견해가 타당하다.

CASE 쟁점 112 매도인이 악의인 계약명의신탁과 수탁자의 임의처분의 법적효과***

1. 계약명의신탁

ⅰ) 신탁자와 수탁자가 부동산의 매수위임과 함께 명의신탁약정을 맺고 수탁자가 매매계약의 당사자가 되어 매도인과 매매계약을 체결한 후 수탁자 앞으로 이전등기하는 형식의 명의신탁을 말한다.

ⅱ) 수탁자와 매수인이 동일하다.

ⅲ) 부동산실명법에 의하면 명의신탁약정은 무효이다. 그러나 소유권이전등기에 의한 물권변동은 매도인이 명의신탁사실을 알고 있었던 경우(악의인 경우)에는 무효이다.

2. 매도인이 악의인 경우 (수탁자의 수탁부동산의 임의처분의 법적 효과)

① **매도인에 대한 횡령죄설** : 소유권이전등기가 무효인 이상 신탁부동산의 소유권은 매도인에게 있으므로 매도인에 대한 횡령죄가 성립한다는 견해이다.

② **신탁자에 대한 배임죄설** : 수탁자는 신탁자의 재산상(부동산매입) 사무를 처리하는 자로서 사실상의 신임관계를 위배하였으므로 신탁자에 대한 배임죄가 성립한다는 견해이다.

③ **判例** : 횡령죄 및 배임죄의 성립을 부정한다(대판 : 2011도7361).

④ **검토(판례지지)** : ⅰ) 수탁자 명의의 **소유권이전등기는 무효**이고 부동산의 **소유권은 매도인이 그대로 보유**하게 되므로, 명의수탁자는 부동산 취득을 위한 계약의 당사자도 아닌 **명의신탁자에 대한 관계에서 횡령죄에서 '타인의 재물을 보관하**

는 자'의 지위에 있다고 볼 수 없고, 또한 명의수탁자가 명의신탁자에 대하여 매매대금 등을 부당이득으로 반환할 의무를 부담한다고 하더라도 이를 두고 배임죄에서 '타인의 사무를 처리하는 자'의 지위에 있다고 보기도 어렵다. 따라서 신탁자에 대한 횡령죄나 배임죄가 성립할 수 없다.

ii) 명의수탁자는 매도인에 대하여 소유권이전등기말소의무를 부담하게 되나, 위 소유권이전등기는 처음부터 원인무효여서 명의수탁자는 매도인이 소유권에 기한 방해배제청구로 말소를 구하는 것에 대하여 상대방으로서 응할 처지에 있음에 불과하고, 그가 제3자와 한 처분행위가 **부동산실명법 제4조 제3항**에 따라 유효하게 될 가능성이 있다고 하더라도 이는 거래 상대방인 **제3자를 보호**하기 위하여 명의신탁약정의 **무효에 대한 예외를 설정한 취지**일 뿐 **매도인과 명의수탁자 사이에 위 처분행위를 유효하게 만드는 어떠한 신임관계가 존재함을 전제한 것이라고는 볼 수 없으므로**, 말소등기의무의 존재나 명의수탁자에 의한 유효한 처분가능성을 들어 명의수탁자가 매도인에 대한 관계에서 횡령죄에서 '타인의 재물을 보관하는 자' 또는 배임죄에서 '타인의 사무를 처리하는 자'의 지위에 있다고 볼 수도 없다. 따라서 매도인에 대한 횡령죄나 배임죄가 성립할 수 없다.

실전연습 044 **고속버스 유실물의 영득과 법적효과**★★

甲은 고속버스를 타고 가다가 다른 승객 A가 선반위에 두고 내린 가방을 들고 나왔다. 甲의 죄책을 논하시오.

1. 논점

甲이 A의 가방을 취거한 행위에 대하여 절도죄 또는 점유이탈물횡령죄가 성립할 수 있는지 문제된다.

2. 잘못 두고 온 물건의 점유관계

점유가 인정되기 위해서는 점유의사와 사실적 지배가 인정되어야 한다. 그러나 사실적 지배도 사회적 규범적 요소에 의하여 결정된다. 따라서 일단 기존의 점유자의 지배범위를 벗어난 재물일지라도 피해자가 그 소재를 알고 점유를 회복할 수 있는 때에는 점유를 인정하는 것이 타당하다.

판례도 강간의 피해자가 현장에 두고간 물건에 대하여 사회통념상 피해자의 지배하에 있는 물건이라고 보아 피해자의 점유를 인정한바 있다(대판 : 84도38).

사안의 경우 A는 가방을 두고 내린 곳을 알고 있으므로 점유를 회복할 수 있는 조치를 취할 수 있다고 보아야 하므로 A의 점유를 인정하여야 한다.

3. 버스 운전사의 점유

분실물의 경우 다른 사람의 지배범위 내에 들어오면 그 사람의 새로운 점유가 인정된다. 판례도 당구장 손님의 분실물은 당구장 주인의 점유가 인정된다고 판시한 바 있다(대판 : 88도409).

한편 판례는 고속버스 운전사는 고속버스의 관수자로서 차내에 있는 승객의 물건을 점유하는 것이 아니라 승객이 잊고 내린 유실물을 교부받을 권능을 가질 뿐이므로 유실물을 현실적으로 발견하지 않는 한 이에 대한 점유를 개시하였다고 할 수 없고, 그 사이에 다른 승객이 유실물을 발견하고 이를 가져갔다면 절도에 해당하지 아니하고 점유이탈물횡령죄에 해당한다고 판시했다(대판 : 92도3170).

그러나 점유의사는 일반적 지배의사를 의미하므로 분실물이 자신의 지배범위에 들어온 경우 그 사실을 알지 못하는 경우에도 점유가 인정된다고 보아야 한다. 사안에서 가방이 고속버스 운전사의 지배범위에 들어온 이상 운전사의 점유가 인정된다.

4. 甲이 A의 가방을 취거한 행위에 대한 죄책

A가 선반위에 두고 내린 가방에 대하여는 A의 점유 또는 고속버스 운전사에게 점유가 인정되므로 甲에게는 절도죄가 성립한다(제329조).

07 배임의 죄

선택형 핵심지문

1. 타인의 사무처리자 부정

① [첩 계약 사건] 내연의 처와의 불륜관계를 지속하는 대가로서 부동산에 관한 소유권이전등기를 경료해 주기로 계약한 경우 (86도1382)

② [토지거래허가구역 사건] 토지거래허가구역의 토지에 대하여 거래허가를 받지 않은 매매계약의 경우 (95도2891)

③ [대물변제예약에 따라 부동산에 관한 소유권이전등기절차를 이행할 의무] 대물변제예약의 궁극적 목적은 차용금반환채무의 이행 확보에 있고, 채무자가 대물변제예약에 따라 부동산에 관한 소유권이전등기절차를 이행할 의무는 궁극적 목적을 달성하기 위해 채무자에게 요구되는 부수적 내용에 불과함. (2014도3363)

④ [서면에 의하지 아니한 증여계약이 행하여진 경우 증여자] 증여가 이행되기 전까지는 언제든지 이를 해제할 수 있으므로 타인의 사무를 처리하는 자 × (2005도5962)

⑤ **[담보로 매매대금 지급약정]** 미리 부동산을 이전받은 매수인이 이를 담보로 제공하여 매매대금 지급을 위한 자금을 마련하고 이를 매도인에게 제공함으로써 잔금을 지급하기로 당사자 사이에 약정한 경우의 매수인 (2017도4027) [변시 14]

2. 타인의 사무처리자 인정 → 배임죄 또는 업무상 배임죄

① **[계금징수계주]** → 원칙적으로 타인의 사무를 처리하는 자 인정 (93도2221)

> **비교판례** **[파계가 된 후 기망을 통하여 계금을 징수한 계주]** + **[약정을 위반하여 계금을 징수하지 아니한 계주]** → 부정 (82도2093)

② **[1인회사 1인 주주]** → 행위의 주체(1인주주)와 본인(1인회사)은 분명히 별개의 인격 (83도2330)

3. 배임행위 인정

① 기업의 영업비밀을 유출 (98도4704)

② 회사의 대표이사가 임무에 배임하는 행위를 함으로써 주주 또는 회사 채권자에게 손해가 될 행위를 하였다면 그 회사의 이사회 또는 주주총회의 결의가 있었다고 하여 그 배임행위가 정당화될 수는 없다.[24] (99도2781)

4. 배임행위 부정

① 사무처리에 대하여 본인의 동의가 있는 때 (2012도1352)

② 회사의 대표이사가 타인의 채무를 회사 이름으로 지급보증 또는 연대보증함에 있어 그 타인이 단순히 채무초과 상태에 있다는 이유만으로는 그러한 지급보증 또는 연대보증이 곧 회사에 대하여 배임행위가 된다고 단정할 수 없음. (2004도520)

5. 재산상 손해 인정

① **[확실한 담보를 제공받지 않은 경우]** 재단법인 불교방송의 이사장 직무대리인이 후원회 기부금을 정상 회계처리하지 않고 자신과 친분관계에 있는 신도에게 확실한 담보도 제공받지 아니한 채 대여한 경우 → 그 신도가 이자금을 제때에 불입하고 나중에 원금을 변제하였다 하더라도 배임죄가 성립한다. (99도3338)

② **[새로운 부정대출금이 기존 대출금의 원리금으로 상환되도록 약정]** 상환되도록 약정되어 있다고 하더라도 그 대출과 동시에 이미 손해발생의 위험은 발생하였다고 보아야 할 것이므로 업무상배임죄가 성립한다. (2009도10730; 2003도3516)[25]

> **비교판례** **[신규자금이 이미 보증을 한 채무의 변제에 사용되도록 한 경우]** → 업무상 배임죄 불성립 (2009도9144)

③ 대출업무 담당자인 피고인이 甲조합에 처와 모친 소유 토지를 담보로 제공하고 그들 명의로 대출받고 위임장을 위조하여 담보로 제공된 토지의 근저당권설정등기를 말소 → 경매신청 할 수 없는 등 담보 상실과 다를 바 없는 손해 발생 (2014도2578)

---

24) 일정한 결의에 기초하여 배임행위를 한 경우에도 배임행위는 정당화될 수 없음.
25) 기존 대출금에 사용되도록 약정한 경우와 실제로 사용되도록 한 경우를 구별하여야 한다.

6. 재산상 손해 부정

① [신규대출을 받은 것처럼 서류상으로만 정리] 거래처에 대출금이 새로 교부된 것이 아니므로 그로 인하여 금융기관 측에 새로운 손해발생 × (2000도3716; 2000도1155)

② [가장납입금의 인출] (2005도856)

③ [새마을금고(상호저축은행)의 동일인 대출한도를 초과 대출] 손해발생의 위험을 단정할 수 없음 (2006도4876; 2009도7813)

④ [특허출원서 발명자란에 피고인의 성명을 임의로 기재] 발명자에 해당하는지는 특허출원서 발명자란 기재 여부와 관계없이 실질적으로 정해짐. (2011도10525)

7. 대표권의 남용과 손해의 인정여부

① ⅰ) [일반적인 대표권남용] 상대방이 대표권남용 사실 알았거나 알 수 **있었던** 경우 → 배임죄의 미수범 / 대표권남용 사실 알았거나 알 수 **없었던** 경우 → 배임죄의 기수 (2014도1104) [변시 19·21·22]

　ⅱ) [대표이사의 약속어음 발행] 제3자에게 유통 시 → 배임죄 기수 / 유통되지 않았다면 → 배임죄 미수[26] (2012도10822) [변시 19·21·22]

② 대표자가 법인 명의로 한 채무부담행위가 무효인 경우 민법상 사용자책임, 법인의 불법행위책임을 부담하는 특별한 사정 없는 한 배임죄 불성립[27] [변시 14·17]

8. 배임죄의 성립요건(본인의 손해 및 배임행위로 인한 이익의 취득)

본인에게 손해를 가하였다고 할지라도 행위자 또는 제3자가 재산상 이익을 취득한 사실이 없다면 배임죄가 성립할 수 없다.

① 입주자대표회의 회장이 지출결의서에 날인을 거부함으로써 아파트 입주자들에게 연체료를 부담시킨 경우 → 연체료는 금전채무 불이행으로 인한 손해배상에 해당 (2008도3792) [변시 14]

② 피고인이 피해 회사가 정한 할인율 제한을 위반하였다 하더라도 시장에서 거래되는 가격에 따라 제품을 판매한 경우 – 할인에 의한 차액 상당은 거래처가 얻은 재산상의 이익 × (2007도2484)

9. 배임죄의 공동정범

[배임행위 적극가담] 업무상배임죄의 실행으로 인하여 이익을 얻게 되는 수익자가 소극적으로 실행행위자의 배임행위에 편승하여 이익을 취득함에 그치지 않고 배임행위를 교사 또는 배임행위의 전 과정에 관여하는 등으로 실행행위자의 배임행위에 적극 가담한 경우 업무상배임죄의 공동정범이 된다. (2006도483) [변시 18·19]

---

26) 대표이사의 회사명의 약속어음 발행행위가 무효인 경우에도 그 약속어음이 제3자에게 유통되지 아니한다는 특별한 사정이 없는 한 재산상 실해 발생의 위험이 초래된 것으로 보아야 한다는 종전의 판례는 위 전합 판례에 의하여 폐기되었다. 즉 변경 전의 판례는 '실제로 유통되지 않았더라도' 유통될 가능성만 있어도 손해를 인정하였으나 변경된 현재의 판례는 '실제로 유통되어야만' 손해발생을 인정하고 있다는 점에서 차이가 있다. (2014도1104)

27) 전원합의체 판결 2014도1104 이전 판례들로 대부분 배임미수에 관한 판단을 하지 않았다.

10. 부동산의 이중매매★★

① 배임죄의 주체가 되는 시기(타인의 사무처리자 ○) ➜ 제1매수인에게 계약금 및 중도금을 수령한 경우 (88도750)

② 배임죄의 실행의 착수시기 ➜ 제2매수인에 대하여 중도금을 수령한 때 (2002도7134; 2009도14427) [변시 12]

③ 배임죄의 기수시기 ➜ 제2매수인에 대한 이전등기 경료시 (83도1946; 72도2494)

④ 부동산의 매도인이 중도금 수령 후 재차 매도 또는 제3자에게 가등기를 경료 ➜ 배임행위 ○ (81도2278)

⑤ 제1매수인에 대한 소유권이전의무의 이행 ➜ 제2매수인에 대한 배임죄 불성립 (77도1116; 2009도14427)

⑥ 악의의 제2매수인의 배임죄의 공범이 성립 요건 ➜ 배임행위 적극가담要 (74도2455)

⑦ 악의의 제2매수인에 대한 장물취득죄 × (74도2804) [변시 14]

⑧ 부동산 매매계약에서 매도인이 중도금 이상을 수령한 이상 매수인에게 가등기를 경료한 경우라도 여전히 타인의 사무처리자에 해당한다. (2019도16228)

11. 동산의 이중매매 ➜ 배임죄 불성립 [변시 12·15·16]

12. 타인의 사무를 처리하는 자에 해당하지 않는 경우★★★

① 동산의 점유개정방식의 양도담보에 있어서 채무자의 임의처분(주식에 관하여 양도담보설정계약을 체결한 채무자가 제3자에게 해당 주식을 처분도 동일) (2019도9756)

② 저당권이 설정된 동산을 임의처분한 경우 및 권리이전에 등기·등록을 요하는 동산에 대한 이중양도 (2020도6528) [변시 21]

③ 부동산의 양도담보에 있어서 채무자의 임의처분 (2019도14340)

④ 동산채권담보법에 따른 동산담보로 제공한 담보물을 채무자가 임의처분 (2019도14770)

⑤ 자기 또는 타인의 금전채무를 담보하기 위하여 주식을 채권자에게 양도담보로 제공한 채무자 또는 양도담보설정자 (2014도8714)

⑥ 채무자가 채권양도담보계약에 따라 '담보목적 채권의 담보가치를 유지·보전할 의무'를 부담하는 경우 (2015도5184)

⑦ 채권 담보를 위한 대물변제예약을 한 채무자가 대물로 변제하기로 한 부동산을 제3자에게 처분한 경우 (2014도3363) [변시 15]

⑧ 주권 발행 전 주식의 양도인 (2015도6057)

⑨ 변제기 이후 채권자가 담보권 실행을 위하여 담보물을 염가처분한 경우 (97도2430) [변시 12]

⑩ 변제기 이후 채권자가 담보권 실행을 위하여 담보물을 처분하여 변제충당 후 잔금을 정산하지 않는 경우 (85도1493)

⑪ 수분양권 매도인이 매매계약에 따라 '매수인에게 수분양권을 이전할 의무'를 부담하는 경우 (2014도12104)

⑫ **[이중저당]** 甲이 A로부터 18억 원을 차용하면서 담보로 甲소유의 아파트에 A 명의의 4 순위 근저당권을 설정해 주기로 약정하였음에도 제3자에게 채권최고액을 12억 원으로 하는 4순위 근저당권을 설정하여 준 경우 (2019도14340)

⑬ **[권리이전에 등기·등록을 요하는 동산의 양도담보설정계약]** 자동차 등에 관하여 양도담 보설정계약을 체결한 채무자 (2020도8682) [변시 24]

⑭ **[가상자산 착오이체]** *** 피고인이 권리자의 착오나 가상자산 운영 시스템의 오류 등 으로 법률상 원인관계 없이 피고인의 전자지갑에 이체된 가상자산을 반환하지 않고 피 고인의 또 다른 전자지갑에 이체한 경우 ⅰ) 피고인을 타인의 사무를 처리하는 자로 볼 수 없고 또한 ⅱ) 형사처벌하는 명문의 규정이 없는 이상 착오 송금 시 횡령죄의 성립 을 긍정한 판례를 유추하여 처벌하는 것은 죄형법정주의 원칙에 반하므로 배임죄가 성 립하지 않는다. (2020도9789) [변시 24]

> **관련 판례** 1. **[몰수의 대상인 비트코인]** 비트코인은 재산적 가치가 있는 무형의 재산이 라고 보아야 하고, 몰수의 대상인 비트코인이 특정되어 있는 이상, 피고인이 취득 한 비트코인을 몰수할 수 있다.
> 2. **[재산상 이익인 비트코인]** 가상화폐의 일종인 '비트코인'은 사기죄의 객체인 재산상 이익에 해당 (2021도9855)

13. 업무상배임죄 성립

① **[법인카드 개인사용]** 대학교수가 판공비 지출용 법인신용카드를 업무와 무관하게 개인 적 용도에 사용한 행위 ➔ 업무상횡령죄 × (2003도8095)

② **[영업비밀 반출]** 회사 영업비밀의 불법반출 ➔ 반출한 때 기수, 적법한 반출이라도 반환하 거나 폐기하지 않은 경우 ➔ 퇴사시 기수 (2017도3808)

14. 배임수재죄

① 타인의 사무처리자의 지위를 취득하기 전에 부정한 청탁을 받은 경우에 배임수재죄로 는 처벌할 수 없다. ➔ 진정신분범에 해당 (2009도12878) [변시 16·20]

② 배임수증죄에 있어서 '부정한 청탁'이란 청탁이 사회상규와 신의성실의 원칙에 반하는 것을 말한다. (예)특정가수의 노래만을 자주 방송하여 달라는 청탁) (2009도4791)

③ '부정한 청탁'은 이 반드시 명시적임을 요하는 것은 아니다. (2004도491)

④ 재물 또는 이익을 공여하는 사람과 취득하는 사람 사이에 부정한 청탁이 개재되지 않는 한 배임수재죄는 성립하지 않는다. (2011도11174) [변시 17·20]

⑤ '타인'의 사무를 처리하는 자가 그 임무에 관하여 부정한 청탁을 받았다고 하더라도 자 신이 아니라 그 '타인'에게 재물 또는 재산상의 이익을 취득하게 한 경우에는 배임수재 죄가 성립하지 않는다(예 조합 이사장이 조합이 주관하는 도자기 축제의 대행기획사를 선정하는 과정 에서 기획사로 선정된 회사로부터 조합운영비 지급을 약속받고 위 축제가 끝난 후 조합운영비 명목으로 현 금 3,000만 원을 교부받아 조합운영비로 사용한 경우 배임수재죄 불성립). (2006도1202) [변시 17]

> **동지판례** ***형법 제357조 1항의 배임수재죄의 '제3자'에는 다른 특별한 사정이 없는 한 사무처리를 위임한 타인은 포함되지 않는다. 그러나 부정한 청탁에 따른 재물이나 재산상 이익이 외형상 사무처리를 위임한 타인에게 지급된 것으로 보이더라도 사회통념상 그 타인이 재물 또는 재산상 이익을 받은 것을 부정한 청탁을 받은 사람이 직접 받은 것과 동일하게 평가할 수 있는 경우에는 배임수재죄가 성립될 수 있다. (2019도17102) [변시 23]

⑥ 청탁한 내용이 단순히 규정이 허용하는 범위 내에서 최대한의 선처를 바란다는 내용에 불과하거나 위탁받은 사무의 적법하고 정상적인 처리범위에 속하는 것이라면 사회상규에 어긋난 부정한 청탁이라고 볼 수 없다. (2010도8743) [변시 20]

⑦ 배임수재죄의 성립요건이 아닌 경우

   ⅰ) **[수재 당시에도 임무를 현실적으로 담당하고 있을 것을 요하지 않음]** 예 임무에 관하여 부정한 청탁을 받은 이상 그 후 사직으로 직무를 담당하지 아니하게 된 상태에서 재물을 수수하게 되었더라도, 재물 등 수수가 부정한 청탁과 관련하여 이루어진 것이라면 배임수재죄가 성립한다. (97도2042)

   ⅱ) 본인에게 손해가 발생할 것을 요하지 않음 ➜ 손해는 요건 × (82도735)

   ⅲ) 부정한 청탁에 따른 일정한 행위가 현실적으로 행하여질 것을 요하지 않음 ➜ 배임행위는 요건 × (2009도10681)

⑧ 범죄수익에 해당하는 재물에 대한 몰수·추징 (2016도18104) [변시 23]

   ⅰ) **[배임수재자가 그대로 가지고 있다가 배임증재자에게 반환 시]** 배임증재자 대상으로 몰수·추징

   ⅱ) **[배임수재자가 임의로 소비한 후에 배임증재자에게 반환 시]** 배임수재자 대상으로 몰수·추징

사례형 쟁점정리

실전연습 045 가상자산의 착오 이체와 배임죄***

심각한 자금난으로 괴로운 나날을 보내던 甲은 2021. 6.경 알 수 없는 경위로 피해자 C의 'Z' 거래소 가상지갑에 들어 있던 199.999비트코인을 자신의 계정으로 이체 받았고, 그중 29.998비트코인을 자신의 1번 계정으로, 169.996비트코인을 자신의 2번 계정으로 이체하여 합계 약 1,487,235,086원 상당의 총 199.994비트코인(29.998 비트코인 + 169.996비트코인)을 취득하였다. 甲의 죄책은?

I. 甲이 착오로 인하여 자신의 거래서 가상지갑으로 이체된 비트코인을 처분한 행위가 배임죄가 성립할 수 있는지 여부[28]

1. 배임죄의 성립요건 `Keyword` 당·관·본·이/ 신·재·보·관

타인의 사무를 처리하는 자가 임무에 위배하는 행위로써 재산상의 이익을 취득하거나 제삼자로 하여금 취득하게 하여 본인에게 손해를 가한 경우 배임죄가 성립한다(제355조 제2항). '타인의 사무를 처리하는 자'라고 하려면, [**당사자 관계**의 전형적·**본**질적 내용이 통상의 계약에서의 **이익**대립관계를 넘어서 그들 사이의 **신**임관계에 기초하여 타인의 **재산**을 **보호** 또는 **관리**]]*** 에 있어야 한다.

2. 甲에게 배임죄가 성립하는지 여부

(1) 甲이 '타인의 사무를 처리하는 자'에 해당하는지 여부

가상자산 권리자의 착오나 가상 자산 운영 시스템의 오류 등으로 법률상 원인관계 없이 다른 사람의 가상자산 전자지갑에 가상자산이 이체된 경우, 가상자산을 이체받은 자는 가상자산의 권리자 등에 대한 부당이득반환의무를 부담하게 될 수 있으나 민사상 채무에 지나지 않고 이러한 사정만으로 가상자산을 이체받은 사람이 신임 관계에 기초하여 가상자산을 보존하거나 관리하는 지위에 있다고 볼 수 없는 점, 가상자산은 국가에 의해 통제받지 않고 블록체인 등 암호화된 분산원장에 의하여 부여된 경제적인 가치가 디지털로 표상된 정보로서 재산상 이익에 해당하나, 가상자산은 보관되었던 전자지갑의 주소만 확인할 수 있을 뿐 주소를 사용하는 사람의 인적 사항을 알 수 없고, 거래 내역이 분산 기록되어 있어 다른 계좌로 보낼 때 당사자 이외의 다른 사람이 참여해야 하는 등 일반적인 자산과는 구별되는 특징이 있는 점, 가상자산에 대해서는 현재까지 관련 법률에 따라 법정화폐에 준하는 규제가 이루어지지 않는 등 법정화폐와 동일하게 취급되고 있지 않고 거래에 위험이 수반되므로, 형법을 적용하면서 법정화폐와 동일하게 보호해야 하는 것은 아닌 점 등에 비추어 볼 때, 신임관계에 기초하여 타인의 사무를 맡아 처리하는 것으로 볼 수 없다.

(2) 검토 및 소결 `Keyword` 죄형법정주의

원인불명으로 재산상 이익인 가상자산을 이체받은 자가 가상자산을 사용·처분한 경우 이를 형사 처벌하는 명문의 규정이 없는 현재 상황에서 착오송금 시 횡령죄 성립을 긍정한 법리를 유추하여 신의칙을 근거로 피고인을 배임죄로 처벌하는 것은 **죄형법정주의**에 반하므로 '타인의 사무를 처리하는 자'의 지위를 부정하는 것이 타당하다. 사안의 경우 C의 'Z' 거래소 가상지갑에 들어 있던 비트코인이 알 수 없는 경위로 甲의 계정으로 이체되었으나, 이를 두고 신임관계에 기초하여 C의 사무를 맡아 처리하는 것으로 볼 수 없으므로 甲은 '타인의 사무를 처리하는 자'에 해당하지 않고, 따라서 배임죄가 성립하지 않는다.

---

28) 대판 : 2020도9789

[판례변경] 동산을 (점유개정 방식으로) 양도담보에 제공한 채무자가 담보물을 제3자에게 처분한 경우 (배임죄 불성립)★★★

[사실관계] X주식회사를 운영하는 甲이 A은행으로부터 1억 5,000만 원을 대출받으면서 위 대출금을 완납할 때까지 골재생산기기인 '크러셔'를 (점유개정방식의) 양도담보로 제공하기로 하는 계약을 체결한 후 크러셔를 다른 사람에게 매각하였다.

판례 **Keyword** 당·관·본·이/ 신·재·보·관

[1] 배임죄에서 '타인의 사무를 처리하는 자'라고 하려면, 타인의 재산관리에 관한 사무의 전부 또는 일부를 타인을 위하여 대행하는 경우와 같이 **(당사자 관계의 전형적· 본질적 내용이) (통상의 계약에서의 이익대립관계를 넘어서) (그들 사이의 신임관계에 기초하여 타인의 재산을 보호 또는 관리하는 데에 있어야 한다.)** 이익대립관계에 있는 통상의 계약관계에서 채무자의 성실한 급부이행에 의해 상대방이 계약상 권리의 만족 내지 채권의 실현이라는 이익을 얻게 되는 관계에 있다거나, 계약을 이행함에 있어 상대방을 보호하거나 배려할 부수적인 의무가 있다는 것만으로는 채무자를 타인의 사무를 처리하는 자라고 할 수 없고, 위임 등과 같이 계약의 전형적·본질적인 급부의 내용이 상대방의] 재산상 사무를 일정한 권한을 가지고 맡아 처리하는 경우에 해당하여야 한다.

[2] 채무자가 금전채무를 담보하기 위하여 그 소유의 동산을 채권자에게 양도담보로 제공함으로써 채권자인 양도담보권자에 대하여 담보물의 담보가치를 유지·보전할 의무 내지 담보물을 타에 처분하거나 멸실, 훼손하는 등으로 담보권 실행에 지장을 초래하는 행위를 하지 않을 의무를 부담하게 되었더라도, 이를 들어 채무자가 통상의 계약에서의 이익대립관계를 넘어서 채권자와의 신임관계에 기초하여 채권자의 사무를 맡아 처리하는 것으로 볼 수 없다. 따라서 채무자를 배임죄의 주체인 '타인의 사무를 처리하는 자'에 해당한다고 할 수 없고, 그가 담보물을 제3자에게 처분하는 등으로 담보가치를 감소 또는 상실시켜 채권자의 담보권 실행이나 이를 통한 채권실현에 위험을 초래하더라도 배임죄가 성립한다고 할 수 없다.

위와 같은 법리는, 채무자가 동산에 관하여 양도담보설정계약을 체결하여 이를 채권자에게 양도할 의무가 있음에도 제3자에게 처분한 경우에도 적용되고, 주식에 관하여 양도담보설정계약을 체결한 채무자가 제3자에게 해당 주식을 처분한 사안에도 마찬가지로 적용된다(대판(전) : 2019도9756).

[판례해설] 동산을 (점유개정 방식으로) 양도담보에 제공한 채무자가 담보물을 제3자에게 처분한 사안에 대하여, 대법원은 채무자는 타인의 사무처리자이므로 배임죄가 성립한다는 기존의 판례를 변경하여 배임죄가 성립하지 않는다고 판시하였다.

위 대법원판례(다수의견)에 대하여는 다음의 두 가지 '소수견해'가 있다.

1) 채무자가 채권담보의 목적으로 점유개정 방식으로 채권자에게 동산을 양도한 경우, 담보목적물인 동산의 소유권은 당사자 사이에 채권자에게 이전하므로, 점유개정

에 따라 양도담보 목적물을 직접 점유하는 채무자는 '타인의 재물을 보관하는 자'에 해당하고, 그가 채권자의 허락 없이 제3자에게 담보목적물을 양도하는 등 처분한 경우에는 **횡령죄가 성립**한다고 보아야 한다.

2) 채무자가 동산에 관하여 점유개정 등으로 양도담보권을 설정한 이후 채권자에 대하여 부담하는 담보물의 보관의무 및 담보가치 유지의무는 '타인의 사무'에 해당하므로, 채무자가 담보목적물인 동산을 임의로 처분한 경우에는 **배임죄가 성립**한다고 보아야 한다.

> ➡ 사례형으로 출제된 경우 배임죄의 성부가 논점이며 법조문을 인용한 후 甲이 타인의 사무처리자인지에 관하여 상세히 기술하여야 한다. 소수견해 두 가지(또는 최소한 한 가지)를 소개한 후 다수견해가 타당하다는 결론을 내리면 된다.

CASE 쟁점 114 [판례변경] 이중저당의 경우 배임죄의 성립여부 (불성립)★★★

[사실관계] 피고인은 甲으로부터 18억 원을 차용하면서 담보로 피고인 소유의 아파트에 甲 명의의 4순위 근저당권을 설정해 주기로 약정하였음에도 제3자에게 채권최고액을 12억 원으로 하는 4순위 근저당권을 설정하여 주었다.

판례 채무자가 금전채무를 담보하기 위한 저당권설정계약에 따라 채권자에게 그 소유의 부동산에 관하여 저당권을 설정할 의무를 부담하게 되었다고 하더라도, 채무자가 통상의 계약에서 이루어지는 이익대립관계를 넘어서 채권자와의 신임관계에 기초하여 채권자의 사무를 맡아 처리하는 것으로 볼 수 없다.

채무자가 저당권설정계약에 따라 채권자에 대하여 부담하는 저당권을 설정할 의무는 계약에 따라 부담하게 된 채무자 자신의 의무이다. 채무자가 위와 같은 의무를 이행하는 것은 채무자 자신의 사무에 해당할 뿐이므로, 채무자를 채권자에 대한 관계에서 '타인의 사무를 처리하는 자'라고 할 수 없다. 따라서 채무자가 제3자에게 먼저 담보물에 관한 저당권을 설정하거나 담보물을 양도하는 등으로 담보가치를 감소 또는 상실시켜 채권자의 채권실현에 위험을 초래하더라도 배임죄가 성립한다고 할 수 없다 (대판(전) : 2019도14340).

[판례해설] 사안은 이득액이 12억 원이므로 특경법위반(배임)죄의 성립여부가 문제된 사안이다. 이중저당의 경우 배임죄가 성립한다는 기존의 판례를 변경하여 배임죄가 성립하지 않는다고 판시하였다.

위 대법원판례(다수의견)에 대하여는 다음의 '소수견해'가 있다.

채무자가 채권자로부터 금원을 차용하는 등 채무를 부담하면서 채무 담보를 위하여 저당권설정계약을 체결한 경우, 위 약정의 내용에 좇아 채권자에게 저당권을 설정하여 줄 의무는 (자기의 사무인 동시에 상대방의 재산보전에 협력할 의무에 해당하여) '타인의 사무'에 해당한다.

→ 사례형으로 출제된 경우 특경법위반(배임)죄의 성부가 논점이며 법조문을 인용한 후 甲이 타인의 사무처리자인지에 관하여 상세히 기술하여야 한다. 소수견해 를 소개한 후 다수견해가 타당하다는 결론을 내리면 된다.

실전연습 046 대물변제 예약 부동산의 임의처분과 배임죄의 성립여부**

> 甲은 대로변에 위치하여 가격상승이 예상되는 X건물이 급매물로 나오자 이를 구입하려고 하였으나 자금사정이 여의치 않자 A에게서 4억 원을 차용하면서 이를 변제하지 못할 경우 자신의 어머니 소유인 부동산에 대한 유증상속분을 대물변제하기로 약정하였다. 그 후 甲이 유증을 원인으로 부동산에 관한 소유권이전등기를 마쳤음에도 부동산을 누나와 자형에게 매도하였다. 甲의 죄책을 논하시오.

1. 논점

甲이 대물변제하기로 한 부동산을 처분한 행위에 대하여 배임죄가 성립하는지 문제된다.

2. 배임죄의 성립요건

타인의 사무를 처리하는 자가 임무에 위배하는 행위로써 재산상의 이익을 취득하여 본인에게 손해를 가한 경우 배임죄가 성립한다(제355조 제2항). '타인의 사무'란 신임 관계를 기초로 한 타인의 재산의 보호 관리의무가 있는 자가 타인의 재산관리에 관한 사무를 대행하는 경우를 말하며, 단순히 타인에 대하여 채무를 부담하고 있는 경우 채무이행은 타인의 사무에 해당한다 할 수 없다(대판 : 84도2127).

3. 채권 담보 목적으로 부동산에 관한 대물변제예약을 체결한 채무자가 부동산에 관한 소유권이전등기절차를 이행할 의무가 '타인의 사무'에 해당하는지 여부

담보 목적의 대물변제예약에서 신임관계의 본질은 부동산 담보가치를 채권자에게 취득하게 하는 데 있으므로, 담보 목적으로 부동산에 관한 대물변제예약을 체결한 채무자가 부동산에 관한 소유권이전등기절차를 이행할 의무는 '타인의 사무'에 해당한다는 견해가 있다(전합 소수견해).

그러나 ⅰ) 채무자가 대물변제예약에 따라 부동산에 관한 소유권을 이전해 줄 의무는 예약 당시에 확정적으로 발생하는 것이 아니라 채무자가 차용금을 제때 반환하지 못하여 채권자가 예약완결권을 행사한 후에야 문제 되고, 채무자는 예약완결권 행사 이후에도 얼마든지 금전채무를 변제하여 당해 부동산에 관한 소유권이전등기절차를 이행할 의무를 소멸시키고 의무에서 벗어날 수 있다는 점, ⅱ) 채무자가 대물변제예약에 따라 부동산에 관한 소유권이전등기절차를 이행할 의무는 차용금반환채무의 이행 확보라는 궁극적 목적을 달성하기 위해 채무자에게 요구되는 부수적 내용에 불과한 점에서 '타인의 사무'에 해당하지 아니한다(전합 다수견해).

4. 결론

채권 담보 목적으로 부동산에 관한 대물변제예약을 체결한 채무자인 甲이 채권자인 A에게 부동산에 관한 소유권이전등기절차를 이행할 의무는 '타인의 사무'에 해당하지 않으므로 甲이 부동산을 자형에게 처분한 행위는 배임죄가 성립하지 아니한다.[29]

CASE 쟁점 115 부동산의 이중매매와 배임죄의 주체가 되는 시기 ★★★

> **판례** **계약금 VS 중도금**
>
> **1. 계약금만 수령한 경우(타인의 사무처리자 ×)**
> 매도인이 매수인에게 부동산을 매도하고 계약금만을 수수한 상태에서 매수인이 잔대금의 지급을 거절한 이상 매도인으로서는 이행을 최고할 필요 없이 **매매계약을 해제할 수 있는 지위**에 있었으므로 위 매도인을 타인의 사무를 처리하는 자라고 볼 수 없다(대판 : 84도315).
>
> **2. 계약금 및 중도금을 수령한 경우(타인의 사무처리자 ○)**
> 부동산매도인이 매수인으로부터 계약금과 중도금까지 수령한 이상 특단의 약정이 없다면 잔금수령과 동시에 매수인 명의로의 소유권이전등기에 **협력할 임무가 있으므로** 이를 다시 제3자에게 처분함으로써 제1차 매수인에게 잔대금수령과 상환으로 소유권이전등기절차를 이행하는 것이 불가능하게 되었다면 배임죄의 책임을 면할 수 없다(대판 : 88도750). [변시 14]

CASE 쟁점 116 부동산의 이중매매와 배임죄의 실행의 착수시기와 기수시기 ★★★

> **판례** **실행의 착수와 기수시기**
>
> **1. 배임죄의 실행의 착수시기**
> 부동산의 이중양도에 있어서 매도인이 제2차 매수인으로부터 계약금만을 지급받고 중도금을 수령한 바 없다면 배임죄의 실행의 착수가 있었다고 볼 수 없다(대판 : 2002도7134; 대판 : 2009도14427). [변시 12]
>
> **2. 배임죄의 기수시기**
> 부동산의 매도인이 매수인 앞으로의 소유권이전등기에 협력할 의무가 있음에도 불구하고 같은 부동산을 위 매수인 이외의 자에게 2중으로 매도하여 그 소유권이전등기를 마친 경우에는 1차 매수인에 대한 소유권이전등기의무는 이행불능이 되고 이로써 1차 매수인에게 그 부동산의 소유권을 취득할 수 없는 손해가 발생하는 것이므로 부동산의

---

29) 대판(전) : 2014도3363

이중매매에 있어서 배임죄의 기수시기는 <u>2차 매수인 앞으로 소유권이전등기를 마친</u> <u>때라고 할 것이다</u>(대판 : 83도1946). → 이전등기 경료시

CASE 쟁점 117 부동산의 이중매매와 악의의 후매수인의 죄책***

판례 **악의의 제2매수인에게 배임죄의 공범이 성립하기 위한 요건**

이미 타인에게 매도되었으나 소유권이전등기가 경료되지 아니하고 있는 부동산을 이 중으로 매수 기타 양수하는 자에 대하여 배임죄의 죄책을 묻기 위하여는 <u>이중으로 양</u> <u>수하는 자가 단지 그 부동산이 이미 타인에게 매도되었음을 알고 이중으로 양수하는</u> <u>것만으로는 부족하고 먼저 매수한 자를 해할 목적으로 양도를 교사하거나 기타 방법</u> <u>으로 양도행위에 **적극 가담**한 경우에 한하여</u> 양도인의 배임행위에 대한 공범이 성립 된다(대판 : 74도2455). → 배임행위 적극 가담

관련 판례 [적극 가담으로 인정된 경우] 점포의 임차인이 임대인이 그 점포를 타에 매도 한 사실을 알고 있으면서 점포의 임대차 계약 당시 "타인에게 점포를 매도할 경우 우선 적으로 임차인에게 매도한다."는 특약을 구실로 임차인이 매매대금을 일방적으로 결정 하여 공탁하고 임대인과 공모하여 임차인 명의로 소유권이전등기를 경료하였다면 임대 인의 배임행위에 적극 가담한 것으로서 배임죄의 공동정범에 해당한다(대판 : 82도180).

판례 **악의의 제2매수인에 대한 장물취득죄의 성립여부(불성립)**

본건 대지에 관하여 매수인 "甲"에게 소유권 이전등기를 하여 줄 임무가 있는 소유 자가 그 임무에 위반하여 이를 "乙"에게 매도하고 소유권이전등기를 경유하여 준 경 우에는 <u>위 부동산소유자가 배임행위로 인하여 영득한 것은 재산상의 이익이고 위 **배**</u> **임범죄에 제공된 대지는 범죄로 인하여 영득한 것 자체는 아니므로** 그 취득자 또 는 전득자에 대하여 배임죄의 가공여부를 논함은 별문제로 하고 <u>장물취득죄로 처단</u> <u>할 수 없다</u>(대판 : 74도2804). [변시 14]

동산의 이중매매와 배임죄의 성립여부★★ [변시 21]

> 甲은 '인쇄기'를 乙에게 매도하기로 하고 乙로부터 그 매매대금의 일부인 계약금 및 중도금을 수령한 직후 乙 모르게 위 인쇄기를 자신의 채권자인 丙에게 기존 채무 변제에 갈음하여 양도하였다. 甲에게 배임죄가 성립할 수 있는지를 논하시오.

1. 논점
甲이 인쇄기를 丙에게 양도한 것이 배임죄가 성립할 수 있는지 문제된다.

2. 배임죄의 성립요건
형법 제355조 제2항에 의하면 타인의 사무를 처리하는 자가 그 임무에 위배하는 행위로써 재산상의 이익을 취득하여 본인에게 손해를 가한 때 배임죄가 성립한다. 사안의 경우 甲에게 '타인의 사무처리자'의 지위가 인정되는지 문제된다.

3. 甲이 타인의 사무처리자인지 여부
매매계약의 당사자 사이에 중도금을 수수하는 등으로 계약의 이행이 진행되어 다른 특별한 사정이 없는 한 임의로 계약을 해제할 수 없는 단계에 이른 때에는 그 계약의 내용에 좇은 채무의 이행은 채무자로서의 자기 사무의 처리라는 측면과 아울러 상대방의 재산보전에 협력하는 타인 사무의 처리라는 성격을 동시에 가지게 되므로, 이러한 경우 그 채무자는 배임죄의 주체인 '타인의 사무를 처리하는 자'의 지위가 인정되므로, 동산매매의 경우에도 당사자 사이에 중도금이 수수되는 등으로 계약의 이행이 일정한 단계를 넘어선 때에는 타인의 사무처리자의 지위가 인정되어야 한다는 견해가 있다(대법원 소수견해).

그러나 매매의 목적물이 동산일 경우, 매도인은 매수인에게 계약에 정한 바에 따라 그 목적물인 동산을 인도함으로써 계약의 이행을 완료하게 되고 그때 매수인은 매매목적물에 대한 권리를 취득하게 되는 것이므로, 매도인에게 자기의 사무인 동산 인도 채무 외에 별도로 매수인의 재산의 보호 내지 관리 행위에 협력할 의무가 없다고 보는 것이 타당하다. 따라서 동산 매매계약에서의 매도인은 매수인에 대하여 그의 사무를 처리하는 지위에 있지 아니하다.

4. 결론
甲이 乙로부터 매매 잔금까지 다 받았다고 하더라도 인쇄기를 乙에게 인도해야 하는 것은 자기의 사무에 불과하므로 甲은 타인의 사무를 처리하는 자라고 볼 수 없다. 따라서 甲이 인쇄기를 A에게 넘겨준 행위는 배임죄가 성립하지 아니한다.

08 장물의 죄

선택형 핵심지문

1. 장물죄의 주체성 인정여부와 장물죄의 성립여부

① [공동정범×] 특수강도의 범행을 모의한 이상 그중 한 명이 범행의 실행에 가담하지 아니하고 나머지 피고인들이 강취해 온 장물의 처분을 알선만 하였다 하더라도, 동 피고인은 특수강도의 공동정범이 된다 할 것이므로 장물알선죄로 의율할 것은 아니다. → 본범의 (공동)정범에 해당하여 장물죄가 성립할 수 없다. (82도3103)

② [교사범O] 횡령죄의 교사범은 장물취득죄가 성립할 수 있다. (69도692) [변시 20 · 21]

2. 장물성 인정

[장물인 현금 또는 자기앞수표를 환전한 금전] 금전 자체는 별다른 의미가 없고 금액에 의하여 표시되는 금전적 가치가 거래상 의미를 가지고 유통되고 있고 환전한 금전은 금전적 가치에는 아무런 변동이 없기 때문이다. (2004도134)

3. 장물성 부정

① [전화가입권] → 재물이 아니어서 장물이 될 수 없음. (70도2589)

② [장물을 팔아서 얻은 돈] → 대체장물(장물×)에 해당 (72도971)

③ [명의수탁자가 임의로 처분한 부동산] → 수탁자가 외부관계에 대하여 소유자로 간주되기 때문 [변시 14]

④ *** 甲이 권한 없이 인터넷뱅킹으로 타인의 예금계좌에서 자신의 예금계좌로 돈을 이체한 후 그 중 일부를 인출 하여 그 정을 아는 乙에게 교부한 경우 → 甲이 컴퓨터 등사용사기죄에 의하여 취득한 예금채권은 재물이 아니라 재산상 이익 (2004도353) [변시 14 · 16 · 20 · 24]

> **비교판례** *** 장물성이 인정되는 경우
> 사기 범행에 이용되리라는 사정을 알고서도 자신의 명의로 새마을금고 예금계좌를 개설하여 甲에게 이를 양도함으로써 甲이 乙을 속여 乙로 하여금 1,000만 원을 위 계좌로 송금하게 한 사기 범행을 방조한 피고인이 위 계좌로 송금된 돈 중 140만 원을 인출한 경우 甲이 사기 범행으로 취득한 것은 재산상 이익이어서 장물에 해당하지 않는다는 원심판단은 적절하지 아니하지만(저자 주 : 장물에는 해당), 피고인의 위와 같은 인출행위를 장물취득죄로 벌할 수는 없으므로, 위 '장물취득' 부분을 무죄로 선고한 원심의 결론은 정당하다(저자 주: '취득'에 해당하지 않음). (2010도6256) [변시 12 · 14 · 15 · 21]

4. 장물취득죄 불성립

① 단순히 보수를 받고 본범을 위하여 장물을 일시 사용하거나 그와 같이 사용할 목적으로 장물을 건네받은 것만으로는 장물을 취득한 것으로 볼 수 없다. → 취득(처분권을 획득)한 경우가 아님 (2003도1366) [변시 12]

② [장물 O, 취득 ×] 사기 범행에 이용되리라는 사정을 알고서도 자신의 명의로 새마을금고 예금계좌를 개설하여 甲에게 이를 양도함으로써 甲이 乙을 속여 乙로 하여금 1,000만 원을 위 계좌로 송금하게 한 사기 범행을 방조한 피고인이 위 계좌로 송금된 돈 중 140만 원을 인출하여 영득한 경우★★★[30] (2010도6256) [변시 12 · 14 · 15 · 21]

5. 장물운반죄

① [절취한 차량을 운전해 준 경우 O] 피고인이 본범이 절취한 차량인 점을 알면서도 본범 등으로부터 그들이 위 차량을 이용하여 강도를 하려 함에 있어 차량을 운전해달라는 부탁을 받고 위 차량을 운전해 준 경우, 피고인은 강도예비와 장물운반의 고의를 가지고 위와 같은 행위를 하였다고 봄이 상당하다. (98도3030)

② [절취한 차량에 편승한 경우 ×] 타인이 절취, 운전하는 승용차의 뒷좌석에 편승한 것을 가리켜 장물운반행위의 실행을 분담하였다고 할 수 없다. (83도1148)

6. 장물보관죄가 불성립

장물인 정을 모르고 장물을 보관하였다가 그 후에 장물인 정을 알게 된 경우 그 정을 알고서도 이를 계속하여 보관하는 행위는 장물죄를 구성하는 것이나 이 경우에도 점유할 권한이 있는 때에는 이를 계속하여 보관하더라도 장물보관죄가 성립하지 않는다. (85도2472)

7. 장물알선죄(기수)의 성립시기

[중개시 기수] 장물인 귀금속의 매도를 부탁받은 피고인이 그 귀금속이 장물임을 알면서도 매매를 중개하고 매수인에게 이를 전달하려다가 매수인을 만나기도 전에 체포되었다 하더라도, 위 귀금속의 매매를 중개함으로써 장물알선죄(기수)가 성립한다. (2009도1203) [변시 13 · 17]

8. 장물알선죄와 친족상도례

① [피해자와 장물범] 장물죄를 범한 자와 재산죄의 피해자가 제328조 제1항(형면제신분), 제2항(상대적 친고죄 신분)의 신분 관계가 있는 때에는 동조의 규정을 준용한다.

② [본범과 장물범] 장물죄를 범한 자와 본범 간에 제328조 제1항(형 면제신분)의 신분관계가 있는 때에는 그 형을 감경 또는 면제한다. → 필요적 감면 [변시 23]

---

30) 피고인이 자신의 예금계좌에서 위 돈을 인출하였다 하더라도 이는 예금명의자로서 은행에 예금반환을 청구한 결과일 뿐 (본범으로부터 위 돈에 대한 점유를 이전받아 사실상 처분권을 획득한 것은 아니므로), 피고인의 위와 같은 인출행위를 장물취득죄로 벌할 수는 없다. 즉, 위 사안은 '장물'의 요건은 구비될 수 있으나 '취득'의 요건이 구비될 수 없다는 취지의 판례이다.

CASE 쟁점 118　　환전통화의 장물성 인정여부★★★ [변시 17 · 19]

1. 학설

가치의 동일성을 물건의 동일성으로 취급하면 장물의 성립범위를 지나치게 확대할 수 있으므로 환전통화 또는 수표의 현금화의 경우 장물성을 인정할 수 없다고 보는 견해가 있다.

2. 判例

환전통화 및 수표를 현금화 한 경우 장물성을 인정한다.

3. 검토 (판례지지)　 Keyword 　물리적 동일성 가치의 동일성

금전과 수표의 영득은 물체의 영득보다 가치취득이라는 성질이 강하고 금전을 교환한 경우 **가치총액의 동일성이 유지**되므로 환전통화의 장물성을 인정하는 판례가 타당하다.

실전연습 048　　환전통화의 장물성

> 甲은 A에게 선급금 1,000만 원을 지급하였고 다음날 A는 100만 원 권 자기앞수표 5장을 甲에게 리베이트로 건네주었다. 甲은 자신의 컴퓨터에 '2016. 12. 16. A로부터 500만 원을 수령함'이라는 내용의 문서파일을 작성하여 저장하였다. 甲은 위 500만 원을 은행에 예금하고 며칠이 지난 뒤 다시 현금 500만 원을 인출하여 그중 300만 원을 그 돈의 출처를 잘 알고 있는 친구 丙에게 주면서 종이봉투에 잘 보관하라고 부탁하고, 乙에게 전화하여 "도움에 감사하다."라고 말하고 인근 술집으로 나오라고 한 후 밤새 술을 마시며 놀았다. 丙의 죄책은?　　**【제6회 변호사시험 제1문】**

1. 丙의 죄책 – 장물보관죄의 성립여부

甲은 배임수재죄로 영득한 장물인 자기앞수표 5장을 은행에 예금한 후 다시 현금 500만 원을 인출하여 그 중 300만 원을 丙에게 보관하게 하였다. 이 경우 300만 원은 장물인 수표 그 자체가 아니므로 장물이라고 볼 수 없다는 견해가 있다. 그러나 장물인 수표를 동일한 액수의 현금으로 인출한 경우에 인출된 현금은 당초의 수표와 물리적인 동일성은 상실되었지만 액수에 의하여 표시되는 금전적 가치에는 아무런 변동이 없으므로 장물로서의 성질은 그대로 유지된다(대판 : 2004도134)고 보는 것이 타당하다.

따라서 丙은 장물인 현금 300만 원을 그 정을 알고서도 보관[31]하였으므로 장물보관죄(제362조 제1항)가 성립한다.

불가벌적 사후행위로 취득한 재물의 장물성의 인정여부***

[1] '장물'이란 재산범죄로 인하여 취득한 물건 그 자체를 말하므로, 재산범죄를 저지른 이후에 별도의 재산범죄의 구성요건에 해당하는 사후행위가 있었다면 비록 그 행위가 불가벌적 사후행위로서 처벌의 대상이 되지 않는다고 하더라도 사후행위로 취득한 물건은 재산범죄로 인하여 취득한 물건으로 장물이 될 수 있다.

[2] 甲이 권한 없이 인터넷뱅킹으로 타인의 예금계좌에서 자신의 예금계좌로 돈을 이체한 후 그 중 일부를 인출하여 그 정을 아는 乙에게 교부한 경우, 甲이 컴퓨터등사용사기죄에 의하여 취득한 예금채권은 재물이 아니라 재산상 이익이므로, 그가 자신의 예금계좌에서 돈을 인출하였더라도 장물을 금융기관에 예치하였다가 인출한 것으로 볼 수 없다는 이유로 乙의 장물취득죄의 성립을 부정한 사례(대판 : 2004도353).

실전연습 049 **장물알선죄의 기수시기**

장물인 귀금속의 매도를 부탁받은 甲이 그 귀금속이 장물임을 알면서도 매매를 중개하고 매수인에게 이를 전달하려다가 매수인을 만나기도 전에 체포되었다. 甲에게 장물알선죄가 성립하는지를 논하시오.

1. 장물알선죄의 성립요건 (형법 제362조 제2항, 제1항)

장물알선죄는 장물의 취득, 양도, 운반 또는 보관을 알선함으로써 성립한다. '알선'이란 장물의 취득·양도 등을 매개하거나 주선하는 것이고, 유상·무상을 불문한다.

2. 장물알선죄의 기수시기

장물알선죄의 기수시기에 대해서는, ⅰ) 알선에 의한 **계약체결시로** 보는 견해, ⅱ) 알선과 계약에 따른 **장물의 점유이전시**라고 보는 견해가 있다.

그러나 장물인 정을 알면서, 장물을 취득·양도·운반·보관하려는 당사자 사이에 서서 서로를 연결하여 장물의 취득·양도·운반·보관행위를 중개하거나 편의를 도모하였다면, 알선에 의하여 당사자 사이에 실제로 장물의 취득·양도·운반·보관에 관한 **계약이 성립하지 아니하였거나 장물의 점유가 현실적으로 이전되지 아니한** 경우라도 장물알선죄가 **성립한다**고 보는 것이 타당하다(判例).[32]

---

31) 본 사례는 사례 자체에서 보관이라는 용어를 사용하고 있으며 법률적 의미에서도 보관이 분명한 경우이므로 취득과 보관의 개념을 구별하여 설명한 다음 보관에 해당한다는 판단까지 할 필요는 없다고 본다.

32) 대판 : 2009도1203

3. 결론

甲은 장물임을 알면서도 매매를 중개한 이상 매수인에게 장물의 점유를 이전하지 못하였다고 하더라도 장물알선죄가 성립한다.

09 손괴의 죄

선택형 핵심지문

1. 재물의 효용을 해한 경우

① **[일시적인 경우도 포함]** 효용을 해하는 경우란 일시적으로 물건 등의 구체적 역할을 할 수 없는 상태로 만들어 효용을 떨어뜨리는 경우도 포함 ➡ **예** 자동문을 자동으로 작동하지 않고 수동으로만 개폐가 가능하게 한 경우. (2014도13083)

② 甲이 홍보를 위해 광고판(홍보용 배너와 거치대)을 1층 로비에 설치해 두었는데, 피고인이 乙에게 지시하여 乙이 위 광고판을 그 장소에서 제거하여 컨테이너로 된 창고로 옮겨 놓아 甲이 사용할 수 없도록 한 경우 (2017도18807)

③ 피고인이 평소 자신이 굴삭기를 주차하던 장소에 甲의 차량이 주차되어 있는 것을 발견하고 甲의 차량 앞에 철근콘크리트 구조물을, 뒤에 굴삭기 크러셔를 바짝 붙여 놓아 甲이 17~18시간 동안 차량을 운행할 수 없게 한 경우. (2019도13764)

④ 래커 스프레이 건물 외벽에 분사 ➡ 인정 (2007도2590)

> **비교판례** i) 래커 스프레이를 도로에 분사 ➡ 부정 (2017도20455)
> ii) 계란 30개를 건물 외벽에 투척 ➡ 부정 (2007도2590)

2. 재물의 효용을 해하지 않은 경우

i) 재물손괴죄는 불법영득의사가 없다는 점에서 절도, 강도, 사기, 공갈, 횡령 등 영득죄와 구별된다. 다른 사람의 소유물을 본래의 용법에 따라 무단으로 사용·수익하는 행위는 소유자를 배제한 채 물건의 이용가치를 영득하는 것이고, 그 때문에 소유자가 물건의 효용을 누리지 못하게 되었더라도 효용 자체가 침해된 것이 아니므로 재물손괴죄에 해당하지 않는다. ii) 타인 소유 토지에 권원 없이 건물을 신축한 것은 그 소유자로 하여금 효용을 누리지 못하게 한 것일 뿐 토지의 효용을 해하지 않았으므로, 재물손괴죄가 성립하지 않는다. (2022도1410)

10 권리행사를 방해하는 죄

선택형 핵심지문

1. 자기의 물건에 해당 → 권리행사방해죄 성립
甲이 회사 대표이사의 지위에 처하여 그 직무집행행위로서 지입차주 등이 점유하는 버스를 취거한 경우 → 회사의 대표기관으로서의 행위이므로 자기의 물건에 해당 (91도1170)

2. 자기의 물건에 해당하지 않는 경우 → 권리행사방해죄 불성립
① [명의신탁된 부동산을 임대차한 경우] → 명의신탁자는 임차인에 대한 관계에서 그 부동산을 자기소유의 물건이라고 할 수 없다. (2005도626)
② [매도인이 악의인 계약명의신탁의 경우] → 명의수탁자는 수탁 부동산이 자기 소유의 물건이라고 할 수 없다. (2006도4215)
③ [자기가 사용하고 있었으나 자동차등록원부에 타인 명의로 등록된 차량] → 자기의 물건 × (2005도6064) [변시 17]
④ [회사에 지입한 자와 지입차량과의 관계] → 자기의 물건 × (85도899)

3. 권리행사방해죄의 보호대상인 타인의 점유에 해당
① 렌트카회사의 공동대표이사 중 1인이 회사 보유 차량을 자신의 개인적인 채무담보 명목으로 피해자에게 넘겨 주었는데 다른 공동대표이사인 피고인이 위 차량을 몰래 회수하도록 한 경우의 피해자의 점유 (2005도4455) [변시 13]
② 무효인 경매 절차에서 경매목적물을 경락받아 이를 점유하고 있는 낙찰자의 점유 (2003도4257) [변시 13 · 22]

4. 취거가 아닌 편취에 해당하는 경우 [의사에 반하여≠의사에 기하여]
채무자인 甲이 채무의 담보로 채권자 A에게 제공한 자기소유의 물건을 보관하고 있던 B를 기망하여 물건을 교부받아 간 경우 '취거'에 해당하지 않아 권리행사방해죄가 불성립
→ 그 점유자의 의사에 반하여 그 점유자의 점유로부터 자기 또는 제3자의 점유로 옮기는 것을 말하므로 (87도1952)

5. [제33조 적용의 배제] 물건의 소유자가 아닌 사람은 형법 제33조 본문에 따라 소유자의 권리행사방해 범행에 가담한 경우에 한하여 그의 공범이 될 수 있을 뿐이다. 그러나 권리행사방해죄의 공범으로 기소된 물건의 소유자에게 고의가 없는 등으로 범죄가 성립하지 않는다면 공동정범이 성립할 여지가 없다. (2017도4578) [변시 20 · 21]

6. 강제집행면탈죄
① 강제집행면탈죄에 있어서 객체(재산)의 범위
[장래의 권리도 포함] 장래의 권리라도 채무자와 제3채무자 사이에 채무자의 장래청구권이 충분하게 표시되었거나 결정된 법률관계가 존재한다면 재산에 해당하는 것

으로 보아야 한다. (2011도6115) [변시 13 · 17]

② 강제집행면탈죄의 객체(재산)에 해당하지 않는 경우

　ⅰ) [채무자의 재산이 아닌 경우] 계약명의신탁의 경우 어느 경우든지 명의신탁자는 그 매매계약에 의해서는 당해 부동산의 소유권을 취득하지 못하게 되어, 부동산은 명의신탁자에 대한 강제집행이나 보전처분의 대상이 될 수 없다. (2007도2168) [변시 16]

　ⅱ) [압류금지채권] 압류금지채권의 목적물이 채무자의 예금계좌에 입금되기 전까지는 여전히 강제집행 또는 보전처분의 대상이 될 수 없으므로, 압류금지채권의 목적물을 수령하는 데 사용하던 기존 예금계좌가 채권자에 의해 압류된 채무자가 압류되지 않은 다른 예금계좌를 통하여 그 목적물을 수령하더라도 강제집행이 임박한 채권자의 권리를 침해할 위험이 있는 행위라고 볼 수 없어 강제집행면탈죄가 성립하지 않는다. (2017도6229)

③ 강제집행면탈죄의 재산의 은닉에 해당하지 않는 경우

　ⅰ) [횡령죄가 성립하는 경우] 타인의 재물을 보관하는 자가 보관하고 있는 재물을 영득할 의사로 은닉하였다면 이는 횡령죄를 구성하는 것이고 채권자들의 강제집행을 면탈하는 결과를 가져온다 하여 이와 별도로 강제집행면탈죄를 구성하는 것은 아니다. (2000도1447)

　ⅱ) [사업자등록의 변경] 채무자가 제3자 명의로 되어 있던 사업자등록을 또 다른 제3자 명의로 변경하였다는 사정만으로는 그 변경이 채권자의 입장에서 볼 때 사업장 내 유체동산에 관한 소유관계를 종전보다 더 불명하게 하여 채권자에게 손해를 입게 할 위험성을 야기한다고 단정할 수 없다. → 유체동산이 피고인의 소유임을 입증하여 강제집행에 나아갈 수 있음은 달라진 것이 없다. (2012도2732)

> **비교판례** [사업장에서 사용하는 금전등록기의 사업자 이름을 변경한 경우] 사업장의 유체동산에 대한 강제집행을 면탈할 목적으로 사업자 등록의 사업자 명의를 변경함이 없이 사업장에서 사용하는 금전등록기의 사업자 이름만을 변경한 경우, 강제집행면탈죄에 있어서 재산의 '은닉'에 해당한다. (2003도3387)

④ 강제집행면탈죄가 성립하지 않는 경우

　ⅰ) [진실에 의한 재산 양도] 진의에 의하여 재산을 양도하였다면 강제집행면탈죄의 허위양도 또는 은닉에는 해당 × (98도1949) [변시 20]

　ⅱ) [장래 발생할 진실한 채무를 담보하기 위하여 부동산에 근저당권을 설정한 경우]

7. 강제집행면탈죄(추상적 위험범)에서 채권자를 해할 위험성이 인정된 경우

① 허위양도한 부동산의 시가액보다 그 부동산에 의하여 담보된 채무액이 더 많다고 하여 그 허위양도로 인하여 채권자를 해할 위험이 없다고 할 수 없다. (98도2474) [변시 12]

② 현실적으로 강제집행을 받을 우려가 있는 상태에서 강제집행을 면탈할 목적으로 허위채무를 부담하는 등의 행위를 하는 경우에는, 채무자에게 **약간의 다른 재산이** 있다하여 채권자를 해할 우려가 없다고 할 수 없다. (2007도4585)

> **비교판례** 채권이 존재하는 경우 채무자의 재산은닉 등 행위 시를 기준으로 채무자에게 집행을 확보하기에 충분한 다른 재산이 있었다면 채권자를 해하였거나 해할 우려가 있다고 쉽사리 단정할 것이 아니다. (2011도5165) [변시 20]

8. 채권자를 해할 위험성이 없다고 본 경우
가압류 목적물을 처분한 경우 ➜ 가압류에는 처분금지적 효력이 있으므로 채권자의 법률상 지위에 어떤 영향을 미치지 않기 때문 (2008도2476)

9. 강제집행을 받을 위험이 있는 객관적 상태의 의미
[소송을 제기할 기세를 보이는 경우도 포함] 적어도 채권자가 민사소송을 제기하거나 가압류, 가처분의 신청을 할 기세를 보이고 있는 상태에서, 채무자가 강제집행을 면탈할 목적으로, 재산을 은닉, 손괴, 허위양도하거나 허위의 채무를 부담하여 채권자를 해할 위험이 있는 경우에 성립 (98도1949) [변시 13 · 17 · 20]

10. 강제집행면탈죄의 강제집행의 범위에 속하지 않는 경우
[국세징수법상 체납처분] 국세징수법에 의한 체납처분을 면탈할 목적으로 재산을 은닉하는 등의 행위는 강제집행면탈죄의 규율대상에 포함되지 않는다. ➜ 형법 제327조의 강제집행면탈죄가 적용되는 강제집행은 민사집행법 제2편의 적용 대상인 '강제집행' 또는 가압류 · 가처분 등의 집행을 의미 (2010도5693) [변시 13 · 17]

> **동지판례** [민사집행법 제3편 담보권 실행 경매] 민사집행법 제3편의 적용 대상인 '담보권 실행 등을 위한 경매'를 면탈할 목적으로 재산을 은닉하는 등의 행위는 위 죄의 규율 대상에 포함되지 않는다. (2014도14909) [변시 17]

11. 강제집행면탈죄의 성립요건(채권의 존재)
① 채권의 존재가 인정되지 않을 때에는 강제집행면탈죄가 성립하지 않는다. (2010도11015) [변시 13]
② 보전처분을 면할 목적으로 조건부채권에 대하여 강제집행 면탈 행위를 한 이상 강제집행면탈죄는 성립되고 그 후 조건의 불성취로 조건부 채권이 소멸되었다 하여도 일단 성립한 범죄에는 영향을 미치지 아니한다. (82도1544)

해커스변호사
law.Hackers.com

제5편
사회적 법익에 관한 죄

제1장 | 공공의 안전과 평온에 관한 죄

01 범죄단체 등의 조직죄

선택형 핵심지문

1. 형법 제114조에서 정한 **'범죄를 목적으로 하는 단체'**란 특정 다수인이 일정한 범죄를 수행한다는 공동목적 아래 구성한 계속적인 결합체로서 그 단체를 주도하거나 내부의 질서를 유지하는 **최소한의 통솔체계**를 갖춘 것을 의미한다. 형법 제114조에서 정한 **'범죄를 목적으로 하는 집단'**이란 특정 다수인이 사형, 무기 또는 장기 4년 이상의 범죄를 수행한다는 공동목적 아래 구성원들이 정해진 역할분담에 따라 행동함으로써 범죄를 반복적으로 실행할 수 있는 조직체계를 갖춘 **계속적인 결합체**를 의미한다. '범죄단체'에서 요구되는 '최소한의 통솔체계'를 갖출 필요는 없지만, 범죄의 계획과 실행을 용이하게 할 정도의 조직적 구조를 갖추어야 한다. (2019도16263) ➔ '범죄를 목적으로 하는 단체'가 최소한의 통솔체계를 갖춘 것을 의미함에 주의

2. **[범죄단체 가입 및 활동 vs 사기죄]** 범죄단체 가입행위 또는 범죄단체 구성원으로서 활동하는 행위와 사기행위는 각각 별개의 범죄구성요건을 충족하는 독립된 행위이고 서로 보호법익도 달라 법조경합 관계로 목적된 범죄인 사기죄만 성립하는 것은 아님. (2017도8600) ➔ 실체적 경합 [변시 23]

> **동지판례** [폭·처 단체 등의 활동 vs 폭·처 공동강요] 폭력행위처벌법 위반(단체 등의 공동강요)죄 등의 개별적 범행과 폭력행위처벌법 위반(단체 등의 활동)죄는 상상적 경합이 아닌 실체적 경합관계에 있다고 보아야 한다. (2022도6993) ➔ 실체적 경합관계
>
> **비교판례** [범죄단체 구성과 활동] 범죄단체를 구성하거나 이에 가입한 자가 더 나아가 구성원으로 활동하는 경우, 이는 포괄일죄의 관계에 있다. ➔ 포괄일죄

02 방화와 실화의 죄

선택형 핵심지문

1. 방화죄의 기수

[독립연소설의 입장] 목적물의 중요부분 소실 및 효용상실 不要 (70도330)

2. 방화죄의 실행의 착수

[매개물(휘발유)에 발화된 경우] → 방화 목적물(주택) 자체에 옮겨 붙지는 아니하였다고 하더라도 실행의 착수 인정 (2001도6641) [변시 12 · 20]

3. 자기소유 일반물건방화죄가 성립하는 경우

불을 놓아 무주물(쓰레기)을 소훼하여 공공의 위험을 발생하게 한 경우 → '무주물'은 '자기소유의 물건'에 준함. (2009도7421)

4. [Case]* 건조물방화죄 및 일반물건방화죄가 성립하지 아니하는 경우

甲이 지붕과 문짝, 창문이 없고 담장과 일부 벽체가 붕괴된 철거 대상 건물로서 사실상 기거 · 취침에 사용할 수 없는 폐가의 내부와 외부에 쓰레기를 모아놓고 태워 그 불길이 폐가 주변 수목 4~5그루를 태우고 폐가의 벽을 일부 그을리게 한 경우, 甲에게는 형법 제166조의 건조물방화죄 및 제167조의 일반물건방화죄가 성립하지 아니한다.[1]

→ 일반물건방화죄에 관하여는 미수범의 처벌 규정이 없으므로 甲은 무죄이다. (2013도3950)

5. 연소죄가 성립하지 않는 경우

① 甲이 乙의 창고(타인소유 일반건조물)에 불을 지르자 강풍에 의해 불길이 번져 인접하고 있는 丙의 창고를 연소한 경우 → 연소죄는 결과적 가중범으로서 기본범죄가 '자기 소유물'에 대한 방화죄여야 성립할 수 있다.

② 甲이 乙의 가옥을 방화하기 위하여 甲 자신의 창고에 불을 지른 경우에는 현주건조물방화죄(기수 또는 미수)가 성립할 수 있을 뿐 연소죄가 성립할 수 없다. → 처음부터 현주건조물방화죄에 대한 고의가 있었던 경우

---

1) 기거 · 취침에 사용할 수 없는 폐가는 건조물에 해당하지 아니하여 건조물방화죄가 성립하지 아니하며, 쓰레기와 수목을 태운 것은 일반물건방화(구체적 위험범임)에는 해당하지만 '공공의 위험 발생'이 인정되지 않아 일반물건방화죄가 성립하지 않는다.

CASE 쟁점 120 방화죄의 기수시기*

1. 학설

① **효용상실설** : 방화로 인하여 목적물의 중요부분이 소훼되어 그 본래 효용을 상실한 때 소훼가 된다는 견해이다. 방화죄가 공공위험죄와 재산죄의 성격을 함께 가지고 있다는 점을 강조한다.

② **일부손괴설** : 중요부분이 손괴될 필요는 없고 손괴죄 성립에 필요한 일부손괴가 있으면 소훼가 된다는 견해로서 효용상실설의 내용을 손괴죄의 한도까지 넓히려는 입장이다.

③ **중요부분연소개시설** : 독립연소설의 기수 범위가 지나치게 확대되는 단점을 보완하기 위하여 목적물의 중요 부분에 불이 붙기 시작한 때 기수가 된다는 견해이다.

2. 判例 Keyword 매개물을 떠나 스스로 연소 상태

방화죄는 화력이 **매개물을 떠나 스스로 연소할 수 있는 상태**에 이르렀을 때에 기수가 되고 반드시 목적물의 중요 부분이 소실하여 그 본래의 효용을 상실한 때라야만 기수가 되는 것이 아니라는 입장이다(**독립연소설**).

3. 검토 (판례지지)

ⅰ) 효용상실설은 방화죄의 재산죄적 성격은 중시하지만, 공공위험죄적 성격은 고려하지 않으므로 기수의 인정범위가 좁다는 문제가 있고, ⅱ) 일부손괴설은 방화죄를 손괴죄와 동일시하여 방화의 공공위험죄적 성질을 고려하지 못하는 문제점이 있고, ⅲ) 중요부분연소개시설은 중요부분의 개념이 불분명하다는 점에서 문제가 있다. 따라서 판례의 입장이 타당하다.

제2장 | 공공의 신용에 관한 죄

01 통화에 관한 죄

선택형 핵심지문

1. 통화변조죄가 성립하지 않는 경우

① 진정한 통화인 미화 1달러 및 2달러 지폐의 발행연도, 발행번호, 미국 재무부를 상 징하는 문양, 재무부장관의 사인, 일부 색상을 고친 경우

② 피고인들이 한국은행발행 500원짜리 주화의 표면 일부를 깎아내어 손상을 가한 경우 (2003도5640)

③ 형법 제207조 '행사할 목적'이란 위조 변조한 통화를 진정한 통화로서 유통에 놓겠 다는 목적을 말하므로, 자신의 신용력을 증명하기 위하여 타인에게 보일 목적으로 통화를 위조한 경우 행사할 목적이 있다고 할 수 없다. (2011도7704)

2. 위조통화행사죄가 성립

[유통을 예상 또는 인식하면서 교부] 위조통화임을 알고 있는 자에게 그 위조통화를 교부 한 경우에 피교부자가 이를 유통시키리라는 것을 예상 내지 인식하면서 교부하였다면, 위조통화행사죄가 성립 (2002도3340)

02 유가증권에 관한 죄

선택형 핵심지문

1. 유가증권에 해당하지 않는 경우 → 권리화체 + 권리행사에 증권 소지要
  ① **[신용카드업자가 발행한 신용카드]** → 카드자체에 권리가 화체되어 있지 않음. (99도857)
  ② **[카드일련번호식 국제전화카드]** → 카드를 실제 소지하고 있지 않더라도 카드일련번호만 알고 있으면 국제전화서비스를 이용 가능 (2011도9620)

2. 사자 또는 허무인 명의의 유가증권 → 유가증권위조죄 성립可
  유가증권위조죄에 있어서의 유가증권이라 함은 형식상 일반인으로 하여금 유효한 유가증권이라고 오신할 수 있을 정도의 외관을 갖추고 있으면 되므로 그것이 비록 허무인 명의로 작성되었거나 유가증권으로서의 요건의 흠결 등 사유로 무효한 것이라 하여도 유가증권위조죄의 성립에는 아무런 영향이 없다. (78도1980)

3. 발행 명의인의 승낙이 인정되지 않는 경우
  사자 명의로 된 약속어음을 작성함에 있어 사망자의 처로부터 사망자의 인장을 교부받아 생존당시 작성한 것처럼 약속어음의 발행일자를 명의자의 생존 중 일자로 소급하여 작성한 때에는 발행명의인의 승낙이 있었다고 볼 수 없다. (83도1520)

4. 위조된 기존어음의 내용 변경의 경우
  ① **[위조된 기존어음이 백지어음인 경우]** 타인이 위조한 지급기일이 백지로 된 약속어음을 그것이 위조약속어음인 정을 알고도 이를 구입하여 행사의 목적으로 기존의 위조어음의 액면란에 금액을 기입하여 그 위조어음을 완성하는 행위는 백지어음형태의 위조행위와는 별개의 유가증권위조죄를 구성한다. (82도677)
  ② **[위조된 기존어음이 금액어음인 경우]** → 유가증권위조나 변조 해당 ×
    ⅰ) 약속어음의 액면금액을 권한 없이 변경하는 것은 유가증권변조에 해당
      → 유가증권위조죄 × (2005도4764)
    ⅱ) '변조'란 진정하게 성립된 유가증권의 내용에 권한 없는 자가 동일성을 해하지 않는 한도에서 변경을 가하는 것을 말하므로, 이미 타인에 의하여 위조된 약속어음의 기재사항을 권한 없이 변경한 경우 → 유가증권변조죄 × (2005도4764)

5. 유가증권변조죄가 불성립
  ① 타인에게 속한 **자기명의**의 유가증권에 무단히 변경을 가하였다 하더라도 그것이 문서손괴나 허위유가증권작성죄에 해당되는 경우가 있음은 별론으로 하고 유가증권변조죄를 구성하는 것은 아니다 → 자기명의의 유가증권이므로 작성(변경)권한이 있기 때문. (78도1904)

② **이미** 타인에 의하여 **위조(또는 변조)**된 약속어음의 기재사항을 권한 없이 변경하였다고 하더라도 유가증권변조죄는 성립하지 아니한다 → 변조의 객체는 진정한 유가증권이어야 함. (2005도4764; 2010도15206)

6. 허위유가증권작성죄가 불성립

① 약속어음 배서인의 주소를 허위로 기재 → 배서인 주소기재는 배서의 요건이 아니므로 (84도547)

② 은행을 통하여 지급이 이루어지는 약속어음의 발행인이 그 발행을 위하여 은행에 신고된 것이 아닌 발행인의 다른 인장을 날인 → 발행인의 인장인 이상 그 어음의 효력에는 아무런 영향이 없음. (2000도883)

③ 자기앞수표의 발행인이 수표의뢰인으로부터 수표자금을 입금받지 아니한 채 자기앞수표를 발행 → 수표의 효력에는 아무런 영향이 없기 때문 (2005도4528)

7. 위조유가증권행사죄의 객체 → 위조된 유가증권의 원본 ○, 사본 × (97도2922) [변시 13]

8. [유통인식 교부 → 행사죄, 행사 의사 분명한 자에게 교부 → 행사죄 공동정범] 허위작성된 유가증권을 피교부자가 그것을 유통하게 한다는 사실을 인식하고 교부한 때에는 허위작성유가증권행사죄에 해당하고, 행사할 의사가 분명한 자에게 교부하여 그가 이를 행사한 때에는 허위작성유가증권행사죄의 공동정범이 성립된다. (95도803)

9. 공모자 사이의 교부 → 위조 등 유가증권행사죄 불성립 (2006도7120) [변시 19]

03 문서에 관한 죄

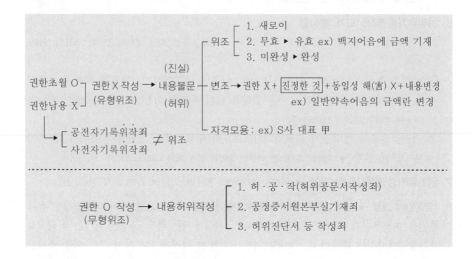

권한초월 O ── 권한 X 작성 → 내용불문 ── 위조 ┬ 1. 새로이
권한남용 X   (유형위조)   (진실)   ├ 2. 무효 ▶ 유효 ex) 백지어음에 금액 기재
                                        └ 3. 미완성 ▶ 완성

                           (허위)   변조 → 권한 X + 진정한 것 + 동일성 해(害) X + 내용변경
                                                      ex) 일반약속어음의 금액란 변경

                                      자격모용 : ex) S사 대표 甲

        ┌ 공전자기록위작죄 ≠ 위조
        └ 사전자기록위작죄

권한 O 작성 → 내용허위작성 ┬ 1. 허·공·작(허위공문서작성죄)
(무형위조)   ├ 2. 공정증서원본부실기재죄
                            └ 3. 허위진단서 등 작성죄

■ 선택형 핵심지문

1. 매수인으로부터 매도인과의 토지매매계약체결에 관하여 **포괄적 권한을 위임**받은 자는 피고인이 실제 매수가격보다 높은 가격을 매매대금으로 기재하여 매수인 명의의 매매계약서를 작성하였다 하여도 사문서위조죄가 불성립 → 위임자 명의로 토지매매계약서를 작성할 적법한 권한이 있기 때문이다. 즉 권한이 있는 자의 작성인 이상 위조가 될 수 없음 (84도1146) [변시 18]

2. **형법상 문서에 해당하는 경우** → 작성 권한 없이 작성하면 위조죄 성립
   ① 생략문서 (95도1269)
   ② 사자·허무인명의의 문서 (2002도18) [변시 12·15·18·21]
   ③ 복사한 문서의 사본이나 재사본 (87도506; 2004도5183) [변시 16]
   ④ 간접적으로 권리·의무의 변동에 사실상으로만 영향을 줄 수 있는 문서 (2008도8527) [변시 17]

3. **형법상 문서에 해당하지 않는 경우**
   ① [컴퓨터 모니터 화면에 나타나는 이미지] → 계속적으로 화면에 고정된 것으로는 볼 수 없음. 즉, 계속성 × (2010도6068; 2011도10468) [변시 14·21]
   ② [컴퓨터 스캔 작업을 통하여 만들어진 이미지 파일] → 전자기록 장치에 전자적 형태로서 고정되어 계속성이 있다고 볼 수는 있으나, 그러한 형태는 그 자체로서 시각적 방법에 의해 이해할 수 있는 것이 아니기 때문이다. 즉, 계속성 O, 가독성 × [변시 14·17·18]

4. **문서의 개수** → 명의자마다 1개의 문서 성립 (77도1736) [변시 17]

5. **담뱃갑의 표면의 도안이 표시** → 위조의 대상인 도화에 해당 (2010도2705) [변시 12]

6. **공 · 사병존문서(공문서와 사문서의 구별)**
   ① [사서증서의 기재내용은 사문서, 사서증서의 인증기재부분은 공문서] (2003도2144)
   ② [인감증명서의 사용용도란의 기재 → 원칙적으로 사문서] (2004도2767)

7. 명의자가 문서작성 사실을 알았다면 승낙하였을 것이라고 기대하거나 예측한 것만으로는 그 승낙이 추정된다고 단정할 수 없음 → 당연히 승낙했을 것이라고 추정되어야 (2007도9987; 2002도235) [변시 12]

8. **사문서위조죄가 불성립** → 문서작성 권한 有
   ① [권한남용] 회사의 영업에 관하여 재판상 또는 재판 외의 모든 행위를 할 권한이 있는 주식회사의 지배인이 자신을 그 회사의 대표이사로 표시하여 연대보증채무를 부담하는 취지의 회사 명의의 차용증을 작성 · 교부한 경우 (2010도1040; 2012도7467) [변시 17]
   ② [명의자가 연대보증인이 될 것을 허락하여 그를 직접 차주로 하여 문서를 작성] (84도1566) [변시 18]

9. **사문서위조죄가 성립** → 문서작성 권한 無
   ① [권한 없이 타인명의 사용] 주취운전자적발보고서, 주취운전자정황진술보고서의 운전자(확인)란에 타인의 성명을 기재하여 경찰관에게 제출한 경우 → 공문서위조 및 동행사죄가 성립하는 것이 아님을 주의 (2004도6483)
   ② [권한을 초과하여 타인명의 사용] 작성 권한의 위임이 있는 경우라고 하더라도 위임을 받은 자가 위임받은 권한을 초월하여 문서를 작성한 경우 (2010도690) [변시 16]
   ③ [가명을 사용했으나 문서의 작성명의인과 실제작성자의 인격이 상이] 다방종업원이 현금보관증을 작성하면서 가명을 사용하고 출생연도를 달리 기재한 경우 (2010도1835)
   ④ [명의인이 사망하였으나 생존 중 문서작성에 관하여 위임한 것처럼 문서를 작성한 경우] 피고인이 자신의 부(父) 甲에게서 甲 소유 부동산의 매매에 관한 권한 일체를 위임받아 이를 매도하였는데, 그 후 甲이 갑자기 사망하자 부동산 소유권 이전에 사용할 목적으로 甲이 '병안 중'이라는 사유로 자신에게 인감증명서 발급을 위임한다는 취지의 인감증명 위임장을 작성한 후 주민센터 담당직원에게 이를 제출한 경우 (2011도6223) [변시 14]
   ⑤ 문서원본(경유증표원본)을 변호사가 그대로 컬러복사기로 복사한 경우 (2016도2081)

10. **사문서변조죄 성립**
    ① 권한 없이 진정한 문서를 변경한 이상 변조죄가 성립 → 변경된 내용의 '진실성' 및 '유불리'는 불문 (2009도9997)
    ② 변조 당시 명의인의 명시적 묵시적 승낙이 없었다면 변조된 문서가 명의인에게 유리하여 결과적으로 그 의사에 합치한다고 하더라도 사문서변조죄가 성립 (84도2422) [변시 23]

11. 자격모용에 의한 사문서작성죄가 성립

부동산중개사무소를 대표하거나 대리할 권한 없는 사람이 부동산매매계약서 공인중개사란에 '○○부동산 대표 △△△(피고인의 이름)'라고 기재한 경우 (2007도9606)

12. 자격모용에 의한 사문서작성죄가 불성립

타인의 대표자 또는 대리자가 그 대표 또는 대리명의로 문서를 작성할 권한을 가지는 경우에 그 지위를 남용하여 단순히 자기 또는 제3자의 이익을 도모할 목적으로 문서를 작성하였다 하더라도 자격모용 사문서작성죄는 불성립 ➔ **예** 토지매수권한을 위임받은 대리인이 매도인측 대표자와 공모하여 매매대금 일부를 착복하기로 하고 위임받은 특정 매매금액보다 낮은 금액을 허위로 기재한 매매계약서를 작성한 경우, 자격모용 사문서작성죄를 구성하지 않는다. (2007도5838)

13. 공전자기록위작죄의 '위작'의 의미와 사전자기록위작죄의 '위작'의 의미 동일★★★

시스템을 설치 운영하는 주체와의 관계에서 전자기록의 생성에 관여할 권한이 없는 사람이 전자기록을 작출하거나 전자기록의 생성에 필요한 단위 정보의 입력을 하는 경우는 물론 시스템의 설치 운영의 주체로부터 각자의 직무 범위에서 개개의 단위정보의 입력권한을 부여받은 사람이 그 권한을 남용하여 허위의 정보를 입력함으로써 시스템 설치 운영 주체의 의사에 반하는 전자기록을 생성하는 경우도 형법 제227조의2의 공전자기록위작죄에서 말하는 전자기록의 '위작'에 포함된다. 위 법리는 형법 제232조의2의 사전자기록 등 위작죄에서 행위의 태양으로 규정한 '위작'에 대해서도 마찬가지로 적용된다. ➔ 형법 제232조의2가 정한 사전자기록 등 위작죄에서 '위작'의 의미를 작성권한 없는 사람이 행사할 목적으로 타인의 명의를 모용하여 문서를 작성한 경우에 성립하는 사문서위조죄의 '위조'와 반드시 동일하게 해석하여 의미를 일치시킬 필요가 없기 때문이다. (2019도11294) [변시 23]

14. 공문서위조죄의 간접정범이 불성립★★★

공무원 아닌 자가 관공서에 허위 내용의 증명원을 제출하여 내용이 허위인 정을 모르는 담당공무원으로부터 그 증명원 내용과 같은 증명서를 발급받은 경우 공문서위조죄의 간접정범 불성립 ➔ 작성권한을 갖는 공무원이 문서의 기재사항을 인식('허위내용'일지라도 일응 '알고서')하고 문서를 작성할 의사로 작성한 경우이기 때문 (2000도938) [변시 17 · 21]

> **비교판례** [간접정범 형태의 사문서위조죄가 성립하는 경우] 권리의무에 관한 사문서인 타인명의의 신탁증서 1통을 작성한 후 마치 이를 다른 내용의 문서인 것처럼 그 타인에게 제시하여 날인을 받은 후 이를 법원에 증거로 제출하여 사용 ➔ 내용을 속였기 때문에 날인하는 명의자가 그 '내용을 알지 못하고 있다'는 점에 유의

15. 공문서위조의 실행의 착수에 이르지 못한 경우

동판 제작 이전단계에 불과한 위 필름을 제조하는 행위에 그친 경우 ➔ 예비단계에 불과

16. 공문서위조죄가 성립

① 타인의 주민등록증사본의 사진란에 피고인의 사진을 붙여 복사하여 행사한 행위 (2000도2855)

② 업무보조자인 공무원이, 그 위임의 취지에 반하여 공문서 용지에 허위내용을 기재하고 그 위에 보관하고 있던 작성권자의 직인을 (직접) 날인 → 공문서위조죄 직접 정범이 성립 (96도424)

③ 공무원이 작성권자의 결재를 받지 않고 직인 등을 보관하는 담당자를 기망하여 작성권자의 직인을 날인하도록 하여 공문서를 완성 → 공문서위조죄(간접정범)가 성립 (2016도13912)

④ 사진을 바꾸어 붙이는 방법으로 위조한, 외국공무원이 발행한 국제운전면허증이 유효기간을 경과하여 본래의 용법에 따라 사용할 수 없더라도, 면허증 행사 시 상대방이 유효기간을 쉽게 알 수 없는 등 사정으로 발급 권한 있는 자로부터 국제운전면허를 받은 것으로 오신하기에 충분한 정도의 형식과 외관을 갖춘 경우 → 공문서위조죄의 위조문서에 해당함. (98도164) [변시 23]

17. 공무원인 의사의 허위진단서 작성 → 허위공문서작성죄 O, 허위진단서작성죄 ×

형법의 규정 체계상 허위진단서작성죄의 대상은 공무원이 아닌 의사가 사문서로서 진단서를 작성한 경우에 한정한다. (2003도7762) [변시 12 · 17 · 18]

18. 허위공문서작성죄가 불성립

당사자로부터 뇌물을 받고 고의로 적용하여서는 안 될 조항을 적용하여 과세표준을 결정하고, 과세표준에 기하여 세액을 산출하였다고 하더라도 세액계산서에 허위내용 기재가 없다면 허위공문서작성죄에 해당하지 않는다. (96도554; 2019도18394)

> **비교판례** 사법경찰관인 피고인이 검사로부터 '교통사고 피해자들로부터 사고 경위에 대해 구체적인 진술을 청취하여 운전자 甲의 도주 여부에 대해 재수사할 것'을 요청받고, 재수사 결과서의 '재수사 결과'란에 피해자들로부터 진술을 청취하지 않았음에도 진술을 듣고 그 진술내용을 적은 것처럼 기재함으로써 허위공문서를 작성하였다는 내용으로 기소된 사안에서, 피고인의 행위는 허위공문서작성죄를 구성하고, 그에 관한 범의도 인정된다. (2022도6886).

19. 공정증서원본등 부실기재죄

① 공정증서원본은 권리의무를 부여하거나 변동 또는 상실시키는 효력을 발생하게 하는 것이어야 하고, 성질상 허위신고에 의해 부실한 사실이 그대로 기재될 수 있는 공문서이어야 한다. → 조정절차 상 조정조서 공정증서원본 × (2010도3232)

② 자동차운전면허대장, [변시 21] 사업자등록증은 공정증서원본 × → 사실증명(운전면허증발급 사실, 사업사실의 등록)에 관한 것에 불과하므로 (2010도1125)

③ '부실의 사실'이란 권리의무관계에 중요한 의미를 갖는 사항이 객관적인 진실에 반하는 것을 의미 → 중요한 사항이 아닌 부동산등기부의 거래가액은 × (2012도12363)

④ 공정증서원본부실기재죄가 성립
  ⅰ) 부동산등기부에 종중대표자의 허위기재 (2005도4790)
  ⅱ) 위장결혼 후 혼인신고하여 호적부에 기재 (85도1481)
  ⅲ) 가장납입후 상업등기부 기재 → 가장납입과 관련된 죄명[공정증서원본부실기재죄 O, 상법상 가장납입죄 O, 업무상 횡령·배임 ×] (2003도7645)

⑤ 공정증서원본부실기재죄가 불성립
  ⅰ) 협의상 이혼의 의사표시가 기망에 의하여 이루어진 것일지라도 취소되기까지는 유효하게 존재하므로, '부실의 사실'에 해당하지 않는다. (95도448)
  ⅱ) 양도인이 허위채권에 관하여 정을 모르는 양수인과 실제로 채권양도의 법률행위를 한 이상, 공증인에게 채권양도에 관한 공정증서를 작성하게 한 경우 (2001도5414)

> **비교판례** 실제로는 채권·채무관계가 존재하지 아니함에도 공증인에게 허위신고를 하여 가장된 금전채권에 대하여 집행력이 있는 공정증서원본을 작성하고 이를 비치하게 한 경우 (2007도3005; 2008도7836)

  ⅲ) [해임등기] 1인주주인 피고인이 특정인과의 합의가 없이 주주총회의 소집 등 상법 소정의 형식적인 절차도 거치지 않고 특정인을 이사의 지위에서 해임하였다는 내용을 법인등기부에 기재한 경우 (95도2817)

> **비교판례** [사임등기] 당해 임원의 의사에 기하지 아니한 사임서의 작성이나 이에 기한 등기부의 기재 → 사문서위조 및 공정증서원본부실기재 성립 (92도1564)

  ⅳ) [회사설립의 요건과 절차에 따라 회사설립등기] 주식회사의 발기인 등이 상법 등 법령에 정한 회사설립의 요건과 절차에 따라 회사설립등기를 함으로써 회사가 성립하였다고 볼 수 있는 경우 → 발기인 등이 회사를 설립할 당시 회사를 실제로 운영할 의사 없이 회사를 이용한 범죄의도나 목적이 있었다고 하더라도 불실의 사실 × (2019도7729)
  ⅴ) 소유권이전등기 경료 당시에 실체적 권리관계에 부합하지 아니한 등기인 경우, 사후에 이해관계인들의 동의 또는 추인 등 사정으로 실체적 권리관계에 부합하게 된다고 하더라도 공정증서원본부실기재 및 동행사죄의 성립에는 아무런 영향이 없다. (2011도3959) [변시 23]

20. [Case] 위조문서행사죄 정리***

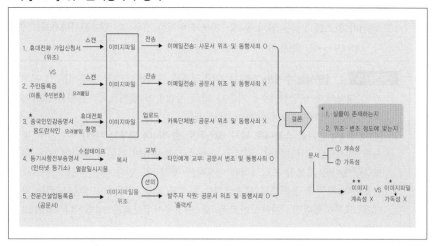

① **[휴대전화가입신청서 사건]** 휴대전화 신규 가입신청서를 위조한 후 이를 스캔한 이미지 파일을 제3자에게 이메일로 전송한 경우 이미 위조한 가입신청서를 행사한 것에 해당
→ 위조사문서행사죄가 성립 (2008도5200) [변시 12 · 14 · 19]

② **[주민등록증 사건]** 자신의 이름과 나이를 속이는 용도로 사용할 목적으로 주민등록증의 이름 · 주민등록번호란에 글자를 오려붙인 후 이를 컴퓨터 스캔 장치를 이용하여 이미지 파일로 만들어 컴퓨터 모니터로 출력하는 한편 타인에게 이메일로 전송하여 열람하도록 한 경우 → 공문서위조 및 위조공문서행사죄 불성립 (2007도7480) [변시 20]

③ **[중국인 인감증명서 사건]** 중국인인 피고인이 콘도미니엄 입주민들 모임인 갑 시설운영 위원회의 대표로 선출된 후 갑 위원회가 대표성을 갖춘 단체라는 외양을 작출할 목적으로, 주민센터에서 가져온 행정용 봉투 좌측상단에 미리 제작해 둔 갑 위원회 한자 직인과 한글직인을 날인한 다음 주민센터에서 발급받은 피고인의 인감증명서 중앙에 있는 '용도'란 부분에 오려 붙이는 방법으로 인감증명서 1매를 작성하고, 휴대전화로 촬영한 사진 파일을 갑 위원회에 가입한 입주민들이 참여하는 메신저 단체대화방에 게재 → 공문서위조 및 동행사죄 불성립[1] (2019도8443)

④ **[등기사항전부증명서 사건]** 甲이 인터넷을 통하여 열람 · 출력한 등기사항전부증명서 하단의 열람 일시 부분을 수정 테이프로 지우고 복사해 두었다가 이를 타인에게 교부 → 공문서변조 및 동행사죄 성립 (2018도19043) [변시 23]

⑤ **[전문건설업등록증 사건]** i) 甲이 위조한 전문건설업등록증 등의 컴퓨터 이미지 파일을 공사 수주에 사용하기 위하여 발주자의 담당직원에게 이메일로 송부하였고, 그 이미지

---

1) 피고인이 만든 문서의 용도란은 인감증명서의 다른 부분과 재질과 색깔이 다른 종이가 붙어 있음이 눈에 띄고, 글자색과 활자체도 다른 점 등을 고려하면 공문서로서의 외관과 형식을 갖추었다고 인정하기 어렵다.

파일을 프린터로 출력할 당시 담당직원이 위조된 것임을 알지 못한 경우 → 위조공문서행
사죄 성립 ii) 간접정범을 통한 위조문서행사범행에 있어 도구로 이용된 자라고 하더라
고 문서가 위조된 것임을 알지 못하는 자에게 행사한 경우에는 위조문서행사죄가 성립
한다. (2011도14441) [변시 16 · 20]

> **관련판례** 1. **[인식할 수 있는 상태시 기수]** 위조된 문서를 우송한 경우에는 그 문서
> 가 상대방에게 도달한 때에 기수가 되고 상대방이 실제로 그 문서를 보아야
> 하는 것은 아니다. (2004도4663) [변시 12]
> 2. **[전세계약서 원본을 스캐너로 복사, 프린트로 출력하여 교부한 사건]** 권한없이 행
> 사할 목적으로 전세계약서 원본을 스캐너로 복사하여 컴퓨터 화면에 띄운 후
> 보증금액란을 포토샵 프로그램을 이용하여 공란으로 만든 다음 이를 프린트로
> 출력하여 공란에 볼펜으로 보증금액을 사실과 달리 기재하여 정을 모르는 자
> 에게 교부하였다면, 사문서변조죄 및 변조문서행사죄가 성립한다. (2011도
> 10486) [변시 23]

21. 공문서부정행사죄

① 문서부정행사죄의 객체와 범위

i) **[객체]** 사용권한자와 용도 특정된 문서 (99도206) [변시 20]

ii) **[차 · 주 · 인 · 신 · 화 → 객체 ×]** **차**용증 및 이행각서 (2007도629) [변시 20], **주**민등
록표등본 (99도206) [변시 14], **인**감증명서 (82도1985), **신**원증명서 (93도127), **화**
해조서경정신청에 대한 기각결정문 (82도2851)

② 공문서부정행사죄가 성립

i) 신분확인을 위하여 다른 사람의 운전면허증을 제시 (2000도1985) [변시 14 · 16]

ii) 타인의 운전면허증을 자동차 대여업체 직원에게 제시 (98도1701)

③ 공문서부정행사죄가 불성립

i) 피고인이 기왕에 습득한 타인의 주민등록증을 피고인 가족의 것이라고 제시하
면서 그 주민등록증상의 명의 또는 가명으로 이동전화 가입신청을 한 경우 →
신분확인용이 아닌 위임장 용도로 사용 (2002도4935) [변시 14]

ii) 운전자가 경찰공무원에게 다른 사람의 운전면허증 자체가 아니라 이를 촬영한
이미지파일을 휴대전화 화면 등을 통하여 보여주는 행위 → 운전면허증 용법에 따른
행사(운전면허증 자체를 제시하는 것이 용법대로의 사용)로 볼 수 없음. (2018도2560) [변시 22]

iii) 어떤 선박이 사고를 낸 것처럼 허위로 사고 신고를 하면서 그 선박의 선박국적
증서와 선박검사증서를 함께 제출하였다고 하더라도, 이와 같은 행위는 공문서
부정행사죄에 해당하지 않는다. → 선박국적증서와 선박검사증서는 위 선박의 국적과 항
행할 수 있는 자격을 증명하기 위한 용도로 사용된 것일 뿐 그 본래의 용도를 벗어나 행사 × (
2008도10851) [변시 14 · 20]

iv) 장애인사용자동차표지를 사용할 권한이 없는 사람이 장애인전용주차구역에 주
차하는 등 장애인사용자동차에 대한 지원을 받을 것으로 합리적으로 기대되는

상황이 아닌 경우, 단순히 이를 자동차에 비치하였더라도 공문서부정행사죄가 성립하지 않는다. (2021도14514) → 피고인은 실효된 '장애인전용주차구역 주차표지가 있는 장애인사용자동차표지'를 승용차에 비치한 채 이 사건 아파트의 주차장 중 장애인전용주차구역이 아닌 장소에 승용차를 주차한 사실을 알 수 있다. 이는 피고인이 장애인사용자동차에 대한 지원을 받을 것으로 합리적으로 기대되는 상황에서 장애인사용자동차표지를 승용차에 비치한 경우에 해당한다고 볼 수 없음. [변시 24]

22. 인장에 관한 죄

① 피고인이 음주운전 등으로 경찰서에서 조사를 받으면서 제3자로 행세하여 피의자신문조서의 진술자란에 제3자의 서명을 기재하였으나 그 이후 피고인의 간인이나 조사 경찰관의 서명날인 등이 완료되기 전에 그 서명위조 사실이 발각되었다고 하더라도 사서명위조죄 및 그 행사죄가 성립 → 서명을 하는 순간 바로 수사기관이 열람할 수 있는 상태에 놓이게 되므로 행사죄도 성립 (2005도4478) [변시 16]

② 피고인이 음주운전으로 단속되자 동생 갑의 이름을 대며 조사를 받다가 경찰관으로부터 음주운전 단속내역이 입력된 휴대용정보단말기(PDA)에 전자 서명할 것을 요구받자, 운전자 갑의 서명란에 갑의 이름 대신 의미를 알 수 없는 부호(Z자 2개를 합친 것처럼 휘날려 쓴 서명)를 기재하여 이를 경찰전산망에 전송하게 하였다면 이는 사서명위조죄 및 위조사서명행사죄에 해당한다. (2020도14045)[2]

사례형 쟁점정리

CASE 쟁점 121 **사자명의의 문서성***** [오·형·외] [변시 12·15·18·21·23]

행사할 목적으로 작성된 문서가 **일반인으로 하여금** 당해 명의인의 **권한 내에서 작성된 문서라고 믿게 할 수 있는 정도의 형식과 외관**을 갖추고 있으면 문서위조죄가 성립하는 것이고, 위와 같은 요건을 구비한 이상 명의인이 실재하지 않는 **허무인**이거나 또는 문서의 작성일자 전에 **이미 사망**하였다고 하더라도 그러한 문서 역시 공공의 신용을 해할 위험성이 있으므로 문서위조죄가 성립한다고 봄이 상당하다(대판 : 2002도18).
→ [오인케 할 정도의 형식과 외관]

---

2) 2023년 제3차 법전협 제2문의 사례형으로 출제

甲은 다방업주로부터 선불금을 받고 반환을 약속하는 내용의 현금보관증을 작성하면서 업주와 다른 종업원 모두 알고 있는 자신이 사용해 온 가명 '꽃분이'를 차용인란에, 1984년 출생임에도 1980년생으로 출생연도란에 허위로 기재하여 사정을 알지 못하는 업주에게 교부했다. 甲의 죄책을 논하라. (사기죄는 논외로 함)

1. 논점

甲이 현금보관증을 작성한 행위가 문서위조죄가 성립할 수 있는지, 현금보관증의 교부행위가 위조사문서행사죄가 성립할 수 있는지 문제된다.

2. 사문서위조죄의 성립여부

(1) 사문서위조죄의 성립요건

사문서위조죄는 행사할 목적으로 권리·의무 또는 사실증명에 관한 타인의 문서를 위조함으로써 성립한다(제231조). '위조'란 작성권한 없는 자가 타인명의를 모용하여 문서를 작성하는 것을 말한다. 작성자가 가명을 사용한 경우라도 인격의 동일성을 유지되는 경우 타인 명의의 모용한 것이 아니므로 위조가 되지 않는다. 그러나 자신의 이름을 기재한 경우에도 타인 명의를 모용한 것으로 볼 수 있는 때에는 위조가 된다. 判例도 본명 대신 가명 위명을 사용하여 사문서를 작성한 경우 문서의 작성명의인과 실제 작성자 사이에 '인격의 동일성이 그대로 유지되는 때'에는 위조가 되지 않지만, '인격이 상이할 때'에는 위조죄가 성립할 수 있다고 판시했다.

(2) 사안의 경우

현금보관증은 권리·의무에 관한 문서에 해당한다. 현금보관증에 표시된 명칭과 주민등록번호 등으로부터 인식되는 인격은 '1984년에 출생한 여성인 '꽃분이'이고, 1980년생인 甲과는 다른 인격인 것이 분명하므로, 문서의 명의인과 작성자 사이에 인격의 동일성이 인정되지 않으므로 甲의 행위는 위조에 해당한다. 따라서 甲에게는 사문서위조죄가 성립한다.

3. 위조사문서행사죄의 성립여부

(1) 위조사문서행사죄의 성립요건

위조사문서행사죄는 사문서위조죄에 의하여 만들어진 문서를 행사함으로써 성립한다(제234조). '행사'란 문서의 내용을 상대방이 인식할 수 있는 상태에 두면 족하므로 교부도 이에 해당한다. 그리고 상대방이 문서의 내용을 인식할 것을 요하지 않으나 다만 상대방은 위조의 사실을 알지 못하는 자라야 한다.

(2) 사안의 경우

甲은 위조한 사문서인 현금보관증을 정을 모르는 甲에게 교부하였으므로 위조사문서행사죄에 해당한다.

4. 결론

甲은 사문서위조죄(제231조), 위조사문서행사죄(제234조)의 죄책을 지며 양 죄는 실체적 경합에 해당한다.

CASE 쟁점 122 공문서작성의 보조자가 작성권자를 이용하는 경우 허위공문서작성죄의 성립여부★★★

1. 학설

허위공문서작성죄는 그 주체가 작성권한 있는 공무원으로 엄격히 제한되는 진정신분범이므로 신분 없는 자는 보조공무원이라 할지라도 본죄의 간접정범은 성립할 수 없다는 견해가 있다.

2. 判例

보조공무원이 허위내용의 문서를 작성하여 정을 모르는 작성권한 있는 공무원의 결재를 받은 경우 허위공문서작성죄의 간접정범이 성립한다는 입장이다. [변시 23]

3. 검토 (판례지지)

공무소에서의 문서작성이 대부분 보조자에 의하여 이루어지고 작성권자는 결재에만 관여하므로 보조자의 허위작성행위를 처벌할 필요성이 있을 뿐만 아니라, 보조자는 사실상의 작성권한을 가지고 있다고 평가할 수 있으므로 간접정범이 성립할 수 있다는 견해가 타당하다.

실전연습 051 공문서부정행사죄 등

甲이 A인 양 공무원에게 허위신고하여 甲 자신의 사진과 지문이 찍힌 공소외 A 명의의 주민등록증을 발급받아 이를 검문경찰관에게 제시하였다. 甲의 죄책은?

1. 주민등록증 발급받은 행위에 대한 죄책

① 허위공문서작성죄의 간접정범의 성립여부 : 일반인이 작성권자인 공무원을 이용한 경우이므로 허위공문서작성죄의 간접정범이 성립할 수 없다.

② 공문서위조죄의 간접정범의 성립여부 : 작성권한을 갖는 공무원이 그 문서의 기재사항을 인식하고 그 문서를 작성할 의사로써 이에 서명·날인한 이상, 그 문서의 성립은 진정하므로 공문서위조죄의 간접정범이 성립할 수 없다.

③ 공정증서원본등부실기재죄의 성립여부 : 주민등록증은 일정한 자격이나 요건을 갖춘 자에게 그 자격이나 요건에 상응한 활동을 할 수 있는 권능 등을 인정하기 위하여 작성된 문서가 아니므로 공정증서본 등에 해당하지 아니한다. 따라서 공정증서원

본부실기재죄가 성립할 수 없다.

2. 주민등록증을 제시한 행위에 대한 죄책

판례는 위 사례에서 작성권한을 갖는 공무원이 그 문서의 기재사항을 인식하고 그 문서를 작성할 의사로써 이에 서명·날인한 이상, 문서의 성립은 진정하므로 '공문서'에 해당한다고 보아 공문서부정행사죄의 성립을 인정하였다.

CASE 쟁점 123 위조문서행사죄가 성립하는 경우★★★

[1] 위조문서행사죄에 있어서 **행사의 방법에 제한이 없으므로**, 위조된 문서 그 자체를 직접 상대방에게 제시하거나 이를 기계적인 방법으로 복사하여 그 복사본을 제시하는 경우는 물론, 이를 모사전송의 방법으로 제시하거나 컴퓨터에 연결된 스캐너(scanner)로 읽어 들여 이미지화한 다음 이를 전송하여 컴퓨터 화면상에서 보게 하는 경우도 행사에 해당하여 위조문서행사죄가 성립한다.
[2] 휴대전화 신규 가입신청서를 위조한 후 스캔한 이미지 파일을 제3자에게 이메일로 전송한 경우, 이미지 파일 자체는 문서에 관한 죄의 '문서'에 해당하지 않으나, 전송하여 컴퓨터 화면상으로 보게 한 행위는 이미 위조한 가입신청서를 행사한 것에 해당하므로 위조사문서행사죄가 성립한다(대판 : 2008도5200). [변시 12·14·19]

CASE 쟁점 124 운전면허증에 신분증명용도가 인정되는지 여부★★★

[다수의견] 운전면허증은 운전면허증에 표시된 사람이 운전면허시험에 합격한 사람이라는 '자격증명'과 이를 지니고 있으면서 내보이는 사람이 바로 그 사람이라는 **동일인증명의 기능**을 동시에 가지고 있다. 공직선거및선거부정방지법상 선거인 본인 확인, 부동산등기법상 등기의무자 본인 확인 등 여러 법령에 의한 신분 확인절차에서도 운전면허증은 신분증명서의 하나로 인정되고 있다. 또한 금융기관과의 거래에 있어서도 운전면허증에 의한 실명확인이 인정되고 있는 등 현실적으로 운전면허증은 주민등록증과 대등한 신분증명서로 널리 사용되고 있다. 따라서, 제3자로부터 신분확인을 위하여 신분증명서의 제시를 요구받고 다른 사람의 운전면허증을 제시한 행위는 그 사용목적에 따른 행사로서 공문서부정행사죄에 해당한다고 보는 것이 옳다(대판 : 2000도1985). [변14·16]
[반대의견] 현실 거래와 일부 법령이 정한 분야에서 운전면허증이 그 소지자의 인적사항을 확인하는 데 사용되고는 있지만, 이는 어디까지나 운전면허증의 사실적 내지 부수적 용도에 불과하고 본래의 용도라고 할 수 없다. 그러한 사실상 내지 부수적 용도도 본래의 사용목적에 포함된다고 본다면 그 부정행사로 인한 처벌범위가 크게 확대되는 문제점이 발생한다.

제3장 | 사회와 도덕에 대한 죄

01 성풍속에 관한 죄

선택형 핵심지문

1. **음란성 판단의 주체** → 법관, **판단의 기준** → 일반 보통인의 정서 (94도2266)

2. **음화에 해당하는 경우**
   공연윤리위원회의 심의를 마친 영화작품이라 하더라도 제작된 포스터 등 도화가 그 영화의 예술적 측면이 아닌 선정적 측면을 특히 강조하여 그 표현이 과도하게 성욕을 자극시키고 일반인의 정상적인 성적 정서를 해치는 것이어서 건전한 성풍속이나 성도덕 관념에 반하는 것이라면 그 포스터 등 광고물은 음화에 해당 (90도1485)

3. **음란한 행위의 요건**
   '음란한 행위'란 그 행위가 반드시 성행위를 묘사하거나 성적인 의도를 표출할 것을 요하는 것은 아님 **예** 나체로 요구르트 제품을 홍보한 사건 → 공연음란죄 성립 (2005도1264)

4. **공연음란죄 성립**
   고속도로에서 승용차를 손괴하거나 타인에게 상해를 가하는 등의 행패를 부리던 자가 이를 제지하려는 경찰관에 대항하여 공중 앞에서 알몸이 되어 성기를 노출한 경우 음란한 행위에 해당한다. (2000도4372)

02 도박에 관한 죄

1. 도박죄

① 당사자의 능력이 승패의 결과에 영향을 미친다고 하더라도 다소라도 우연성의 사정에 의하여 영향을 받게 되는 때 → 도박죄가 성립 可 [예] 내기골프 (2006도736)

② 편면적 도박 → 사기
  ⅰ) 사기행위자 → 도박죄 ×, 사기죄 ○
  ⅱ) 상대방 → 도박죄 ×, 사기의 피해자

③ 피고인 등이 그 후에 사기도박을 숨기기 위하여 얼마간 정상적인 도박을 한 경우 피해자들에 대한 사기죄만 성립(도박죄 불성립) → 사기죄의 실행행위에 포함되는 것이어서 (2010도9330)

2. 도박개장죄

① 인터넷 고스톱게임 사이트를 유료화하는 과정에서 사이트를 홍보하기 위하여 고스톱대회를 개최하면서 참가자들로부터 참가비를 받고 입상자들에게 상금을 지급한 행위 → 도박개장죄 성립(개정 전의 판례에 해당. 현행법상으로는 도박공간개설죄가 성립) (2001도5802)

② 도박개장방조죄가 성립하지 않는 경우
  인터넷 게임사이트의 온라인게임에서 통용되는 사이버머니를 구입하고자 하는 사람을 유인하여 돈을 받고 위 게임사이트에 접속하여 일부러 패하는 방법으로 사이버머니를 판매한 사람에 대하여 종범인 도박개장방조죄도 불성립 → 정범인 위 게임사이트 개설자의 도박개장행위를 인정할 수 없으므로 (2007도8050)

③ 도박개장죄의 기수시기 → 개장 시
  ⅰ) 영리목적을 달성할 것을 요하지 않음. (2008도3970)
  ⅱ) 현실로 도박이 행하여졌음을 요하지 않음. (2008도5282) [변시 13]

해커스변호사
law.Hackers.com

제6편
국가적 법익에 관한 죄

제1장 | 국가의 기능에 관한 죄

01 직무유기죄

1. 직무유기죄가 성립하지 않는 경우

지방자치단체장이 전국공무원노동조합이 주도한 파업에 참가한 소속 공무원들에 대하여 관할 인사위원회에 징계의결요구를 하지 아니하고 가담 정도의 경중을 가려 자체 인사위원회에 징계의결요구를 하거나 훈계처분을 하도록 지시한 경우 ➡ 직무유기죄 불성립[1]

2. 직무유기죄 관련 범죄의 죄수

① [증거인멸죄만 성립, 직무유기죄 불성립] 경찰서 방범과장이 압수물을 수사계에 인계하고 검찰에 송치하여 범죄 혐의의 입증에 사용하도록 하는 등의 적절한 조치를 취하지 않고, 오히려 부하직원에게 위와 같이 압수한 변조 기판을 돌려주라고 지시하여 오락실 업주에게 이를 돌려준 경우, 작위범인 증거인멸죄만이 성립하고 부작위범인 직무유기(거부)죄는 따로 성립하지 아니함. (2005도3909)

② [비리은폐목적의 허위공문서작성·행사의 경우 ➡ 직무유기죄 불성립] 예 예비군 중대장이 소속 예비군대원의 훈련불참사실을 고의로 은폐할 목적으로 당해 예비군대원이 훈련에 참석한 양 허위내용의 학급편성명부를 작성·행사한 경우 (82도2210)

③ [새로운 위법상태의 창출을 위한 허위공문서작성·행사의 경우 ➡ 직무유기죄 성립] 농지일시전용허가를 신청하자 이를 허가하여 주기 위하여 한 것이라면 직접적으로 농지불법전용 사실을 은폐하기 위하여 한 것은 아니므로 위 허위공문서작성, 동행사죄와 직무유기죄는 실체적 경합범의 관계에 있다. (92도3334)

④ [위계에 의한 공무집행방해죄가 성립하는 경우 ➡ 직무유기죄 불성립] 피고인이 출원인이 어업허가를 받을 수 없는 자라는 사실을 알면서도 그 직무상의 의무에 따른 적절한 조치를 취하지 않고 오히려 부하직원으로 하여금 어업허가 처리기안문을 작성하게 한 다음 피고인 스스로 중간결재를 하는 등 위계로써 농수산국장의 최종결재를 받은 경우 (96도2825) [변시 13]

---

1) 어떠한 형태로든 직무집행의 의사로 자신의 직무를 수행한 경우 직무집행의 내용이 위법한 것으로 평가된다는 점만으로 직무유기죄의 성립을 인정할 수 없기 때문이다. (2006도1390)

02 공무상 비밀누설죄

선택형 핵심지문

1. 공무상 비밀에 해당하는 경우

수사기관이 특정사건에 대하여 수사를 진행하는 상태에서, 수사기관이 현재 어떤 자료를 확보했고 해당 사안이나 피의자의 죄책, 신병처리에 대하여 수사책임자가 어떤 의견을 가지고 있는지 등 정보는 비밀에 해당 ➜ 누설 시 공무상비밀누설죄 성립 (2004도5561)

2. 공무상비밀누설죄가 성립하지 않는 경우

구청에서 체납차량 영치 및 공매 등의 업무를 담당하던 공무원인 피고인이 甲의 부탁을 받고 차적 조회 시스템을 이용하여 乙의 유사휘발유 제조 현장 부근에서 경찰의 잠복근무에 이용되고 있던 경찰청 소속 차량의 소유관계에 관한 정보를 알아내 甲에게 알려준 경우 ➜ 그 정보는 실질적으로 비밀로 보호할 가치가 있다 볼 수 없으므로 공무상비밀누설죄가 불성립 (2010도14734)

3. '법령에 의한 직무상 비밀'이란 반드시 법령에서 비밀로 규정되었거나 비밀로 분류 명시된 사항에 한정되지 않고, 정치 · 군사 · 외교 · 경제 · 사회적 필요에 따라 비밀로 된 사항은 물론 정부나 공무소 또는 국민이 객관적, 일반적인 입장에서 외부에 알려지지 않는 것에 상당한 이익이 있는 사항도 포함하나, 실질적으로 그것을 비밀로서 보호할 가치가 있다고 인정할 수 있는 것이어야 하고, 본죄는 비밀 그 자체를 보호하는 것이 아니라 공무원의 비밀엄수의무의 침해에 의하여 위험하게 되는 이익, 즉 비밀 누설에 의하여 위협받는 국가의 기능을 위한 것이다. (2010도14734)

03 직권남용죄

1. **직권남용죄의 기수요건** → 현실적으로 권리행사의 방해라는 결과가 발생할 것을 요함. (2003도4599) [변시 20]

2. **[권리행사를 방해함으로 인한 직권남용권리행사죄만 성립]** 상급 경찰관이 직권을 남용하여 부하 경찰관들의 수사를 중단시키거나 사건을 다른 경찰관서로 이첩하게 한 경우 → '권리행사를 방해함으로 인한 직권남용권리행사방해죄'만 성립하고 '의무 없는 일을 하게 함으로 인한 직권남용권리행사방해죄'는 따로 불성립 (2008도7312) [변시 20]

3. **'의무 없는 일을 하게 한때' 해당 여부** → '사람'으로 하여금 법령상 의무없는 일을 하게 하는 때
   ① 실무 담당자로 하여금 직무집행을 보조하는 사실행위를 하도록 한 경우 → 이는 공무원 자신의 직무집행으로 귀결될 뿐이므로 원칙적으로 의무 없는 일을 하게 한 때에 해당 × [변시 20]
   ② 실무 담당자에게도 직무집행의 기준을 적용하고 절차에 관여할 고유한 권한과 역할이 부여되어 있는 경우 → '의무없는 일을 하게 한때'에 해당 ○ (2010도11884) [변시 20]

4. 직권남용죄에서 말하는 "의무"란 법률상 의무를 가리키고, 단순한 심리적 의무감 또는 도덕적 의무는 이에 해당하지 아니함. (90도2800) [변시 20]

04 뇌물죄

1. 뇌물죄에서 말하는 '직무'의 의의와 범위

① 뇌물죄에서 말하는 '직무'에는 사무분장에 따라 현실적으로 담당하지 않는 직무라도 법령상 일반적인 직무권한에 속하는 직무 등 공무원이 그 직위에 따라 공무로 담당할 일체의 직무를 포함한다. (2003도1060) [변시 14]

② 교통계에 근무하는 경찰관이 도박장개설 및 도박범행을 묵인하는 등 편의를 봐주는 데 대한 사례비 명목으로 금원을 교부받은 후, 위 도박장개설 및 도박범행사실을 잘 알면서도 이를 단속하지 아니하였다면 수뢰후부정처사죄가 성립한다. (2003도1060) [변시 14]

2. 직무관련성 부정

참여주사가 형량을 감경케 하여 달라는 청탁과 함께 금품을 수수한 경우 → 양형은 공판참여주사의 직무와 밀접한 관계가 있는 사무라고 할 수 없음. (80도1373) [변시 14]

3. 뇌물성 인정

① 조합아파트 가입권에 붙은 소위 프리미엄 (92도1762)

② 성적 욕구의 충족 (2013도13937)

4. 뇌물성 부정

[뇌물죄가 아닌 횡령에 해당하는 경우] 수의계약을 체결하는 공무원이 해당 공사업자와 적정한 금액 이상으로 계약 금액을 부풀려서 계약하고 부풀린 금액을 자신이 되돌려 받기로 사전에 약정한 다음 그에 따라 돈을 수수한 경우 (2005도7112)

5. 뇌물의 몰수와 추징

① 몰수는 특정된 물건에 대한 것이고 추징은 본래 몰수할 수 있었음을 전제로 하는 것임에 비추어 뇌물에 공할 금품이 특정되지 않았던 것은 몰수할 수 없고 그 가액을 추징할 수도 없다. (96도221) [변시 18]

② 금원을 무이자로 차용한 경우 → 금융이익이 뇌물 ○, 금원은 뇌물 ×, 다만 금원은 총칙상 몰수대상 ○ (2004도1442) [변시 21]

③ 뇌물의 몰수·추징의 상대방

ⅰ) 피고인이 수수한 위 금원을 그대로 보관하고 있다가 이를 공여자에게 반환하였다면 → 증뢰자로부터 몰수 또는 추징 (83도2783) [변시 14]

ⅱ) 수뢰자가 자기앞수표를 뇌물로 받아 이를 소비한 후 자기앞수표 상당액을 증뢰자에게 반환하였다 하더라도 수뢰자로부터 그 가액을 추징 → 뇌물 그 자체를 반환한 것은 아니므로 몰수는 불가 (82도2462) [변시 12·14]

iii) 수뢰자가 뇌물로 받은 돈을 은행에 예금한 후 같은 액수의 돈을 증뢰자에게 반환한 경우 수뢰자로부터 그 가액을 추징 ➜ 예금행위는 뇌물의 처분행위에 해당하므로

iv) 공무원의 직무에 속한 사항의 알선에 관하여 금품을 받고 그 금품 중의 일부를 받은 취지에 따라 청탁과 관련하여 관계 공무원에게 뇌물로 공여하거나 다른 알선행위자에게 청탁의 명목으로 교부한 경우 ➜ 그 부분을 제외한 나머지 금품만을 몰수하거나 그 가액을 추징 (99도1900; 2002도1283)

v) 뇌물을 수수한 자가 공동수수자가 아닌 교사범 또는 종범에게 뇌물 중 일부를 사례금 등 명목으로 교부한 경우 뇌물수수자로부터 수뢰액 전부를 추징 ➜ 이는 뇌물을 수수하는 데 따르는 부수적 비용의 지출 또는 뇌물의 소비행위에 지나지 아니함. (2011도9585) [변시 18]

④ 향응을 제공받은 경우 수뢰액

[3자의 접대비용도 수뢰액에 포함] 甲이 향응을 제공받는 자리에 피고인 스스로 제3자를 초대하여 함께 접대를 받은 경우 특별한 사정이 없는 한 그 제3자의 접대에 요한 비용도 피고인의 접대에 요한 비용에 포함시켜 甲의 수뢰액으로 보아야 한다. (99도5294) [변시 16]

⑤ 특가법 적용대상인 수뢰액의 산정

[공범자 전원의 수뢰액] 수인이 공동하여 뇌물수수죄를 범한 경우에 공범자는 자기의 수뢰액뿐만 그 공범자 전원의 수뢰액을 합한 금액을 기준으로 하여야 할 것이고, 각 공범자들이 실제로 취득한 금액이나 분배받기로 한 금액을 기준으로 할 것은 아님. ➜ 다른 공범자의 수뢰액에 대하여도 그 죄책을 면할 수 없으므로 (99도1557)

6. 수뢰죄의 주체인 공무원에 해당하는 경우

[임용이 무효라도 해당] 법령에 기한 임명권자에 의하여 임용되어 공무에 종사하여 온 사람이 나중에 그가 임용결격자이었음이 밝혀져 당초의 임용행위가 무효라고 하더라도, 그가 임용행위라는 외관을 갖추어 실제로 공무를 수행한 이상 공무원에 해당됨. (2007도2733) [변시 17 · 18]

7. 수뢰죄가 성립하는 경우

① [사적 이익을 취한 바 없는 경우] 뇌물죄에 있어서 금품을 수수한 장소가 공개된 공사현장이었고 금품을 수수한 공무원이 이를 공사현장 인부들의 식대 또는 동 공사의 홍보비 등으로 소비하였을 뿐 자신의 사리를 취한 바 없더라도 그 뇌물성 인정됨. (83도2050)

② [영득의사로 수령한 후 반환한 경우] 영득의 의사로 뇌물을 수령한 이상 그 액수가 피고인이 예상한 것보다 너무 많은 액수여서 후에 이를 반환하더라도 뇌물죄 성립 ➜ 이미 기수 (2006도9182)

③ [함정인 줄 모르고 수수한 경우] 공무원을 함정에 빠뜨릴 의사로 직무와 관련되었다는 형식을 빌려 공무원에게 금품을 공여한 경우도 공무원이 직무와 관련하여 수수한다는 의사를 가지고 받아들이면 뇌물수수죄가 성립 (2007도10804) [변시 19]

8. 뇌물수수를 약속하고 퇴직 후 수수한 경우

뇌물약속과 뇌물수수가 시간적으로 근접하여 연속되어 있더라도 ➡ 뇌물수수죄가 아닌 뇌물약속죄 또는 사후수뢰죄가 성립 (2007도5199; 2010도387)

9. 투기적 사업에 참여할 기회를 얻어 뇌물수수죄가 성립하는 경우

① 공무원이 뇌물로 투기사업에 참여할 기회를 제공받은 경우, 당초 예상과는 달리 사업 참여로 인하여 아무런 이득을 얻지 못한 경우라도 뇌물수수죄 성립 (2000도2251) [변시 12]

② 뇌물로 공여된 당좌수표가 수수 후 부도가 났더라도 뇌물죄는 성립 (82도2964)

10. 공무원이 공갈 또는 기망하여 재물을 수령한 경우

[공무원은 공갈죄만 성립, 피해자는 뇌물공여죄 불성립] 공무원이 직무집행의 의사 없이 또는 직무처리와 대가적 관계없이 타인을 공갈하여 재물을 교부하게 한 경우 공갈죄만 성립하고, 교부자가 공무원의 해악의 고지로 인하여 외포한 결과 금품을 제공한 것이라면 공갈죄의 피해자가 될 것이고 뇌물공여죄는 성립될 수 없다. (94도2528) [변시 12 · 17]

> **비교판례** [뇌물죄와 사기죄의 상상적 경합] 뇌물을 수수함에 있어서 공여자를 기망한 점이 있다 하여도 뇌물수수죄, 뇌물공여죄의 성립에는 영향이 없고, 이 경우 뇌물죄와 사기죄의 상상적 경합. ➡ 뇌 · 사 · 상(태) (2015도12838)

11. 제3자뇌물제공죄의 제3자의 판단방법

① 공무원이 직접 뇌물을 받지 아니하고 증뢰자로 하여금 다른 사람에게 뇌물을 공여하도록 한 경우, 그 다른 사람이 뇌물을 받음으로써 공무원은 그만큼 지출을 면하게 되는 경우 ➡ 형법 제130조의 제3자 뇌물제공죄가 아니라, 형법 제129조 제1항의 뇌물수수죄가 성립함. (2001도7056) [변시 12 · 17 · 18]

② 제3자뇌물수수죄의 제3자에 교사자나 방조자도 포함되는지 여부 (포함됨)
제3자뇌물수수죄에서 제3자란 행위자와 공동정범 이외의 사람을 말하고, 교사자나 방조자도 포함될 수 있다. 그러므로 공무원 또는 중재인이 부정한 청탁을 받고 제3자에게 뇌물을 제공하게 하고 제3자가 그러한 공무원 또는 중재인의 범죄행위를 알면서 방조한 경우에는 그에 대한 별도의 처벌규정이 없더라도 방조범에 관한 형법총칙의 규정이 적용되어 제3자뇌물수수방조죄가 인정될 수 있다. (2016도19659) [변시 20 · 21 · 22]

③ 제3자뇌물제공죄의 제3자로 인정되는 경우
구청장인 피고인이 관내의 공사 인 · 허가와 관련하여 甲 회사로 하여금 누각을 구(區)에 기부채납하게 한 경우 ➡ 지방자치단체인 구는 '제3자뇌물제공죄의 제3자'가 될 수 있으나 '부정한 청탁'이 인정되지 않는 경우 제3자뇌물제공죄가 성립할 수 없음. (2010도12313)

④ 제3자뇌물제공죄의 제3자로 인정되지 않는 경우
공무원이 실질적인 경영자로 있는 회사가 청탁 명목의 금원을 회사 명의의 예금계좌로 송금받은 경우 뇌물수수죄가 성립함. ➡ 사회통념상 위 공무원이 직접 받은 것과 같이 평가할 수 있으므로 (2003도8077)

> **동지판례** 공무원인 甲은 도내 어촌계장 乙로부터 "선물을 할 사람이 있으면 새우젓
> 을 보내 주겠다."라는 말을 듣고 이를 승낙한 뒤 새우젓을 보내고자 하는 사람들의
> 명단을 乙에게 보내 주고 乙로 하여금 위 사람들에게 甲의 이름을 적어 甲이 선물을
> 하는 것처럼 새우젓을 택배로 발송하게 한 경우 형법 제129조 제1항의 뇌물공여죄
> 및 뇌물수수죄가 성립함. (2017도12389)

12. 알선수뢰죄
① [**친분관계 등 사적인 관계 ×**] 알선수뢰죄에 있어서 "공무원이 그 지위를 이용하여"라고
함은 친구, 친족관계 등 사적인 관계를 이용하는 경우이거나 단순히 공무원으로서의 신
분이 있다는 것만을 이용하는 경우에는 해당하지 않음. (94도852) [변시 16]
② [**현안은 장래의 것이라도 무방**] 알선뇌물요구죄가 성립하기 위하여 해결해야 할 현안이
존재할 필요 없음. (2009도3924)

13. 뇌물공여죄와 증뢰물전달죄
① [**상대방의 범죄성립은 요건×**] 뇌물공여죄가 성립하기 위하여 반드시 상대방측에서 뇌
물수수죄가 성립하여야 함을 뜻하는 것은 아님. (2005도4737) [변시 12·17·18·21]
② [**배임증재에 제공한 이익에 불과**] 처음에 배임증재로 무상 대여할 당시에 정한 사용기간
을 추가로 연장해 주는 등 새로운 이익을 제공한 것으로 평가할 만한 사정이 없다면,
이는 종전에 이미 제공한 이익을 나중에 와서 뇌물로 하겠다는 것에 불과할 뿐 새롭게
뇌물로 제공되는 이익이 없어 뇌물공여죄가 성립하지 않는다. (2015도6232)
③ [**증뢰물전달죄는 교부받음으로써 기수**] 제3자의 증뢰물전달죄는 제3자가 증뢰자로부터
교부받은 금품을 수뢰할 사람에게 전달하였는지 여부에 관계없이 제3자가 그 정을 알
면서 금품을 교부받음으로써 성립 ➜ 제3자가 그 교부받은 금품을 수뢰할 사람에게 전달하였
고 하더라도 별도로 뇌물공여죄가 성립하는 것은 아님. (97도1572; 2007도3798) [변시 12·16]

■ 사례형 쟁점정리

| 실전연습 052 | 공갈죄와 수뢰죄의 관계*** |

> 경찰관 乙이 사건을 수사하다가 피의자 甲을 다방으로 불러내어 직무집행의사
> 없이 "당신이 범죄를 범했다는 단서를 찾았으니 곧 형사처벌 될 것이다. 그러나
> 돈이 있으면 해결되지 않는 문제는 없을 것이다."라고 말하였고 겁을 먹은 甲은 500
> 만 원을 마련하여 乙에게 주었다. 乙의 죄책은 어떠한가? 또한 甲에게 뇌물공여죄가
> 성립할 수 있는지도 논하시오.

I. 乙의 죄책

1. 논점

乙이 형사처벌을 고지한 후 돈을 받은 점에 대하여 공갈죄의 성립여부가 문제되며, 공갈죄가 성립하는 경우에 별도로 뇌물수수죄가 성립할 수 있는지 문제된다.

2. 공갈죄의 성립여부

사람을 공갈하여 재물을 교부받은 경우 공갈죄가 성립한다(제350조). '공갈'이란 폭행 또는 협박을 의미하고, '협박'은 객관적으로 의사결정의 자유를 제한하거나 의사실행의 자유를 방해할 정도로 겁을 먹게 할 만한 해악을 고지하는 것이다.

사안의 경우 乙은 甲에게 형사처벌이라는 사람의 의사결정의 자유를 제한하기에 족한 해악을 고지하여 이에 겁을 먹은 甲으로부터 500만 원이라는 재물을 교부받았으므로 공갈죄가 성립한다.

3. 뇌물수죄의 성립여부

(1) 뇌물수수죄의 성립요건

공무원이 그 직무에 관하여 뇌물을 수수한 경우에는 뇌물수수죄가 성립한다(제129조 제1항). 직무집행의사가 없는 乙의 경우에도 뇌물수수죄가 성립할 수 있는지 문제된다.

(2) 乙에게 뇌물수수죄가 성립할 수 있는지 여부

공무원이 직무와 관련하여 금품을 수수한 경우 직무행위와 대가관계가 인정되면 공무원의 직무집행의 의사와 무관하게 뇌물수수죄가 성립하므로, 공무원이 직무집행의 의사가 없는 경우에도 뇌물수수죄가 성립한다는 견해가 있다.

그러나 공무원이 직무집행의 의사 없이 또는 직무처리와 대가적 관계없이 타인을 공갈하여 재물을 교부하게 한 경우에는 공갈죄만이 성립한다.[2]

(3) 사안의 해결

乙에게는 공갈죄만 성립하고 뇌물수수죄는 성립하지 아니한다.

II. 甲에게 뇌물공여죄가 성립할 수 있는지 여부

1. 공무원에게 공갈죄가 성립하는 경우 피해자에게 뇌물공여죄가 성립할 수 있는지 여부

뇌물공여죄는 공무원에게 직무와 관련하여 뇌물을 공여함으로써 성립하며(제133조 제1항), 공여는 자발성을 요하는 것은 아니므로, 공갈의 피해자도 자기의 의사에 기하여 금품을 교부한 이상 하자 있는 의사에 기한 경우라도 뇌물공여죄가 견해가 있다.

그러나 재물의 교부자가 공무원의 해악의 고지로 인하여 외포의 결과 금품을 제공한 것이라면 그는 공갈죄의 피해자가 될 것이고 뇌물공여죄는 성립될 수 없다.

---

2) **참고판례** 공무원이 직무집행의 의사로 당해 직무와 관련하여 공갈하여 재물을 교부받으면 공갈죄와 수뢰죄의 상상적 경합이 된다(대판 : 66도12).

2. 사안의 해결

甲은 공갈죄의 피해자일 뿐이므로 뇌물공여죄는 성립하지 아니한다.

공갈죄와 수뢰죄의 관계

> 다나아 종합병원 소재지의 보건소 공무원 丙은 참소식 신문 기사를 읽고 유흥비를 마련할 목적으로 병원장 A에게 전화를 걸어 "불법 프로포폴 투여사실 외에 그동안 수집한 비리를 언론에 제보하겠다."라고 말하여 이에 겁을 먹은 A로부터 1,000만 원을 받았다. 丙의 죄책을 논하시오. 【제5회 변호사시험 제2문】

1. 논점

丙이 A로부터 돈을 받은 점에 관하여 공갈죄가 성립하는지, 수뢰죄가 성립하는지 문제된다.

2. 공갈죄의 성립여부

사안의 경우 丙은 A에게 병원의 비리를 언론에 제보하겠다는 말을 하였으므로 이는 사람의 의사결정의 자유를 제한하기에 족한 해악을 고지하여 공갈한 것이며, 이에 겁을 먹은 A로부터 1,000만 원을 받았으므로 공갈죄가 성립한다(제350조).

3. 공무원에게 공갈죄가 성립하는 경우 수뢰죄의 성립여부

공무원이 그 직무에 관하여 뇌물을 수수한 경우에는 수뢰죄가 성립한다(제129조 제1항). 따라서 공무원이 직무집행의 의사로 당해 직무와 관련하여 타인을 공갈하여 재물을 교부받은 때에는 수뢰죄와 공갈죄의 상상적 경합이 되지만(대판 : 66도12), 공무원이 직무집행의 의사 없이 또는 직무처리와 대가적 관계없이 타인을 공갈하여 재물을 교부하게 한 경우에는 공갈죄만이 성립한다(대판 : 94도2528).

사안의 경우 丙은 단지 유흥비 마련을 목적으로 A를 협박하여 1,000만 원을 받았으므로 직무집행의사가 인정되지 아니한다. 따라서 丙에게는 공갈죄만 성립하고 수뢰죄가 성립하지 아니한다.

4. 결론

丙은 공갈죄의 죄책을 진다.

공무원과 비공무원 사이에 뇌물수수죄의 공동정범이 성립하는 경우 뇌물죄의 법률관계★★

A군(郡)의 군수인 甲은 사채업자인 乙과 공모하여 관내 건설업자 丙에게 금전적 지원을 요구하기로 마음먹었다. 甲은 丙을 군수집무실로 불러 A군(郡)이 둘레길 조성사업을 계획하고 있는데 이는 丙에게 좋은 기회가 될 것이라고 하면서 乙이 향후 둘레길 조성사업에 관여하게 될 것이니 乙에게 업무용 차량과 업무에 필요한 비품을 지원해 주라고 부탁하였다. 이에 丙은 乙에게 자기 소유인 시가 3,000만 원 상당의 K5 승용차를 주고 시가 1,000만 원 상당의 비품을 구매해 주었다. 丙은 乙에게 K5 승용차의 소유권이전등록을 해 주지는 않았으나 앞으로 乙에게 이를 반환받을 마음이 없었으며 乙도 이를 丙에게 반환할 생각이 없었다. 甲, 乙, 丙의 죄책은?

【제11회 변호사시험 제2문】

[사안의 해결] 甲에게 뇌물수수죄(제129조 제1항)가 성립하는지, 제3자뇌물수수죄(제130조 제1항)가 성립하는지 문제되며, 甲에게 뇌물수수죄가 성립하는 경우 乙에게 뇌물수수죄의 공동정범이 성립할 수 있는지 문제된다.

判例는 "공무원이 뇌물공여자로 하여금 공무원과 뇌물수수죄의 공동정범 관계에 있는 비공무원에게 뇌물을 공여하게 한 경우에는 공동정범의 성질상 공무원 자신에게 뇌물을 공여하게 한 것으로 볼 수 있다. 따라서 공무원과 공동정범 관계에 있는 비공무원은 제3자뇌물수수죄에서 말하는 제3자가 될 수 없고, 공무원과 공동정범 관계에 있는 비공무원이 뇌물을 받은 경우에는 공무원과 함께 뇌물수수죄의 공동정범이 성립하고 제3자뇌물수수죄는 성립하지 않는다."고 판시한 바 있다(대판 : 2018도2738).

사안의 경우 甲은 乙이 받은 비품과 승용차 모두에 대하여 뇌물수수죄가 성립하므로 특가법 위반 뇌물수수죄(특가법 제2조 제1항 제3호)가 성립한다. 한편, 乙은 형법 제33조에 따라 특가법위반 뇌물수수죄(특가법 제2조 제1항 제3호)의 공동정범이 성립한다.

증뢰물전달죄★★★ [변시 12 · 19 · 21]

사건을 수사하던 사법경찰관 P는 2018. 6. 27. 22:00경 乙을 카페에서 적법하게 긴급체포한 직후, 乙이 자신의 노트북 컴퓨터로 작업하던 위 범행 관련 문서를 발견하고 노트북 컴퓨터를 그 자리에서 영장 없이 압수하였다. 이러한 상황에서 乙의 배우자는 乙과 상의 없이 전직 경찰관 T에게 "이 돈을 P에게 전달하여 남편의 일을 잘 무마해 달라."라고 하며 3,000만 원을 건네주었고, T은 그 돈 전부를 P에게 전달하였다. T의 죄책은?

【제8회 변호사시험 제1문】

1. 돈을 건네받아 경찰관에게 전달한 점에 대한 丁의 죄책

(1) 증뢰물전달죄의 성립여부

형법 제133조 제2항에 의하면 뇌물에 공할 목적으로 제3자에게 금품을 교부하거나 그 정을 알면서 교부를 받은 경우 증뢰물전달죄가 성립한다.

사안에서 丁은 乙의 배우자로부터 뇌물에 공할 금품임을 알면서 3,000만 원을 교부받은바 있으므로 증뢰물전달죄가 성립한다.[3]

(2) 뇌물공여죄의 성립여부

사안에서 丁에게 증뢰물전달죄가 성립하는 이상 교부받은 3,000만 원을 P에게 전달하였다고 하여 별도로 형법 제133조 제1항의 뇌물공여죄가 성립하는 것은 아니다(대판 : 2007도3798).

2. 결론

丁은 증뢰물전달죄의 죄책을 진다.

---

3) 사안에서 丁이 乙에 대하여 제3자의 지위에 있음이 분명하므로 이 점에 대하여는 별도로 언급할 필요는 없으며, 3,000만 원을 교부받아 '전달'까지 한 사안이므로 교부받은 이상 전달하지 않은 경우라도 증뢰물전달죄(기수)가 성립한다는 판례는 별도로 언급할 필요는 없다고 본다. 다만 3,000만 원을 교부받아 '전달'은 하지 않은 사안이라면 기수시기(교부받은 때)에 대한 언급은 득점요소가 될 것이다.

제2장 | 공무방해에 관한 죄

1. 공무집행방해죄

① 직무를 집행하는 공무원에 해당하는 경우

  i) **[직무수행 중 또는 이를 위하여 근무 중인 경우도 포함]** 회사의 노사분규 동향을 파악하거나 파악하기 위해 대기 또는 준비 중이던 근로감독관을 폭행한 경우 (2000도3485)

  ii) **[공무원이 차량 단속 근무 중인 경우]** 불법주차 차량에 불법주차 스티커를 붙였다가 이를 다시 떼어 낸 직후에 있는 주차단속 공무원을 폭행한 경우 (99도383)

  iii) **[청원경찰이 근무지 내에서 야간 당직 근무 중인 경우]** 야간 당직 근무 중인 청원경찰이 불법주차 단속요구에 응하여 현장을 확인만 하고 주간 근무자에게 전달하여 단속하겠다고 했다는 이유로 민원인이 청원경찰을 폭행한 경우 (2008도9919)

② 공무집행방해죄가 성립하는 경우

  경찰관이 공무를 집행하고 있는 파출소 사무실의 바닥에 인분이 들어 있는 물통을 집어던지고 책상 위에 있던 재떨이에 인분을 퍼담아 사무실 바닥에 던지는 행위는 경찰관에 대한 폭행에 해당함. ➔ 공무원에 대한 간접폭행도 폭행에 해당 (81도326)

③ **[의사전달수단으로서 합리적 범위를 넘은 경우]** 음향도 폭행에 해당 (2007도3584)

④ **[직무집행방해의사 不要]** 적법한 직무를 집행 중인 공무원에 대하여 폭행·협박한다는 인식과 의사가 있어야 하나 공무원의 직무집행을 방해할 의사를 필요로 하지 아니한다. (2018도13792)

> **비교판례** 위계에 의한 공무집행방해죄는 공무방해의사 要 (69도2260)

2. 위계에 의한 공무집행방해죄

① 위계에 의한 공무집행방해죄가 성립

  i) **[혈액을 바꿔치기하여 수사기관에 제출]** 음주운전을 하다가 교통사고를 야기한 후 그 형사처벌을 면하기 위하여 타인의 혈액을 자신의 혈액인 것처럼 교통사고 조사 경찰관에게 제출하여 감정하도록 한 행위 (2003도1609)

> **동지판례** 소변을 바꿔치기하여 수사기관에 제출 (2007도6101)

  ii) **[부하 공무원이 상관에 대하여 허위내용의 결재를 받은 경우]** 더 이상 출원에 대한 적정한 심사업무를 기대할 수 없게 되었기 때문에 위계로써 결재권자의 직무집행을 방해한 것에 해당한다. (96도2825)

② 위계에 의한 공무집행방해죄가 불성립

  ⅰ) [참고인이 아닌 자의 자발적이고 계획적인 허위진술] 피의자나 참고인이 아닌 자가 자발적이고 계획적으로 피의자를 가장하여 수사기관에 대하여 허위사실을 진술하였다 하여 바로 이를 위계에 의한 공무집행방해죄가 성립된다고 할 수 없고 범인은닉죄만 성립한다.[1] ➡ 범인도피죄는 성립됨에 유의 (76도3685)

  ⅱ) [비수용자 또는 수용자의 규율위반행위를 교도관이 방치] 단순히 금지규정에 위반되는 행위를 한 것에 지나지 아니할 뿐 이로써 위계에 의한 공무집행방해죄가 성립한다고는 할 수 없다. (2001도7045)

  > **비교판례** [변호사의 규율위반행위] 변호사가 접견을 핑계로 수용자를 위하여 휴대전화와 증권거래용 단말기를 구치소 내로 몰래 반입하여 이용하게 한 행위 ➡ 위계에 의한 공무집행방해죄가 성립 (2005도1731)

  ⅲ) [파워매직세이퍼 사건] 과속단속카메라에 촬영되더라도 불빛을 반사시켜 차량 번호판이 식별되지 않도록 하는 기능이 있는 제품을 차량 번호판에 뿌린 상태로 차량을 운행한 행위 ➡ 위계에 의한 공무집행방해죄가 불성립 (2007도8024)

③ 위계에 의한 공무집행방해죄의 성립요건

  구체적 공무집행 저지 또는 현실적 곤란을 要 (2002도4293) [변시 12]

④ 구체적으로 공무집행을 저지하지 못한 경우 ➡ 위계 공집 불성립

  ⅰ) 민사소송을 제기함에 있어서 피고의 주소를 허위로 기재하여 법원공무원으로 하여금 변론기일소환장 등을 허위주소로 송달케 한 경우 (96도312)

  ⅱ) 피고인들이 허위의 매매계약서 및 영수증을 소명자료로 첨부하여 가처분신청을 하여 법원으로부터 유체동산에 대한 가처분결정을 받은 경우[2] (2011도17125) [변시 14]

3. 특수공무집행방해죄가 불성립

출입국 관리공무원이 관리자의 사전 동의 없이 사업장에 진입하여 불법체류자 단속업무를 개시하자 이에 피고인이 단속을 피하기 위하여 식칼로 공무원의 오른쪽 허벅지를 찔러 상해를 가한 경우, 공무집행행위의 적법성이 부인되어 특수공무집행방해죄는 불성립 ➡ 정방방위가 인정되지 않아 특수상해죄가 성립 (2008도7156)

---

1) 수사기관이 범죄사건을 수사함에 있어서는 피의자나 피의자로 자처하는 자 또는 참고인의 진술여하에 불구하고 피의자를 확정하고 그 피의사실을 인정할 만한 객관적인 제반증거를 수집 조사하여야 할 권리와 의무가 있는 것이라고 할 것이기 때문이다.
2) 법원의 가처분결정 업무의 적정성이 침해되었다고 볼 여지는 있으나 법원의 구체적이고 현실적인 어떤 직무집행이 방해되었다고 할 수는 없다.

CASE 쟁점 125 공무집행방해죄의 직무집행의 적법성 판단의 기준*

1. 학설

① 주관설 – 직무를 집행하는 공무원이 주관적으로 적법하다고 믿었는가의 여부에 따라 결정하여야 한다는 견해이다.

② 일반인표준설 – 일반인을 기준으로 적법성을 판단해야 한다는 견해이다.

③ 절충설 – 공무원의 주관적 인식과 직무집행의 객관적 성질을 모두 고려해야 한다는 견해이다.

2. 判例

공무집행이 적법한지 여부는 **행위당시의 구체적 상황에 기하여** 객관적 합리적으로 판단하여야 하고 사후적으로 순수한 객관적 기준에서 판단할 것은 아니라고 판시하고 있다.

3. 검토 (판례지지)

ⅰ) 주관설은 공무원의 주관적 판단에 의하여 적법성이 결정되는 문제가 있고, ⅱ) 일반인표준설은 일반인의 개념이 분명하지 않다는 문제점이 있고, ⅲ) 절충설은 공무원의 주관적 인식과 직무집행행위의 객관적 성질이 다를 경우 적법성을 판단하기가 곤란하다는 문제점이 있다. 따라서 판례가 타당하다.

CASE 쟁점 126 업무방해죄의 '업무'에 해당하는지 여부, 공무집행의 적법성의 판단 방법***

[사실관계] 운영권이 甲에게 있었던 식당에 관한 양도·양수의 합의가 존재하지 않음에도 A(甲의 누나임)가 적법한 양수인이라고 주장하면서 일방적으로 甲을 배제한 채 사실상 단독으로 식당영업을 하자 甲이 식당에서 소란을 피웠다. 영업을 방해한다는 신고를 받은 경찰이 출동하여 甲에게 상황을 설명해 달라고 하고 밖에서 얘기하자고 요구하자 甲은 이를 거부하고 경찰관 앞에서 소리를 지르고 양은그릇을 두드리면서 소란을 피웠다. 이에 경찰관 B가 현행범으로 체포하겠다고 甲에게 고지하고 수갑을 채우려고 하자 甲이 연행되지 않으려고 저항하면서 B의 왼쪽 어깨를 깨물었다. 甲에게 공무집행방해죄가 성립하는지를 검토하시오.

Keyword 사·평·사·기 / 보호가치 업무

[판례] [1] 형법상 업무방해죄의 보호대상이 되는 '업무'는 타인의 위법한 행위에 의한 침해로부터 보호할 가치가 있는 것이어야 한다. 따라서 어떠한 업무의 양도·양수 여부를 둘러싸고 분쟁이 발생한 경우에 양수인의 업무에 대한 양도인의 업무방해죄가 인정되려면, 당해 업무에 관한 양도·양수 합의의 존재가 인정되어야 함은 물론이고, 더 나아가 그 합의에 따라 당해 업무가 실제로 양수인에게 양도된 후 **사**실상 **평**온하게 이루어져 양수인의 **사**회적 활동의 **기**반이 됨으로써 타인, 특히 **양도인**의 위법한 행위에 의한 **침해**로부터 **보호할 가치가 있는 업무**라고 볼 수 있을 정도에 이르러야 한다.

[2] 공무집행방해죄는 공무원의 적법한 공무집행이 전제로 되는데, 추상적인 권한에 속하는 공무원의 어떠한 공무집행이 적법한지 여부는 행위 당시의 구체적 상황에 기하여 객관적·합리적으로 판단하여야 하고 사후적으로 순수한 객관적 기준에서 판단할 것은 아니다. 마찬가지로 현행범 체포의 적법성은 체포 당시의 구체적 상황을 기초로 객관적으로 판단하여야 하고, 사후에 범인으로 인정되었는지에 의할 것은 아니다.

[결론] 사안의 경우 위 [1]의 요건을 구비하지 못하여 식당영업 업무가 보호가치 있는 업무에 해당하지 않으므로 甲의 행위는 업무방해죄가 성립하지 아니한다. 그러나 위 [2] 기준에서 볼 때 甲의 행위는 위법하다고 판단되므로 경찰관 B의 체포행위는 적법하다. 따라서 甲은 공무집행방해죄가 성립한다.

제3장 | 도주와 범인은닉의 죄

선택형 핵심지문

1. **도주죄의 주체가 될 수 없는 경우 → 불법체포된 자**

2. **범인은닉(도피)죄**
   ① 범인도피죄의 교사범이 성립하지 않는 경우
   i) **[자기도피의 범주에 해당하는 경우]** 범인 스스로 도피하는 행위는 처벌되지 아니하 므로, 범인이 도피를 위하여 타인에게 도움을 요청하는 행위 역시 도피행위의 범주에 속하는 한 처벌되지 아니하며, 범인의 요청에 응하여 범인을 도운 타인 의 행위가 범인도피죄에 해당한다고 하더라도 마찬가지이다. → 예 범인이 가까운 후배에게 에쿠스 승용차를 태워줄 것과 대포폰을 마련해 줄 것을 요청한 사건 (2013도12079)
   ii) **[공범에게 허위 진술을 교사한 경우]** 공범 중 1인이 그 범행에 관한 수사절차에서 참고인 또는 피의자로 조사받으면서 자기의 범행을 구성하는 사실관계에 관하 여 허위로 진술하고 허위 자료를 제출하는 것은 자신의 범행에 대한 방어권 행 사의 범위를 벗어난 것으로 볼 수 없다. 이러한 행위가 다른 공범을 도피하게 하는 결과가 된다고 하더라도 범인도피죄로 처벌할 수 없다. 이때 공범이 이러 한 행위를 교사하였더라도 범죄가 될 수 없는 행위를 교사한 것에 불과하여 범 인도피교사죄가 성립하지 않는다. (2015도20396) [변시 20 · 24]
   ② 범인도피죄의 교사범이 성립하는 경우 → 방어권의 남용
   i) 범인이 자신을 위하여 타인으로 하여금 허위의 자백을 하게 하여 범인도피죄를 범하게 하는 행위는 **방어권의 남용**으로 범인도피교사죄에 해당한다. (2005도 3707) [변시 12 · 14 · 17]
   ii) 무면허 운전으로 사고를 낸 사람이 동생을 경찰서에 대신 출두시켜 피의자로 조 사받도록 한 행위 (2005도3707) [변시 12 · 14 · 17]
   ③ 범인은닉 · 도피죄의 객체인 '범인'에 해당하는 경우
   i) **[진범인임을 요하지 않음]** (81도1391; 2013도152)
   ii) **[범죄혐의를 받아 수사 중인 자]** 공소제기되거나 유죄판결을 받은 자임을 요하지 않음. (83도1486)
   ④ 범인은닉 · 도피죄에 해당하는 경우
   i) **[타인 명의로 임대차계약 체결]** 범인이 기소중지자임을 알고도 범인의 부탁으로 다른 사람의 명의로 대신 임대차계약을 체결해 준 경우 (2003도8226)
   ii) **[범인을 자처]** 피고인이 수사기관에 적극적으로 범인임을 자처하고 허위사실을 진술함으로써 실제 범인을 도피하게 하였으므로 범인도피죄가 성립한다. → 위계 에 의한 공무집행방해죄는 성립하지 않음에 유의 (2000도4078; 96도1016)

iii) **[범인으로 가장]** 혐의를 받아 수사기관으로부터 수사 중인 경우에 범인 아닌 다른 사람으로 하여금 범인으로 가장케 하여 수사를 받도록 함으로써 범인의 발견·체포에 지장을 초래케 하는 행위는 범인은닉 또는 도피에 해당된다. (67도366)

⑤ 범인은닉·도피죄에 해당하지 않는 경우

  i) **[단순 허위진술]** 참고인이 수사기관에서 진술을 함에 있어 단순히 범인으로 체포된 사람과 동인이 목격한 범인이 동일함에도 불구하고 동일한 사람이 아니라고 허위진술을 한 정도의 것만으로는 참고인의 그 허위진술로 말미암아 증거가 불충분하게 되어 범인을 석방하게 되는 결과가 되었다 하더라도 바로 범인도피죄를 구성한다고는 할 수 없다. (85도897)

  ii) **[단순 허위진술]** 참고인이 수사기관에서 범인에 관하여 조사를 받으면서 그가 알고 있는 사실을 묵비하거나 허위로 진술하였다고 하더라도 그것이 적극적으로 수사기관을 기만하여 착오에 빠지게 함으로써 범인의 발견 또는 체포를 곤란 내지 불가능하게 할 정도의 것이 아니라면 범인도피죄를 구성하지 아니한다. (97도1596) [변시 12]

⑥ 친족간의 특례규정이 적용되지 않는 경우 → 사실혼인 경우 (2003도4533) [변시 19]

사례형 쟁점정리

CASE 쟁점 127 · 자기은닉·도피의 교사와 교사범의 성립여부★★★ [변시 14·21]

1. 논점

범인이 타인을 교사하여 자기를 도피하게 한 경우에 범인에게 본죄의 교사범이 성립될 수 있는지에 관해서는 견해가 대립한다.

2. 학설 `Keyword` 자기비호(방어권) 연장

자기은닉·도피의 교사는 **자기 비호의 연장에 불과**하며, 본죄의 정범이 될 수 없는 자를 교사범으로 처벌하는 것은 부당하므로 교사범이 성립하지 않는다는 견해가 있다.

3. 判例

범인이 자신을 위하여 타인으로 하여금 범인도피죄를 범하게 한 경우 범인도피교사죄에 해당한다는 입장이다.

4. 검토 (판례지지) `Keyword` 방어권의 남용

범인이 자신을 위하여 타인으로 하여금 범인도피죄를 범하게 하는 행위는 **방어권의 남용**에 해당하므로 범인도피죄의 교사범이 성립한다고 보는 것이 타당하다.

　범인이 자기도피를 교사한 경우가 아니라 '자기도피'에 해당하는 경우

甲은 벌금 이상의 형에 해당하는 죄를 범하고 수배를 받자 도피 중이었는데, 자신의 휴대폰을 사용할 경우 소재가 드러날 것을 염려하여 가깝게 지내던 사회 후배인 乙에게 대포폰을 구하여 줄 것과 乙에게 전화를 걸어 자신이 있는 곳으로 오도록 한 다음 乙의 에쿠스 승용차로 원하는 목적지까지 이동시켜 줄 것을 요구하였고 乙은 甲의 사정을 알면서도 위 요구를 들어주었다. 甲과 乙의 죄책을 논하시오.

Ⅰ. 논점

甲의 요구에 따라 乙이 대포폰을 구하여 주고 승용차로 이동을 시켜준 점에 대하여 乙에게 범인도피죄가 성립하는지, 甲에게 범인도피죄의 교사범이 성립하는지 문제된다.

Ⅱ. 범인도피와 관련한 乙과 甲의 죄책

1. 乙의 죄책 : 범인도피죄의 성립여부

형법 제151조 제1항에 의하면 벌금 이상의 형에 해당하는 죄를 범한 자를 도피하게 한 경우 범인도피죄가 성립한다. 여기서 "죄를 범한 자"라 함은 반드시 공소제기가 되거나 유죄의 판결을 받은 자 뿐만 아니라 범죄의 혐의를 받아 수사 중인 자도 포함된다. 한편 "도피"란 은닉 이외의 방법으로 수사기관의 발견·체포를 곤란 내지 불가능하게 하는 일체의 행위를 말한다.

사안에서 甲은 수사기관의 수배를 받고 있는 자이므로 벌금 이상의 형에 해당하는 죄를 범한 자에 해당하고, 乙은 甲에게 자동차를 제공하거나 '대포폰'을 구해주는 방법으로 수사기관으로 하여금 甲의 소재를 파악하기 어렵게 하였으므로 乙의 행위는 '도피'에 해당한다. 따라서 乙에게 범인도피죄가 성립한다.

2. 甲의 죄책 : 범인도피죄의 교사범의 성립여부

제151조 제1항의 범인은 타인을 의미하므로 범인 스스로 도피하는 행위는 처벌되지 아니한다. 따라서 범인이 도피를 위하여 타인에게 도움을 요청하는 행위 역시 도피행위의 범주에 속하는 한 처벌되지 아니하며, 범인의 요청에 응하여 범인을 도운 타인의 행위가 범인도피죄에 해당한다고 하더라도 마찬가지이다. 다만 범인이 타인으로 하여금 허위의 자백을 하게 하는 등으로 범인도피죄를 범하게 하는 경우와 같이 그것이 방어권의 남용으로 볼 수 있을 때에는 범인도피교사죄에 해당할 수 있다.[1]

이 경우 방어권의 남용이라고 볼 수 있는지 여부는, 범인을 도피하게 하는 것이라고 지목된 행위의 태양과 내용, 범인과 행위자의 관계, 행위 당시의 구체적인 상황, 형사사법의 작용에 영향을 미칠 수 있는 위험성의 정도 등을 종합하여 판단하여야 한다.[2]

---

1) 판례와 통설의 다툼이 있는 부분이나 본 사안은 결국 자기도피의 연장으로 본 사안이므로 판례이론만 인용하여도 충분할 것이다.

사안에서 乙은 甲이 평소 가깝게 지내던 후배인 점, 甲은 자신의 휴대폰을 사용할 경우 소재가 드러날 것을 염려하여 乙에게 요청하여 대포폰을 구해 받고, 乙에게 전화를 걸어 자신이 있는 곳으로 오도록 한 다음 乙이 운전하는 승용차를 타고 원하는 목적지까지 이동한 것으로서, 甲의 이러한 행위는 형사사법에 중대한 장애를 초래한다고 보기 어려운 통상적 도피의 한 유형에 해당한다고 보아야 하며, 甲이 乙에게 방어권의 남용으로 볼 정도로 범인도피행위를 교사하였다고 볼 수 없다.

따라서 乙에게 범인도피죄가 인정된다고 하더라도 甲에게는 범인도피죄의 교사범이 성립하지 아니한다.

Ⅲ. 결론

甲의 요구에 따라 乙이 대포폰을 구하여 주고 승용차로 이동을 시켜준 점에 대하여 乙에게는 범인도피죄가 성립한다. 그러나 甲에게는 범인도피죄의 교사범이 성립하지 아니한다.

실전연습 057 자기범죄에 대한 도피교사***

甲은 도박장을 직접 운영하기로 마음먹고, 단속에 대비하여 마침 직장을 잃고 놀고 있던 사촌 동생 乙에게 '도박장 영업을 도와주어 용돈도 벌고, 도박장이 적발되면 내가 도망가더라도 네가 사장이라고 진술을 해달라'고 제의하였고, 乙은 甲의 제의를 승낙하였다. 甲은 생활정보지에 광고하여 도박장에서 일할 종업원들을 채용하였다. 甲은 乙을 사장으로 위장하기 위하여 甲의 자금으로 乙로 하여금 직접 사무실을 임차하도록 하였다. 근처 주민의 신고로 경찰관 P 등이 출동하여 乙, 丙, 丁은 현장에서 도박 등의 혐의로 현행범인으로 체포되었고, 甲과 다른 도박꾼들은 도망쳤다. 乙은 경찰서에서 자신이 도박장 주인이라고 하면서 도박장 등의 운영 경위, 자금 출처, 점포의 임대차계약 경위, 종업원 채용 등에 관하여 구체적으로 거짓말을 하였고, 조사를 받은 후 체포된 다른 사람들과 함께 석방되었다. 甲과 乙의 죄책은? **【제3회 변호사시험 제1문】**

Ⅰ. 논점

乙이 경찰서에서 허위진술을 한 행위와 관련한 乙에게 범인도피죄와 위계에 의한 공무집행방해죄가 성립하는지, 또한 乙에게 허위진술을 하도록 한 甲에게 범인도피죄의 교사범이 성립하는지 문제된다.

---

2) 대판 : 2013도12079

II. 乙이 경찰서에서 허위진술을 한 행위와 관련한 乙과 甲의 죄책

1. 乙의 죄책

(1) 범인도피죄의 성립여부

1) 범인도피죄의 성립요건

벌금 이상의 형에 해당하는 죄를 범한 자를 도피하게 한 경우 범인도피죄가 성립한다(제151조 제1항). 여기의 '도피'란 은닉 이외의 방법으로 수사기관의 발견·체포를 곤란 내지 불가능하게 하는 행위를 말한다(대판 : 2002도5374).

사안에서 甲은 도박장소개설죄를 범하였으므로 '벌금 이상의 형에 해당하는 죄를 범한 자'에 해당한다. 그리고 乙은 경찰서에서 자신이 도박장 주인이라고 하면서 도박장 등의 운영 경위, 자금 출처, 점포의 임대차계약 경위, 종업원 채용 등에 관하여 구체적으로 거짓말을 하였으므로 이는 수사기관이 실제 업주인 甲을 발견 또는 체포하는 것이 곤란 내지 불가능하게 될 정도에까지 이른 것으로 보아야 한다.

따라서 乙은 벌금 이상의 형에 해당하는 죄를 범한 자를 도피하게 하였으므로 범인도피죄의 구성요건해당성이 인정된다.[3]

2) 친족간의 특례 규정의 법적 성질

친족 또는 동거의 가족이 본인을 위하여 범인도피죄를 범한 때에는 처벌하지 아니한다(제151조 제2항).

이 규정에 대하여 인적처벌조각사유라는 견해도 있으나, 이는 적법행위에 대한 기대가능성이 없음을 이유로 한 책임조각사유라고 하는 보는 것이 타당하다.

사안에서 乙이 甲을 도피시켰다고 하더라도 乙은 甲의 4촌 동생이므로 친족에 해당하여 제151조 제2항에 의하여 책임이 조각되어 범인도피죄가 성립하지 아니한다.

(2) 위계에 의한 공무집행방해죄의 성립여부

수사기관이 범죄사건을 수사함에 있어서는 피의자의 진술여하에 불구하고 피의자를 확정하고 그 피의사실을 인정할 만한 객관적인 제반증거를 수집 조사하여야 할 권리와 의무가 있다.

---

3) **참고판례** 게임산업진흥에 관한 법률 위반, 도박개장 등의 혐의로 수사기관에서 조사받는 피의자가 사실은 게임장·오락실·피씨방 등의 실제 업주가 아니라 그 종업원임에도 불구하고 자신이 실제 업주라고 허위로 진술하였다고 하더라도, 그 자체만으로 범인도피죄를 구성하는 것은 아니다. 다만, 그 피의자가 실제 업주로부터 금전적 이익 등을 제공받기로 하고 단속이 되면 실제 업주를 숨기고 자신이 대신하여 처벌받기로 하는 역할(이른바 '바지사장')을 맡기로 하는 등 수사기관을 착오에 빠뜨리기로 하고, 단순히 실제 업주라고 진술하는 것에서 나아가 게임장 등의 운영 경위, 자금 출처, 게임기 등의 구입 경위, 점포의 임대차계약 체결 경위 등에 관해서까지 적극적으로 허위로 진술하거나 허위 자료를 제시하여 그 결과 수사기관이 실제 업주를 발견 또는 체포하는 것이 곤란 내지 불가능하게 될 정도에까지 이른 것으로 평가되는 경우 등에는 범인도피죄를 구성할 수 있다(대판 : 2009도10709; 동지 대판 : 2009도12164).

따라서 사안에서 乙이 경찰서에서 자신이 도박장 주인이라고 하는 등 허위진술을 하였다고 하더라도 형법 제137조의 위계에 의한 공무집행방해죄가 성립하지 아니한다(대판 : 76도3685).

2. 甲의 죄책(범인도피죄의 교사범의 성립여부)

형법 제31조 제1항에 의하면 타인을 교사하여 죄를 범하게 한 경우 교사범이 성립한다. 범인도피죄의 범인은 타인을 의미하므로 자기도피는 범인도피죄가 성립할 수 없다. 한편 자기도피의 교사의 경우, 자기 비호의 연장에 불과하므로 범인도피죄의 교사범이 성립하지 않는다는 견해가 있다. 그러나 범인이 타인을 교사하여 범인도피죄를 범하게 하는 행위는 방어권의 남용에 해당하므로 범인도피죄의 교사범이 성립한다(대판 : 2005도3707)고 보는 것이 타당하다. 이 경우 타인이 제151조 제2항에 의하여 처벌을 받지 아니하는 친족에 해당한다고 하여도 마찬가지로 보아야 한다.

사안에서 甲은 친족에 해당하는 乙에게 '도박장이 적발되면 내가 도망가더라도 네가 사장이라고 진술을 해달라'고 제의한 바 있는데 이는 甲이 타인인 乙을 교사하여 범인도피죄를 범하게 한 경우에 해당하여 甲은 범인도피죄의 교사범이 성립한다.

Ⅲ. 결론

甲은 범인도피죄의 교사범의 죄책을 진다.

CASE 쟁점 128 │ 죄를 범한 자가 진범인임을 요하는지 여부

1. 학설

진범 아닌 자를 은닉한 경우를 정당한 형벌권행사를 방해하였다고 볼 수 없다는 점, 형법이 명문으로 '죄를 범한 자'라고 규정하고 있으므로 진범인이 아닌 자는 본죄의 객체가 될 수 없다는 견해가 있다.

2. 判例

'죄를 범한 자'라 함은 범죄의 혐의를 받아 수사 대상이 되어 있는 자를 포함하므로 구속수사의 대상이 된 자가 그 후 무혐의로 석방되었다 하더라도 본죄가 성립한다는 입장이다.

3. 검토 (판례지지)

대부분의 범인은닉죄는 진범인 여부가 확정되기 이전인 수사 · 소추단계에 있는 자의 은닉이 문제되고, 이 단계에서의 국가의 형사사법기능을 보호할 필요가 있으므로 진범인임을 요하지 아니한다는 견해가 타당하다.

범인은닉과 친족간의 특례규정의 법적 효과

1. 논점

형법 제151조는 친족 또는 동거의 가족이 본인을 위하여 범인은닉·도피죄를 범한 때에는 처벌하지 아니한다고 규정하고 있는데 여기서 '처벌하지 아니한다'의 의미가 무엇인지 문제된다.

2. 검토

제151조의 '처벌하지 아니한다'의 의미를 인적처벌조각사유라고 하는 견해도 있다.

그러나 친족간의 정의에 비추어 은닉행위를 하지 않을 것을 기대할 수 없으므로 책임의 조각을 인정하는 규정으로 보는 것이 타당하다.

3. 결론

친족이 범인을 도피 시킨 경우 책임이 조각되므로 범인도피죄가 성립하지 아니한다.

공범에게 허위 진술을 교사한 경우 ***

> 甲과 乙은 함께 A의 지갑을 훔쳤다. 乙은 그날 밤 甲에게 A의 신용카드를 주면서 "너부터 사용하고 만일 경찰에 잡히면 혼자 길 가다가 주운 카드라고 말해."라고 하였다. 그 후 경찰관 P2에 의해 체포된 甲은 피의자 신문과정에서 乙이 지시한 대로 진술했다. 사안에서 甲과 乙의 죄책은?　　　　　**【제13회 변호사시험 제2문】**

[사안의 해결] 형법 제151조의 범인도피죄는 타인을 도피하게 하는 경우에 성립할 수 있는데, 여기에서 타인에는 공범도 포함되나 범인 스스로 도피하는 행위는 처벌되지 않는다. 또한 공범 중 1인이 그 범행에 관한 수사절차에서 참고인 또는 피의자로 조사받으면서 자기의 범행을 구성하는 사실관계에 관하여 허위로 진술하고 허위 자료를 제출하는 것은 자신의 범행에 대한 방어권 행사의 범위를 벗어난 것으로 볼 수 없다. 이러한 행위가 다른 공범을 도피하게 하는 결과가 된다고 하더라도 범인도피죄로 처벌할 수 없다. 이때 공범이 이러한 행위를 교사하였더라도 범죄가 될 수 없는 행위를 교사한 것에 불과하여 범인도피교사죄가 성립하지 않는다(대판 : 2015도20396).

사안에서 甲의 허위진술은 자신의 범행에 대한 방어권 행사로서 자기도피에 해당하고 범인도피죄가 성립하지 않는다. 따라서 이를 교사한 乙이 허위진술을 교사하였다고 하더라도 죄가 되지 않는 행위를 교사한 것이므로 乙에게도 범인도피교사죄가 성립하지 않는다.

제4장 | 위증과 증거인멸의 죄

선택형 핵심지문

1. 위증죄

① 형사사건에서 증인보호절차규정이 준수되지 않은 경우 위증죄의 주체에 해당 여부

  ⅰ) [증언거부권 불고지 + 증인보호에 사실상장애가 초래되었다고 볼 수 없는 경우] → 위증죄성립 (2008도942)

  ⅱ) [증언거부권 불고지 + 증언거부권의 행사에 사실상장애가 초래되었다고 볼 수 있는 경우] → 위증죄 불성립 (2009도13257) [변시 16 · 18]

② 민사소송 절차에서 증인이 증언거부권을 고지받지 않은 경우 위증죄 성립 → 민사소송법은 형사소송법과 달리 증언거부권 고지에 관한 규정을 두고 있지 않음. (2009도14928)

③ 위증죄가 불성립

  ⅰ) [가처분 신청사건] 제3자가 심문 절차로 진행되는 가처분 신청사건에서 증인으로 출석하여 선서를 하고 진술함에 있어서 허위의 진술을 한 경우 → 심문절차에 대하여는 규정이 존재하지 않음. (2003도180)

  ⅱ) [법인의 대표] 민사소송에서 당사자인 법인의 대표자는 증인능력이 없으므로 증인으로 선서하고 증언하였다고 하더라도 위증죄의 주체가 될 수 없다. (97도1168)

  ⅲ) [사실대로라는 진술] 증인이 법정에서 선서 후 증인진술서에 기재된 구체적인 내용에 관하여 진술함이 없이 단지 증인진술서에 기재된 내용이 사실대로라는 취지의 진술만을 한 경우[1]

④ 공범인 공동피고인의 증인적격 → 소송절차가 분리되어 피고인의 지위를 벗어난 경우 인정 (2008도3300) [변시 14 · 17]

⑤ 위증죄의 허위진술 → 기억에 반하는 진술 **예** 타인으로부터 전해들은 금품의 전달사실을 마치 증인 자신이 전달한 것처럼 진술한 것은 증인의 기억에 반하는 허위진술에 해당 (88도580) [변시 13]

⑥ 위증죄의 성립요건 → 허위 진술 내용이 요증사항이거나 재판의 결과에 영향을 미칠 것 不要 (80도2783; 89도1212)

⑦ 위증죄가 성립하지 않는 경우

  [신문절차 종료 전 철회] 신문절차 종료 전 허위진술을 철회하거나 시정한 경우 (93도2510)

---

[1] 증인이 그 증인진술서에 기재된 구체적인 내용을 기억하여 반복 진술한 것으로는 볼 수 없으므로, 가사 거기에 기재된 내용에 허위가 있다 하더라도 그 부분에 관하여 법정에서 증언한 것으로 보아 위증죄로 처벌할 수는 없다고 할 것이다. (2007도1397)

제1심 제9회 공판기일에 증인으로 출석하여 한 허위 진술이 철회·시정된 바 없이 증인신문절차가 그대로 종료되었다가, 제21회 공판기일에 다시 출석하여 종전 기일에 한 진술이 허위 진술임을 시인하고 이를 철회하는 취지의 진술을 한 경우 (2010도7525)

⑧ 기대가능성이 인정되어 위증죄가 성립하는 경우

[유죄판결이 확정된 피고인] 자신의 강도상해 범행을 일관되게 부인하였으나 유죄판결이 확정된 피고인이 별건으로 기소된 공범의 형사사건에서 자신의 범행사실을 부인하는 증언을 한 경우 (2005도10101) [변시 12·14·17·18·19·20]

⑨ **[자기위증교사]** 자기의 형사사건에 관하여 타인을 교사하여 위증죄를 범하게 한 경우 (2003도5114) [변시 13·17·19]

2. 증거인멸죄

① 자기의 이익을 위하여 증거를 인멸한 경우 ➡ 공범자의 증거인가를 불문하고 증거인멸죄 × (94도2608) [변시 15·19]

② **[자기범죄에 대한 증거인멸교사]** 자기의 형사사건에 관한 증거를 인멸하기 위하여 타인을 교사하여 죄를 범하게 한 자에 대하여도 교사범의 죄책을 부담한다. (99도5275) [변시 15]

③ '타인의 형사사건 또는 징계사건' 해당여부

[수사개시 전, 기소 전, 무죄선고 모두 해당] 형법 제155조 제1항의 증거위조죄에서 타인의 형사사건이란 증거위조 행위시에 아직 수사절차가 개시되기 전이라도 장차 형사사건이 될 수 있는 것까지 포함하고, 그 형사사건이 기소되지 아니하거나 무죄가 선고되더라도 증거위조죄의 성립에 영향이 없다. (2010도15986)

[해당되지 않는 경우] '징계사건'이란 국가의 징계사건에 한정되고 사인(私人) 간의 징계사건은 포함되지 않는다. (2007도4191)

④ 증거위조의 의미와 증거위조죄의 성립여부

ⅰ) **[허위 진술은 증거자체 위조 ×]** 증거를 위조한다 함은 증거 자체를 위조함을 말하는 것이고, 참고인이 수사기관에서 허위의 진술을 하는 것은 이에 포함되지 않음. ➡ 불성립 (94도3412)

ⅱ) **[허위진술서의 제출은 증거자체의 위조 ×]** 참고인이 타인의 형사사건 등에서 직접 진술 또는 증언하는 것을 대신하거나 그 진술 등에 앞서서 허위의 사실확인서나 진술서를 작성하여 수사기관 등에 제출하거나 또는 제3자에게 교부하여 제3자가 이를 제출한 것은, 참고인이 수사기관에서 허위의 진술을 하는 것과 차이가 없으므로, 증거위조죄를 구성하지 않는다. ➡ 불성립 (2010도2244) [변시 14]

> **비교판례** **[허위 녹음파일 또는 녹취록 제출]** 참고인이 타인의 형사사건 등에 관하여 제3자와 대화를 하면서 허위로 진술하고 위와 같은 허위 진술이 담긴 대화 내용을 녹음한 녹음파일 또는 이를 녹취한 녹취록을 만들어 수사기관 등에 제출하는 것은, 증거위조죄를 구성한다. → 성립 (2013도8085) [변시 15]

iii) **[증거위조죄의 위조 ≠ 문서위조죄의 위조]** 증거위조죄에서 '위조'란 문서에 관한 죄에 있어서의 위조 개념과는 달리 새로운 증거의 창조를 의미하는 것이므로 존재하지 아니한 증거를 이전부터 존재하고 있는 것처럼 작출하는 행위도 증거위조에 해당하며, 증거가 문서의 형식을 갖는 경우 증거위조죄에 있어서의 증거에 해당하는지 여부가 그 작성권한의 유무나 내용의 진실성에 좌우되는 것은 아니다. → 권한이 있어도 성립 可 (2002도3600) [변시 15]

⑤ 증거변조죄의 교사범 및 간접정범이 성립하지 않는 경우
노동조합 지부장인 피고인 甲이 업무상횡령 혐의로 조합원들로부터 고발을 당하자 피고인 乙과 공동하여 조합 회계서류를 무단 폐기한 후 폐기에 정당한 근거가 있는 것처럼 피고인 乙로 하여금 조합 회의록을 조작하여 수사기관에 제출하도록 교사한 경우[2] → 공범간 범인도피교사와 동일 법리 (2009도13151) [변시 17]

사례형 쟁점정리

CASE 쟁점 131   자기의 형사사건에 대한 위증교사와 교사범의 성립여부***

1. 학설
정범으로 처벌되지 않는 피고인에게 교사범으로서의 형사책임을 부담하게 하는 것은 부당하며 피고인이 타인을 교사하여 위증하게 하는 것은 피고인 자신이 허위의 진술을 하는 것과 차이가 없으므로 정범은 물론 교사범도 될 수 없다는 견해가 있다.

2. 判例
자기의 형사사건에 관하여 타인을 교사하여 위증죄를 범하게 한 경우 교사범의 죄책을 부담하여야 한다는 입장이다.

---

2) 회의록의 변조·사용은 피고인들이 공범관계에 있는 문서손괴죄 형사사건에 관한 증거를 변조·사용한 것으로 볼 수 있어 피고인 乙에 대한 증거변조죄 및 변조증거사용죄가 성립하지 않으며, 피교사자인 피고인 乙이 증거변조죄 및 변조증거사용죄로 처벌되지 않은 이상 피고인 甲에 대하여 공범인 교사범은 물론 그 간접정범도 성립하지 않는다.

3. 검토 (판례지지) `Keyword` 방어권의 남용

자기의 형사사건에 관하여 타인을 교사하여 위증죄를 범하게 하는 것은 **방어권**을 **남용**에 해당하므로 위증죄의 교사범이 성립한다고 보는 것이 타당하다.

실전연습 058   자기 형사사건에 대한 위증교사와 교사범의 성립여부***

A는 자기 집에 들어와 자기앞수표를 훔쳐 간 사람이 같은 동네에 사는 甲과 그의 학교 후배 乙, 丙이라는 사실을 확인하고 甲, 乙, 丙을 관할 경찰서에 고소하였다. 사법경찰관 P는 丙이 사촌동생이므로 甲, 乙, 丙에 대하여 불구속 수사를 건의하였으나 검사는 모두 구속 수사하도록 지휘하였다. P는 검사의 수사지휘를 받은 직후 사촌동생인 丙에게 전화를 하여 빨리 도망가도록 종용하였다. 甲, 乙만이 체포된 것을 수상하게 여긴 검사는 P의 범죄사실을 인지하고 수사한 결과 P를 범인도피죄로 불구속 기소하였다. 한편 P에 대한 범인도피의 피고사건에 대한 공판이 진행되던 중 P는 유죄판결이 확정되면 파면될 것이 두려워 사촌동생 丙에게 자신이 도망가라고 전화한 사실이 없다고 증언하도록 시켰다. 재판장은 丙이 P의 친척이라는 사실을 간과하고 증언거부권을 고지하지 않은 상태에서 증언을 하도록 하였다. 丙은 증인선서 후 "경찰에서 수사를 받던 중 P와 단 한 번도 전화통화를 한 사실이 없다."라고 거짓으로 증언하였다. P와 丙의 죄책은? **【제2회 변호사시험 제1문】**

1. 논점

① 丙의 죄책과 관련하여 허위 증언을 한 점에 대하여 위증죄가 성립하는지, 법정에서의 허위증언이 증거위조죄, 위계에 의한 공무집행방해죄, 범인도피죄가 성립하는지 문제된다.

② P에 대하여는 위 ①의 丙의 범죄에 대한 교사범이 성립하는지 문제된다.

2. 丙의 죄책

(1) 위증죄의 성립여부

위증죄는 법률에 의하여 선서한 증인이 허위의 진술을 한 경우에 성립한다(제152조 제1항). 사안에서 丙이 허위의 진술을 하였다는 점은 분명하다. 다만 증언거부권을 고지받지 못한 상태에서 丙을 '법률에 의하여 선서한 증인'이라고 볼 수 있는지 문제된다.[3]

증인신문절차에서 법률에 규정된 증인 보호를 위한 규정이 지켜지지 않은 경우에는 증인이 허위의 진술을 하였다고 하더라도 위증죄의 구성요건인 "법률에 의하여 선서한 증인"에 해당하지 아니한다고 보아 이를 위증죄로 처벌할 수 없다고 보아야

---

3) 이와 같이 쟁점을 분명히 하여야 한다. 어느 기출해설집에도 이를 분명히 한 경우는 찾아보기 힘들었다.

하며, 다만 당해 사건에서 증인 보호에 사실상 장애가 초래되었다고 볼 수 없는 경우에만 예외적으로 위증죄의 성립을 인정하여야 할 것이다(대판(전) : 2008도942).[4]

증인보호에 사실상 장애가 초래되었는지 여부는 증언 당시 증인이 처한 구체적인 상황, 증언거부권을 고지 받았더라도 허위 진술을 하였을 것이라고 볼 만한 정황이 있는지 등을 종합적으로 고려하여 증인이 진술한 것이 자신의 진정한 의사에 의한 것인지 여부를 기준으로 판단하여야 한다(대판(전) :2008도942).

사안의 경우 P의 직무유기의 피고사건에 대한 공판은 사촌 형인 P가 丙 자신의 구속을 모면시키려고 하는 행위에서 비롯되었으므로 丙으로서는 P가 유죄판결이 확정되어 파면당하는 것을 방치하기 어려웠다는 점에서 증언거부권을 고지 받았더라도 허위 진술을 하였을 것이라고 볼 만한 정황이 인정된다. 따라서 丙의 허위증언은 자신의 진정한 의사에 의한 것이라고 보아야 하며, 丙은 '법률에 의하여 선서한 증인'으로서 허위의 진술을 한 경우에 해당하여 위증죄가 성립한다.[5]

(2) 증거위조죄의 성립여부

형법 제155조 제1항에 의하면 타인의 형사사건에 관한 증거를 위조한 경우 증거위조죄가 성립한다. 여기서 증거를 위조한다는 것은 증거 자체를 위조함을 말하는 것이므로 사안에서와 같이 丙이 허위의 증언을 하는 것만으로는 증거위조죄를 구성하지 아니한다(대판 : 97도2961).[6]

(3) 위계에 의한 공무집행방해죄의 성립여부

사안의 경우 丙은 허위증언을 하였으나 그로 인하여 법원 재판이 저지되거나 현실적으로 곤란하게 하는 데까지 이르지 아니하였으므로 위계에 의한 공무집행방해죄(제137조)는 성립하지 아니한다(대판 : 2002도4293).

(4) 범인도피죄의 성립여부

범인도피죄(제151조)의 '도피하게 하는 행위'는 직접 범인을 도피시키는 행위 또는 도피를 직접적으로 용이하게 하는 행위에 한정되며, 그 자체로는 도피시키는 것을 직접적인 목적으로 하였다고 보기 어려운 어떤 행위까지 포함되는 것은 아니다(대판 : 2002도5374).

사안의 경우 丙의 허위증언은 P를 도피시키는 것을 직접적인 목적으로 하였다고 보기 어려우므로 범인도피죄가 성립하지 아니한다.

---

4) 이와 같이 판례를 답안지를 기술하는 자신의 견해로 인용해서 기술하여야 하며, 그저 판례의 입장을 나열한 후 판례의 견해대로 결론을 내리는 것은 올바른 사례문제의 해결이라고 볼 수 없다.

5) 이와 같은 사안의 포섭과정이 사례해결의 백미인 것이며 고득점의 비결이다.

6) 이와 같은 부수적 쟁점을 어디까지 언급하여야 하는지 그 한계를 짓는 일은 정말 어려운 일이다. 일응 그 기준으로 판례를 생각할 수 있다. 일정한 검토를 한 다음 판례가 그 죄책을 인정하지 않는다고 판시한 경우에는 비록 죄가 성립하지 않는다는 결론을 이미 알고 있더라도 검토과정을 거쳐 결론을 내려주는 것이 바람직하다. 丙의 죄책과 관련하여는 적어도 증거위조죄의 언급은 반드시 하여야 한다고 본다. 위계에 의한 공무집행방해죄 및 범인도피죄는 상황에 맞게 축약 서술하거나 다른 쟁점이 많고 시간적 한계가 있다면 생략하여도 무방하다고 본다.

3. P의 죄책

(1) 위증죄의 교사범의 성립여부

위증죄는 법률에 의하여 선서한 증인만이 성립할 수 있는 진정신분범이지만 증인의 신분이 아닌 P도 형법 제33조 본문에 의하여 위증죄의 교사범이 성립할 수 있음은 의문이 없다.

다만 P는 자기의 형사사건에 관하여 丙에게 위증을 교사하였는바, 이 경우 자기의 형사사건에 대하여 타인을 교사하여 위증하게 하는 것은 자신이 허위의 진술을 하는 것과 차이가 없으므로 정범은 물론 교사범도 성립할 수 없다는 견해가 있다(소극설).[7] 그러나 법률에 의하여 선서한 증인이 타인의 형사사건에 관하여 위증을 하면 위증죄가 성립되므로 자기의 형사사건에 관하여 타인을 교사하여 위증죄를 범하게 하는 것은 방어권을 남용하는 것이므로 위증죄의 교사범의 죄책을 인정하는 것이 타당하다(대판 : 2003도5114). 따라서 甲에게는 위증죄의 교사범이 성립한다.

(2) 증거위조죄의 성립여부

사안에서 P가 丙에게 허위증언을 하도록 교사하였으나 이는 증거 자체를 위조한 경우가 아니므로 증거위조죄가 성립할 수 없다.

4. 결론

① 丙은 위증죄의 죄책을 진다.
② P는 위증죄의 교사범의 죄책을 진다.

CASE 쟁점 132 자기의 형사사건에 대한 증거인멸의 교사와 교사범의 성부★★★

1. 학설 | Keyword | 비호권(방어권의 연장)

자기의 형사사건에 대한 증거인멸의 교사는 **비호권의 연장**으로 보아야 하고, 정범으로 처벌되지 않는 자를 공범으로 처벌하는 것은 타당하다고 할 수 없으므로 교사범이 성립할 수 없다고 보는 견해가 있다.

2. 검토 (판례지지)

피교사자가 교사자의 형사사건에 관한 증거를 인멸하는 행위를 하면 증거인멸죄가 성립되므로 자기의 형사사건에 관한 증거를 인멸하기 위하여 타인을 교사하여 죄를 범하게 한 자에 대하여도 교사범이 성립할 수 있다고 보는 것이 타당하다.

---

7) 이러한 학설의 명칭을 반드시 기술하여야 하는 것은 아니다. 독자들의 가독성을 높이기 위한 조치에 불과하다.

제5장 | 무고의 죄

선택형 핵심지문

1. **무고죄의 허위신고의 의미** → 객관적 진실에 반하는 신고 (91도1950; 2003도7487)

2. **무고죄의 허위사실의 증명의 정도**

   [적극적 증명要] 무고죄의 신고한 사실이 객관적 사실에 반하는 허위사실이라는 요건은 적극적인 증명이 있어야 하며, 신고사실의 진실성을 인정할 수 없다는 소극적 증명만으로 곧 신고 사실이 객관적 진실에 반하는 허위사실이라고 단정하여 무고죄의 성립을 인정할 수는 없다. (2005도4642) [변시 21]

3. **객관적 사실과 부합하여 무고죄가 불성립**

   [자신의 가담사실 숨긴 경우] 피고인 자신이 상대방의 범행에 공범으로 가담하였음에도 자신의 가담사실을 숨기고 상대방만을 고소한 경우 → 피고인의 고소내용이 상대방의 범행 부분에 관한 한 진실에 부합하므로 이를 허위의 사실로 볼 수 없어 무고죄 불성립 (2009도1302) [변시 15]

4. **차용인을 사기죄로 고소하는 경우 허위신고인지의 여부**

   예 금원을 대여한 고소인이 차용금을 갚지 않는 차용인을 사기죄로 고소

   ① **[용도 사기라고 허위진술 → 허위신고에 해당 O]** 피고소인이 차용금의 용도를 사실대로 이야기하였더라면 금원을 대여하지 않았을 것인데 차용금의 용도를 속이는 바람에 대여하였다고 주장한 경우[1]

   ② **[변제의사와 능력으로 허위진술 → 허위신고에 해당 ×]** 단순히 차용인이 변제의사와 능력의 유무에 관하여 기망하였다는 내용으로 고소한 경우[2]

5. **무고죄가 성립하지 않는 경우** → 허위신고의 내용이 형사처분의 원인이 될 수 없는 경우

   ① **[채취권 이중양도]** "피고소인이 송이의 채취권을 이중으로 양도하여 손해를 입었으니 엄벌하여 달라"는 내용의 고소사실이 횡령죄나 배임죄 기타 형사범죄를 구성하지 않는 내용의 신고에 불과하여 그 신고 내용이 허위라고 하더라도 무고죄가 성립할 수 없다. (2006도558)

---

[1] 그 차용금의 실제용도는 사기죄의 성부에 영향을 미치는 것으로서 고소사실의 중요한 부분이 되고 따라서 그 실제용도에 관하여 고소인이 허위로 신고를 할 경우에는 그것만으로도 무고죄에 있어서의 허위의 사실을 신고한 경우에 해당한다. (2004도2212)

[2] 차용금의 용도와 무관하게 다른 자료만으로도 충분히 차용인의 변제의사나 능력의 유무에 관한 기망사실을 인정할 수 있는 경우도 있을 것이므로 그 차용금의 실제 용도에 관하여 사실과 달리 신고하였다 하더라도 그것만으로는 범죄사실의 성부에 영향을 줄 정도의 중요한 부분을 허위로 신고하였다고 할 수 없는 것이다. (2004도2212)

② **[신고자체로 공소시효가 완성되었음이 명확한 경우]** 타인으로 하여금 형사처분을 받게 할 목적으로 공무소에 대하여 허위사실을 신고하였다고 하더라도, 신고된 범죄사실에 대한 공소시효가 완성되었음이 신고내용 자체에 의하여 분명한 경우 (93도3445)

③ **[신고 자체로 친고죄의 고소기간이 도과하였음이 명백한 경우]** 타인으로 하여금 형사처분을 받게 할 목적으로 공무소에 대하여 허위의 사실을 신고하였다고 하더라도, 그 사실이 친고죄로서 그에 대한 고소기간이 경과하여 공소를 제기할 수 없음이 신고내용 자체에 의하여 분명한 경우 (2018도1818) [변시 20 · 21]

6. 무고죄가 성립하는 경우

① **[공소시효가 완성되지 않은 것처럼 고소]** 객관적으로 고소 사실에 대한 공소시효가 완성되었더라도 고소를 제기하면서 마치 공소시효가 완성되지 않은 것처럼 고소한 경우 무고죄가 성립한다. (95도1908) [변시 15 · 20]

② **[위증으로 고소 또는 고발한 경우]** 위증으로 고소 · 고발한 사실 중 위증한 당해사건의 요증사항이 아니고 재판결과에 영향을 미친 바 없는 사실만이 허위라고 인정되더라도 무고죄의 성립에는 영향이 없다. (88도1533) [변시 13 · 15]

③ **[제출 시 기수]** 피고인이 최초에 작성한 허위내용의 고소장을 경찰관에게 제출하였을 때 이미 허위사실의 신고가 수사기관에 도달되어 무고죄의 기수에 이른 것이라 할 것이므로 그 후에 그 고소장을 되돌려 받았다 하더라도 이는 무고죄의 성립에 아무런 영향이 없다. (84도2215) [변시 15]

④ **[무고 이후 판례의 변경은 영향 ×]** 허위로 신고한 사실이 무고행위 당시 형사처분의 대상이 될 수 있었던 경우에는 이미 무고죄는 기수에 이르고, 이후 그러한 사실이 형사범죄가 되지 않는 것으로 판례가 변경되었더라도 특별한 사정이 없는 한, 이미 성립한 무고죄에는 영향을 미치지 않는다. (2015도15398) [변시 20 · 21]

⑤ **[무고의 고의 인정]** 실제 고소를 한 甲이 고소장을 접수하더라도 수사기관의 고소인 출석요구에 응하지 않음으로써 그 단계에서 수사가 중지되고 고소가 각하될 것으로 의도하고 있었고, 더 나아가 피고소인들에 대한 출석요구와 피의자신문 등의 수사권까지 발동될 것은 의욕하지 않았다고 하더라도 고소장 접수 당시에 이미 국가의 형사사법권의 적정한 행사가 저해될 위험이 발생한 것이므로 무고죄가 성립한다. (2006도3631) [변시 13]

⑥ **[변호사에 대한 징계처분도 포함]** 피고인이 변호사인 피해자로 하여금 징계처분을 받게 할 목적으로 서울지방변호사회에 위 변호사회 회장을 수취인으로 하는 허위 내용의 진정서를 제출한 경우, 무고죄가 성립한다. (2010도10202)

> **비교판례** **[사립학교 교원 징계처분 불포함]** 피고인이 사립대학교 교수인 피해자들로 하여금 징계처분을 받게 할 목적으로 국민권익위원회에서 운영하는 범정부 국민포털인 국민신문고에 민원을 제기한 경우 (2014도6377) [변시 21]

⑦ **[승낙의 대상이 아님]** 무고에 있어서 피무고자의 승낙이 있었다고 하더라도 무고죄의 성립에는 영향을 미치지 못한다 할 것이고, 무고죄에 있어서 형사처분 또는 징계처분을 받게 할 목적은 허위신고를 함에 있어서 다른 사람이 그로 인하여 형사 또는 징계처분을 받게 될 것이라는 인식이 있으면 족한 것이고 그 결과발생을 희망하는 것까지를 요하는 것은 아니므로, 고소인이 고소장을 수사기관에 제출한 이상 그러한 인식은 있었다고 보아야 한다. ➔ 무고죄는 국가의 형사사법권 또는 징계권의 적정한 행사를 주된 보호법익으로 함. (2005도2712) [변시 14]

7. 무고죄가 성립하지 않는 경우
[고소 내용의 정황을 과장한 것에 불과] 강간을 당한 것이 사실인 이상 이를 고소함에 있어서 강간으로 입은 것이 아닌 상해 사실을 포함시켰다 하더라도 이는 고소내용의 정황을 과장한 것에 지나지 아니하여 별도로 무고죄를 구성하지 아니함. (82도2170)

8. 자기무고와 자기무고 교사의 법적 효과 ➔ 자기무고교사 성립
스스로 본인을 무고하는 자기무고는 무고죄의 구성요건에 해당하지 아니하여 무고죄를 구성하지 않는다. (2008도4852) [변시 15] 그러나, 피무고자의 교사·방조하에 제3자가 피무고자에 대한 허위의 사실을 신고한 경우에는 제3자의 행위는 무고죄의 구성요건에 해당하여 무고죄를 구성하므로, 제3자를 교사·방조한 피무고자도 교사·방조범으로서의 죄책을 부담한다. (2008도4852) [변시 17·20]

9. 무고죄의 공동정범이 성립하지 않는 경우 ➔ 자기무고 공동정범 불성립
자기 자신을 무고하기로 제3자와 공모하고 이에 따라 무고행위에 가담하였더라도 이는 자기 자신에게는 무고죄의 구성요건에 해당하지 않아 범죄가 성립할 수 없는 행위를 실현하고자 한 것에 지나지 않아 무고죄의 공동정범으로 처벌할 수 없다. (2013도12592) [변시 20]

10. 자백과 자수가 가능한 시기인 '재판이 확정되기 전'의 의미[3]
형법 제153조에서 정한 '재판이 확정되기 전'에는 피고인의 고소 사건 수사 결과 피고인의 무고 혐의가 밝혀져 피고인에 대한 공소가 제기되고 피고소인에 대해서는 불기소결정이 내려져 재판절차가 개시되지 않은 경우도 포함된다. (2018도7293) [변시 21]

---

3) 형법 제157조, 제153조는 무고죄를 범한 자가 그 신고한 사건의 재판 또는 징계처분이 확정되기 전에 자백 또는 자수한 때에는 그 형을 감경 또는 면제한다고 하여 이러한 재판확정 전의 자백을 필요적 감경 또는 면제사유로 정하고 있다.

CASE 쟁점 133 자기무고의 교사와 방조의 경우 교사범과 종범의 성립여부***

1. 학설 | Keyword | 정범으로 처벌되지 않는 자 공범으로 처벌 부당

정범으로 처벌되지 않는 자를 공범으로 처벌하는 것은 타당하다고 할 수 없다는 점, 타인을 교사 또는 방조하여 자기를 무고하도록 하는 것은 자기무고와 다르지 않다는 점에서 무고죄의 교사범이나 종범이 성립할 수 없다는 견해가 있다.

2. 검토 (판례지지)

피무고자의 교사·방조하에 제3자가 피무고자에 대한 허위의 사실을 신고한 경우에는 제3자의 행위는 무고죄의 구성요건에 해당하여 무고죄를 구성하므로, 제3자를 교사·방조한 피무고자도 교사·방조범으로서의 죄책을 부담한다고 판시한바 있다.

부록
판례색인

[헌법재판소 판결]

MEMO

MEMO